礼仪常识

大讲堂双色图文版

刘凤珍 ◎ 主编　张艳 ◎ 编著

中国华侨出版社
北京

图书在版编目（CIP）数据

礼仪常识大讲堂 / 张艳编著 . —北京：中国华侨出版社，2016.12
（中侨大讲堂 / 刘凤珍主编）
ISBN 978-7-5113-6527-9

Ⅰ . ①礼… Ⅱ . ①张… Ⅲ . ①礼仪—通俗读物
Ⅳ . ① K891.26-49

中国版本图书馆 CIP 数据核字（2016）第 292759 号

礼仪常识大讲堂

编　　著 / 张　艳
出 版 人 / 刘凤珍
责任编辑 / 千　寻
责任校对 / 王京燕
经　　销 / 新华书店
开　　本 / 787 毫米 ×1092 毫米　1/16　印张 /24　字数 /452 千字
印　　刷 / 三河市华润印刷有限公司
版　　次 /2018 年 3 月第 1 版　2018 年 3 月第 1 次印刷
书　　号 / ISBN 978-7-5113-6527-9
定　　价 / 48.00 元

中国华侨出版社　北京市朝阳区静安里 26 号通成达大厦 3 层　邮编：100028
法律顾问 / 陈鹰律师事务所
编辑部：（010）64443056　　64443979
发行部：（010）64443051　　传真：（010）64439708
网　　址：www.oveaschin.com
E-mail：oveaschin@sina.com

前言

Preface

礼仪是人类为维系社会正常生活而要求人们共同遵守的最起码的道德规范，它在人们长期共同生活和相互交往中逐渐形成，并且以风俗、习惯和传统等方式固定下来，是个人、组织外在形象与内在素质的集中体现。对于个人来说，礼仪是思想道德水平、文化修养、交际能力的外在表现，在个人事业发展中起着举足轻重的作用。它能提升人的涵养，增进与他人的了解沟通，对内可融洽关系，对外可树立形象，营造和谐的工作和生活环境。对社会来说，礼仪是一个国家社会文明程度、道德风尚和生活习惯的反映。自古以来，中国就以"礼仪之邦"著称，中国人更以修为成彬彬有礼的君子为追求，在我们这个被儒家文化浸染数千年的中华民族之中，礼仪已经如血液一般渗透进人们生活的方方面面，以至于在生活中，人们往往靠礼仪方面的短暂印象来判断一个人是否值得交往，一个企业是否值得合作。改革开放以后，中国开始走向世界，同时也以博大的胸怀接纳世界，在与世界各国、各民族交往的过程中，如果双方不懂对方礼仪，人与人之间就无法交流，企业也没法合作。西班牙的松苏内吉说过：礼仪是人类共处的金钥匙。翻开人类的历史，礼仪贯穿于文明传播与传承的整个过程中。

礼仪是通过人们的具体行动和一些程式化的行为和语言表现出来的，可以说，我们日常生活中的任何一个角落，只要有人存在，就有礼仪，礼仪就像空气一样无所不在，不可或缺。孩子们在学校或者参加生日聚会时需要遵守礼仪；成人上班或者陪客户外出就餐时需要遵守礼仪；开车、到国外度假或者筹备婚礼，同样需要遵守礼仪。事实上，当你翻开日程记录时，会发现在各种场合和交流过程中都需要遵守一定的礼仪。因此，在现代社会中，礼仪作为一套规范性的程式、一种文化，约束和支配着每个人的一切行为，它能调节人际关系，减少冲突，化解矛盾，也能凝聚情感，增进友谊，促进合作，不仅适应了时代的发展，而且还促进了个人的进步和成功。难怪越来越多的企业家、形象设计专家站出来自信地向我们宣传礼仪的魔力。

学习礼仪能塑造个人乃至集体的完美形象，礼仪周全的人和企业容易得到社会的认可与尊重。礼仪在点滴之处影响着人们的生活，也改变着人们的命运。日常生活中讲礼仪，就能创造和谐；职场上讲礼仪，就能铺平坦途；商场上讲礼仪，就能赢得商机……懂得礼仪的人收获信誉、财富、成功，不懂礼仪的人则损失多多。面对同等水平的竞争者，人们更愿意把机会给予更懂礼仪的那一个。从一定程度上来说，对于个人与机构，礼仪是成功的催化剂。没有礼仪，就没有人生和事业的成功。

俗话说"礼多人不怪"，懂礼节，遵循礼节，不仅不会被别人厌烦，相反还会使别人尊敬你、认同你、亲近你，无形之中拉近了同他人的心理距离，也为日后合作共事创造宽松的环境，使事情向好的方面发展，取得良好的结果。相反，若不注重这些常识问题，犯了"规矩"，就可能使人反感，甚至会使关系恶化，导致事情朝坏的方向发展。所以，在把握原则问题的前提下还应注重礼节，并尽可能地遵守这些礼节，才能确保事情的正常发展。正因为礼仪在人际交往中具有不可忽视的作用，有时甚至决定事情的最终结果。所以，在现代社会，任何人都不能轻视礼仪，都应学习礼仪、讲究礼仪，一个不懂礼仪的、行为鲁莽的人只会在这个社会上处处碰壁，遭遇难堪。

为了帮助广大读者提高礼仪修养，掌握工作和生活中必知的礼仪常识，我们精心编写了这本《礼仪常识大讲堂》，内容涉及仪容礼仪、坐立行走礼仪、服饰礼仪、寒暄礼仪、称呼礼仪、握手礼仪、名片礼仪、介绍礼仪、日常交往礼仪、交谈礼仪、电话礼仪、书信与邮件礼仪、拜访与待客礼仪、办公场合礼仪、面试场合礼仪、职场人际交往礼仪、商务公务礼仪、礼品礼仪、舞会礼仪、宴会礼仪、会务场合礼仪、婚寿丧礼仪、应对媒体礼仪、涉外涉教礼仪、校园礼仪、游览观光礼仪等方面，无所不包，篇幅短小而精悍，内容全面、通俗、实用性强，关注细节，关注成败，体贴入微，适合当今快节奏生活的人群阅读，让读者真正对礼仪规则做到心中有数，在各种交际场合游刃有余。衷心希望读者能在阅读本书后有所启发，在生活中灵活掌握和运用，在实践中不断提高在礼仪方面的修养，让自己的举止显得更加自信和得体，使人际交往更加顺利。

目 录
Contents

绪论　赢在礼仪

礼仪的内涵和外延................1
礼仪是个人综合素质的体现........2
小礼仪的重要性..................3
社会活动中要注意的礼仪..........3

第一章　仪容礼仪

塑造一个清新爽朗的形象..........5
丰富自己的表情..................5
以真实的笑容对人................6
笑容要适度......................6
微笑时要分清场合和对象..........6
染发的颜色要适度................6
根据场合选择适合的发型..........7
发型要与年龄相匹配..............7
发型要与服饰相匹配..............7
发型要与职业相匹配..............8
使用发胶要适量..................8
一只耳朵只能戴一个耳环..........8
画眉要与眼睛相配................9
不要随便使用假睫毛..............9
慎用珠光眼影....................9
画眼影时要避免画成熊猫眼........9
小心将胭脂涂抹成两团"高原红"..10
注意清除牙齿上的食物残渣或口红..10
女性出席正式场合必须化妆......10
化妆要与年龄相称..............11
化妆要与个性相符..............11
根据场合选择妆容..............11
化妆要与职业相称..............12
妆容要与服饰相协调............12
妆容要与季节、时间相协调......12
女性化妆时要顾及脖子和耳朵....13
女性化妆不可片面追求"一白遮百丑"..13
不要非议他人的妆容............13
聚会过程中要注意及时补妆......13
化妆、补妆时要尽量避开人......14
谨慎借用他人的化妆品..........14
男性也应适当化妆..............14
男性化妆要不露痕迹............15
男性蓄须要与自己的形象和职业相吻合..15
男性夏天不可在公共场所赤膊....16
注意修整鼻毛..................16
及时修剪指甲，不过度修饰指甲..16
女性要保持指甲油完整..........16

使用的香水要与自己的气质相配....17
喷洒香水要适量................17
仪容要与言行相配..............18
杜绝经常用手整理头发的习惯......18
避免在公共场合照镜子............18
女性穿衣服要松紧适宜............19
女性在工作场合穿着不可过于臃肿..19
杜绝当众整理内衣................19

第二章　仪态礼仪

落座时只坐椅子的前端2/3........20
女性落座应双腿并拢............20
下蹲时应避开人流..............21
站立时不可趴伏倚靠............21
站立不可歪斜..................21
结伴走路时步伐速度要与大家一致..22
走路时不可用鞋底蹭着地面........22
走路昂首挺胸..................22
走路时要抬头目视前方............23
杜绝边走边吃的不良习惯..........23
走路姿态要适应场合..............23
不可在人多的地方奔跑............24
女性要避免在散步时吸烟..........24
女性穿裙装时不可随意下蹲........24

第三章　服饰礼仪

男性不可随意戴首饰............25
穿着要符合年龄................25
穿着要符合身材................26
穿着要符合身份................26
穿着要符合个性................26
穿着要符合场合................26
穿衣要符合习俗................27
穿着的衣服要干净整洁..........27
商务人士不可穿棕色西装........27
穿西服不可配便鞋..............28
不可穿着破皮鞋................28
在正式场合要穿庄重的正式西装..28
穿西装要注意纽扣的系法........29
穿西装要讲究搭配..............29
男性穿西装不可内衣一层套一层..29
西装里面的衬衫袖子要长短适宜..30
不可穿着已经磨损的衬衣........30
穿西装必须打领带................30
不可穿短袖衬衫打领带............31
在正式场合不可系图案夸张的领带..31
领带要系得松紧有度..............31
领带的长短要适度................31
系领带要讲究章法................32
领带要及时更换..................32
要扬己之长，避己之短............32
衣兜里不可塞满东西..............33
男士不可在腰带上挂满钥匙等物....33
男性应系优质真皮腰带............33
男性的腰带和皮包要同质、同色....33
皮包与服饰要搭配................34
内衣不可露出外套................34
穿新衣服时应剪掉品牌标签........34
不可穿着睡衣逛街................35
在正式场合不可穿闪闪发光的衬衣

或外套 35
女性穿套装不可配露趾凉鞋 35
女性穿套裙要配长袜 36
女性穿套裙不可露出袜口 36
女性不可穿破损的丝袜 36
丝袜里面不可戴脚链 37
女性穿高跟鞋走路要避免声音太响 .. 37
女性在商务场合应穿高跟鞋 37
业务代表的着装不可比客户还高贵 .. 38
穿深色西装应配深色袜子 38

服装不可颜色过多 38
服装颜色要与自身条件与周围环境
　　相协调 38
配饰要讲究品位 39
戴领带夹要注意场合 39
不可在单层袖口的衬衫上别袖扣 ... 39
不可戴劣质或造型特别的手表 40
戴戒指要遵循传统习惯 40
女性戴饰品切忌太多太杂 40

第四章　打招呼礼仪

不要随便在路上打招呼"吃了没？"
　　"上哪儿去？" 41
和人打招呼时不能把手插在口袋里 .. 41
不可在很远的距离外大喊对方的名字 . 42
打招呼时要看着对方的眼睛 42
晚辈要先向长辈打招呼 42
不可用碰触他人身体的方式打招呼 .. 43

向别人介绍自己的同伴时只需做
　　简单介绍 43
打招呼要适可而止 44
不可以敷衍的态度应对别人打招呼 .. 44
遇到认识的人要主动打招呼 44
在别人故意躲避的时候不可上前打招呼 .. 45

第五章　称呼礼仪

不可称呼自己为"某先生／某小姐" .. 46
在非正式场合也不可随意称呼别人 .. 46
在职场上对别人称呼要恰当 47
和别人说话要使用适当的称呼 47

称呼别人要尊重个人习惯 47
称呼别人要注意自己的声音 48
使用简称时要注意不导致混淆 48

第六章　握手礼仪

握手要注意场合 49
不可用左手握手 49
避免僵硬式握手 50
握手不可太用力 50
握手的时间不可太长 50
切忌戴着手套或墨镜握手 50

握手的时候应让女性先伸手 51
握手前应保证自己的手干净 51
切忌同时与两人握手 51
握手时应起身站立 52
不可无故拒绝握手 52

第七章　名片礼仪

名片上的头衔不超过两个..........53
名片用纸须优质，色彩忌杂乱..53
名片的存放要方便取用..........54
不可乱发名片..........54
以双手递接名片..........54
不可将脏污或折损的名片递给别人..54
递名片时把正面朝向对方..........55
不可无故拒绝别人索要名片的要求..55
切忌在别人的名片上胡写乱画......55
收到名片后要回应对方..........56
收到名片后不可立刻放入皮夹......56
将别人的名片妥善存放..........56
不宜在用餐过程中交换名片......57
交换名片时要遵循次序..........57
切忌叫错别人的名字或职务......57

第八章　介绍礼仪

同时招待几个客人时要做一番介绍..58
为他人做介绍要注意时机..........58
做介绍要注意场合..........59
将某人介绍给别人之前要事先征求
　其允许..........59
做介绍时要态度端正..........59
做介绍要强调重点..........60
做介绍要讲究顺序..........60
先把男士介绍给女士..........60
被别人介绍时要面带微笑..........60
自我介绍切忌啰唆..........61
在社交场合要主动介绍自己..........61
自我介绍不可过于夸大..........61
自我介绍应掌握好时间..........62

第九章　日常交往礼仪

切忌脏话不离口..........63
对人的态度不可前倨后恭..........63
请求帮忙被拒绝后不可抱怨对方..64
请人帮忙要说"请"..........64
请求帮助不可超出别人的能力范围..64
帮助别人不可主动要求回报..........64
致谢、道歉要及时..........65
拒绝他人要委婉..........65
注意多赞美他人..........65
不可对别人吹毛求疵..........66
切忌赞美别人的缺点..........66
赞美要发自内心..........66
慰问别人时要配合恰当的表情......67
别人失误时不要大惊小怪..........67
迅速化解自己的尴尬..........67
切忌用食指指人..........68
不应随意拍别人肩膀..........68
借路时要打招呼..........68
对别人的尴尬要帮助化解和掩盖....68
切忌动作不雅，手势过多..........69
男士要走在女士的左侧..........69
女士不可为表现矜持，故意在约会
　时晚到..........69
遇到危险时男士要主动保护女伴....70
挽臂姿势要雅观..........70
约会结束后，男士送女伴回家要
　征求其同意..........70
探病前要问清情况..........71

— 004 —

探病不宜结伴同行……71	禁烟场合不可吸烟……73
探病时切忌详问病情……71	要接受长辈的呵护照顾……73
探病时宜说一些轻松话题……71	切忌在用到别人的时候才表示热情……74
看望病人时不可长时间逗留……72	不可以貌取人……74
约会要明确地点……72	在别人有难处时应出手相助……74
约会要明确时间……72	与熟人保持联系……75
敬烟前不可自己先抽一根……73	切忌过于频繁地打扰熟人……75
吸烟时切忌对着别人吞云吐雾……73	观看别人打牌、下棋时不宜插嘴……75

第十章　交谈礼仪

不宜在路边交谈，以免妨碍他人……76	与多人谈话时切忌当众叫朋友的小名……82
交谈时注意与对方保持适当的距离……76	对别人的插话不可强硬拒绝……82
听别人讲话时身体不可后仰……76	交谈时话语要连贯……83
说话切忌总以"我"字开头……77	不要强行加入别人的讨论……83
切忌把口头禅挂嘴边……77	不可贸然加入异性的谈话圈……83
不可滥用双关语……77	交谈过程中离开前要打招呼……84
无聊的搞笑不等于幽默……78	与人交谈时既要说也要倾听……84
开玩笑要看对象和场合……78	切忌随意打断别人的话……84
开玩笑要注意内容是否适宜……78	不探听别人的私密谈话……84
开玩笑不可认真……78	切忌不懂装懂……85
与人交谈不可目光冷漠……79	切忌自吹自擂……85
注视别人时目光要在一定的范围之内……79	表达自己意见的同时也尊重别人的意见……85
切忌不加掩饰地注视别人……79	劝说他人要看时机……85
与人交谈时不可用目光瞟人……79	懂得适时保持沉默……86
要主动与他人交谈……80	不可在谈话中插入一些会使别人感到不好意思的话题……86
对他人的主动交谈要积极回应……80	不要谈论陈旧无聊的话题……86
切忌询问对方"我刚刚说到哪里？"……80	谈论别人喜欢的话题……87
说话声音要温和……80	尽量避免使用专业术语……87
切忌揭别人的伤疤……81	批评要把握分寸……87
在谈话中不宜纠正别人的错误……81	提建议要切合实际……87
尊重他人的意见……81	不必在非原则性问题上与他人纠缠不休……88
切忌在谈话中扮演"祥林嫂"……81	说理要讲原则……88
聚会时不宜用方言与同乡交谈……82	切忌不明是非乱传话……88
参与多人谈话时不能只和其中几个人交谈……82	

对自己不懂的事情不随便发表意见..89
说话要注意场合................89
弄清自己在交谈中的角色..........89
节日交谈宜选择喜庆话题..........89
切忌轻易许诺..................90

说话要算数....................90
不做不必要的道歉..............90
切忌当众告诉别人他的坏消息......90
告诉别人他的坏消息时要表示同情..91

第十一章　电话礼仪

拨打电话要选择时间............92
打电话时要用问候语............92
电话问候切忌生硬刻板..........92
电话问候要遵循职业规范........93
不可让电话铃声响得时间过长....93
打错电话要道歉................93
打电话要说清楚目的和要求......94
接通电话后要问对方是否方便....94
请对方回电时要留下可靠的联系电话..94
不可责骂打错电话的人..........94
错过电话后要及时回拨..........95
不可贸然替别人接电话..........95
不可随便请别人代接电话........95
不可将电话到处转接............96
接电话要复述要点..............96
代接电话要做记录并及时转告....96
接电话时未经同意不得透露同事个人
　　情况....................96
替来电者叫人时要懂礼貌........97
重复来电者姓名时要用语得体....97
几个电话同时响起时要分主次....97

不可同时应答两个或两个以上的电话..98
让对方持机等候时要说明所需时间..98
接电话时不可以"喂，喂"或者
　　"你找谁呀"作为开头语......98
在电话中不要谈一些别人不想听的
　　无聊话..................98
通话中要注意自己的表情举止....99
通话中要注意说话方式..........99
通话中要注意控制音量..........99
通话要控制时间..............100
在通话中不可对着话筒打哈欠，或是
　　吃东西................100
不可边接电话边和别人聊天....100
处理抱怨电话时要认真对待....100
结束通话时，不可抢先放下电话..101
不宜在会客时长时间接打电话..101
用简洁的话语设置录音电话的提示音..101
接电话的一方不宜提出中止通话的
　　要求..................102
不可突然挂电话..............102

第十二章　书信礼仪

给别人写信字迹要工整清晰....103
写信要注意格式..............103
写信要长短适宜..............103

给不熟悉的人写信不可太亲密..104
不可将私人信件公之于众......104
收到信后要及时回复..........104

不可用传真机发感谢信和邀请函...105
不可用普通信纸和信封写商务信件.105
不可用公务信纸和信封写私人信件.105

邀请函中要写明聚会的细节......105
聚会前要提前给朋友发送邀请函...106
不要遗漏应该邀请的人..........106

第十三章 拜访礼仪

上门拜访前先预约.............107
不可单独夜访异性朋友..........107
登门拜访前要明确目的..........107
约定聚会要考虑对方是否方便.....108
不宜利用星期天、节假日拜访朋友.108
预约拜访要提前确认............108
到朋友家做客不宜带小孩同行.....108
切忌带着送给别人的礼物访友.....109
敲门时要把握分寸..............109
叫门时要把握好声高............109
进门要换鞋....................110
切忌换鞋时露出脏袜子..........110
随身物品要放在恰当的地方......110
要在指定位置停放交通工具......110
拜访要控制时间................111
访友要问候对方家人............111
访问要确定交谈主题............111
拜访要确定交谈对象............111
临走时要和主人及其家人一一道别..112

做客不可随便..................112
做客不可拘谨..................112
对主人倒水表示感谢并欣然饮用...113
不可提出不合理的要求..........113
主人做事时应主动帮助..........113
不可强行代主人做饭............113
不宜请客人下厨"露一手".......114
切忌随便进主人的房间..........114
不可随意使用主人的卫生间......114
对主人的房间布置表示赞美......115
对主人家的宠物或孩子表示喜爱...115
借宿时要讲究卫生..............115
借宿时要看主人的作息时间和习惯.115
借宿期间出门要打招呼..........116
做客时不可频繁看表............116
主人送客时要礼让..............116
做客后要向主人致谢............117
喝茶时要细细品味..............117
喝茶要赞茶....................117

第十四章 待客礼仪

远客到来要提前迎接............118
待客前要打扫卫生..............118
接待客人要注意仪表............118
待客时要精神饱满..............119
不可拒绝不速之客..............119
客人来访要起立................119
为互不相识的客人做介绍........120

按一定的秩序请客人入座........120
切忌以旧茶剩饭待客............120
待客的茶具要完好..............120
倒茶前要洗茶具................121
不可用手抓取茶叶..............121
敬茶不可满杯..................121
不可用一次性纸杯盛水待客......121

要按次序上茶 121
敬茶后要及时添茶 122
不可频繁添水 122
不可在客人面前与家人争吵 122
不可任由自家小孩打扰客人 123
待客时要照顾来客的小孩或陪同者 . 123
留宿客人要问客人的习惯 123
待客应尽力方便客人 123
在客人到齐之前就开始炒菜 124
在家中宴客比在外宴客对客人更
　重视 124
主人因疏忽犯错，不必反复向客人
　道歉 124
点菜要问客人是否有禁忌 125

在家待客不可打扰邻居休息 125
不可冷落个别客人 125
待客交谈时要避免冷场 125
待客殷勤有度 126
强留客人并不礼貌 126
询问客人何时离开要讲究方式 126
送客要送到门外 126
要照顾第一次远道而来的客人 127
送客时走在长者后面 127
不可在客人刚走后就议论客人 127
客人走后要轻声关门 127
送客不必太远 128
不可深夜让客人独自返回 128
贵客走后要及时问候 128

第十五章　办公场合礼仪

在办公室着装不可太随便 129
穿制服要注意职业形象 129
胸针与胸牌不可同时佩戴 129
女性不宜穿鞋跟太高太细的鞋 130
男性落座后注意不要露出腿毛 130
注重自我形象不可过度 130
递送尖状物时尖端应朝向自己 130
及时清理杂乱的办公桌 131
不可在办公室里放与工作无关的物品 . 131
不可在办公室接待亲朋 131
访客不可占用对方工作时间 131
对别人占用自己的时间要懂得拒绝 . 132
使用公共设施要有公共观念 132
使用打印机要节约耗材并遵守秩序 . 132
在办公区域遇到访客要打招呼 133
礼貌接待不速之客 133
接待客人时站立要到位 133

切忌零食、香烟不离口 133
办公室里要控制情绪 133
外借公物要有原则 134
在原则允许的范围内要优待客人 .. 134
不可高声喧哗 134
讲私人电话要轻声细语 135
禁用办公资源做私事 135
在办公室要节约用电 135
无事不可乱串门 136
不可随便挪用他人东西 136
不可替同事做决定 136
及时传达小事情 136
上级领导来办公室视察时要起立 .. 137
尽量不要迟到、早退或到场太早 .. 137
会上发言要看对象 137
会上发言不要长篇大论 138
会上发言要事先列提纲，重点突出 . 138

第十六章　面试礼仪

参加面试要穿深色衣服..........139
避免身上散发出不雅的气味......139
应聘时应独自前往..............139
头发要整洁....................140
眼角要保持干净................140
系好纽扣......................140
简历内容要规范................141
简历制作要朴素大方............141
简历内容要详略得当............141
简历不可弄虚作假..............141
写求职信要规范................142
不可在求职信中滥用名言、俗语..142
个人资料要准备充分............142
应聘时不宜拿出艺术照..........142
求职时要事先了解应聘单位......143
进入面试场所时要敲门..........143
离开时要随手关门..............143
进门要打招呼，并回应招呼......144
未经允许不可落座..............144
面试中不做小动作..............144
入座时避免碰响桌椅............144
坐下后不可晃腿................145
善于打破沉默..................145
说话速度要适度................145
谈话内容要简洁................145
说话声音要稳定................146
不可与面试官套近乎............146
不可对面试官抱有成见..........146
面对多个面试官时不可只注意某个人..147
既会讲理论，又要摆事实........147
态度要积极....................147
表态不可犹豫不决..............148
切忌伪装完美..................148
自我定位要准确................148
耐心听清问题再回答............149
切忌滔滔不绝..................149
说话要谦虚....................149
不对应聘单位妄加评论..........149
提问要适时....................150
提问内容要适当................150
切忌批评和诋毁原单位..........150
打探薪水和福利要看时机........151
礼貌有始有终..................151
要注意及时告辞................151
面试官与应聘者告辞要起立......152
切忌打击应聘者................152
切忌态度傲慢，盛气凌人........152
提问题要适当..................152

第十七章　职场工作礼仪

在上司面前不可逞强............154
不可只跟老板打招呼............154
不可直呼老板的名字............154
不可绝对服从..................155
在职权范围内自主决断..........155
女性言行要端庄大方............155
遇到困难要积极解决............156
提高工作效率..................156
切忌越级请示领导..............156
不可热衷于传播小道消息........157
切忌在办公室谈论、评论别人的无能..157
切忌大肆批判公司制度..........157
要关心同事....................157
热心于公益性事务..............158

— 009 —

与异性同事交往不可过密……158
注意自己在异性面前的身体语言…158
不可泄露公司机密……159
杜绝丢三落四的毛病……159
认真对待琐碎却必要的工作……159
接受任务时不可嘀嘀咕咕……160
不把今天的事情拖到明天……160
对同事的能力表示信任……160
不要在无关紧要的事情上浪费时间.160
不要包揽自己能力不够应付的事情.161
不可将重要任务一口回绝……161
要懂得适当求助别人……161
让同事分享自己的快乐……162
不可忌妒别人……162
不为流言所动……162
不在办公室里吃有刺激性味道的食物.162
不宜在办公室和别人分享自己的食物.163
对同事的零食应接受……163
与别人共用办公桌时要懂得礼让…163
分清工作关系与私交……164
积极参加下班后的同事聚会……164
不可公开过多个人信息……164
谦虚有度……165
不做事后诸葛亮……165
尽快接待正在等待的客人……165
对同事的客人也要热情接待……165
包容和自己意见不同的人……166
不要等到任务分配到头上才去做…166
不可频繁请假……166
与同事和睦相处……167
切忌表现出"怀才不遇"的样子…167
以友好的态度帮助新同事开展工作.167
尊重勤杂人员……167
适度承担一些自己职责范围之外的事情.168
切忌主动包揽任务……168

主动承担责任……168
不可过度承揽责任……169
敢于表达自己的意见……169
对同事的帮助要懂得回报……169
切忌意气用事，为犯错的同事辩护 170
不可言行不一……170
尽量不打扰工作中的同事……170
不在背后议论领导……170
进出领导办公室要注意细节……171
听上司讲话注意力要集中……171
认真对待领导分配的工作……171
向上级禀告要把握分寸……172
指正下属的错误宜在私下进行……172
不打小报告……172
不越级报告……173
不可替领导做主……173
要注意当众维护上司的权威……173
不顶撞上司……174
不介入上司的私人空间……174
不宜私访上司的家宅……174
不可无故奉承别人……174
不争功邀功……175
切忌以"跳槽"威胁上司……175
对上司要敢于提出意见……175
切忌升职后趾高气扬……176
犯错后主动道歉……176
道歉要真诚……176
敢于承认错误……176
工作中应谦虚、谨慎……177
在下级面前要以身作则……177
听取下属的合理意见……177
主动与下属沟通……178
懂得在下属面前克制情绪……178
通知应明确、前后一致……178
不可朝令夕改……178

尊重副职领导的意见............179
不可在职场上讲男尊女卑........179
部门之间要相互沟通、合作......179
自己买衣服不应到公司报销......180
不可私自将单位的资料带回家....180
接打电话时要找一个安静的环境...180

第十八章　会议礼仪

展览会要安排讲解员............182
举行露天大型仪式要设休息棚....182
举办展览会要注意展品排列......182
举办展会要热心向观众讲解......183
展会上不可对观众滔滔不绝......183
工作人员不宜在自己展位上吃零食.183
参观展会时要注意自己的公众形象.184
参加展览会时不可哄抢展品......184
应邀参加典礼不可无故缺席......184
剪彩时动作要利落..............184
参加典礼要遵守程序............185
不要坐在嘉宾席上嚼口香糖......185
举行会议要选好场地............185
举行会议要确定唯一联络人......186
做即席发言事先确定人选........186
做即席发言时要言语得体........186
参加会议要签到................186
迟到入场不要影响他人..........187
在指定位置就座................187
鼓掌要看时机..................187
别人发言时不可小声嘀咕........188
自由发言时不可保持沉默........188
主持人要精神饱满..............188
主持会议时不可在场内与熟人打招呼.188
主持活动要注意与会者的情绪变化.189
主持人不可过分自我表现........189
切忌与其他主持人抢话..........189
主持人要尊重嘉宾..............190
不可强请不擅表演的人出节目....190
发言时不可只顾低头看讲稿......190
发言时不可频繁舔嘴唇..........190
会上发言要听主持人安排........191
不可同时提出两个以上的问题....191
中途退场要低调进行............191
按次序退场....................191
做演讲时要擅用目光............192
演讲时自我介绍要恰当..........192
冷静面对突发事件..............192
不在会场上乱扔杂物............193
参加社交聚会时不可原地不动....193
切忌在社交聚会上扎堆..........193

第十九章　应对媒体礼仪

举办演出要注意节目顺序的安排...194
开新闻发布会前要准备资料......194
召开新闻发布会要选择合适的场地.194
召开新闻发布会切忌请错媒体....195
召开新闻发布会要考虑媒体的方便.195
采访时不宜提出刁难问题........195
采访提问要顾及对方的心情......196
接受采访时要注意言行举止......196
接受采访时要做配合............196

第二十章　商务与公务礼仪

在接待室等待时要有耐心..........197
等待期间不可与工作人员聊天......197
和接待人员说话要懂礼貌..........197
商务谈话时不可常做补充、质疑...198
谈判时要尊重对手................198
谈判时要懂得让步................198
谈判过程中要分清人事............199
不可以私事理由拒绝商务宴请......199
不可在低档嘈杂的饭店宴请客户....199
商务宴请的花费应适可而止........200
接待过程中询问意见不宜采用开放式
　提问..........................200
商务宴请的菜单安排要合理搭配....200
拒绝对方要注意时机..............201
拒绝时不应含糊暧昧..............201
拒绝时不可把话说绝..............201
做业务介绍时切忌诋毁竞争对手....201
开会前要布置会场................202
选择的会谈人员身份要对等........202
确定谈判地点时要征求各方意见....202
谈判时不可自己坐上座............203
注意国旗的摆放位置和次序........203
懂得处理谈判中的冷场............203
双方签字要讲座次................204
多边谈判座次排列要恰当..........204
谈判桌上要保持风度..............204
签字要遵守程序..................205
公务接待要注意规格..............205
迎宾前要制订计划................205
选择合适的迎宾地点..............206

迎接客人要提前到达..............206
事先确定合适的接待人员..........206
待客要懂"热情三到"..............206
细心安排礼宾次序................207
拍照时要注意排对位次............207
接站牌的制作要整洁大方..........207
客人到达后不可马上安排活动......208
应答来宾要及时..................208
行进中的位次要有讲究............208
引导行进中转弯要提醒............209
上楼梯时不宜请女士走在前面......209
乘电梯时不可强行挤入............209
避免挡住电梯按钮................209
乘电梯时应保持安静..............210
不可并排站扶梯..................210
参观企业时要从众................210
参观企业时不可进入非开放场所....211
轿车上要讲究座次排序............211
切忌在轿车上指出贵宾坐错了位置..211
上下轿车要讲谦让................211
送客时要等客人的车离开后再返回..212
坐车时切忌不断问询司机..........212
陪同客人乘电梯应先入后出........212
正式活动要发邀请函..............213
应邀要遵守邀请函的提示..........213
陪同上司出行要注意自己的身份....213
以左为尊要看场合................213
与英国人商谈不可系条纹领带......214
与外宾交谈不可涉及敏感话题......214

第二十一章　现代科技礼仪

- 使用邮件要规范..................215
- 不可用网络取代面对面交流......215
- 发送邮件前要检查..................215
- 转发邮件须谨慎..................216
- 收到电子邮件要及时处理..........216
- 发送电子邮件要讲礼节..........216
- 谨慎选择回复全部邮件..........217
- 不可随便使用附件..................217
- 不可在电子邮件中夹带垃圾信息...217
- 收发邮件要看轻重缓急..........217
- 必要的时候使用隐蔽副本发送.....218
- 工作中使用邮件要遵守公司规定...218
- 在正式场合发送短信也要讲究规范...218
- 礼貌地使用浏览器本地标签和书签..................219
- 让孩子远离不合适的网站..........219
- 不可轻易相信从网站上获取的信息...219
- 谨慎地处理邮件广告..............220
- 礼貌地参与邮件列表管理..........220
- 正确使用手机铃声..................221
- 就餐或开会时不宜接听电话......221
- 打电话时注意选择合适的场所.....221
- 不可随便查看他人通话详单......222
- 有礼貌地使用掌上电脑和黑莓技术...222

第二十二章　送礼礼仪

- 送礼要有合适的理由..............223
- 不可滥送红玫瑰..................223
- 送花要数枝数..................223
- 送礼要真情实意..................224
- 不可送广告礼品给别人..........224
- 不可送过时的礼品给别人..........224
- 不可送太贵重的礼品或现金......225
- 选送礼物要打包装..................225
- 礼品与包装要相匹配..............225
- 不送华而不实的礼物..............226
- 送礼金的数目要有所讲究..........226
- 送礼不要千篇一律..................226
- 送礼要讲场合..................226
- 不可当着几个人的面给一个人送礼...227
- 送礼要选择恰当的方式..........227
- 送礼要考虑受礼人喜好..........227
- 送礼要考虑与对方的关系..........228
- 送礼要有新意..................228
- 不可频繁送礼..................228
- 送礼要大大方方..................228
- 送花给病人要考虑是否合适......229
- 给病人送礼要考虑对方需要......229
- 做客进门时就将礼物送给主人.....229
- 礼物上不可留有价格标签..........230
- 回礼要看价值..................230
- 不可无故拒收礼品..................230
- 对不适当的礼物要礼貌地退回.....230
- 受礼后要回礼..................231
- 受礼后不可随手丢放在一边......231
- 收到礼物切忌说："这东西很贵吧！"（或当场表示不喜欢）..........231
- 受礼后不可到处炫耀..............232
- 不要将收到的礼品很快转送别人..................232
- 给孩子送礼物要讲究方法..........232
- 给孩子送礼可以选择衣服..........233
- 给十多岁的孩子和青少年送礼物要考虑其爱好..................233

赠送生日礼物要有所讲究……233	对礼物的赠送者表示感谢……235
记住朋友的生日……234	为结婚纪念日选择适当的礼物……235
对你不喜欢的礼物可以拿到商店调换……234	谨慎选择商务活动中的礼物……236
教育孩子如何接受礼物……235	节日以红包的形式给日常服务人员送礼物……236

第二十三章 宴会礼仪

隆重仪典请客要发请帖……237	地点……244
发请帖要注明请客地点……237	宴请客户时要学会点菜……244
写请帖要符合规范……237	宴请客户时要主动去结账……244
不可随意将重要活动的请帖转送他人……238	宴请异性朋友，以礼为先……244
正式宴请前要沟通……238	男士结账显风度……245
安排桌次有章法……238	点菜时不可找最贵的点……245
安排座次要有规则……239	点菜要懂搭配……245
安排座次时要考虑来宾之间的交流……239	赴宴时不可额外点菜……245
在外宴请要预约……239	切忌对别人点的菜做评价……245
对来宾不可厚此薄彼……240	不议论账单的数目……246
接到请柬后要及时回复……240	吃饭不要出声……246
不能按时赴宴要做出声明……240	打喷嚏要背转身……246
不可穿制服赴宴会……241	不可只挑自己喜欢的吃……247
赴宴时要脱帽……241	对自己不喜欢的食物也应该适当品尝……247
赴家宴要带礼品……241	不宜在宴会上接电话……247
赴宴时不可携带未受邀请的宾客……241	夹菜舀汤要小心……247
切忌小皮包放在桌上，大衣搭在椅背上……242	切忌抢着夹菜……248
入席后要跟陌生邻座打招呼……242	不可起身去夹离自己很远的菜……248
与同事进餐时不谈同事的隐私……242	要吃完自己碟中的菜再重新夹菜……248
与同事进餐时不要在同事面前批评上司……243	不可将夹起的菜重新放回盘中……248
宴请重要客户要讲究档次……243	中餐餐具及其摆放……249
对待未来客户要讲究舒适……243	使用中餐餐具礼仪……249
对待老客户要讲究情绪的渲染……243	中餐进餐礼仪……249
宴请客户时尽量不要带自己的爱人……243	中餐上菜程序……250
宴请客户时要早于客户到达宴会	餐桌上剔牙要避人……250
	宴会开始后才可动筷……250
	吃中餐时不可嘬筷子……250

— 014 —

吃中餐要注意筷子不可乱用......250
不可用筷子剔牙......251
交谈时不可挥舞筷子......251
宴会上不宜与他人交头接耳......251
宴会上要使用公筷......252
切忌随意劝酒劝菜......252
饮酒要有节制......252
别人敬酒时不可捂酒杯......252
不可越过身边的人敬酒......253
给长辈敬酒时杯沿要低于对方......253
别人敬酒时不可只顾自己夹菜......253
主人或主宾致辞时不可与旁人交谈......254
在餐桌上不宜谈论政治和新闻......254
酒桌上谈话不可唯我独尊......254
在中餐宴会上不可只吃饭不说话......254
酒桌上不可大声喧哗......255
不可随便转移餐桌......255
不可结伴提早离席......255
吃西餐不识菜名不可胡乱点......255
吃西餐要学会点酒......256
在西餐桌上客人不可主动斟酒......256
不可在红酒中加其他饮料......256
在西餐桌上喝酒有度......257
吃西餐切忌擦餐具......257
不可大口大块吃面包，一粒一粒吃豆子......257
不可捡起掉落的刀叉继续用......257
吃西餐时不可把双肘支在桌上......258
吃西餐要学会用餐具......258
吃西餐不可乱放刀叉......258
喝汤时切忌把整个勺子放进嘴里......259
不可将面条切断再吃......259

吃鱼时不可将鱼翻过去吃另一半...259
不可将装饰配料直接入口......259
吃水果时要注重细节......260
吃西餐不可随便用手取食......260
吃西餐切忌滥用调味品......260
不可端着盘子喝汤......261
在餐桌上发生意外时不可大惊小怪...261
不可在西餐桌上打饱嗝......261
不可在西餐桌上找牙签......262
参加西式宴会告辞要看主宾行事...262
不做最后一个告辞的人......262
不可用咖啡勺喝咖啡......262
不可吹气为咖啡降温......263
坐着喝咖啡时不要连碟一起端......263
咖啡杯碟不可分开放......263
切忌左手咖啡，右手甜点......263
吃自助餐要使用公用餐具......264
吃自助餐要了解菜序......264
吃自助餐不可一次取食太多......264
为别人取菜不可太殷勤......264
吃完自助餐不可打包走......265
吃完自助餐要送回餐具......265
主人在酒会上不可忽略次要客人......265
举办典礼事先要充分准备......266
参加鸡尾酒会不宜提前太早到......266
在聚会上不可拉住主人讲个没完......266
参加酒会吃喝的同时要注意交际......267
在品酒会上把自带酒与大家一起分享...267
告辞时宜低调进行......267
回复宴请的规格要相当......267
在AA制聚会上要主动掏钱......268
不可悄悄拿走新奇的食物......268

第二十四章　约会礼仪

在活动中主动让别人认识你......269
寻找途径结识新朋友......269
介绍的方法......269
主动邀请某人外出约会......270
拒绝约会时尽量详细说明理由......270
第一次约会前要做好充分的准备...271
接你的约会对象......271
约会结束后道晚安......272
在第一次约会结束时约定第二次
　　约会......272
确定恋人关系......272
与对方以相同的步伐推进彼此的
　　关系......273
坦诚地交流经济问题......273
公共场合的情感表露要有所节制...273
公共场所可以适当表露亲密行为...274
友好分手......274
不可仅仅为了抚平旧的创伤而开始
　　新的约会......275

第二十五章　婚礼与舞会礼仪

参加婚礼不可穿得比新娘还艳......276
参加婚礼时务必摘除黑纱......276
参加婚礼穿着不可太朴素......277
在婚礼上与新人开玩笑要有度......277
参加婚礼不可出风头......277
舞会上场、下场要守规矩......278
参加正式舞会要穿礼服......278
参加迪厅舞会不可穿着礼服......278
舞会服饰不可喧宾夺主......278
邀请合适的舞伴......279
邀请舞伴要看时机......279
不可频繁邀请同一个人跳舞......279
邀请人跳舞要征求其同行者的许可...280
跳舞时要避免踩舞伴的脚......280
跳自己熟悉的舞......280
拒绝邀请要说明具体理由......280
不当"冰山美人"......281
避免将口红沾在男舞伴衣领上......281
跳舞时切忌盯着别人喋喋不休......281
跳舞时切忌详问舞伴个人情况......282
跳舞时与舞伴保持适当的距离......282
选舞伴要懂规矩......282
舞曲类型要有变化......282
男士不可拒绝女士的邀舞......283
不可争抢舞伴......283
跳舞结束后不可径自返回......283
共舞时不可在舞场中横冲直撞......284
做观众时要注意自己的形象......284
邀舞时应谦虚有礼......284
跳舞时不可只看脚步......285
跳舞时动作要协调......285
不可在舞场中穿行找人......285
拒绝别人送行时不可态度粗暴......285

第二十六章　寿礼与葬礼礼仪

做寿要遵循年龄规定......287
赠送寿礼要轻重得宜......287
赠送寿联要符合对方情况......287
寿筵的规模要根据年龄而定......288
饮寿酒、吃寿面要注意规矩......288
对患绝症的亲友要多陪伴......288

对死讯谨慎询问……288	葬礼主持人要保持严肃、庄重……290
以守丧的方式悼念至亲好友……289	参加葬礼不可穿鲜艳衣服……291
告别遗体时避免带小孩……289	参加葬礼不可佩戴耀眼首饰……291
葬礼的花费要尽量节俭……289	参加葬礼要注意神情举止……291
及时向亲朋好友通知死讯……289	参加葬礼时不宜号啕大哭……291
为去世的亲友刊登讣告……290	在葬礼上避免注视死者的亲人……292
对死者的家属表达慰问……290	

第二十七章　孩子养育礼仪

通知怀孕的消息宜缓……293	及时给赠送礼物的亲友写感谢信…300
与合适的对象交谈怀孕的细节……293	对朋友的礼物要回赠……301
妥善处理怀孕中的呕吐问题……293	带孩子拜访亲友要事先询问是否
合理解决穿着问题……294	方便……301
对怀孕者体重的大幅增加不可笑话……294	保持孩子充足的睡眠……301
与他人分享胎动的喜悦要慎重……294	抱婴儿前要先洗手……301
与朋友交流怀孕带来的身体变化……295	选择合适的哺乳场所……302
不要给准妈妈讲生孩子时的痛苦	尽量避免在他人面前哺乳……302
过程……295	在人前哺乳要注意遮掩……302
为新生儿的庆祝会做好准备……295	必要的时候可用奶瓶哺乳……303
在庆祝会上给准妈妈一个惊喜……296	及时给孩子更换尿布……303
给孩子和母亲选择合适的礼物……296	在朋友家为孩子更换尿布要注意
对庆祝会的礼物表示感谢……296	卫生……303
不可取笑别人家孩子的名字……297	不可随意丢弃脏尿布……304
不可随便与他人谈起分娩经历……297	经常给孩子洗澡……304
拜访新妈妈要选择恰当的时间……297	根据孩子的哭声辨别其需求……304
拜访新妈妈不可逗留太久……298	为孩子的小睡创造条件……305
及时告知孩子的出生……298	礼貌地使用儿童汽车座椅……305
对亲友赠送礼物表示感谢……298	使用儿童推车要避免妨碍他人……306
向亲朋好友寻求帮助……298	及时处理孩子的发热……306
保持正常的人际关系……299	了解孩子的个人喜好……307
带孩子外出前要做好准备……299	及时让孩子得到休息……307
不要随便要求别人抱自己的孩子……299	及时给孩子喂食……307
为新生儿选择适当的礼物……300	正确选择孩子活动聚会时间……307
对不需要的礼物可退回商店……300	让孩子在公共场所行为良好……308

让孩子学会文明就餐……………308
让孩子在电影院做文明观众……309
让孩子在操场玩耍过程中学会礼仪…309
在超市和商店适度满足孩子的要求.310
让孩子在飞机、汽车和火车上保持良
　好礼仪………………………310
让孩子与同学分享玩具……………311
不可责骂和体罚孩子………………311

避免在孩子面前讲脏话……………312
别让自己的不良情绪感染孩子……312
尊重他人的着装……………………312
教育孩子合理着装…………………313
让孩子养成进门脱鞋的习惯………313
让孩子通过生日庆祝会学习交往
　礼仪…………………………313

第二十八章　校园礼仪

出入校门要下车……………………315
女教师不宜戴首饰上课……………315
教师不可私拆学生信件……………315
对学生的简单问题也要耐心解答…316
平等地对待所有学生………………316
不宜当众批评学生…………………316
不可武断批评学生…………………317
误解学生后要道歉、解释…………317
热情回应学生的问候………………317
与学生交流要实事求是……………317
懂得赞美学生………………………318
尊重其他同事………………………318
男生不留长发………………………318
见到老师要打招呼…………………318
不是自己的老师也要打招呼………319
进出老师办公室要有礼貌…………319
在老师办公室不应停留太久………319
不可在办公室里翻老师的物品……319
尊重实习老师………………………320
不可当众顶撞师长…………………320
不在背后议论老师私事……………320
有事要请假…………………………321
"课桌文化"不可取…………………321

不在课堂上打瞌睡…………………321
不可在课堂上起哄…………………321
尊重有缺陷的同学…………………322
不可偷看同学的信件、日记………322
男女生交往要得宜…………………322
严禁撕毁、涂改学校公告…………323
不在教学区、宿舍区打球…………323
受奖后要徐步走下台………………323
就餐时不可长时间占座……………323
不可乱倒剩饭剩菜…………………324
不用书本提前占座…………………324
住集体宿舍要遵守作息时间………324
离开寝室、教室前要关灯上锁……324
进实验室要遵守规定………………325
在图书馆看完书要归位……………325
爱护图书馆的书……………………325
不可同时占几本书…………………326
写签名、赠言时态度要恭敬………326
不可强行给别人题赠………………326
积极参加集体活动…………………326
参加集体活动要穿校服……………327
集体参观要列队……………………327
参加升旗仪式要严肃………………327

第二十九章　出行与游览礼仪

不随地吐痰……328
不可在景点刻字留名……328
不在公共场所聚众围观……329
自觉排队……329
不在地铁站内打闹……329
公交车上应主动让座……329
乘车要自觉买票……330
乘公交车不可堵着车门……330
乘火车不可从窗口上车……330
在火车上不宜脱鞋……331
进门后要替紧随其后者把门……331
不在草丛、林地乱丢烟头……331
不在有人游泳的水域跳水……331
使用公共游乐设施要顾别人……332
听音乐会要穿正装入场……332
避免在音乐演奏的中途入场……332
听音乐会要保持安静……333
观看演唱会时不可在场内随处
　走动……333
别人通过时礼貌让路……333
演唱会上不可乱扔荧光棒……333
对台上的演员要有礼貌……334
观看球赛时不可声嘶力竭……334
不可把嚼过的口香糖粘在桌子下面……334
在超市购物不可用手接触裸露食品……335
试衣时应注意不要弄脏衣服……335
试衣后把衣服放回原位……335
不可随意拆开商品包装……336
品尝超市食品要按规定进行……336
看过商品后要归位……336
住旅店不可大肆浪费……336

禁用旅店的毛巾擦皮鞋……337
在旅店说话时应关上房门……337
不可穿着浴衣在大堂里穿行……337
不可在公园的长椅上躺卧……338
不可攀爬雕塑、栏杆等禁攀设施……338
停车时注意不要妨碍交通……338
驾车不可乱鸣笛……338
接受陌生人帮助后要说"谢谢"……339
携宠物出行要注意避免妨碍他人……339
在景点注意别妨碍他人拍照……339
乘船时不可在甲板上乱挥衣服……339
乘船时晚上慎用手电筒……340
乘飞机时不可无故频繁呼叫乘务员……340
乘机时不可冒昧与邻座搭讪……340
乘机时礼貌对待别人的搭讪……341
乘机点餐时不可提出过分要求……341
在飞机上不可占据过多空间……341
野餐完毕后要清理场地……342
不可在公共场所长时间占用卫生间……342
使用公共卫生间要冲马桶……342
情侣在公众面前不可行为过密……342
在公共餐厅就餐要尊重服务员……343
在快餐店吃完饭后要及时离开……343
观看演出时要按号就座……343
观看剧场的演出要脱帽……344
在动物园不可违规给动物喂食……344
不可随意采摘公园果树上的果子……344
禁止攀折公园花草树木……344
行路要懂得礼让……345
避免逆行……345

第三十章　涉外礼仪

不可随意拍摄、录音..............346
出境接受服务要付小费............346
不可带病会见外商................346
与外宾合作时要提供外语资料......347
对外国人不可乱用手势语..........347
行拥抱礼时要懂分寸..............347
行接吻礼时避免引起误会..........347
面对外宾恭敬有度................348
与外宾对话不可过于客套..........348
不可随便抚摸外国小孩的头顶......348
慎用中式习惯称呼外国人..........349
接待外宾时要平等对待............349
接待外宾时不可滥用人情..........349
懂得女士优先....................349
参加西式宴会不可要求添饭........350
不可将红酒一饮而尽..............350
传杯饮酒时要拭杯口..............350

第三十一章　世界各地礼仪

不要在加拿大人面前说他们与美国很
　　相似........................351
注意英美词汇意义的差异..........351
在英国要学会喝下午茶............352
在英国进行商务会谈要安排在早上..352
适应欧洲人的饮食习惯............352
避免用不流利的法语与法国人交谈..352
在德国称呼人要用正式称谓........353
在亚洲国家要注意红色和白色的特定
　　含义........................353
在日本就餐要遵守他们的饮食习惯..353
去中美和南美旅游要学习西班牙语
　　或葡萄牙语..................354
在日本问候他人要鞠躬............354
正确理解"hay"的含义............354
在中美和南美旅游要有耐心........354
不可在景点随便拍照..............355

绪论　赢在礼仪

礼仪的内涵和外延

什么是礼仪呢？简单来说，礼仪就是礼节和仪式。展开来说，礼仪是人们在工作、生活中所要遵循的礼节，它是一种约定俗成的规范，是为维系社会正常生活而要求人们共同遵守的最起码的道德标准，是人们在长期共同生活和相互交往中逐渐形成的并以风俗、习惯和传统等方式固定下来的准则。对个人来说，礼仪是一个人的思想道德水平、文化修养、交际能力的外在集中体现；对社会来说，礼仪是一个国家社会文明程度、道德风尚和生活习惯的直观反映。

在越来越重视合作和交往的今天，礼仪已成为道德实践的一个重要环节。孔子曾经说过："少成若天性，习惯成自然。"意思是说从小去培养一个人的文明礼仪，才能形成良好习惯。文明礼仪是社会文明程度的重要标志，从中华几千年文明史来看，人们对文雅的仪风和仪态一直孜孜以求。随着现代生活水平的提高，人们也倍加关注个人礼仪。表面看，个人礼仪是涉及穿着打扮、举手投足间的小事小节，但是这些小事小节却能显示一个人的精神风貌，体现一个人的文化素质和人格修养。

从个人修养的角度来看，礼仪可以说是一个人内在修养和素质的外在表现；从生活交际的角度来看，礼仪可以说是一种交际方式，是人际交往中约定俗成的尊重、友好的习惯做法；从传播的角度来看，礼仪是在人际交往中进行相互沟通的技巧。总之，礼仪是个人素质最直接的表现，是个人综合素质的真实名片。每个人在生活、工作、学习、交流等过程中都会接触到许多不可不知的礼仪。

礼仪涵盖社会生活的各个方面。从内容上看，有仪容、举止、表情、服饰、谈吐、待人接物等；从对象上看，有个人礼仪、公共场所礼仪、待客与做客礼仪、餐桌礼仪、馈赠礼仪、文明交往等。在人际交往过程中的行为规范称为礼节，礼仪在言语动作上的表现称为礼貌。加强道德实践应注意礼仪，使人们在"敬人、自律、适度、真诚"的原则上进行人际交往，告别不文明的言行。

通常情况下，我们把礼仪分成五大分支，即政务礼仪、商务礼仪、服务礼仪、社交礼仪、涉外礼仪。但是这种分类只是相对而言，各分支礼仪内容都是相互交融的，大部分礼仪内容都大体相同，在日常生活当中需要的在工作当中同样也需要。一个在生活当中彬彬有礼的人，在工作当中一定也会十分注重个人礼仪。

人从生下来就开始不断地学习各种礼仪。礼仪的主要功能，从个人的角度来看，一是有助于提高人们的自身修养；二是有助于美化自身、美化生活，有助于促进人们的社会交往，改善人们的人际关系。此外，礼仪还有助于净化社会风气。

礼仪是个人综合素质的体现

礼仪不但能体现出个人的综合素质，还能体现出团体的美。

中华民族自古就被称作"礼仪之邦"，作为一个中国人就更应该注意自己平时的言行举止，做一个有礼仪、有素养的人。从团体的角度来看，礼仪是企业文化、企业精神的重要表现方式，是企业形象的主要附着点。凡国际化的大企业，对于员工礼仪都有非常高的要求，都把礼仪作为企业文化的重要内容之一，作为获得国际认证的重要软件。

礼仪内容丰富多样，但它有自身的规律性，其基本的礼仪原则：一是敬人的原则；二是自律的原则，就是在交往过程中要克己、慎重、积极主动、自我反省；三是适度的原则，适度得体，掌握分寸；四是真诚的原则，诚心诚意，以诚待人，不逢场作戏，言行不一。

个人礼仪主要内容包括行为举止礼仪、着装礼仪、言谈礼仪、餐饮礼仪、送礼礼仪等。

礼仪是一个人综合素质的表现，它主要还是体现在与人交往的过程当中。比如见面礼仪、公共礼仪、学校礼仪、公务礼仪、日常交际礼仪、涉外礼仪等。我们在下面各章节中会有更为详细的介绍。

以个人为基点——礼仪是一张个人素质的名片，要想提高这张名片的含金量，只有自己坚持不懈地学习和努力。但群体都是由一定的个体所组成，因此，个人行为会直接影响群体、组织，乃至社会的生存与发展。从这层意义看，加强个人礼仪学习，规范个人行为，不仅是为了提高个人的自身修养，更重要的是为了促进社会发展的文明有序。

以修养为基础——在社会活动交往中，个人礼仪不仅是简单的个人行为表现，而且是个人的公共道德修养在社会群体里的体现，反映的是一个人内在的品格与文化修养，所以可以说个人的礼仪是以个人修养作为基础的。

以尊重为原则——在社会活动交往中，讲究个人礼仪应奉行尊重他人的原则，要想赢得尊重，先去尊重别人。

以美好为目标——遵循个人礼仪，奉行尊重他人的原则。按照个人礼仪的标准行动，是为了更充分地展现个人的精神风貌，更好地塑造个人形象。

个人礼仪能使个人形象日臻完美，教会你识别美丑，明辨是非，使你的生活日趋美好。

以坚持为方针——个人礼仪的确会为人们展示美好，让社会更加文明，只是所有这一切，不是一日之功，不可能立竿见影，所以我们不能急于求成，要持之以恒，长期不懈地努力。

良好的个人礼仪及规范的处事行为并非与生俱来，也非一日之功。它是靠后天的不懈努力和精心教化才逐渐形成的。因此，可以说个人礼仪由文明行为标准真正发展成为个人的一种自觉自然的行为，是一个需要不断学习和渐变升华的过程。

礼仪不仅仅是个人素质的表现形式，而且作为一种社会文化，事关组织、社会乃至国家和民族的整体形象。强调个人礼仪，是为了倡导现代文明，旨在提高个人素养，强化社会良好礼仪风范。良好的个人礼仪形象是我们自尊尊人之本，更是我们立足、立业之源。

既然礼仪是个人素质的名片，那么就让我们从现在开始，努力增加自己这张名片的含金量吧！

小礼仪的重要性

或许有人会说：一个人在工作上只要工作能力强，就会得到领导的重视；在生活上硬件上去了，其他的问题就会迎刃而解。礼仪只不过是一种软件，学习不学习、知道不知道及遵守不遵守都没有什么特别的必要。

事实上却并非如此，有时候，人在小礼仪上会犯下大的错误。

礼仪在社会政治、文化、生活当中都占有很重要的位置。中国自古就是一个讲究礼仪的国度。早在先秦时代，我们的祖先就建立了一套完备的礼仪。周公的"制礼作乐"及孔子哀叹的"礼崩乐坏"，都说明了这一事实。孔子认为，一个人如果失去了礼仪，那就"无异于禽兽"。在中国古代，如果你的行为不合乎礼仪，轻则招人鄙视，重则甚至有入狱杀头的危险。

礼仪是适应时代发展、促进个人进步和成功的重要条件。可以说，人类文明是从礼仪开始的，也就是从仪容仪表、言行举止、为人处世等方面开始发展的。

随地吐痰、说两句脏话等这些看起来似乎是"小毛病"，有时候却会导致十分严重的后果。

一个女孩和一个男孩经人介绍相识，两人见面后觉得十分投缘，大有"相见恨晚"的感觉，而且对对方的家庭以及其他条件也都十分满意。朋友们也都十分高兴，但是出乎大家意料的是，两人交往了没几天，女孩就找了个借口和男孩分手了。

男孩和朋友们都十分不解。后来女孩和朋友解释说："他这个人什么都好，就是吃饭的时候吃相太难看了，而且一边吃饭一边嘴里还弄出很大的声音，一次两次还可以忍受，但是想想如果以后要是朝夕相处，那样我可忍受不下去啊！"

一段大好的姻缘就因为个人礼仪上小小的疏忽而白白丢掉了，如果那个男孩知道这其中因由，想必一定会后悔莫及吧。

社会活动中要注意的礼仪

非但生活上如此，在社会活动中，

礼仪更加重要，犯下一个小小的错误，往往会导致无法弥补的后果。在我们为找工作而参加面试的时候常常会遇到这样的情况。某单位就工作能力方面很难在短时间内对求职者进行正确的评估，而且参加面试的人水平基本上都十分相近，这时候，个人的礼仪就成了用人单位考察人才的重要指标之一。很多面试官都刻意在面试现场设下"陷阱"，比如放歪的拖把、躺倒的椅子等，甚至是在地上扔一片废纸，这些都可能是考核个人礼仪的"题目"，如果你做到了把拖把放好、把椅子扶正、把废纸扔到纸篓里，那你很可能就会被录用；而如果你疏忽了，那么很遗憾，你可能会因此而失去一份有大好前途的工作。

在与客户打交道上，必要的礼仪也很重要，可能正是因为你一个简单的微笑、一句下意识的赞美，就可以为公司带来大笔的订单和高额的利润，但是也可能因为你礼仪上的一点小失误，而丧失大好的合作机会。

社会活动当中，对礼仪要求最严格的莫过于客户服务了。一说到服务，不少经销商便会历数自己具备的种种服务功能与先进的服务设施——豪华、宽敞的展厅，音乐、电视、茶饮、餐食，四位一体甚至多位一体，维修设备先进、齐全，如此等等。而评价一个经销商的服务水平，也常常以有形的硬件为标准。这些硬件设施，让经销商们投入了巨额资金，也让在此接受服务的消费者，享受着不菲的价格。

然而，硬件过硬，并不就真能够代表服务会到位。我们拿平时经常接触的电信服务来说吧。某人因家里要安装宽带网，到电话局咨询相关事宜。这本来是好事，电话局里的硬件设施与功能不可谓不全面、周到，咨询台、介绍各项业务的小册子、业务办理处及身披绶带的礼仪小姐的热情引导……然而，如果工作人员的态度爱答不理、漫不经心，就会使他感觉受到了冷遇与伤害，而打消了安装宽带的念头。

再比如：豪华、漂亮、设施齐全、功能完备的品牌专卖店，为广大消费者提供了优美、舒适的环境，这对招徕顾客很有帮助，但服务是一个企业综合素质的体现，要为客户提供满意的服务，不仅要有过硬的服务设施，更要有先进的服务理念、虔诚的服务意识。否则，再好的硬件设施也只能是一个摆设。

社会的飞速发展和文明程度的不断提高，以及与世界交流的日益频繁，如何体现自己有礼、有节、有度的修养和风度，已成为越来越多的人们迫切需要解决的问题。在人际交往中礼仪不仅可以有效地展现一个人的修养、风度和魅力，还能直接体现出一个人对社会的认知水准、个人学识和价值。人们越来越意识到礼仪在生活、工作和生意场上的重要作用。礼仪在当今社会已经成为提高个人素质和单位形象的必要条件，"不学礼，无以立"已成为人们的共识。"内强个人素质，外塑单位形象"，正是对礼仪作用的恰到好处的评价。

一个国家，文明礼仪表现如何，直接反映出这个国家的国民素质；一个城市，礼仪文明程度如何，直接反映出这个城市市民的修养素质水平。

第一章　仪容礼仪

塑造一个清新爽朗的形象

　　生活中有的人穿脏兮兮、皱巴巴的裤子，有时候还故意在衣服上剪几个洞；男性留络腮胡，女性留爆炸头；头发尽可能地让它乱去，鞋子尽可能地让它破去，手和脸也顺其自然地让它们灰扑扑的，似乎这就是"潇洒"。

　　这真是大错特错。有的人的形象是经过精心设计的，且通常出现在需要这种装扮的场合。我们常人不修边幅，应该说是对自己形象的亵渎、对别人的不尊重。况且我们不可能总出入于摇滚音乐会、舞会、狂欢派对等场合，在大多数时间和场合，还是让自己的形象清新爽朗比较好。

温馨提示：

☐ 衣服和鞋脏了要及时清洗、擦拭，衣服破了要及时修补，实在不能穿了要及时扔掉。

☐ 头发脏了要及时洗，长了要及时理，乱了要及时梳。

☐ 勤洗澡、勤换衣，保持身体和服饰的清洁自然是非常重要的。

丰富自己的表情

　　有些人的标志性表情是严肃、冷漠。如果你觉得面无表情就是酷，那你的观点绝对是错的。有些人的酷是一种包装策略，是一种风格。目的是用精心设计的"面无表情"来传达多元化的流行信息，塑造令人难忘的演艺形象。

　　无论别人说什么、做什么，都无视别人的身份和与自己的亲疏关系，一味以"面无表情"来应对，并自诩为"酷"，真是太辜负"礼仪"二字了。

温馨提示：

☐ 路遇熟人、与人见面之初要微笑，与人交谈、争论时表情应缓和。即使有激烈争论，也不要过于冷酷。

☐ 拜访师长、应邀访问、接待客人时，表情要丰富而热情、柔和。

☐ 当众讲话时，表情要随着发言的内容做相应变化，不要一个表情做到底。

以真实的笑容对人

俗话说得好:"伸手不打笑脸人。"当去不规范的饭店吃饭、遇到上门推销劣质化妆品的非法商贩、心虚的人费尽心思为自己的过错进行辩解……我们经常能见到这种虚假的笑容。这样的笑看起来僵硬而缺少真情,令人感到不自在。

当你笑不出来的时候,宁可不笑,也不要让面具一样的微笑挂在脸上。不真诚的笑容非但不能表达敬意,反倒会令礼貌失去意义。

温馨提示:

☐ 微笑的时候,眼睛要微微下弯,要把目光投向别人的眼睛,眼神要专注而热情。

☐ 微笑时不要生硬地去挤脸部肌肉,不仅要做到脸形笑,更要发自内心地露出愉悦的表情。

☐ 微笑的同时,言行要热情、尊重他人。

笑容要适度

舞台剧和搞笑题材的电影中,夸张的笑容随处可见。我们并没有感到突兀和生硬,反倒觉得如果不这样笑,剧情就无法淋漓尽致地得到展现,人物的个性就难以得到突出。

有人可能想,笑容夸张一些会显得自己更热情、乐观,于是就把"放大"的笑容运用到日常生活里去。打招呼时,边笑边飞速眨眼;见到老熟人或上司,立刻笑得恨不得把嘴巴咧到耳朵后面;别人讲了个大家听过无数次的笑话,其他人都礼貌地呵呵一笑,他却哈哈大笑,甚至捶胸顿足。

在日常生活中,夸张的笑容只能使你显得虚伪。笑,这种美好的表情,只有适度,才能真正发挥其礼仪效果。

温馨提示:

☐ 笑的时候,露出上排八颗牙齿即可。

☐ 笑的时候,声音不要刺耳、拖长,和自己平时说话的音量相当即可。

☐ 笑的时候,身体不要前仰后合,做出上气不接下气的样子,除非别人的笑话真的有这种威力。

微笑时要分清场合和对象

微笑是人类最美的表情,它传达尊重、爱、友好、期待、赞许。但如果滥用,或者在不适当的时候绽放,就免不了让人感到莫名其妙。

学生在老师讲述烈士遇难的故事时发出微笑,别人会认为他上课走神或感情麻木;员工在上司批评其他员工时露出微笑,别人会以为他幸灾乐祸;销售人员在客户提出一个在专业人士看来有些幼稚的问题时微笑,别人会认为他嘲笑客户;一个人在葬礼上微笑,别人会以为他居心不良。

只有在必要的场合、面对合适的对象,微笑才能体现出对别人的尊重。

温馨提示:

☐ 遇到熟悉的人,遇到令人愉快的事,看到和睦动人的场景,参加轻松的谈话时,可以微笑。

☐ 表示肯定和鼓励时,可以微笑;接受别人的道歉、提出一个很有创意的想法并得到别人的赞同时,可以微笑。

☐ 取得成果、受到表扬时可以微笑。

染发的颜色要适度

染发这种时尚,持续多年兴盛不衰。适当的颜色的确能增添魅力,使人的形象焕然一新。但不要忘了:别随便用夸张的颜色使自己的形象"面目全非"或"雪上加霜"。

教师、律师、医生等人用夸张的颜色染发，难以塑造出职业形象，难以获得别人的信任；中老年人用夸张的颜色染发，会让人觉得没有涵养甚至心理有"疾病"。用夸张的颜色染发，容易给别人留下糟糕的第一印象，影响别人的心情，同时还暗示着头发主人的傲慢无知和炫耀，自然也难以让别人愉快。

温馨提示：

☐ 选择染发剂的颜色时，要参照自己的发色、发质、发型。

☐ 染发时，选择的色彩要适合自己的肤色、眼睛的颜色。

☐ 染发时，所选颜色要符合自己的年龄、职业、个性、服饰及化妆的风格等。

根据场合选择适合的发型

发型是不能想怎么做就怎么做的，如果发型不适合你所在的场合，就不能体现你的内涵和修养，甚至还会对你所在的场合气氛等各方面起到负面作用。谁说发型和礼仪无关呢？

参加婚礼时做的发型比新娘还抢眼，会有捣乱之嫌；出席国际会议时做更适合舞台剧的古怪发型，会严重影响你的口碑；在狂欢晚会上出现时顶着过于普通的发型，则会让你在众人眼中成为一个准备不足的人。你的发型显示着你的素养、你的品位。很多发型虽看起来漂亮，却并不适合你。

温馨提示：

☐ 出席会议等严肃场合，发型适宜端庄保守。

☐ 出席休闲娱乐活动，发型应相对新颖活泼。

☐ 出席任何场合，都应事先熟悉其氛围和性质以及对仪表、礼仪的要求。

发型要与年龄相匹配

一个正上中学的女生烫着大波浪；一个年过三十的女性梳着一翘一翘的小辫子；一个中年男性留着在年轻人中流行的寸头，在额前留几根刘海，并将其染成炫亮的金色。无论从外表上给别人的印象，还是从尊重别人的角度看，这样做都是错误的。

发型与年龄不相称，会使人觉得你是在故作老成或"装嫩"，是不能清楚地认识自己、不能准确为自己定位的表现。

发型与年龄不配，即使头发主人的发型很美观，也会贻笑大方。

温馨提示：

☐ 年轻人的发型适宜清新、阳光、时尚、有个性的风格。

☐ 中年人发型适宜干净利落、稳重大方、有职业感的风格，头发不宜过长。

☐ 老年人发型应体现出稳重感，并适当显得年轻。

发型要与服饰相匹配

穿笔挺的西装，却留朋克头；穿端庄的旗袍，却留披肩的大波浪；戴着耀眼的耳环，却用长发将其遮得显不出来……出席晚会、宴会等各种交际场合时，我们会留意到，上述打扮的那些人很容易受到冷落，因为他们的发型与服饰不相配，外表给人以不和谐、不舒服的感觉。这样的装束出现在众人面前是一大错误。

发型不配服饰，款式再新颖的服饰

都无法体现出应有的光彩。当你以一个整体不和谐的形象出现在别人面前时，这本身就是对别人的不敬，你自然也难以在短时间内赢得别人的欣赏。

温馨提示：

☐ 男性穿西服时，适合留有绅士味道的短发，而不适合留有摇滚味道的乱发、长发、彩发。

☐ 女性穿旗袍时，适合盘发，不宜留马尾和披肩发。

☐ 穿礼服时，男性和女性的发型都应以端庄、保守为基本准则。

发型要与职业相匹配

不同的职业，人们的发型特点不同，我们甚至能从一个人的发型大致判断出他的职业。

餐饮服务业的女性，多半是高马尾或盘发；专业理发师的发型通常会与众不同。男性军人中间，我们还没看到过有谁留长发。然而服装模特、车模等靠外表谋生的女性，发型以长发居多。教师职业虽然没有规定女性不准留长发，但留或短或长的爆炸头则是不符合从教标准的。

发型不符合职业形象，不与职业合拍，这个人就会显得另类、缺乏合作精神，有桀骜不驯、不懂规矩之嫌。

温馨提示：

☐ 运动员、车间工人、厨师、露天作业的人，可以选择短发。

☐ 演艺界、艺术界的人士发型可以经常变换，从而突出个性、引领潮流。

☐ 公务员、白领、服务人员的发型不宜夸张，男性不宜留长发，女性不宜留披肩发。

使用发胶要适量

头发是人仪表礼仪中很重要的一环，它在一定程度上左右了别人对你的第一印象。头发整洁、自然与否，在应聘、出席重要活动、会见贵宾等场合的意义格外重大。如果发胶使用过多，头发会显得油腻、不自然；如果发胶香精的含量较大，头发上散发出来的气味会使头发主人显得庸俗不堪。有人为过分追求定型效果，原本顺滑的头发被过多的发胶粘连成片，从而缺少光泽，就会显得僵硬死板。

温馨提示：

☐ 头发本身较油的人，要格外控制发胶类美发用品的使用量。

☐ 发胶过多时，可以用干净的干毛巾或干纸巾覆在头发上轻拍蘸取。

☐ 使用发胶时，要分多次涂用，一次一点点。

一只耳朵只能戴一个耳环

一只耳朵上戴多个耳环不合礼仪。

有些职业是不允许戴耳环等耳饰的，比如电信行业的女性服务人员、空姐。在传统礼仪中，耳朵上的饰物应当成对佩戴，也就是一只耳朵上戴一个。

女军人穿军装、女性穿套装和礼服时，不能只戴一只耳环或一只耳朵上戴多个耳环。时尚男性只能在非工作场合、非正式场合佩戴耳环，并且只能戴在左耳上。如果男性两只耳朵都戴，在西方会被误认为是同性恋者。

温馨提示：

☐ 耳饰一定要配合脸型、肤色、气质，还要迎合所处环境。

☐ 在工作场合中佩戴的耳环、耳钉等

耳饰，不宜选用造型夸张、色彩耀眼、不停发出响声的类型。

☐ 残损的、陈旧的、有脏污的耳饰不宜佩戴。

画眉要与眼睛相配

"眉目如画"，讲的就是眉与眼的相互配合展现出的和谐。眉毛画得不与眼睛相配是化妆的失败，同时也是仪表礼仪上的失败。

画眉不配眼睛，你的妆容会给人以做作、虚假之感。妆容给人的印象会自然地影响到别人对你人品和交际能力的判断，尤其是在初次交往的情况下，你不妥当的眉妆很可能让你失去与别人交往的机会。

温馨提示：

☐ 画眉时，应根据眼睛的形状、大小以及瞳孔的颜色进行。

☐ 眉毛要顺着眼睛的走向画。眼睛上挑，眉毛也要画得上挑。

☐ 圆脸适合化稍粗的、眉头位置略低而眉尾上提的眉形；长脸适合化看起来平直的眉形；方脸适合化眉尾稍微延长、眉峰不显突兀的眉形。

不要随便使用假睫毛

假睫毛使用不当会令眼睛难以展现天然的美，人们只会看着你那双虚假、招摇的假睫毛暗自发笑。

有的人假睫毛虽然不显虚假，却意外地在众目睽睽下尴尬脱落。如果婚礼上的新娘或参加颁奖典礼的明星、约会男友的时尚女孩遭遇这种场景，实在不雅。

假睫毛不能随便使用。商务场合不能用，教师、服务人员、公务员不能用，少女不必用。

温馨提示：

☐ 使用假睫毛之前，一定要将其根据自己眼睛的大小和场合的需要进行修剪和软化。

☐ 分段粘贴或不贴内眼角，会使假睫毛更自然逼真。

☐ 假睫毛如果粘在了真睫毛上，就会形状失真；如果贴合假睫毛的部位有化妆品，假睫毛粘上后容易脱落。

慎用珠光眼影

珠光眼影给人一种绚丽动人的效果，但是滥用珠光眼影就有失礼仪了。

在公务、商务场合，谈判、会面时涂耀眼的珠光眼影，会显得轻佻、缺乏职业感，自然难以赢得对方的尊重和信任；在居家待客时涂过多的珠光眼影，会让客人感到莫名其妙，搞不懂你这是准备去参加舞会，还是专门向对方炫耀新买的眼影，客人会觉得你缺少诚意。珠光眼影涂得过多，会使眼睛看起来油光光、脏兮兮的。如果你的眼睛小而眼睑水肿，涂上红色珠光眼影会使眼睛显得更小、眼睑显得更肿。

温馨提示：

☐ 涂珠光眼影时，应避免涂得过多。

☐ 珠光眼影的色彩应该配合自己的肤色和眼睛的大小、形态。

☐ 珠光眼影较适合轻松、愉快的休闲聚会场合，不适合严肃场合。

画眼影时要避免画成熊猫眼

"烟熏妆"是一种眼妆风格。有的人盲目跟风，结果化成熊猫眼，好似睡眠不足形成的黑眼圈，又像遭遇暴力袭击后形成的瘀伤；有的人并不想化烟熏妆，却因为手法不当，照样化成了熊猫眼。

只看别人化妆的效果，不考虑自己的化妆技巧以及是否适合，就大胆地将双眼上下涂满深色，这既浪费了化妆品，又丑化了形象。从礼仪角度而言，以这样的形象示人，别人会觉得你要么看不起对方，要么看不起自己。如果对方是长辈或者客户，或是初次结识的朋友，无论是公务交际还是日常交际，都容易失败。

温馨提示：

□ 画眼影和眼线时应注意轻重和层次，避免一涂到底。
□ 眼睛较小，可以用深色眼影制造阴影；如果眼睛大而明亮，可以用浅色眼影突出优点。
□ 化眼部妆时，应避免画粗线。

小心将胭脂涂抹成两团"高原红"

胭脂，又叫腮红，是女性化妆的一大法宝，白里透红的肤色可借助它来打造。但如果使用不当，两团"高原红"只能让美丽变成别人口中的笑话。

职业女性涂两团红脸蛋，无法展现专业形象，更会让人怀疑你的身份。举办婚礼时新娘涂两团"高原红"，众人会疑心你抗议结婚。年轻女性如此打扮，显得粗俗、没教养；成熟女性如此打扮，会让人觉得媚俗、心理扭曲。

如果你不想成为任何场合的交际活动中受到排斥的人，就不要盲目地使用胭脂。

温馨提示：

□ 胭脂的颜色和涂抹方法要与脸型和肤色相配。
□ 胭脂要和眼影、口红的颜色一致，至少要和口红是同一色系。
□ 胭脂的用量要根据年龄和自身腮红的面积来调整，不能随意使用。

注意清除牙齿上的食物残渣或口红

"唇红齿白"是形容人健康而美貌的常用语，可见人们对牙齿的基本要求很简单，那就是"白"。

当我们看到两排沾着食物残渣的牙齿时，首先会感到恶心，然后会替对方感到难为情。

牙齿上沾了口红，视力不好的人会误以为对方牙龈出血，近距离交谈的人会感到对方无半点气质和教养。

牙齿上残留着饭菜或者口红，张口说话，必然大煞风景。如果恰好参加电视台的直播节目，没刷好牙的人，丢人可就丢大了。

温馨提示：

□ 饭后应该刷牙。特别是吃了容易嵌在牙缝里的食物或者有刺激性气味的食物时，务必要刷牙。
□ 出门、拜访别人前，参加公开场合的活动前，一定要检查自己的牙齿是否干净。
□ 女性不要养成有意无意用牙齿咬嘴唇的习惯。

女性出席正式场合必须化妆

"素面朝天"有时候是一种姿态，一种风格，代表着朴素和真实。但对于面部有明显瑕疵且要参加大型活动的女性来说，不化妆就出席是一种错误。

女性出席正式场合一般都要穿正式的套装或礼服，搭配质地精良的首饰、合适的发型。

如果女性出席正式场合而不化妆，会使其在所有的参加者中黯然失色，且与环境极不相称。恐怕连她自己环视众人后，也会为自己没有精心打扮而后悔。

温馨提示：

☐ 出席白天的大型活动时，女性化妆要自然，以淡雅为佳。

☐ 出席夜晚的活动时，妆容可以浓艳一些。

☐ 女性出席正式场合时化妆，总的原则是必须符合本人气质和所参加活动的性质。

化妆要与年龄相称

化妆而不考虑自己的年龄是不对的，这样不仅不美，还涉及待人接物时的礼仪问题。

化妆不符合年龄，容易分散别人的注意力，使对方不自觉地将目光更多地投入到你的古怪妆容上，从而对你的社交乃至人际关系起到负面作用。

三十岁的女性不能学二十岁的女孩化粉嫩妆容，二十岁的女孩更没有必要效仿中年女性化浓艳的妆容。化妆的目的是扬长避短，如果执意无视年龄而化妆，则很难恰当地展示自我的风貌，反而可能惹出笑话。

温馨提示：

☐ 少男少女除了演出等特定场合外，应尽量保持自然的容貌，不宜化妆。

☐ 年轻女性适合化有透明感的自然淡妆。

☐ 中老年人可以化稍浓的妆，但不宜使用色彩鲜艳的彩妆。

化妆要与个性相符

化妆除了应该符合年龄、肤色等因素外，还应该符合个性。

温柔优雅、行事稳重的女性化艳丽的浓妆，给人的感觉就像戴了一张面具。同样，个性泼辣、风风火火的女性化清淡的妆容，难免让人觉得是"假扮淑女"。化妆不符合个性，对私人交往与工作环境中的交往都难以起到积极作用。化妆必须符合本人的个性。

温馨提示：

☐ 性格豪爽的人，适合化线条简洁明朗的妆，以突出干练而智慧的特点。

☐ 性情温柔的人，适合化淡雅柔和的妆，可展现稳重大方的特点。

☐ 性格活泼、喜好运动的人适合化暖色调为主、亮丽的妆，以突出亲和力。

根据场合选择妆容

化妆只想到适合自己，却不去想是否符合场合，是不合礼仪的。

星光璀璨的眼影、彩色的睫毛膏、猩红的唇膏、多彩的水钻亮片，将这些只能在迪厅等场合使用的化妆品用到工作中的银行职员身上，必定会引起哗然；反之，化上清淡素净的办公室妆容参加服装发布会、狂欢晚会，一定也会被视为"另类"。

妆容符合场合既是对在场者的尊重，也是对自己的尊严、形象、品位和亲和力的肯定。在办公室里，清淡的色彩、若有似无的妆容才受欢迎。约会恋人时，妆容甜美、展现出温柔的一面才算成功。

温馨提示：

☐ 在家中接待客人、日常生活中拜访

友人、外出旅游时，适合化亲切自然的淡妆。

☐ 在工作场合，适合化清新大方、体现职业色彩的淡妆。

☐ 参加正式的舞会或宴会，适合化浓妆。参加严肃的场合如葬礼，化妆应尽可能地素淡，唇膏和眼影都要涂暗色的。

化妆要与职业相称

"淡妆上岗"是很多职业对女性员工的要求。淡妆既达到了修饰自己的目的，又避免妆痕太明显而影响工作中的人际交往，是一种恰到好处的礼貌。然而相当一部分女性"坚持自我"，让别人一眼就能被她的妆容吸引住——当然是不合适的妆容。

教师、销售人员、医生等工作者化浓艳的妆容，会让别人质疑其工作态度和能力；晚会主持人化过于清淡的妆容，会让人疑心其心情不好，或者其他方面出了什么变故。化妆不符合职业要求，就是对自己工作的不负责。

温馨提示：

☐ 职业为服务业的人应该化淡妆。

☐ 在娱乐场所就职的人可以适当化浓妆。

☐ 无论什么职业，化妆都应遵循职业要求。

妆容要与服饰相协调

化妆不与服饰相协调，也是不合格的。

穿一身华贵的粉色真丝礼服，却涂了深棕色的唇膏和眼影，这会让你的妆容与服装的色彩严重冲突；佩戴贵重的黄金首饰，却化显得很"居家"的淡妆，这会让人怀疑你首饰的真假；穿着休闲装逛街，却化了很浓的妆，这会让人觉得你的整个外表很怪异。

妆容与服饰不协调，就无法体现出整体的和谐；带着与服饰风格迥异的妆容与别人交往，会给人以难以接近、缺乏共同语言的感觉。

温馨提示：

☐ 穿居家服、运动衣，饰物少而简单时，适合化淡妆。

☐ 穿工作服，佩戴简单而精致的饰物时，适合化职业妆。

☐ 穿礼服、西服，佩戴华丽贵重的饰物时，适合化色彩明艳的浓妆。

妆容要与季节、时间相协调

冷了要添衣，热了要减衣，春天要穿浅色的衣服，冬天宜穿深色的衣服。妆容也要随季节和时间而变。一年四季化同样的妆，一天到晚化同样的妆，是说不过去的。

及时变换妆容，能给人以新鲜感。一个从来不忘在人前树立好形象的人，一定更受别人的欢迎。因为别人从你对妆容一丝不苟的态度中感受到了尊重；反之，对方会觉得他在你心目中可有可无。

温馨提示：

☐ 春季化妆，适合化得明亮清新，体现出温暖而充满活力的季节特点。

☐ 夏季化妆适合轻薄淡雅的风格，以免显得闷热、污浊。

☐ 秋冬季节，适合化风格庄重典雅的妆，色彩可稍显厚重，但应避免沉闷。

☐ 白天适合化淡妆，以显自然；晚上和强烈的灯光下，适合化浓妆。

女性化妆时要顾及脖子和耳朵

提到化妆,人们很少想到脖子和耳朵。

女性脸色粉白却暴露着黑黄的脖子,难免令人反胃。脸上涂化得白里透红,脖子也涂得和脸部色泽一致,但黯淡的耳朵一定会点破你"天生美肤"的谎言。肤色不匀却不注意在化妆时照顾脖子和耳朵,一方面会显得"脏",另一方面会显得你不细心、抱有侥幸心理。

女性化妆,一定不要忽视了"边边角角"的阵地。

温馨提示:

□ 在脸上涂粉底之后,一定要同样给脖子施粉,力求颜色均匀、与面部色泽一致。

□ 要随时注意耳朵上是否有皮屑、耳垢,一定要及时清理。

□ 化妆时应在耳郭和耳垂上涂适量胭脂。

女性化妆不可片面追求"一白遮百丑"

"肤如凝脂"是中国传统美人的标准之一,俗语又说"一白遮百丑",因此很多女性将白作为化妆成功的标准也就不足为奇了。其实这种认识是有失偏颇的。如果女性这样化妆,则很容易出错。

中国人是标准的黄皮肤,过白的肤色反倒显得不健康、不自然。带着在别人看来有病态之嫌的妆容与别人交往,对方一方面会觉得你的品位、审美能力有问题,一方面会觉得你不懂得与他人沟通、固执而狭隘,否则你怎么会特立独行地以这种"石灰脸"示人呢?从礼貌角度而言,没有人会觉得你这样出现在众人面前是得体的表现。

温馨提示:

□ 使用美白类化妆品时,应事先选用适合自己肤色的产品。

□ 女性化妆时,应根据自己的肤色进行适当的调整和美化,以免显得虚假。

□ 涂粉质化妆品时,应避免涂得过于厚重、单调。

不要非议他人的妆容

不要非议他人的化妆。

非议妆容漂亮、身份较高的人的化妆,别人会觉得你忌妒心强;非议妆容不得体、身份普通的人的化妆,别人会认为你刻薄、以取笑他人为乐;非议外地人的化妆,别人会觉得你有排外心理、太过好奇;非议与自己有矛盾的人的化妆,会让人觉得你有报复心理。

由于文化、肤色等差异以及个人审美观的不同,每个人化的妆都不可能是一样的。一个懂得尊重别人和尊重自己的人,是不会随便对他人的化妆非议的。

温馨提示:

□ 无论别人的妆容如何,都不应非议。
□ 男性尤其不应该非议女性的化妆。
□ 当别人的化妆不妥时,应在了解对方的前提下善意地私下提醒对方。

聚会过程中要注意及时补妆

在活动量大、人多、容易出汗的聚会场合,如舞会、宴会,当你的脸色变得像经历风雨的墙壁一样斑驳,当眼影晕开、粉底不再伏贴时,面对面与你交谈的人,多半会难以接受这样的脸。如果你又坚持不补妆，那就简直是对别人审美的"伤害"。

妆容残损不仅令自己仪表失色，同时会给别人留下不修边幅、不够自尊自爱、做事不够勤快的印象。残妆在脸上停留时间越久，给别人的负面印象越深。

不只是聚会场合需要补妆，工作场合中，特别是一些负责接待工作的人员，因为事关单位形象，所以及时补妆是非常重要的。

温馨提示：

□ 一定要随身携带化妆包，常备眉笔、眼影、唇膏、粉底、腮红、指甲油，随时都可用来救急。

□ 补妆时要根据妆面的残损程度进行。如果残缺较少，只局部补妆即可。

□ 吃饭、喝水、运动出汗或者短暂睡眠、躺卧后，一定要及时检查妆容，及时补妆。

化妆、补妆时要尽量避开人

很多女性在办公室里、餐桌上、火车上等公众场合当众化妆、补妆，这是有失礼貌的。

当众化妆是没有修养的表现，其性质好比当众换衣服。当着长辈、领导的面化妆、补妆是不敬；当着同性的面化妆或补妆是炫耀自己和轻视对方；当着晚辈的面化妆、补妆是自毁风度。在工作时间和工作场合化妆、补妆，暗示自己对工作热情不够、工作能力欠缺。如果是当着不熟悉的异性化妆或补妆，在一定程度上，这种行为意味着挑逗和勾引。

温馨提示：

□ 化妆、补妆要到专门的化妆间或者洗手间。实在没有条件，也应尽量避人。

□ 不要在工作岗位上与别人讨论化妆品和化妆技巧，商务人员、公务员等职业女性更应注意。

□ 当众梳理头发、频繁照镜子也是不合适的。

谨慎借用他人的化妆品

有的人偶尔外出，未带化妆品，就借用同伴的；有的人参加晚会前，突然发现自己的妆不够漂亮，就拿朋友的崭新彩妆用品涂抹一番；有的人平时不用化妆品，约会重要人物时临时抱佛脚使用熟人的化妆品。从卫生角度来讲，这样是很不可取的；从礼仪方面来讲，如果你把别人的化妆品当公用品借来使用，是错误的。

化妆品是个人用品，它和牙刷一样，是不能混用的。个人的化妆盒相当于私人领地，你擅闯"禁区"，即使人家嘴上不说，心里也是不愿意的。

温馨提示：

□ 借用他人的化妆品容易导致皮肤的交叉感染，对别人和自己都不好。同样，自己的化妆品也不要随便借给别人用。

□ 使用商场的化妆品试用装之前，最好用干净的棉棒或卸妆棉将受过污染的表层剔除。

□ 在影楼拍照时，最好携带自己的化妆品。如果有必要使用影楼的化妆品，也要先将表层剔除。

男性也应适当化妆

在中国人的传统观念中，男人是不需要化妆的，脂粉永远只和女人相关。毛孔粗大是男性魅力的象征，肤色暗沉是男人本色，眉毛粗乱是硬朗的标志。其实，男性该化妆而不化妆是错误的。

把容貌上的缺陷暴露给别人，把病愈后的苍白脸色或熬夜后的疲惫神色暴露在别人面前，既无法展现男性的风度翩翩，也无法取得别人的好感和敬重。更有甚者，这种不健康、不整洁的所谓的"男人味十足"的面貌，会破坏你在别人心目中已有的良好形象，从而影响到社交。

因此，在必要的时候，如在公众场合、重要场合，不要对男性化妆产生偏见。

温馨提示：

□ 脸色不均匀时，应该用与肤色相近的粉底进行修饰。

□ 嘴唇干裂或发暗时，应该用滋润型的无色唇膏进行润饰，用暗红色唇膏提亮唇色。

□ 皮肤干燥、有皮屑时，应用润肤乳液进行调整；头发没有光泽时，应该用发乳进行美化。

男性化妆要不露痕迹

男性适当地化妆是必要的，但不应该露出妆痕。

男性崇尚的是自然和阳刚之美，如果男性露出化妆痕迹，就有"油头粉面"之嫌。在职场中的男性露出化妆痕迹，一下子就会让别人怀疑其工作态度和工作能力。更有甚者，"有心人"会怀疑其性取向，从而无端制造出不必要的负面消息。

男性露出化妆痕迹，会严重影响自己在社交中给别人留下的印象，影响交际效果，因此，这不合礼仪。

温馨提示：

□ 男性使用的化妆品应该尽量好，宜使用与肤色接近的粉底，以及棕色、褐色、暗红色等接近自然唇色的唇膏。

□ 男性修眉不需要改变眉毛的轮廓，只需拔除过多的杂乱眉毛即可。如果有缺憾，可用黑色或棕褐色眉笔补足。

□ 如果本身肤质很好，只用适量润肤乳滋润皮肤即可。但黑眼圈、瘢痕、明显的雀斑还是需要用遮盖力强的粉底掩饰住的。

男性蓄须要与自己的形象和职业相吻合

男性蓄须不是绝对的错，错的是蓄不适合自己的胡须，不顾身份、职业和年龄蓄须。

教师蓄须，会破坏自己"为人师表"的形象；银行家蓄须，会降低自己在客户面前的信誉度；参加面试的人蓄须，会让面试官怀疑他的工作能力和生活态度。与人对话时，别人只会注意到随着说话节奏而乱颤的胡子，如果说到高兴处唾沫星留在了自己的胡子上，对方恐怕会避之不及，迅速结束与"美髯公"的交流。

为了自己能树立一个适应快节奏的现代生活、精明高效人士的形象，也为了对大多数人表示敬意，还是不留胡须为好。

温馨提示：

□ 除了演员、作家、画家、音乐家等职业相对特殊、自由的男性，以及生活比较自由的老人外，最好不要留须。

□ 剃须应剃得干净、彻底，应避免留下残存的胡楂。

□ 不要有事没事用手或镊子拔胡须，这样容易引起毛囊炎等皮肤感染，并且非常不雅。

男性夏天不可在公共场所赤膊

夏天的街道、休闲广场、电影院、餐馆等公共场所，赤裸上身的男性司空见惯。在居民聚集的社区楼道里，各式身材的赤膊男人更是让人躲避不及。

夏天男性赤膊出现在大街上，有碍大众观瞻，"影响市容"，既有扰乱公共秩序之嫌，也不利于自己的形象；夏天男性赤膊出现在女性面前，容易让对方产生被骚扰的误解；夏天男性赤膊拜访别人，会让对方有受诬蔑之感；夏天男性赤膊出现在会场、剧场等严肃的公共场合，说明他行为和心态都较为散漫，这是对在场者的极大不敬。

夏天再热，只要是出现在外人面前，就不能赤膊上阵。

温馨提示：

☐ 夏天男性出行或串门时，一定要穿外衣。

☐ 夏天男性在家中接待客人时，上身至少应穿一件整齐的背心。

☐ 夏天男性身处职场等严肃公共场合时，一定要穿外衣。

注意修整鼻毛

开会发言、上台演讲、接受电视记者的访问时，露着鼻毛；体操队员参加比赛、舞蹈演员演出时，在镜头前露出鼻毛；女性在办公室接待客人，对客人展现出得体微笑时露出鼻毛……相信你看到以上的场景后多少会有点瞠目结舌，因为那些鼻毛使人感到非常不舒服。

鼻毛外露会使你显得粗鲁、低俗、不讲卫生、不修边幅，难免令人心生厌恶，影响视觉和心理印象。

女性露出鼻毛比男性露出鼻毛的结果更糟糕。

温馨提示：

☐ 要及时修剪过长的鼻毛，且一定要用专用的小剪刀。

☐ 在公务和商务场合以及其他正式场合，与人交谈时应避免仰头过高。

☐ 绝对不要当众用手拔除过长的鼻毛。

及时修剪指甲，不过度修饰指甲

不修剪指甲或者在指甲上过度彩绘、贴亮片、粘假指甲……都是错误的做法。

指甲不修剪容易存留脏物。从交际礼仪的角度而言，这样做有碍观瞻，会让准备与你握手的人感到尴尬。

如果你不是演艺界人士，在指甲上做太多文章，只能说明你不重视工作，无视职场规则，从而给人不成熟、不专业、不可靠的印象。

温馨提示：

☐ 修指甲时，"暴皮"要同时剪去，不能用牙齿啃指甲。特别值得提出的是，在任何公共场合修剪指甲都是不文明、不雅观的举止。

☐ 一定要用专用甲钳定期修剪指甲，使指甲的边缘与指腹的边缘平齐。及时清除甲缝中的污垢也是必须的。

☐ 应避免在指甲上做夸张和过于怪异、显眼的修饰，一般的职业女性涂无色或单色甲油即可。

女性要保持指甲油完整

手是女人的第二张脸。指甲油这种化妆品，在女性的纤纤十指上演绎着万千风情。但是如果指甲油残缺不全，指上风情就变成了尴尬。

别以为别人不会注意到你指甲油掉了一半的手指。指甲油残缺，暗示你比较懒，不重视别人以及别人的感受。同时，你似乎不够自重自爱。既然涂指甲油是为了塑造自己的形象，同时给别人以受重视之感，就应该做得彻底、毫无瑕疵。指甲油残缺，还不如一点不涂。

你所涂的指甲油颜色与唇膏和眼影的色泽不一致也是错误。

温馨提示：

□ 涂上一层指甲油，待其变干后，可以再涂上一层或两层，这样既能加深色泽，又能让指甲油在指甲上保持完好的时间更久。

□ 如果是涂彩色指甲油，可以再在表面涂一层透明指甲油，以便保护。

□ 不要在指甲油尚未变干的时候就去做事，否则易"前功尽弃"。

使用的香水要与自己的气质相配

使用了不适合自己的香水，对个人而言，是失败的"包装"；对别人来说，是骚扰和侵犯，会引起别人对你的误解。

一个男性公司主管使用了浓郁的女性专用香水，别人多半会私下里为他制造绯闻；一个中年妇女使用了年轻女孩才用的甜美型香水，别人难免会议论她"假纯"；一个性情淡泊的女演员使用了热情奔放的女性才用的浓郁香水，别人猜测她生活或事业上有变故无可厚非。

使用适合你的香水能使别人对你产生良好印象，对人对己都能营造轻松愉快的气氛；使用不适合你的香水则会减低你的亲和力或威严，甚至信誉。从礼仪上讲，这是对别人的不尊重。

温馨提示：

□ 使用香水要考虑到香水在自身挥发一段时间后的效果，应选用与自己的气质相配的香水。

□ 香水应涂在手腕、耳根、颈部、脚踝等体温较高、血管丰富、利于挥发的部位。

□ 如果想在衣物上喷洒香水，应喷在内衣、衬里、衣袋等不易出现印迹而容易挥发的位置。

喷洒香水要适量

香水的味道可以改变一个人的形象。但如果香水用过了量，它对人的形象所起的作用，将不是美化，而是丑化。

在社交场合使用过多香水，别人会尽可能地与你拉开距离。在餐桌上使用过量的香水，会使就餐气氛受到破坏，引发"公愤"。在办公室、会议室、谈判室等严肃场合过量使用香水，会令别人质疑你的专业素质和专业精神。喷洒过量的香水乘坐轿车、乘电梯、挤公交车，香水很容易与狭窄空间里的汗味等其他气味混合，从而形成难闻的气味，令人避之不及。

在任何时候使用过多的香水，都会让人觉得你不够谦虚谨慎，容易给人以太过炫耀自我的感觉。

温馨提示：

□ 判断香水是否过量的标准是它的气味会不会散发到两米以外。

□ 使用的香水应该与你所在场合的气氛相符。应使用化学成分较少的名牌香水。

☐ 与对香水过敏的人接触时，最好不使用香水。

仪容要与言行相配

在大街上走着一个衣饰精致、妆容雅致的女孩，路人正暗自赞叹她的美丽优雅，不料她一张口就吐出一串脏字；某些人的仪容堪称典雅，但面对提出一个棘手问题的记者大动肝火，接连做出威胁和鄙视的动作。这样的人，是不是辜负了自己的一身打扮？

如果你的仪容是"贵族"级别，言行举止却是"小市民"级别，在工作场合，你将难以获得重要的工作和职位；在社交场合，你不仅难以得到新朋友，连老朋友也可能失去。

温馨提示：

☐ 在任何时候面对别人，都不应当吐脏字，说粗俗不堪的话，开恶俗的玩笑。

☐ 穿庄重的礼服时，行为举止一定要端庄大方，避免挖鼻孔、随地吐痰等不雅的行为。

☐ 任何时候，都应当善待自己的妆容和服饰，不要随处乱坐，拿袖子当抹布或者将手机、打火机等拿在手中把玩不止。

杜绝经常用手整理头发的习惯

不时用手拢一下头发，从前向后抚一下头发，或者干脆在头上挠几下，这种镜头常常在各种场合出现在我们眼前。

头发是你自己的，你的仪表和举止却是给别人看的。接受采访时不时整理头发，会使自己显得紧张而不自然；与别人谈话时不时整理头发，会使自己显得心不在焉；在饭桌上整理头发，即使你发出的声音很细小，也会令人感到心理不适，如果你再带些头皮屑下来，身边的其他人会吃不下饭。

当众梳头是不尊重人的表现，大张旗鼓地整理头发，更是务必要避免的。

温馨提示：

☐ 出门前将头发梳理好。如果有风雨天气，可使用发胶给头发定型。

☐ 整理头发时要避人，要在卫生间等场所私下整理。

☐ 及时修剪头发、清洗头发，避免头发脏污、发痒，不要养成总是用手摸头发、捋头发、搔头发的习惯。

避免在公共场合照镜子

不少爱美的人，特别以女性居多，任何时候、任何场合都不放过欣赏自己的机会：在大街上、在汽车上、在办公室里……丝毫不顾及别人的目光。

在马路上照镜子，你可能会被人误认为"不良女性"，因此而招来麻烦也未可知；在空间狭小的火车、汽车上照镜子，你理所当然地成为众目睽睽的对象；在办公室里照镜子，遇上领导推门进来，你的下场可想而知。

温馨提示：

☐ 不要在办公室桌面上摆放自己的化妆品和小镜子，上班时间也不要取出来当众揽镜自顾。

☐ 如果担心自己脸上有污渍或饭粒，出门前就应该处理好；如果工作期间担心自己化的妆变"花"，可以在休息时间到化妆间或卫生间处理。

☐ 在公共场所，要克制自己当众对镜自我欣赏的念头，应把"自恋"的情绪转移到工作等其他方面。

女性穿衣服要松紧适宜

仪表美是礼仪的重要方面。衣服上露出内衣的线条，使身体呈现出令人惊讶的"沟沟坎坎"，不能说是符合礼仪的行为。

穿成肉粽的你，如果身份是服装行业的业务员，联系业务时，对方一定会怀疑你所在单位"审美"的眼光和"创造美"的能力；如果做报告，台下的听众一定在看到你的第一眼就否定了你的内涵和实力；如果你身为一名教师，讲课期间，学生们大概会把注意力更多地放在研究你内衣的款式和形状上。

温馨提示：

☐ 女性在任何时候和任何场合都不要穿会在身上勒出痕迹的内衣，型号适中才好。

☐ 女性不要穿过紧的贴身裤子、外套、窄裙。

☐ 大一号的衣服或者款式较为宽松的外衣可以弥补身体赘肉明显突出的缺点。

女性在工作场合穿着不可过于臃肿

干练、精明、优雅、大方，这些词语都可以形容职业女性的风格，一个在工作场合穿得臃肿的女性则无法从仪表上体现以上描述。

一个女主持人穿得臃肿面对新闻直播间的镜头，很难让人相信她的专业身份；一个外企的女主管在职业套裙里穿上厚厚的家织毛衣，很难让下属认同她的敬业精神；一个在签字仪式上穿得像个大棉球的女代表，不容易让对方相信她以及她所在单位的诚意。

即使你所在的工作场合有点儿冷，也不应该穿得臃肿。

温馨提示：

☐ 女性的套装、套裙内不要穿较厚的内衣、毛裤以及比较宽松的毛衣。

☐ 女性在办公室、公务或商务场合中，不要因为怕冷而穿多层内衣。

☐ 职业套装外面可以穿大衣、羽绒服等户外御寒的衣物，但进入室内后应及时脱下放好。

杜绝当众整理内衣

正行走着，发觉内衣的肩带滑落了，看看别人都行色匆匆，于是赶快停下整理；正在公司参加会议，突然感觉内衣勒得自己不舒服，心想自己没有坐在第一排，于是赶快伸进衣服去放松；正在家中接待客人，突然感到内衣位置偏移，以为在自己家里随便点没什么，于是急忙伸手去调整。面对这样的人，真不知道该让自己的眼睛放在哪里好。

在正式场合不加掩饰地整理内衣，会给人以粗俗之感；在工作场合当众整理内衣，会给人以邋遢、愚蠢之感；在长辈或领导面前整理内衣，会有轻浮之嫌；在异性面前整理内衣，会有发出性暗示之嫌。即使面对小孩和同性，整理内衣也是自毁形象的做法。

温馨提示：

☐ 穿用品质好、保险系数较高、不易变形和移位的内衣。

☐ 整理内衣之前，先找到卫生间或能暂时独处的场所。

☐ 出门前，先检查内衣有无松动、脱线、脱钩等问题，不给它们以在公众场合出现的机会。注意保持正确姿势，也能防止内衣移位。

第二章　仪态礼仪

落座时只坐椅子的前端 2/3

就座时把整张椅子都坐满，也许这样很舒服，但却是不合适的。

把椅子坐满的话，身体必然是紧靠椅背的，并且稍微后仰，这种姿势看起来很慵懒，也显得有点自负。如果接待客人时这样坐，客人会因为感到受了轻慢而不快；做客时这样坐，主人会因为你的过于随便而感到不快；招聘时这样坐，你可能会把一个很优秀的人才气走；参加面试时这样坐，你可能会被一个很难得的老板"判处死刑"。

在家里独处，或与很熟悉的亲朋私下交谈，坐满椅子不算失礼。但面对不太熟悉的人，或者身处公共场合、工作场合、社交场合时坐满椅子，既是对他人的不敬，也是对自己形象的不负责。

温馨提示：

☐ 面对客人、主人，或在较为正式的场合，坐椅子前端的 2/3 即可。

☐ 半躺半坐、身子歪斜、身体大幅度前倾、双腿乱抖，也都是不雅的坐姿。

☐ 坐在椅子上时，不要把脚架在椅子扶手上或用力向下、向后缩在椅子下面。

女性落座应双腿并拢

男性张腿而坐无可厚非，因为这种坐姿使男性显得很有气势、很自信、很豪迈。女性张腿而坐，就是大大的不雅了。

女性穿裤装时张腿而坐，容易给人以倨傲张狂的印象，面对长者张腿而坐是蔑视；面对异性张腿而坐是暧昧的暗示；面对晚辈张腿而坐，长辈的威严尽失。女性穿短裙时张腿而坐容易露出内裤、长筒丝袜的袜口和大腿，有损形象。女性商务代表在公众场合如此就座，连同自己单位的面子都会丢掉。

温馨提示：

☐ 女性落座时，不要紧靠椅背而坐，背部与椅背之间应至少有一拳的距离，上身要端正，背要挺直。

☐ 女性落座时，两腿应紧并，两膝相抵并拢。双腿也可叠放，但是不能把脚尖跷起来，更不能冲着别人。

☐ 女性落座时，不要把手夹放在两腿之间，也不要搓弄衣角，自然叠放在膝盖上即可。

下蹲时应避开人流

你正在走廊里匆匆赶往会议室，对面的一位同事走着走着突然直冲着你蹲下去，让你躲避不及，差点扑到对方身上。此时的你，一定会感到这个同事很讨厌。你正在办公室的椅子上坐着看文件，下属突然面对着你蹲下来，捡拾落在地上的文件，头部正好抵着你的腿。此时的你，一定会感到很不自然。你正在图书市场的书摊前低头看书，一个陌生人突然背对着你下蹲，硕大的臀部距离你的脸不到两尺。此时的你，一定会感到很恼火。

下蹲时如果不避人，就很容易出现各种冒犯他人的结果，于人于己都不方便。几个人同时下蹲，如果不避人还容易引起彼此碰撞。

温馨提示：

☐ 下蹲时，应尽量从别人的侧面下蹲，不要直冲别人或正背对别人下蹲。

☐ 不要在人流拥挤的地方突然下蹲。

☐ 在别人面前下蹲前，应礼貌地事先声明，以免对方起身或行走时猝不及防。

站立时不可趴伏倚靠

站姿能体现一个人的风貌，也能毁了一个人的风貌，能促进交际的成功，也能加速交际的失败，就看你是否懂得站姿对于礼仪的重要性了。

站立时趴伏倚靠，显得无精打采、心不在焉，给人的印象要么傲慢、目中无人，要么是懒惰、没有主见。教师讲课，站立的时候趴伏在讲台上，一定会让学生难以提起精神；礼仪培训师培训时仰身靠在椅背上，必然难以令人信服其职业的水平；演讲者发表演说时站立在台上背靠墙壁，无疑会令现场气氛沉闷。站立时趴伏倚靠，很容易使别人产生不快。

温馨提示：

☐ 站立时，身体应自然挺直，不倚靠任何桌椅、墙壁等物。

☐ 站立劳累时，可稍事走动或坐下休息、找人替换等，但不应随意借力。

☐ 站立时，身体不要随意扭动，不要有跺脚、踏步、抖腿等小动作。

站立不可歪斜

"站如松""玉树临风""亭亭玉立"，从这些形容词中，我们能想象出优美的、笔挺站立的姿态。如果歪斜着站立，你必定与这些美好的形容词无缘。

歪斜站立，本身就传达出一种不恭敬的态度，任何人都不会对这样姿势的陌生人产生信赖感和与之交往的渴望。如果你身负谈判的重任，谈判尚未开始，对手就胜券在握了，因为你糟糕的站姿已经暗示出你的不自信和准备不足。如果一个礼仪小姐歪斜着站立了3秒钟，她在第4秒就会失业。

温馨提示：

☐ 站立时，身体肌肉要自然紧张，同时略微放松，不要僵硬，身体要自然挺直，收腹挺胸，双脚成45度左右的夹角。

☐ 站立时要保持头部适当上扬，不低头，头和肩不歪斜。
☐ 站立时应避免在手中拿取私人物品把玩。

结伴走路时步伐速度要与大家一致

一行人结伴而行，大家都保持相距不远的距离，唯独你一个人，把大家远远地抛在后面，或者慢吞吞地跟在大家看不见的后面。这种表现显然是社交礼仪所不允许的。

陪同接待人员参观、视察时脱离队伍，别人会以为你目中无人，这次接待必然失败；和同事或朋友出游时脱离队伍，别人会以为你自私自利，大家无形中会与你疏远关系；别人引导你游览观光时你脱离群众，别人会觉得你辜负他的好意，感到失望和尴尬；在陌生的野外结伴而行时你脱离队伍，别人会担心你的安全，无意间给大家带来心理负担。

无论在什么情况下，从众人同行的行列中脱离出来都是一种令人反感的行为。

温馨提示：

☐ 结伴行进时，步伐不要太快或太慢，应与同伴们保持一致。
☐ 结伴出行时，不要只考虑自己的需要，而应处处以大多数人为行动的参照对象。
☐ 有必要先行一步或稍后赶上时，一定要礼貌地提前和大家打招呼，并随时保持联系。

走路时不可用鞋底蹭着地面

脚蹭着地面走路，就是拖着鞋走路、鞋底不离地面。这样走路，即使再调整姿态也不会美观。

与朋友约会，趿拉着鞋、蹭着地面走，别人难免把注意力从对你的了解上转移到你的脚下；接待访客，对方难免私下认为你这样的姿态太不尊重人；洽谈业务，也许很好的一单生意就被你贴着地面的鞋子蹭丢了。脚蹭着地面走路，人会显得邋遢、散漫、没有魄力，还让人有不受尊重之感。

温馨提示：

☐ 走路时，一定要把脚掌抬起来，但不要抬得太高而不自然。
☐ 走路时，即使穿拖鞋也要把脚和鞋抬起来。
☐ 走路时，不要歪歪斜斜，而要走直线。

走路昂首挺胸

走路不抬头的人，他是因为思索呢，还是因为心中有愧，或者是因为疾病而不抬头？无论什么原因，低头走路都是不合礼仪的。

走路的时候不抬头，就不能看到前方，只能根据脚下的情况前进。这样一来，很容易走错方向或妨碍别人。低头走路会给人一种不自信的印象，如果你在招聘人员的注视下低着头走进面试考场，主考官一定不会优先考虑你。低头走路还容易使认识你的人误解你的动机，当你和一个低头走路的熟人相遇，是不是会很自然地疑心他是故意不想和你打招呼呢？

走路不抬头，如果再加上步伐迟缓，则越发有损仪态。

温馨提示：

☐ 走路时应昂首挺胸，自然地抬头，但不要傲慢地扬着下巴。
☐ 走路时表情要自然、从容。

☐ 走路时跳着走也是不合礼仪的。

走路时要抬头目视前方

"走马观花"是很多人的习惯，尤其是到了旅游胜地，边走边看、目光四处投射再平常不过。但是，如果你养成走路时东张西望的习惯，就会让别人习惯不了。

假设你和一个人面对面行走，如果你东张西望，对方就不太清楚你会向哪个方向走，再假设你走路速度快一些，对方就会很担心与你相撞；假设路边有人在交谈，你东张西望的姿态会使对方误认为你在偷听；假设你路遇领导，领导借同路的时机向你交代一项任务，你的表现会使领导误以为你心不在焉。

温馨提示：

☐ 走路时目光应该直视前方，不要任何时候都像观光一样四处张望。

☐ 路上遇到异性，不要盯着对方看，以免别人误会。

☐ 走路时可适当将目光投到别处，但要控制频率，目光要自然。

杜绝边走边吃的不良习惯

早上时间紧张，于是随便抓起一个面包，在上班或上学的路上边走边吃；周末逛街，被街头的小吃所诱惑，拿一把麻辣烫边走边吃；食堂里新出一种麻花，令人垂涎欲滴，买一个来，不等落座就边走边吃。这样吃东西走路两不误的人，谁遇到了都要绕着走。

在鸡尾酒会、自助餐会上边走边吃，让人怀疑你的素质；在公共食堂里边走边吃，让人笑话你的粗俗；在办公场所边走边吃，让人怀疑你的工作态度；在公园、景区等场所边走边吃，让人反感你破坏风景。无论在什么场合边走边吃，别人都会担心你把食物撒到他们的身上。

边走边吃，既有损自己的仪态，又容易给他人带来不便，很不礼貌。

温馨提示：

☐ 事先把食物放在袋子里或盒子等容器中，到适合吃东西的场所或到自己的座位上再吃。

☐ 比较酥脆、多汁的食物最好不要边走边吃，以免弄脏嘴和脸、粘到衣服上或撒到别人身上。

☐ 边走边吃对身体无益，尤其在户外时容易使食物受到沙尘污染，应该尽量避免。

走路姿态要适应场合

行走姿态是判断一个人仪态是否优雅大方的重要标准，仅走姿美还不够，同时适应场合才算过关。

举行婚礼时，新人迈着军人式的正步走上红地毯，其情其景一定让人感到滑稽；T台上的时装模特展示服装时迈着在公园里散步时才用的慢步，一定给人很不专业的感觉；反之，一对在公园散步的老人迈着猫步，别人一定会觉得很别扭；晚会主持人上台，如果走姿沉重、拖沓，人们对这台晚会的评价一定会迅速降低。

人们在不同环境里的走姿必须能够"融入环境"才合乎礼仪。

温馨提示：

☐ 参加宴会、典礼时，走路要昂扬自信，步伐轻捷端庄。

☐ 参加葬礼时，走路要沉痛缓慢，体现出对逝者的尊重和哀思。

☐ 参加私人聚会、散步游览时，走路要从容悠闲，宜慢不宜急。

不可在人多的地方奔跑

在人多的地方奔跑不礼貌。

首先，在人多的地方奔跑会给行人带来麻烦，如果撞到别人，不仅节省不了时间，反而会浪费时间。其次，在人多的地方奔跑会使自己风度尽失，乱了的头发、发红的脸，会让看到你的人感到不愉快。最后，在人多的地方奔跑会给自己带来麻烦，如果是在商场、店铺里，奔跑者很可能会被误以为是盗窃或打架，如果被人扣住询问，岂不平添尴尬？

温馨提示：

☐ 在人多的地方行走，要注意避让车辆和行人，避免横冲直撞；撞到别人一定要马上道歉。

☐ 在人多的地方行走时，不要东张西望，举目四顾，女性这样做尤其不雅。

☐ 在人多的地方行走，应尽量走在路的右侧，不和别人抢行。

女性要避免在散步时吸烟

女性有吸烟的权利，但不分场合地抽烟是不应该的。

散步时吸烟必然会污染身边的空气，别人不得不与你"同呼吸，共空气"，强迫别人吸你的"二手烟"自然不是礼貌之举。散步时吸烟，女性无意中呈现出颓废、放肆的姿态，这种消极的印象很容易使别人打消和你交往的念头。若女性散步的范围是在酒店、影院等娱乐场所的门口，则容易给别有用心的异性以可乘之机。

不只是在散步时，女性在任何公众场合吸烟都不是值得肯定的行为，应该竭力避免。

温馨提示：

☐ 女性在社交场合吸烟，必须先征得在场人们的许可，尤其是征得长者的许可。

☐ 女性吸烟后，要及时清除身上残留的烟味，清洁口腔和手，避免牙齿发黑和手指变黄。

☐ 与人交谈时，不要咬着烟说话。

女性穿裙装时不可随意下蹲

女性当众下蹲本来就已经很失礼，有损形象，更不要说穿容易"走光"的裙装随意下蹲，这简直就是给自己的形象泼脏水。

女教师在课堂上随意下蹲，损害的不仅仅是自己的形象，更是老师的形象；女主持人在舞台上下蹲，她的举动会引发出负面的娱乐新闻。女性穿长裙随意下蹲，飘逸之美顿失；女性穿短裙下蹲，无意间会给偷拍者制造机会。

无论如何，女性穿裙装随意下蹲都是极其缺乏教养的表现。在公众场合，即使自己面对的只有一个人，女性也应避免穿裙装随意下蹲。

温馨提示：

☐ 穿长裙下蹲时，不要让裙角拖地，应适当挽一下。

☐ 穿短裙下蹲时，两膝要靠近并拢，可采取一膝稍高于另一膝的高低式蹲姿。

☐ 女性穿裙装下蹲时，动作应缓慢、从容。

第三章　服饰礼仪

男性不可随意戴首饰

男性首饰丝毫不比女性首饰的品种少，但男性不分场合、不顾身份地随意佩戴首饰还不如不戴。

在商务洽谈会上戴一枚超大的金戒指，客户会认为你故意露富、华而不实；在公务访问中戴一条耀眼的金属项链，别人会认为你作风不严谨；一个股票经纪人戴华丽的领带夹，别人会认为你经不起风险，不可信赖；一名男性中学教师戴粗犷的藏式手链，人们会认为你不具备教书育人的素质。

男性随意戴首饰，也许看起来很漂亮，但不分场合却只能给交际带来负面影响。

温馨提示：

☐ 商务人员中的男性不应戴戒指、耳环等首饰。
☐ 在时尚媒体或娱乐界工作的男性可以佩戴数量有限的戒指、耳环和项链。
☐ 在正式场合，男性可以用精致大气的袖扣、皮带扣来作为装饰。

穿着要符合年龄

该穿什么衣服，年龄是一个重要标准。

年轻男性穿设计上毫无特点、特别显老成的夹克，年轻女性穿中老年风格的暗色唐装，会使人觉得矫揉造作。中年男性穿颜色鲜艳的衬衣，中年女性穿年轻女性风格的浅粉色小西装，会给人一种媚俗、轻佻的印象。

穿衣不符合年龄，人就无法恰当地展现出应有的内涵，无法充分地体现对别人的尊重。这是礼仪所不能容许的行为。

温馨提示：

☐ 年轻人服装的色彩应以明亮轻快为主，中老年人服装的色彩应以素雅庄重为主。
☐ 年轻人的服装可以考虑新潮的样式，中老年人的服装应以体现成熟的经典款式为主。
☐ 无论在什么场合，中年女性都不宜穿鞋跟过高的高跟鞋、低胸上衣和超短裙。

穿着要符合身材

穿着不能单单从个人爱好出发，不考虑穿衣效果和对别人造成的影响。这样不仅是穿衣的失败，在礼仪上也是令人不敢恭维的。

一个本来就胖的人穿一身凸现身体线条的衣服，会显得更胖，在视觉上给人一种压力，让人感到此人富有攻击性、霸道而难以接近；一个很矮的女性穿一件长裙，会更显得矮小，给人造成一种小肚鸡肠或心理脆弱的印象。

穿衣不知道对自己的身材扬长避短，是一种没有自知之明的做法，别人会觉得和这样的人交往没有意义。

温馨提示：

☐ 选择服装应该以自己的身高、体型和体重为依据。

☐ 大花、横条纹、浅色、柔软发亮的衣料能使较瘦的人显得丰满，胖人的选择应该与此相反。

☐ 腰粗的女性不宜穿短裙，肩宽的人不适合穿有厚垫肩的服装，个子矮的人不宜穿太宽松的衣服。

穿着要符合身份

每个人在公众面前都有较为固定的身份，穿着不应该与身份相悖。

一个普通秘书穿得像个老板，就可能在陪老板会谈时被初次见面的客人误认为是老板，从而使三方都尴尬非常；一个律师穿着运动套装，就无法取得别人的信任；一个大学生穿得奢华怪异，就会让人怀疑其人品和生活习气；一个经理穿得邋遢、随意，就会让人怀疑其单位的实力。

衣着是一个人身份的最好说明书。说明书不规范，当然是错误。

温馨提示：

☐ 穿着不能低于身份，但也不能高于身份太多。

☐ 当自己的身份在不同的时间里进行转换时，应该及时改变衣着。

☐ 每个人穿衣都应当穿出属于自己的风格。

穿着要符合个性

衣着永远是为"人"这个整体服务的，永远不要因为喜欢一件衣服而忽略了自己的个性。

穿着应该符合个性、彰显个性，而不应该掩盖个性甚至与个性相反。如果一个人"表里不一"，他的外在形象就会让别人觉得他难以捉摸，故意掩饰自己。穿着不符合个性，也容易给人以"衣服奴隶"的印象，显得做事不懂得变通，不懂得做最佳选择。

无论什么样的衣服，都必须与自己的个性相符才不出错。

温馨提示：

☐ 性格温柔的人应该穿素雅、传统风格的服装，性格张扬的人可以穿风格稍显粗放的服装。

☐ 内向的人适合穿色彩浅淡的服装，外向的人适合穿色彩明艳的服装。

☐ 比较严谨的人宜穿设计简洁的服装，雷厉风行的人宜穿风格鲜明独特的服装。

穿着要符合场合

出入不同的场合应该遵循相应的规则。在着装方面，不同场合一样有其规则。

在对着装要求严格的写字楼里办

公时穿休闲装，是在向别人暗示自己厌倦工作，公然藐视公司规定；在盛大的晚会上穿牛仔服、职业装，是在表示自己对晚会和参加者的轻视；代表公司参加展销会时穿质量低劣的衣服，无异于向别人声明：我们的产品质量像我们的衣服一样不过关。

穿着不符合社交场合，就无法很好地融入其中并赢得其他人的好感，从而无法顺利展开交往。

温馨提示：

□ 出席严肃场合，着装要庄重大方、中规中矩。

□ 出席休闲、娱乐场合，可以穿得活泼多样。

□ 着装时除了看场合，还要看档次和规模。

穿衣要符合习俗

如今，人们的着装风格千变万化，有的人更以"惊世骇俗"为标准，习俗似乎不怎么重要了。实际上，在和某些国家、地区或少数民族的人们交往时，如果不符合他们的习俗，就会出现交往障碍。

穿得过于怪异，会被对方认为是故意轻视他们；服装的颜色犯了对方的禁忌，对方会认为你是在故意侮辱他们；你所穿的衣服暴露了在他们习俗中不该暴露的地方，对方会认为你是在公然挑逗、没有诚意。不能在衣着上对别人表达尊重，别人会认为你在行为上同样难以做到符合礼仪。

温馨提示：

□ 维吾尔族不允许穿短背心和短裤出入公共场所。

□ 蒙古族认为黑色不吉利，与蒙古族人交往时应避免穿黑色衣服。

穿着的衣服要干净整洁

服装的整洁程度暗示着一个人处理问题的能力和态度，如果你任由污渍在自己衣服上停留，你的内在就无法在短时间内得到别人的认可。

衣服上有明显污渍，第一，会给人造成不修边幅、不够自重的印象；第二，会让人觉得你办事拖拉，不能胜任重要任务；第三，会让人觉得你对人对事都不够认真负责；第四，穿有明显污渍的衣服说明你对面前的人不够尊敬。

穿污迹斑斑的衣服不能说明你勤奋，而是会显得你懒惰。

温馨提示：

□ 衣服一定要勤换勤洗，如果衣服上去除不掉的污渍非常明显，你应考虑扔掉。

□ 衣服沾染了污迹应马上处理。

□ 出席重要活动或进行短期出差和旅行前一定要备好换洗的衣服。

商务人士不可穿棕色西装

服装的色彩在很多人看来是个人喜好的问题，并不重要。其实，颜色问题并非这么简单，商务人士穿棕色西装就是一个错误。

西装的颜色必须与人的肤色、所处环境相搭配。棕色系的服装不适合亚洲人的肤色，会使人脸上呈现出病态。还有一点，英国人忌讳在正式场合中穿棕色西装，会见英国客人穿棕色西装，显然意味着不庄重。

无论是从塑造自身形象的角度还是从尊重别人的角度考虑，穿棕色西装都是不合适的。

温馨提示：
- 蓝色、灰色、黑色等深色系是西装的经典色彩，素色或暗条纹都可以。
- 穿灰与蓝色西装时，不要搭配棕色皮鞋。
- 穿西装时，除了出席重大活动时胸口的口袋可以放装饰性手帕或鲜花外，其他场合不要放任何东西。西装上衣两侧及裤子上的口袋也不能放东西。西装上衣胸部内袋可以放不影响西装造型的东西。

穿西服不可配便鞋

一身款式和颜色适宜的西装能让人看起来精神焕发、风度翩翩，但如果为西服配一双便鞋，即使它是世界名牌，也会使你显得不伦不类。

穿西服时，只有严格按照相应的标准搭配，才能体现出仪表上的礼仪。作为接待人员，穿着西装和便鞋迎接宾客，对方理所当然地会认为你不尊重他们；作为贵宾，穿着西装和便鞋接受同行单位的款待，东道主一定会认为你不重视对方，或者疑心自己什么时候曾经得罪了你；访问欧美国家的商人穿着西装和便鞋，不但遭人诟病，还会给国人丢脸。

温馨提示：
- 穿西装时，不能穿塑料鞋、旅游鞋、布鞋、拖鞋。
- 穿西装时，不能穿款式新潮怪异的皮鞋，比如大头皮鞋和鞋尖过长的时装鞋。
- 穿西装时，首选款式是系带皮鞋，首选颜色是黑色。

不可穿着破皮鞋

穿着破皮鞋出入社交场合或工作场合是极其不礼貌的。

如果哪个成功的商人或政客穿破皮鞋出门见人，说明他的身份和实力有待确证；如果哪个参加大型舞会的男士穿破皮鞋上场，他一定会令欣赏他的人深感失望；如果应邀到访的客人穿破皮鞋拜访主人，他一定会令热诚待客的主人感到尴尬。

穿破皮鞋见人，在别人看来是轻蔑和自负。如果你穿着破皮鞋说自己很懂得礼仪之道，别人会把这当作笑话。

温馨提示：
- 皮鞋象征着一个人的信誉、尊严和实力，尤其对于商务人员，一定要穿新鞋，穿好鞋。
- 出门前、拜访别人进门前，都要事先将皮鞋擦干净、擦亮。
- 平时要注意对鞋的保养，及时上油、修补。当皮鞋的修补痕迹非常明显时，就该换新鞋了。

在正式场合要穿庄重的正式西装

休闲西装款式多样，色彩丰富，能塑造出轻松活泼、青春活力的形象，但是不能不分场合地穿。

穿休闲西装去谈判，就算你谈判技巧再高，也免不了失败的结局；穿休闲西装做礼仪培训，首先在以身作则方面，你就无法令学员信服，更不要说指导他们了；穿着休闲西装参加葬礼，死者的亲人估计会把你当作捣乱分子驱赶出门。

在正式场合穿休闲西装，既发挥不了休闲西装的作用，又会给别人留下糟糕的印象。

温馨提示：
- 在办公场合应该穿正式的西装或制

服套装。

□ 在法庭、葬礼等场合，应穿深色、款式正式的西装；在婚礼等庆典场合，应穿浅色、款式庄重的西装。

□ 在涉外场合，应穿不犯交往对象禁忌颜色的西装或民族服装。

穿西装要注意纽扣的系法

西装给人一种庄重严肃的印象，因此许多人都以为西装的扣子要规规整整地全部扣上，其实不然。只有双排扣的西装纽扣才需要全部扣上。

参加典礼时将西装纽扣全扣上，大家会觉得你没见过世面；出外郊游、探亲访友时将西装纽扣全扣上，别人会觉得你太拘谨刻板；迎接客人时将西装纽扣全扣上，对方会觉得你做作无礼；参加宴会、落座时将西装纽扣全扣上，别人会觉得你与众人、与轻松祥和的场合格格不入。

总之，任何场合下穿西装将纽扣都扣上都是不合礼仪的。

温馨提示：

□ 西装内穿配套马甲时，应将马甲的扣子全部扣好，西装则不必扣。

□ 只有一颗扣子的西装，扣也可，不扣也可。单排两颗纽扣的西装，可以不扣或只扣上面一颗。

□ 单排三颗纽扣的西装，可以只扣上面两颗或只扣中间一颗，也可以不扣。

穿西装要讲究搭配

很多人穿衣不讲搭配，单看西装、衬衫、领带、皮鞋都很得体，穿到一起却给人一种大杂烩的感觉，不仅视觉上令人眼花缭乱，心理上也会令人感觉不舒服。

高级毛料西装配化纤领带，西装的高贵顿时被劣质领带所抵消，你的身份也会同时被领带所贬低；黑色西装搭配黄色皮鞋，必然让你被高级社交场所拒之门外；正装西装搭配一件休闲的花衬衣和牛仔风格的皮带，无论参加正式活动还是参加娱乐活动都不成体统。

服装的质料、颜色、款式以及皮包、手表、腰带等配饰的风格都搭配得和谐、合理，才不算失礼。

温馨提示：

□ 西装的质地以毛料为宜，衬衣的质料以纯棉为宜，领带的质地以丝绸为宜。

□ 穿深色西装时要穿颜色和西装接近的袜子。除非穿白色西装，否则不要穿白色袜子。

□ 西装、衬衣、领带、皮鞋的颜色应该属于同一个色系，全身上下的颜色应该不超过三种。

男性穿西装不可内衣一层套一层

外着笔挺的名牌西装，从里到外依次是高领内衣、衬衣、毛衫、马甲，如此穿西装是低级错误。

西装的作用在于使人看起来干练挺拔，修饰体型、烘托气质。西装里面如果套太多内衣就无法发挥其功能，更无法起到应有的礼仪功用。如果一个西装里面只穿一件衬衣的人和一个西装里面穿了多层的人同时去应聘一个职位，在他们两人实力相当的前提下，招聘方一定会选择穿西装更简洁的那一位。

衣服一层套一层，会给人一种做事很没有条理的直觉印象，这么穿可不会给人好印象。

温馨提示：

□ 穿西装时，至少应该从视觉上尽量减少衣服的层数，比如在衬衣内不穿高领、宽松内衣。

□ 春秋季节，西装搭配一件衬衣即可。即使是冬天，也不应把毛衫穿在衬衣里面。

□ 任何季节都不要穿太厚的内衣和毛衣，且颜色不能过于杂乱。

西装里面的衬衫袖子要长短适宜

西装是不能配短袖衬衣的，如果你的衬衣袖子太短，容易给人造成穿短袖衬衣的错觉。在正式场合，这是绝对不允许的。

衬衣的袖子如果太短，通常是因为不合身，穿着这样的衬衣举手投足之间容易出现领子变形、衣服变皱的现象。当你的衬衣因为短小而使胸前的纽扣之间露出皮肤，造成尴尬是必然的。

温馨提示：

□ 穿西装时，衬衣的袖口要长出西装袖口2厘米左右。

□ 衬衣的经典颜色是白色和淡蓝色，条纹和方格图案均可，但必须线条细小，色彩浅淡。

□ 衬衣的领口要高出西装领口2厘米左右。领带不能从西装后面的领子露出来。

不可穿着已经磨损的衬衣

衬衣领子上露着多次洗涤而产生的小线头，袖口上露着磨破的小洞，颜色也因为日久而黯淡、不匀，等等。无论如何，穿着磨损的衬衣出现在别人面前都是不礼貌的。

服装是一个人身份和地位的标志。人们习惯于从服装的精致程度来判断一个陌生人是否值得结交。穿旧衬衣，一方面让人感觉你很吝啬；另一方面让人感觉你没有高远的志向，还让人感觉你生活和事业上的状态都不太良好。旧衬衣会向别人暗示：你以为别人不会注意到细节，你会在细节上欺骗别人。

温馨提示：

□ 衬衣必须合身，且保持整洁，造型挺括。

□ 即使精心修补也会露出磨损痕迹的衬衣应该丢掉。

□ 平时应准备多件衬衣，及时替换；洗衬衣时应尽量轻点儿揉，减少磨损。

穿西装必须打领带

在正式场合穿西装不打领带，也许有的人认为这样会显得轻松、随和，事实上这是很失礼的行为。

法官在法庭上穿西装不打领带，是不尊重法庭和出庭人员的行为；司仪在主持婚礼时穿西装不打领带，是对新人的侮辱；出席高级会议穿西装不打领带，是无知、无视规则的行为。即使在非正式场合，穿正式的西装而不打领带也不算会穿西装。

温馨提示：

□ 如果你参加的是娱乐界的典礼，穿的是休闲西装或时装款的西装，可以不打领带。

□ 领带的质地以丝质最佳，图案可选小的点状、斜条纹状、素色等。除非是穿制服，原则上不要使用领带夹。

□ 领带的长度以领带尖不触及腰带为宜，宽度以西装衣领的宽度为参照。

不可穿短袖衬衫打领带

穿正式西装时一定要打领带，而穿衬衣时就不一定要打领带。

穿短袖衬衣打领带，在深谙着装之道和社交礼仪的人们眼中，是严重的无知和粗鲁。穿短袖衬衣打领带去见银行家、证券专家，对方会因为你不够严谨而不愿与你合作；穿短袖衬衣打领带去听音乐会，剧院会因为你衣冠不整而拒绝你入内；穿短袖衬衣打领带去参加要求正装出席的多方会谈，大家会因为你无视规则与惯例而拒绝给你机会。

但如果你所穿衬衣为需打领带的制服，则不在限制范围之列。

温馨提示：

☐ 穿休闲衬衣、花衬衣、立领衬衣时，可以不打领带。

☐ 穿硬领衬衣时，无论是长袖还是短袖，都应将下摆束在裤子里。

☐ 在非正式场合穿西装不打领带时，衬衣最上端的纽扣要解开。

在正式场合不可系图案夸张的领带

领带是男人最常见的装饰品，但却不是什么样的领带都能系的。

出席正式场合，"礼仪"二字往往使人们联想到遵循传统。系卡通图案的领带，说明人不够成熟；系有骷髅等图案的领带，说明这个人不太合作；系色彩杂乱的领带，说明这个人不够沉稳；系美女、人像图案的领带，说明这个人急功近利。在一个集体中以这样的面貌出现，明显会使别人觉得你"另类"。

虽然以上说明都是领带给别人留下的直觉印象，却至少证明图案夸张的领带在正式场合所起到的作用是负面的。

温馨提示：

☐ 领带上的图案应该尽量小，圆点、斜条纹、小方格、净面等都可以。

☐ 人像、动物、数字、艺术字等特别符号都不应出现在领带上。

☐ 领带上的颜色应该不超过三种。

领带要系得松紧有度

领带能衬托男人的气质和风范，一条没系好的领带会破坏男人的气质和风范。

领带松松垮垮地去上班，是不敬业的表现；领带松松垮垮地去约会，是不尊重对方、敷衍对方的表现；领带松松垮垮地接待客人，是不注意自我形象、对客人不满的表现。领带系得松松垮垮，再好的西装和整体搭配都会黯然失色，再得体的举止都无法弥补外表上对别人的失礼。

领带系得歪斜、宽片和窄片重合得不好也是错误的。

温馨提示：

☐ 领带要系得平整、无皱褶、松紧适度。

☐ 系好领带时，衬衣领应紧贴领带结，两者之间没有空隙。

☐ 休息或谈话时，不要养成搜、摸领带的习惯，不要随便拉扯领带。

领带的长短要适度

领带款式相宜、色彩大方、系得漂亮，但如果长度出了问题，照样不合礼仪。

从外表形象而言，领带过长或过短都会影响你的整体形象，使你在别人眼中"稍微有点别扭"。领带太短使人看起来不够大度、底气不足；领带太长则使人显得散漫、拖沓，还会使人显得不够果断、缺少魄力。从人际交往的角度而言，领带的长短代表着"分寸"。一个在领带长度上都没有分寸感的人，在别人眼里，做事也不会掌握分寸。一个对人对己都严格要求的交际高手，不会愿意与一个连领带长度都把握不好的陌生人交往。

温馨提示：

☐ 领带的长度以尖端触及皮带扣为宜。
☐ 系领带时，应注意宽片和窄片长短的协调。
☐ 领带的宽度应该与西装翻领的宽度接近。

系领带要讲究章法

出席正式场合胡乱将领带系上，不讲章法，势必会引起别人的侧目和不满。

领带的系法从细节上体现出你对所在场合规则的了解和重视程度，也显示出你是否见过世面，是否有涵养、风度，是否对自己重视、有信心。领带系得太"自我"，虽然可以认为是潇洒，但更容易给人以爱出风头、哗众取宠的印象。如果你领带系得太随便，很不美观，则会显得邋遢，无论是出席正式场合还是普通的社交场合，都是会遭到诟病的。

系领带不考虑场合和所穿服装的款式，还是无知和顽固的表现。

温馨提示：

☐ 公务、商务场合常用的领带系法有温莎结、平结、四手结等。
☐ 穿燕尾服时，应系蝴蝶式领结。
☐ 穿休闲式衬衣时，可以使用风格多样的其他系法，以使服装整体显得活泼。

领带要及时更换

有的人只准备一条领带，每天佩戴，这样做很不恰当。

天天系同一条领带，即使你天天换衬衫和西装，给人的感觉仍然是天天穿同一套衣服，这样，不整洁的形象就进入到别人的心目中了。天天系同一条领带，难免有与西装、衬衣无法搭配的时候，这样会给人留下做事不会规划的印象。

天天系同一条领带就像天天不洗脸，如果你意识到这种错误，就赶快改。

温馨提示：

☐ 至少应准备三条领带，最基本的是蓝色、红色。
☐ 一条领带系过后，应熨好放到隔潮隔热的地方，用领带架悬挂存放，隔三四天再系。
☐ 领带出现皱褶、污渍后应当及时更换，出现脱丝而无法弥补时应该让它永久性退休。

要扬己之长，避己之短

穿衣不懂得扬长避短并不能说明一个人不拘小节、平易近人，反而会说明他既不自重、不懂得发现和彰显自己的优点，也不懂得尊重别人、为他人着想。

如果你代表自己的单位出席大型会议，或者作为接待人员迎接友好单位，穿衣不懂得扬长避短就是对自己职责的不负责、对本单位的不尊重、对外单位的不敬。

穿衣不懂得扬长避短是对自身优点和服装本身的浪费，会加重自己的短处在别人心目中的印象，不利于社交。

温馨提示：

□ 肤色较暗的人可以用明亮色彩的服装进行弥补，肤色干净、自然的人可以用深色服装来衬托完美肤色。

□ 脖子短的人可以穿 V 领衣服，从视觉上拉长脖子。

□ 腿粗的人不宜穿贴身剪裁的裤子和短裙。

衣兜里不可塞满东西

许多刚接触西装的男人或不拘小节的人，都习惯把零零碎碎的东西塞在衣服兜里，这是不对的。

西装的衣兜是为整体造型设计的，作用主要是装饰而非盛放物品。衣兜里塞满东西，首先，会使人显得粗鲁。其次，杂物会破坏服装的线条和风格，使西装看起来臃肿，而臃肿的人会给人无能的错觉。最后，在衣兜塞满东西，显得你做事不懂得分清轻重缓急，效率低下。如果衣兜的东西在行动中发出杂声，必定会使交际场合平添尴尬。

即使你穿的不是西装，在衣兜里塞满东西也是很不雅的。

温馨提示：

□ 西装上衣的明袋内不应放任何东西。如果成衣西装口袋是封着的，最好不要拆开。

□ 西装裤子的口袋尤其是臀部的口袋不能放任何东西。

□ 贴身的卡、少量现金可以放在西装上衣的内袋里，以不影响服装造型为限。

男士不可在腰带上挂满钥匙等物

腰带上挂着钥匙、手机、打火机等杂物，挂得越多说明主人越低俗、越不自重。

腰上挂满东西的男人，给人一种婆婆妈妈、没有魄力的印象；腰带上挂满东西，走路时难免相互磕碰、发出响声，从而使人心烦，交谈、同行时，别人的注意力必然会受到影响。男性腰里挂满东西也是炫耀的表现。以这样的形象与别人交往，尤其是与政界、商界等领域的高层人士交往，必定会招致对方的轻视。

温馨提示：

□ 男人的腰带和裤袢上不应挂任何东西。

□ 腰带本身就是一件配饰，不必再用别的东西装扮。

□ 钥匙、钱包、手机等杂物可以都放在皮包里。

男性应系优质真皮腰带

一条劣质腰带会降低男人的品位，并使其身份显得虚假。

皮带的质地能衬托男性服装尤其是西装的档次，衬托男人的风度。皮带扣则是皮带的点睛之笔，而劣质皮带只能起到相反的作用。一条劣质腰带系得很松，挂在腹部以下，让人担心它随时都可能掉下来，这样系腰带的男人很难获得别人的信任。因此，选择皮带应避免劣质。

温馨提示：

□ 腰带的质地应该是优质的真皮。

□ 腰带的长度应该比裤子的腰围长 5 厘米左右。

□ 腰带扣的设计应以简洁、大方为原则。

男性的腰带和皮包要同质、同色

和金属配饰搭配的原则一样，男人身上的皮质物品也应该是以同质、同色为佳。

外在的同质、同色象征着一个男人内在的完整统一。系一条棕色腰带，提一个米色皮包，脚穿黑色皮鞋，这样杂乱的颜色一方面使人以为你准备不充分，匆匆忙忙随便打理一下就出门了；另一方面使人觉得你不够沉着、稳重。

即使你的腰带和皮包不是完全相同的颜色，至少也让它们颜色的深浅相差不大。

温馨提示：

☐ 在重要场合身着西装时，应让腰带、皮包和皮鞋的颜色统一。

☐ 男性腰带、皮包、皮鞋的首选颜色是黑色。

☐ 在正式场合，腰带、皮鞋、皮包应该统一使用材质相近的真皮质地。

皮包与服饰要搭配

皮包对经常出入社交场合和公共场合的男性和女性来说，都是必不可少的工具，同时也是重要的装饰品。但如果皮包和你的服装及其他饰品不相配，就是错误的。

女性去同行单位参观访问时拎一个缀满亮片的晚会用包，对方一定会认为她不重视这次访问，而是在走过场；一个银行家提一个尼龙运动包为大客户介绍业务，对方一定会怀疑银行家的真实身份，不放心把巨额资金交给他打理。

皮包质量也许很好，但如果不能与服饰相得益彰，同样体现不出礼仪之美。

温馨提示：

☐ 皮包的设计应该简洁大方，选经典款式而不选流行款式，这样搭配服饰的余地会更大。黑色、深红色、深棕色是最易搭配的颜色。

☐ 皮包永远不要塞得鼓鼓囊囊。

☐ 皮包也要和衣服、皮鞋一样及时进行清洁保养，不应出现破洞和掉色现象。

内衣不可露出外套

人们穿衣，常常不经意间犯下相似的错误：冬天，男性的高领保暖内衣从衬衣领口中露出来，袖口从衬衣袖口中露出来；夏天，女性的内衣肩带从上衣的领口露出来或从短袖上衣的袖口中滑落出来。

男上司给女下属交代任务时内衣露出外套，女下属会缺乏安全感；女主管给下属开会时内衣从外套中露出来，有损自己的尊严；接待外国客商时内衣露出外套，对方会认为本单位不正规、不可靠。

内衣露出外套，对人对己都容易惹出尴尬，应当避免。

温馨提示：

☐ 应尽量穿贴身、弹性好、隐蔽性高的内衣。

☐ 穿西装、职业装时，尽量不要穿高领内衣、高腰衬裤或衬裙。

☐ 外出前、见人前，一定要检查自己的内衣是否外露。

穿新衣服时应剪掉品牌标签

保留衣服上的商标并不能说明你的服装档次多么高以及你的品位多么非凡，反而会暴露出你的"暴发户"心态，使你更像一个会说话的品牌广告牌。

服装的功能是让人的形象更容易被别人接受，而不是为了炫耀它值多少钱。要想体现品牌服装的档次，重要的是让自己的言行举止得体大方，使自己的举手投足都彬彬有礼，这样才能使服装与人完美结合，使服装与人所处的环境相一致。

就算你的衣服价格不菲，也没必要向别人展示商标。

温馨提示：

☐ 衣服买来后，首先应该将袖口、领口、裤缝上的品牌标签剪掉。

☐ 不要故意炫耀自己衣服的牌子。

☐ 不必为品牌而买衣服，只要质量好、造型好、符合自己，就可以穿出很满意的效果。

不可穿着睡衣逛街

穿睡衣逛街似乎早已经不是什么新鲜事：穿睡衣买菜、临时出门找人，甚至穿睡衣乘公交车或者逛超市。虽然多数都在傍晚或晚上，或者所有这样行动的人都是在办私事，但依然不能否认如此行动是礼仪上的错误。

领导穿着睡衣逛街，被下属看到会大窘；明星穿着睡衣逛街，立刻会成为负面新闻的头条。睡衣是自己居家时室内穿的，与外衣有着本质性不同的适用场合。穿着睡衣逛街，会让别人觉得你太随便、太邋遢，如果你的睡衣过于皱乱不堪且短小，更是对行人眼睛的"伤害"。对于穿睡衣与裸体性质相等的西方人而言，穿睡衣逛街简直不可想象。

温馨提示：

☐ 即使有急事出门，也不能穿睡衣示人。

☐ 睡衣只能在家穿，临时性接待客人时应避免穿过于暴露、透明的睡衣。

☐ 借用邻居物品、串门时，最起码也应在睡衣外套上便装。

在正式场合不可穿闪闪发光的衬衣或外套

穿闪光的衣服会让你的形象也闪光？错误！

首先，闪光的衣服与公务、商务场合以及办公室、会议室的环境格格不入。如果你身为一个白领或蓝领穿闪光衣服，别人会认为你心思不在工作上；外出拜访别人或执行工作任务时穿闪光衬衣或外套，会显得不伦不类。其次，闪光的衣服对形成良好的修养、高雅的气质、不卑不亢的态度毫无帮助。能把闪闪发光的衣服穿得有品位、有气质的人不多，一般人穿上都会与"庸俗"和"低劣"这两个词结缘。

闪光的衬衣、外套只适合舞台造型。

温馨提示：

☐ 在娱乐性的晚会上，偶尔穿闪光衣服不算失礼。

☐ 应避免选择那些点缀金银线、人造宝石、流苏的衬衣和外套。

☐ 如果穿皮衣，应选择亚光质感、色彩柔和、款式简单的类型。

女性穿套装不可配露趾凉鞋

露趾凉鞋虽时尚，却不是配任何裙子时都能穿的。

女性穿的套装也包括工作场所穿的制服。穿套装的场合一般是办公室、各种正式会晤等，氛围比较严肃。露趾凉鞋的休闲意味比较浓，如果搭配套装，第一，会使女性的形象显得突兀、不雅，使所在场合的庄重色彩减弱；第二，露趾凉鞋会凸显女性的性别色彩，从而使自己的职业身份被掩盖，容易使女性受到别人的轻视；第三，是违背一般正式场合的着装规则，给人一种以自我为中心和轻佻的印象。

露脚跟的凉鞋也上不得正式场合的台面，坚决不能配套装穿。

温馨提示：

☐ 女性穿套装时，应该穿中跟或高跟的皮质船鞋。

☐ 在公务或商务场合，女性的皮鞋应该以暗色为主，如黑色、暗红色、深褐色，并且要与套装颜色相配。

☐ 穿套装时所配的皮鞋款式应尽可能的简洁，不要有耀眼零碎的彩色亮片等装饰。

女性穿套裙要配长袜

女性穿套裙时穿短袜，其形象就是人们俗称的"三截腿"，是正式场合和社交场合都很忌讳的着装误区。

女性穿套装时应保持形象的整体统一、和谐，穿短袜会使人显得平庸而不够干练。同时，穿短袜配套裙会让别人质疑女性的素质和修养，更不要说欣赏她的气质了。即使这样穿的女性姿态优雅，别人也会以为她是"装出来的"。这样穿的女性如果代表本单位与格外重视着装礼仪的欧美国家交往，则任务一定很难完成。

中筒袜一样会使腿露出一部分，也不能配短裙穿。

温馨提示：

☐ 女性穿套裙时应该穿长筒袜或连裤袜，最好是肉色、净面。

☐ 短袜只适合穿长裤时穿。

☐ 配套裙时，不能穿图案夸张、有明显的金银线的长袜。

女性穿套裙不可露出袜口

女性穿套裙时露出袜口，从着装的整体美观和待人接物中的礼仪两方面来说都是错误的。

如果女性腿部皮肤上有瘢痕、汗毛，露出袜口的同时这些瑕疵也容易暴露出来，这是"自曝其短"；如果是故意露出袜口来，就会引起别人的强烈反感和不信任；女性作为知名企业的代表出席公共场合露出袜口，就是企业形象的失败。

女性当众整理丝袜更是无礼的行为。

温馨提示：

☐ 女性穿套裙时，丝袜应该足够长，应保证坐下时袜口不被暴露出来。

☐ 女性的丝袜穿好后应该是贴身而无皱褶，应避免穿太松的丝袜，否则很容易向下滑落。女性不要穿太短的套裙，裙子的长度应该不高于膝盖10厘米。

☐ 女性穿套裙时对坐立、行走姿势稍加注意，也可以避免丝袜袜口露出。

女性不可穿破损的丝袜

当女性的丝袜破损时，它所起到的作用就不是美化和体现优雅庄重，而是起相反作用。

从仪表上讲，破损的丝袜会使腿部皮肤显露，使整体形象不和谐，如果露出汗毛，则更是粗俗。从留给别人的印象上讲，丝袜上有破洞和断裂的细丝，这样的女性起码会让人质疑她的谨慎细心，继而怀疑她的认真负责；穿着破丝袜见人，说明她不重视与她会面的对象。精细的丝袜本是女性表达对他人尊重的一种载体，丝袜破了，礼仪也就有了漏洞。

温馨提示：

☐ 购买丝袜时，应该挑选韧度和弹性较高的优质丝袜。

☐ 女性上班或外出时应该随身准备一双备用的丝袜。

☐ 破损的丝袜一般不容易修补得无痕，如果破损部位无法遮掩，就必须换掉。

丝袜里面不可戴脚链

丝袜里面戴脚链是多此一举，会使女性的得体形象贬值。

女性穿丝袜是为了遮掩腿部缺陷，使腿部看起来美观，更是为了给别人一种清新、庄重、礼貌的形象。脚链是一种强调腿部和足部美的饰品，且不适宜在正式场合出现。穿丝袜的同时在里面戴上脚链，从装饰角度来说是一种矛盾，使两者的修饰作用相互抵消；从礼仪角度来说是一种无知。职业女性这样做，说明你关心自己胜过关心交往对象和工作。

无论什么场合，穿丝袜都不应在里面戴脚链。

温馨提示：

☐ 职业女性不应该戴脚链等足部装饰物。

☐ 即使职业女性的腿部或脚部不够美观，任何时候也都不应该戴脚链。

☐ 在适合的场合戴脚链，应该将其戴在丝袜外面且应保证它不发出明显的声音，不会刮坏丝袜。

女性穿高跟鞋走路要避免声音太响

许多女性喜欢给高跟鞋钉上金属鞋掌，走起路来"嗒嗒"响，觉得这样很有味道。其实这种认识和行为都是错误的。

女性的高跟鞋"嗒嗒"响，说明她比较张扬，甚至会令人觉得她"飞扬跋扈"。女性公司职员在办公室里穿着"嗒嗒"响的高跟鞋走来走去，必然会影响别人工作；女服务员穿着"嗒嗒"响的高跟鞋为顾客服务，无形中易降低服务水准；女商务人士穿着"嗒嗒"响的高跟鞋参观访问，会让人认为她作风浮躁，做事走过场。

女性穿的高跟鞋声音太响是不恰当的炫耀，应当避免。

温馨提示：

☐ 女性的高跟鞋如果发出刺耳的声音，应该钉上橡胶垫。

☐ 女性走路时脚步轻一点，可以避免发出沉重的脚步声。

☐ 女性不要穿鞋跟太高、太细的高跟鞋。

女性在商务场合应穿高跟鞋

商务场合，女性应该穿得庄重保守，但这并不代表女性可以穿有居家味道的平底鞋。

随便穿双平底鞋上阵，不是明智之举。穿平底鞋，第一会使职业套装失色，第二会使女性显得不出色。如果一个女性高管穿平底鞋主持动员会，员工们会觉得她底气不足；如果一个女秘书陪上司谈业务穿平底鞋，对方会认为女秘书所在的公司不规范。

女性在商务场合千万不要穿平底鞋。

温馨提示：

☐ 平底鞋只适合在休闲场合、配休闲风格的服装穿。

☐ 女性在商务场合应该穿3~4厘米高鞋跟的高跟鞋。

☐ 鞋跟超过7厘米的高跟鞋不应在商务场合、办公场合出现。

业务代表的着装不可比客户还高贵

业务代表见客户，无论客户身份高低，穿得正式一些是无可厚非的，但是如果穿得比客户还高贵就不合礼了。

客户身着休闲装约你在咖啡厅见面，你穿一身特别正式的名牌西装，想必客户会认为你对他的揶揄多过对他的尊重；你践约到客户的经理办公室商谈，却穿得像董事长，客户多半会认为你是在暗示他实力不足。

比客户穿得高贵只能说明你不把客户放在眼里，而不会对你的业务进展助力。如果你仍然意识不到业务代表穿得比客户好在礼仪上是种错误，则必然会失败更多。

温馨提示：

☐ 业务代表的着装应该根据所面对的场合而定，同时应具备大方得体和便于活动的特点。

☐ 业务代表的穿着档次可以与客户相当，而不应该显得太高贵或太低微、太随便。

☐ 业务代表的着装应该首选职业装，不要佩戴贵重、耀眼的首饰。

穿深色西装应配深色袜子

深色衣服配白袜子，尤其是黑白配，从中国传统审美而言的确很经典。但现在，穿深色西装、黑色正式皮鞋配白色袜子出席正式场合会被人讥讽为"驴蹄"。

穿衣打扮是私人的事，任何人都不会强制要求你必须怎么穿。但无论穿成什么样，别人都会根据你的着装为你划分"国界"。国际商务界中公认：穿深色衣服和鞋子配白袜子是失礼之举。如果你穿深色衣服配白袜子去跟国际知名的企业谈合作事宜，你的白袜子首先就会在你和对方之间划一条"三八线"，结果以失败告终一点儿都不会令人意外。

色彩太艳的花袜子也不能穿。

温馨提示：

☐ 白色袜子只能配白色西装、运动装和运动鞋穿。

☐ 应穿棉质袜子，避免穿不吸汗的尼龙袜子。

☐ 袜子的颜色应该与衣服相近或比衣服的颜色深。

服装不可颜色过多

衣服上的颜色并非越多越好。

服装的颜色过多，就是没有重点。如果是在工作场合，别人会从你的着装风格上联想到你处事的风格，从而不放心把重要工作交给你；如果是在社交场合，别人会认为你性格乖张，从而不乐于与你交往。如果你身上衣服各种颜色之间相冲相撞，更会令人厌烦。

浑身上下汇聚多种色彩，不要认为这是时髦、是美，这只能让你看起来像一个会行走的"鸡毛掸子"，并且成为人群中不受欢迎的一员。

温馨提示：

☐ 一套衣服的颜色应该在三种之内。

☐ 服装的色彩应以同色系或颜色互补、相配为原则。

☐ 服装上不同颜色的分布不要太杂乱。

服装颜色要与自身条件与周围环境相协调

服装的颜色或过于沉重，或过于素气，或过于艳丽，都是不讨巧的。

很多衣服款式很好，摆在橱窗里看起来很吸引人，但它不一定适合你的肤色、眼睛的颜色。也许你穿上它反倒比穿普通的旧衣服效果还差；也许因为它的少见，你必须再专门买一大堆衣服来配它。穿一件色彩格外沉闷的衣服主持气氛活跃的晚会，相信参加的人们既会对你能否胜任主持人产生怀疑，也会对这台晚会能否成功产生怀疑。

颜色不合适的服装会损害你的形象，影响你的心情，更影响别人对你的看法和评价，阻碍你和别人的交往。

温馨提示：

☐ 服装的颜色应该与肤色、季节及工作环境、所处场合相配。
☐ 服装的颜色不要太刺眼或显"脏"。
☐ 每两种颜色放在一起看，应该不显得突兀和浑浊。

配饰要讲究品位

塑料手镯、样式笨重的镀金胸针，诸如此类的配饰都是没有品位的体现。佩戴这样的配饰是错误的行为。

一个戴劣质配饰的人，会让人觉得不诚实；一个戴样式夸张配饰的人，会让人觉得不稳妥；一个戴陈旧、有瑕疵的配饰的人，会让人觉得思考问题、办事不周全；一个戴色彩杂乱配饰的人，会让人觉得浮躁。如果你展现出的形象"级别"很低，那些"级别"较高的人们自然会觉得你不适合与其交往。

如果配饰没有品位，则无法起到积极作用，还不如不戴。

温馨提示：

☐ 配饰的选择标准是质优、精致、简洁。
☐ 配饰的佩戴法则是少而有特色。
☐ 配饰的色彩要求是同色。

戴领带夹要注意场合

领带夹是一种常见的搭配西装的饰品。它是不能乱戴的。

领带夹的作用一是标志身份。国际上默认，戴领带夹的男士是已婚人士。初入职场的年轻人佩戴它反而会显得见识狭窄、装模作样。领带夹的第二个作用是固定领带。不刮风、不会引起领带飘动的场合戴领带夹会让人觉得虚张声势。

领带夹并非人人都可戴，不顾身份和场合乱戴必然是错误的。

温馨提示：

☐ 除了穿制服的人员和相应场合中地位较高的人以外，不要戴领带夹。
☐ 在正式场合或餐桌上可以使用领带夹。
☐ 只有在穿西装时才能戴领带夹。领带夹应该别在衬衣胸前靠下的位置，并且原则上应该让它隐藏在西装上衣里面。

不可在单层袖口的衬衫上别袖扣

袖扣被视为高雅男人的身份标志甚至个性标志。它是衬衫专用饰品，但是不能扣在普通衬衫上。

拥有庞大家族产业的继承人在单层袖口的衬衫上戴袖扣，别人会认为他没有接受良好的教育，更怀疑他能否承担重任；一个衣冠楚楚的、与女性约会的经理人把袖扣装饰在单层袖口的衬衫上，即使他一再暗示自己的身份，也不可能轻易取得对方的信任；一个出席时装界聚会的设计师在单层袖口的衬衫上别袖扣，别人会认为他的职业水准有待商榷。

袖扣戴错地方只会浪费袖扣的功能。

温馨提示：

☐ 袖扣只能用在俗称法式衬衫的双层

袖口衬衫上。

□ 袖扣适合在出席正式场合、隆重场合时佩戴。

□ 材质精、设计美的袖扣才能起到应有的作用。

不可戴劣质或造型特别的手表

戴什么样的手表，可以看出一个人个性上的特点甚至为人处世的习惯。

戴劣质手表不能说明一个人简朴，只能说明他对自己的期望值不高；戴怪异的手表不能说明一个人有个性，却能说明他耐心不足。戴卡通造型的手表，说明这个人幼稚、不够独立；戴花色艳丽的手表和运动手表的人，说明这个人多变。

为了证明你的人品、实力、品位，在最短时间内吸引别人的欣赏，一定不要戴劣质手表和造型怪异、特别的手表。

温馨提示：

□ 要戴经典款式的高档精工机械表。

□ 手表的材质以钢、合金等质地上乘的金属为好。

□ 手表的首选颜色是黑色，其次是金色和银色。

戴戒指要遵循传统习惯

戴戒指不单是为了美观和体现身份，还应该考虑不同手指上的戒指代表什么意义，否则就犯了社交礼仪的忌讳。

戒指戴得太多有自大之嫌，戒指戴错了手指会引起麻烦。已婚的人将戒指戴错手指，一旦有别人向其示爱，尴尬就会一时间无法收场。单身的人戴错手指，大概会让别人望而却步，说不定还会被人认为是别有用心、故意戴错。

戒指是会说话的。不遵循传统习惯而戴错手指，就会让别人理解错误。

温馨提示：

□ 戒指一般应戴在左手上，并且戴一枚就足够了。

□ 无名指上戴戒指表明已婚，中指上戴戒指表示已有恋人，小指上戴戒指表示独身。

□ 食指上戴戒指，表明正在寻找恋人。大拇指上不要戴戒指。

女性戴饰品切忌太多太杂

脖子里挂着珍珠项链、白金项链和玉石吊坠，左手上两个金戒指，右手上一个钻戒，耳朵上分别戴了两个耳钉、两个耳环，手腕上还不忘左右各一串鱼骨手链。这个形象也许有些夸张，但在生活中往身上堆砌饰品的女性随处可见。

饰品戴得多，别人就会感到你爱慕虚荣，喜好修饰和炫耀。既然你的心思全用在了打扮上，工作能力一定欠缺。如果以这样的形象去应聘一个销售公司，结果必定失败；如果参加宴会和典礼，别人会觉得你肤浅而不愿与你接触。

人们不会看好不懂搭配、外表一团杂乱的人，因此，女性千万不要把自己打扮成饰品杂货铺。

温馨提示：

□ 女性不要同时佩戴风格反差很大的饰品。

□ 首饰可以成套戴，但应该不超过三种，每种应该不超过两件。

□ 女性佩戴的饰品应该保证同质同色。

第四章　打招呼礼仪

不要随便在路上打招呼"吃了没？""上哪儿去？"

"吃了没？""上哪儿去？"这两句对于很多人来说差不多已经是经常说的招呼语了。不论场合，不分时间，只要是熟人见面，甚至不太熟悉的两个面孔相遇，这两句都会条件反射般脱口而出。在中国人的传统意识中，它们是不需要给出确切答案的问候语，相当于"您好""早上好""下午好"等。

然而把"吃了没？""上哪儿去？"这两句话用作招呼语是不合礼仪规范的。假如一个人刚从厕所出来，你随口说上一句"吃了没"，太不合理，也太有失文雅。同样，"上哪儿去"也不能随意用，这是干涉他人隐私的行为，特别是你这样问候一个外国人时，对方一定会十分生气。

温馨提示：

☐ 招呼用语要随时间和场合变化而变换。早晨可说"早上好"，晚上说"晚上好"；遇见出席会议的人，可以说"准备发言吗""会议什么主题"等。

☐ 打招呼的内容可丰富多彩，最近看过的电影、热点新闻、公众人物等都是合适的题材。

☐ 天气是永远不会过时和出错的打招呼题材，"你好""您好"是放之四海而皆准的招呼语。

☐ 打招呼时的话语和表情应该自然而随和。

和人打招呼时不能把手插在口袋里

把手插在口袋里打招呼，是轻视别人的表现，是不提倡的。

手插在口袋里和人打招呼时，除了使用语言，就只能使用眼神和头部动作。试想：一个人傲慢地冲你微笑一下，然后点几下头，如此招呼是不是很令你失望呢？没有人愿意理会不尊重自己的人。看似无关紧要的动作，实际上已给别人留下了不懂礼貌的印象。

温馨提示：

☐ 打招呼时应把插在口袋里的手拿出来。

□ 打招呼时，可以将一只胳膊举起，掌心向外，左右摇晃手掌。你也可以小幅度、有规律地上下屈伸手指，手势要自然。如果是久违的朋友，你可以举起双手，用力挥舞向对方表示招呼。

□ 如果你正在吸烟或吃东西，打招呼时，应该把烟从嘴上拿下来，把食物吃完再说话。

不可在很远的距离外大喊对方的名字

正在路上走着，突然听到有人大叫自己的名字，估计任何人都会有被吓了一跳的感觉。

如果对方正在约见密友，根本就不想遇见熟人，你远远地大声招呼会让对方想避又避不开，尴尬非常；如果对方是你的上司，措手不及的大声招呼会让他失态，继而厌恶你的"突袭行动"；如果对方正在和一帮人说话，并没有注意到与话题无关的声音，而你周围不认识的人们却向你投来不屑与不解的目光，你岂不是会很失望？如果在公司的走廊里，你的叫喊声回荡在整个办公楼，必然会引起公愤。

距离很远就大喊别人的名字，有损"彬彬有礼"的个人形象，这种行为是错误的。

温馨提示：

□ 双方距离在10米以外，你可视而不见，双方距离5米左右时可视情况而定。

□ 若对方步速极快，看起来很忙，不宜打招呼；对方步态从容，则可以选择适宜的方式打招呼。

□ 如果对方已经看到你但马上转移注意力，说明他不想和你打招呼。

□ 在会场、剧场等特别嘈杂或安静的公众场合，在远处以目光示意、点头、微笑就可以了。

打招呼时要看着对方的眼睛

眼睛是最能传情达意的器官，目光是人际交往中最重要的交流媒介之一。健全的人如果没有眼神的交流，成功的交际就无从谈起。

打招呼时不看对方的眼睛，首先会让对方怀疑你是不是在跟自己打招呼；紧接着，对方又会怀疑你的诚意——你是害怕我，还是讨厌我？还是看不起我，不屑与我打招呼？再怀疑下去，就涉及你的心理问题了，对方就会想：你是不是内心有什么事情呢？你是不是不够自信？

打招呼时不看对方的眼睛，就无法让对方感受尊重。看着别人的眼睛说话才不失礼仪，打招呼时看着对方的眼睛，这个招呼才算得体。

温馨提示：

□ 打招呼的同时要看着对方的眼睛，如果不习惯看人眼睛，看对方眉毛之间、额头、鼻梁也可。

□ 打招呼时，态度要热情大方，说话要吐字清晰。

□ 打招呼时，目光不要游移不定，不停地四处逡巡，也不要目不转睛地盯着对方。

晚辈要先向长辈打招呼

打招呼时等着长辈先开口，不用推敲就知道是错误的行为。

尊重长辈是中国的传统美德。路上相遇，上门拜访，长辈已经向你投来问候的目光，你却面无表情，径直走向对方，死活不肯张开"金口"。这于情于理都不合适。等着长辈先打招呼，对长辈而言很丢面子；在别人眼里，你很缺少教养。

无论是因为你觉得长辈不值得尊敬，还是因为你害怕长辈的威严，你的沉默在长辈看来都是示威和轻蔑。如果长辈比较孤独而敏感，你的沉默还可能会对他造成伤害。沉默并不能表达你的问候，因此，见到长辈千万不要不开口。

温馨提示：

☐ 除非是在厕所、澡堂等地，在任何时候遇到长辈，晚辈主动问候都是必需的礼仪。

☐ 当你偶遇长辈而没有注意到对方时，一定要在发觉后第一时间主动而礼貌地打招呼。

☐ 即使你匆忙赶路或有事在身时，也不要忘了主动向长辈热情地招手致意。

不可用碰触他人身体的方式打招呼

见到别人时用碰触他人身体的方式打招呼，这不见得是个好习惯。

见到好友，猛地在背后拍对方的肩膀打招呼，你会惊吓到对方；见到领导，殷勤地用肩膀碰碰对方的肩膀，对方会觉得你态度谄媚，并且行为已经"过界"；见到女性熟人，面带笑容地用手指捅捅对方的胳膊或拽拽对方的头发打招呼，对方会觉得你行为暧昧、惹人猜疑。

这样打招呼看似亲密，其实很容易引起被接触者和旁观者的反感。这种行为是对他人尊严和身体的冒犯，容易给人留下没教养、没规矩的印象，如果引起误解，更是有理说不清。

温馨提示：

☐ 对于自己不熟悉的人，应避免用身体碰触对方。

☐ 对于异性，应避免用碰触对方身体的方式表示问候。

☐ 对于长辈和领导，应避免使用碰触对方身体的方式打招呼。

向别人介绍自己的同伴时只需做简单介绍

向别人介绍自己的同伴是坦诚和礼貌的表现，但事无巨细地详细介绍就不对了。

一个关系一般的朋友和恋人在公园里散步，与你相互打过招呼后，你热情无比地向对方介绍你身边的妹妹芳龄几何、职业如何，对方一定会感觉短短的几分钟"度秒如年"。详细介绍自己的同伴，对于没必要了解、根本不想认识你同伴的人而言是骚扰，对于有事在身的忙人而言是妨碍，对于和你关系一般的人而言是谄媚、讨好。

向别人详细介绍自己的同伴是对双方时间的浪费，这种看似礼貌的举动千万不能养成习惯。

温馨提示：

☐ 如果同伴和别人之间彼此没有认识的必要，只简单介绍自己与同伴的关系即可。

☐ 正式场合，简单向对方介绍同伴的姓名、单位、职务即可；在社交场合，只介绍同伴的姓名或姓即可。

☐ 偶遇的情况下，如果双方距离较远，不必介绍自己的同伴给对方。

打招呼要适可而止

打招呼是我们日常见面最平常且简单不过的礼仪，彼此微笑一下，互相说一声"你好"，几秒钟时间已足够。如果你打招呼起来无休无止，问候过"你好"，紧接着又问"你父母好吗""你家的宠物好吗"……必定会让人不胜其烦。

打招呼的内容无非就是问候彼此，谈谈天气。关系好一点儿的，询问对方最近有何事由、家里亲人如何等，通常不会有实质性内容。无论你与对方关系如何，如果把打招呼变成"废话联播"，你的礼貌就变成了对方的负担。换言之，如果你在路边或门口看到两个人伫立着喋喋不休地寒暄，想必定会感到很滑稽。如果他们的声音很大，你就会为自己受到了干扰而不开心。

打招呼，还是适可而止的好。

温馨提示：

☐ 如果你们以打招呼为切入点，准备开始一场正式的沟通，那么赶快换个地方，以免隐私泄露。

☐ 如果是许久不见的人，你可以多说几句，但最好不要超过3分钟。

☐ 如果你和对方关系一般，不要询问实质性问题，如询问对方身体是不是不好。

☐ 如果对方很匆忙，不要刻意地一定要和对方打招呼，招招手、点点头即可。

不可以敷衍的态度应对别人打招呼

敷衍应对别人的打招呼，等于让别人的热情碰到了寒冰，看来是不值一提的小事，却能反映出一个人是否有修养、懂礼貌。

当你热诚地和一位偶像打招呼，他却做出一副不耐烦的样子，以"哼""哈"来应对你，估计你以后再也不会认为他值得尊敬了。如果你很忙，没有时间说话，短暂回应一下对方的问候也是能做到的；即使你身份、地位非同一般，真诚地回应别人善意的问候也总是应该的。

将心比心，敷衍应对别人的行为是不礼貌的。故意躲避想要与自己打招呼的人，也是不应该的。

温馨提示：

☐ 当别人问候你时，一定要真诚道谢并向对方致以同样的问候。

☐ 如果对方地位高于你，你的敷衍会让他认为你对他有成见；如果对方地位低于你，你的敷衍会让他觉得你目中无人。

☐ 除非对方真的不礼貌或问候起来没有分寸，否则一定不要流露出厌恶、不屑的表情。

遇到认识的人要主动打招呼

生活中，有些人就是看到自己面熟却不熟悉的人就当不认识，一掠而过，也省得认错了人而尴尬。

这么做是不对的。如果对方是你的新朋友，你沉默地从他身边走过，对方会认为你存心不愿与他深交；在电梯里遇上面熟的人不吭声，下次再见面，双方肯定都觉得尴尬而不好相处；在走廊里与一个其他部门的人同行时一声不吭，这短短的几分钟内，足以让你给对方留下顽固而不擅交往的印象。

温馨提示：

☐ 如果你在狭小的空间遇到自己认识

的人，无论你是否确定他认识你，都应当礼貌地打个招呼。

☐ 如果是在大街上、肃静的公共场合遇到自己认识的人，可以不打招呼，只用目光向对方表示你认识他即可。

☐ 在和自己认识但不熟悉的人打招呼、寒暄时，可以先做简单的自我介绍，以便使对方加深印象。

在别人故意躲避的时候不可上前打招呼

我们在日常生活中随时都会遇到熟人，但如果别人显然是在回避你，你依然上前打招呼就不合时宜了。

度假期间，你无意中看到上司在和异性约会，上司也看到了你，但是他不动声色地扭过头去，希望不被打扰。你却坚持礼貌地上前打招呼，无疑是告诉对方：你知道了他的隐私，这在对方看来是变相的侵犯。朋友在街头摔了一个狼狈的跟头，一见到不远处的你就迅速低头，希望不被熟人嘲笑。你这时上前打招呼，对方会认为你故意给他增添尴尬。

打招呼如果不看场合，必然是错误的。

温馨提示：

☐ 当你发觉别人在躲避你时，你应该很自然地假装没看到对方。

☐ 当你遇到别人不愿让熟人看到的举动时，迅速躲开才是礼貌。

☐ 如果别人在某一刻或某个地方躲避了你，下次见面时不要提及此事。

第五章　称呼礼仪

不可称呼自己为"某先生／某小姐"

"您好！我是李先生""我是张小姐"……这样的自称听起来很堂皇，却是错误的。

作为上门推销的业务员如此称呼自己，表明他连起码的职业素养都没有；作为参加求职面试的大学生如此称呼自己，表明他缺乏实践经验，待人接物的能力欠缺；作为演员或主持人在公众面前如此自称，表明他严重自恋、虚伪做作。

中国人向来奉行谦恭的态度，称呼自己为"先生"或"小姐"，显然是有违传统礼仪规矩的。

<u>温馨提示：</u>

☐ 面对长辈、亲朋，可以用自己的名字或小名自称。

☐ 向不熟悉的人或通过电话沟通的陌生人进行自我介绍时，应以全名自称，也可以以自己的姓自称，如"我姓李"。

☐ 对方是上司或上级领导时，应以全名加职务说明自称，比如"我叫某某，是财务科的负责人"。

在非正式场合也不可随意称呼别人

在非正式场合称呼别人并非不需要讲究。

对女服务员称"小姐"，会被对方视为侮辱和调戏；用对方恋人专用的昵称来称呼异性朋友，对方难免认为你有什么企图。在把"小姐"当作某种不良职业象征的地区称呼年轻女性为"小姐"，在把"同志"当作同性恋者代名词的地区称同性陌生人为"同志"，对方一定会生气、恼火。

从你对别人的称呼中，别人考察着你的素质和教养，判断着你对别人的尊敬程度，甚至从称呼中判断你的人际关系。不假思索地使用称呼，既容易造成误解，又可能给自己招来意外的麻烦。

<u>温馨提示：</u>

☐ 称呼别人之前，应先了解当地习惯，考虑自己和称呼对象的关系。

☐ 称呼同事、朋友、邻居、熟人，可直呼其名，或只叫对方名字而省略姓，或以"老谁""小谁"的方式称呼其姓。
□ 在公共场合称呼陌生人，应根据对方的年龄和性别进行称呼，如"女士""先生""小伙子""老伯""大妈"等。

在职场上对别人称呼要恰当

在职场上使用不当的称呼是不礼貌的。

初入职场，跟着别人叫同事为"小王"，其实他比你大两岁且资格很老，你这种"自来熟"的称呼一定会令对方不悦。在公司总结会上，莽撞地以私下的叫法"小王"来称呼王总监，这对于王总监本人和你所处的场合来说都是不尊重的。同事已经换了部门，你却还用对方原来的职务称呼他，如果对方提升了，他会认为你忌妒他；如果对方降职了，他会认为你挖苦他。

由此看来，在职场上称呼别人不单是凭自己的经验就能让对方满意、让大家满意的，你必须综合考虑自己的身份、工龄、与别人的关系等各个方面，这样才不会出错。

温馨提示：
□ 在正式场合可按对方的职务以姓相称，如"某教授""某主任"等，在特别正式的场合应以对方的全名加职务相称。
□ 在对称呼有特定习惯的单位，应按照惯例称呼别人，比如在一些外企中彼此直呼其名。
□ 不要随便用自创的绰号称呼同事，如果绰号不雅或含有戏弄意味更不能使用。

和别人说话要使用适当的称呼

和别人说话不用任何称呼，无论是对熟人还是对陌生人，都不是礼貌之举。

不使用称呼，只是用眼神、动作来告诉别人你是在叫他，有涵养的人会认为你是不好意思或害怕出错而不和你计较，自尊心或虚荣心强的人则会认为你轻视他而明里暗里地责怪你。想向陌生人求助，你突兀地走过去直接表达了你的想法，对方先是会被吓了一跳，接着就会为你的莽撞而不悦，继而不愿意提供帮助。

称呼虽然只是几个字，但它包含了一个人对另一个人身份的肯定和最起码的尊重。只要与人说话，就不能省略称呼。

温馨提示：
□ 在任何时候，因为任何原因和别人说话之前，一定要根据其身份礼貌地称呼对方。
□ 不要用"哎"来称呼陌生人，对不太了解的熟人也不要这样称呼。
□ 不要用"胖子""麻脸""稀毛"等别人的生理缺陷做称呼。

称呼别人要尊重个人习惯

称呼别人不尊重别人的个人习惯是不礼貌的。

有的人更认可别人叫他的英文名字，你固执地叫他中文名，他会感到你固执、粗俗；有的人不喜欢别人在他姓名前加个"老"字，甚至不喜欢比他稍小的人叫"哥"，你如果犯忌，会被他认为是挑衅；有的人喜欢别人对他以职务相称，你觉得邻里之间无须那般，却不知直呼其名的同时已经冒犯了他。

称呼该如何叫，就像一个人有特

殊的爱好，千万不要无视主人的喜好和习惯而乱用称呼。

温馨提示：

☐ 称呼某人之前，应先听听别人是怎么称呼的，同时听听关系不同的人如何称呼他。

☐ 如果某人明确告诉你不要叫他什么，你一定不要叫他什么。

☐ 如果不知道别人喜欢怎样的称呼，你可以主动询问。

称呼别人要注意自己的声音

称呼别人时，自己的声音很重要，随随便便的话，即使好心也无法体现。

在颁奖晚会上和获奖者打招呼，称呼对方时声调夸张，对方会以为你不是在祝贺他而是在忌妒他、奚落他；在公司楼道里称呼比自己职务低的同事时语调透出尖刻，对方会以为你看不起他；在涉外场合称呼外宾时声音过于甜腻，对方会以为你虚伪而谄媚。自己心情不好时称呼别人带上抱怨的语气，别人会以为你对他有意见；自己兴高采烈时称呼一个刚遭遇不幸的人，对方会以为你幸灾乐祸。

声音也有表情，我们不能让声音使礼仪失去效用。

温馨提示：

☐ 称呼别人时，音量要适中，声调应和缓、热情洋溢。

☐ 称呼别人时，表情和姿态要大方、从容。

☐ 在同一个场合分别称呼同时在场的几个人时，声调、语气和音量不要有明显变化，以免别人误解。

使用简称时要注意不导致混淆

使用简称在我们生活中非常普遍，比如称北京大学为"北大"，称社会科学院为"社科院"。

公司里有一位姜工程师，同时有一位江工程师，如果你在别人面前对他们都简称为"某工"，别人就无法知道你说的到底是谁；你将"国家图书馆"和"国际图书大厦"都简称为"国图"，告诉别人地址时就容易误导别人；将刑事诉讼案件专用名词"被告人"简称为民事诉讼案件专用名词"被告"，明显是南辕北辙。有些名词是约定俗成的，不能简称，或者不能使用别的简称，你自创简称就会给别人以无知或狂妄的印象。

简称如果使用不当，不但不能简化问题，反而会对人对己徒增烦恼。

温馨提示：

☐ 不要对外地人使用本地常用的、对方却不熟悉的简称。

☐ 不要使用容易混淆的简称。

☐ 对习惯上不使用简称的名词不要使用简称，如不能把"法定代表人"简称为"法人"。

第六章　握手礼仪

握手要注意场合

握手是一种礼貌，但如果不看场合握手，就不能说是礼貌之举了。

听名人做报告，对方报告完毕，正在喝水解渴，你热情地伸手相握，无疑是对他的不敬；初次拜访别人，对方正在接电话，你迫不及待地与对方握手，显然是对他的打扰；别人双手抱着一堆资料从图书馆出来，你殷勤地伸手与对方相握，明显是给对方出难题；参加社交聚会，看到一个朋友正在和别人交谈，你马上要求握手，一定会被人视为冒犯。

握手不看场合会引起误会和尴尬，因此，握手之前一定要事先"观察好形势"。

<u>温馨提示：</u>

☐ 与人握手应选择合适的时间和场合。

☐ 握手的同时应该看着对方的眼睛，并致以问候。

☐ 在餐桌上、厕所里以及别人有事在身时不要与之握手。

不可用左手握手

有的人握手时，表情和动作看起来都很标准，其实错了，因为他用了左手。

一些国家认为左手不洁，如印度、俄罗斯等，他们认为左手一般是人们如厕用的，用左手握手是侮辱和不敬的做法。我国的一些少数民族也有类似的看法。如果故意以左手握手，更会加深对方对你厌恶和戒备的心理，不要说合作，彼此深入了解也许都很困难。参加大型典礼或电视直播节目，用左手握手，你的失误会立刻被大家看到，并迅速成为你形象上的污点。

用左手握手不合礼仪。

<u>温馨提示：</u>

☐ 无论何时握手、与谁握手，都应该用右手。

☐ 如果不便握手，如手上有伤口，应礼貌说明并道歉。

☐ 两人距离1米左右时握手较为合适；

如果相距很远，不要急着提前伸手。

避免僵硬式握手

握手者伸出的手又凉又湿，软绵无力，这就是俗称的"僵硬式握手"。虽然这种方式历来被人们所厌恶，却总有人这样和别人握手。

学生和老师这样握手，老师会觉得自己不受尊重；上司和下属这样握手，下属会觉得上司傲慢且没有内涵；应聘者这样和招聘者握手，招聘者会认为应聘者紧张、畏缩；男士与女士这样握手，女士会觉得男士没有魄力，能力欠缺；商人与客户这样握手，客户会觉得商人没有诚意，缺乏热情；记者与采访对象这样握手，被采访者会觉得记者虚伪做作。

僵硬式握手会在引起别人误解的同时，无形中贬低自己的形象和价值。

温馨提示：
☐ 握手之前，最好先擦去手上的汗。
☐ 握手时，手上要用力，不要被动握手。
☐ 握手时，不要只给对方一个手指尖。

握手不可太用力

握手太用力是不合礼仪的。

与身体孱弱的人用大力握手是一种折磨；与敏感的人用力握手是一种侵犯；与上级握手太用力是一种谄媚；与竞争对手握手太用力是一种示威；与同性握手太用力是不友好的表现；与异性握手太用力是一种暗示。在公众场合握手用力过度是炫耀自己，在私人场合握手太用力是小题大做。

握手太用力，会让你的热情被误解为敌意或恶意，进而为你的交际之路造成障碍。

温馨提示：
☐ 握手时的力度以不使对方感到紧张为限，可以参考握一个鸡蛋而不至于将其捏碎的力度。
☐ 握手时不要紧紧抓住对方的手腕。
☐ 握手时轻轻摇晃两三下即可，避免大力摇摆。

握手的时间不可太长

遇到多年不见的老相识，握住对方的手就不放；看到自己崇拜的偶像，握住对方的手久久不舍得放开。你这样做也许自以为热情有加，在对方和别人看来却很不礼貌。

握住异性的手长时间不放，会令对方感到自己受到骚扰；即使握住好朋友的手长时间不放，也会令对方心烦。如果你握手的对象有事需要马上去做，或者他周围还有许多人等着和他握手，你这样做便是浪费大家的时间。

不要握着别人的手不放，除非是在私下场合，并且对方乐意这样做。否则，一般情况下握手要避免时间过长。

温馨提示：
☐ 握手持续3秒钟左右就要及时放下。
☐ 握手的同时应该露出热情和友好的表情。
☐ 握手的同时不要发表太多客套话，也不要显得太殷勤、卑躬屈膝。

切忌戴着手套或墨镜握手

戴着手套握手不能说明你很讲卫生，正如戴着墨镜握手不能说明你有神秘迷人的气质。这是错误的、不受欢迎的行为。

戴着手套或墨镜握手，别人会感觉不到你的温度，看不到你的眼神，无法感知你的内心，无法相信你的真诚。如果你的地位高于对方，这样握手是在表示自己身份高贵，不屑与对方接触；如果对方的身份高于你，这样握手是对别人的轻蔑和戒备。当别人主动伸手与你握手时，你这样做会让对方感到失望。

温馨提示：

☐ 握手前应该把手套或墨镜摘下，如果有特殊情况，一定要事先说明并道歉。

☐ 在社交场合，女性戴薄纱手套与人握手是应该被允许的。

☐ 与别人握手后，要避免马上用纸巾擦手或洗手，以免别人误以为你嫌弃对方。

握手的时候应让女性先伸手

握手是表示友好和问候的一种方式，那是否谁先伸手就表示谁更礼貌呢？不一定，如果男士先伸手就是不礼貌的。

在公共场合，如果女性并不打算认识陌生男士，男士先伸手就是为难女性；在社交场合，如果男士先伸手，会给对方留下强势、自大、倨傲的印象；在公务和商务场合，男士先伸手与身份较高的女性握手，对方会觉得你"不知道天高地厚"。

握手时，男性一定要看清情况再伸手，不能贸然先于女性主动伸手。

温馨提示：

☐ 在社交场合，握手时应由女士先伸手；在公务和商务场合，则应根据职务和身份高低确定谁该先伸手。

☐ 握手的原则是尊者先伸手，即长辈、身份高者先伸手。

☐ 客人上门时应主动与主人握手，客人告辞时主人应主动与客人握手。

握手前应保证自己的手干净

用脏手与别人握手，先把你会弄脏对方手的结果放到一边，这样做起码是不礼貌的。

主人接待访客，用刚打扫过房间的脏手与客人握手，客人会感到你太不重视他；刚上完厕所就与人握手，对方会感到难堪；刚抠完鼻孔就与人握手，别人会感到恶心；医生刚做完手术就与人握手，别人会感到不安全；长辈用脏手与晚辈握手，是对自己身份的贬低。无论你的身份、地位如何，与对方的关系如何，用脏手握手都会令对方十分不悦。

用脏手握手，还不如不握手。

温馨提示：

☐ 握手时应该保证自己的手洁净、干爽。如果所处环境不方便清洁双手，应该告诉对方。

☐ 不要戴着手套（女性的薄纱手套除外）或帽子与人握手，也不要跨着门槛握手。

☐ 如果接触了潮湿、脏污的物品，握手前要洗手。

切忌同时与两人握手

老朋友聚会、同时接待多位客人、演出结束时接受观众的问候……当面对的人员众多时，同时与两人握手似乎能表示自己对握手对象同等的、迫不及待的热情，其实这样做对被握的两个人同样不敬。

同时与两个人握手，便无法很好地与其中任何一位进行交流。如果两人身份较高，他们都会感到受了冷落；如果他们关系不合，他们会以为你别有用心。同时与两人握手，传达给别人的信息是：我没有时间，我对你们每个人都不感兴趣，我和你们握手，只是走过场而已。

同时与两人握手相当于同时对两个人冷笑。如果你不想得罪任何一个人，一定不要那样做。以交叉十字的形式握手被视为不祥，也应避免。

温馨提示：

☐ 一次只能和一个人握手。

☐ 握手时应根据一定次序，如职位、长幼等。

☐ 不清楚握手对象的身份、年龄等具体情况时，可按顺时针次序或从距离自己最近的人开始。

握手时应起身站立

坐着握手是向握手对象暗示你不想和他握手，代表和传达出的是消极态度。

坐着与陌生人握手，对方会觉得自己不受尊重；坐着与晚辈握手，对方会觉得你自以为是；坐着与下属或客人握手，对方会觉得你装模作样、摆架子。坐着握手可能被理解为否定对方，被误解为敌意；也可能被理解为无视对方，被误解为轻蔑。即使你无心得罪别人，也会给别人留下故意而为的印象。

即使年龄与身份相仿的熟人相见，坐着握手也不能称得上礼貌。边握手边和其他的人寒暄，说明你对握手对象心不在焉。

温馨提示：

☐ 除非你是残疾人，否则应该站起来与人握手。

☐ 年长者或身份较高的女性可以坐着与人握手。

☐ 握手时，另一只手不能插在衣兜里，嘴里不应该有食物、香烟等物。

不可无故拒绝握手

无故不要拒绝握手，否则让别人伸在空中的手放也不是，不放也不是，从而陷入尴尬无法收场。

无故拒绝与人握手，别人的第一反应多半是"他是不是看不起我？"名人在签名售书时拒绝与读者握手，就是摆架子；记者采访农民工时拒绝与对方握手，就是身份歧视；颁奖典礼上颁奖者拒绝与受奖者握手，就是暗示对方不配受奖；谈判双方无故拒绝握手，说明彼此缺乏信任；普通职工在接受上级慰问时拒绝与对方握手，就是冒犯上级。依次与一行人分别握手，却拒绝与其中的某个人握手，是公开蔑视对方。

无故拒绝与别人握手，不容置疑是礼仪的失败。

温馨提示：

☐ 别人提出握手时，应该主动配合并回应。

☐ 握手时不可勉强敷衍，而应真诚且力度得当。

☐ 面对需要与一群人握手时，要一视同仁。

第七章　名片礼仪

名片上的头衔不超过两个

有的人名片上的头衔多达五六个，更夸张的人把各种名誉主席、某某协会等有名无实的头衔都列到名片上，达到10个左右。这是错误的行为。

名片上乱印头衔对交往不利。名片上头衔太多，别人就难以确定你的身份，且不利于别人记忆。任何人乱印头衔都会给人一种虚张声势的印象，甚至会让人误以为你有欺骗目的而容易引起别人的反感和戒备心理，此外还会显得滑稽可笑。因此，名片上印什么头衔，一定要仔细斟酌。

在名片上印自己的生活照、大头照、艺术照等任何个人照片，也是多余的。

<u>温馨提示：</u>

☐ 名片上印最主要、最关键的一个或两个头衔即可，不应超过两个。

☐ 不要在名片的一面上同时印两种或两种以上文字。

☐ 名片上的字体不要使用太多，字号应适当。

名片用纸须优质，色彩忌杂乱

无论你出于什么初衷，都不要用劣质纸张印名片，用纷乱、刺目的色彩修饰名片，因为这不仅仅是美观与否的问题，也是礼仪问题。

名片用纸质量低劣，别人就会怀疑你的人品和能力同样低劣；名片的色彩杂乱、突兀，别人就会怀疑你没有良好心态，性情乖张，为人做事的方法同样怪异。另外，名片用劣质纸张印刷也不利于别人保存。无论接受你名片的人身份如何，都会因为接受这样的名片而觉得自己受到了贬低。

名片用纸太过豪华，甚至用塑料、金属、木片等材质代替纸张，同样是不合适的。

<u>温馨提示：</u>

☐ 名片用纸应使用挺括平整、有一定厚度的卡片纸。

☐ 名片的底色应用浅色，如白色、浅蓝色、淡黄色。

□ 一张名片上不应有超过 3 种的颜色。

名片的存放要方便取用

半天找不到名片是不合礼仪的表现。

半天找不到名片，可能的一个原因是你想不起来它被放在哪里了，记忆失误；一个原因是你的随身物品放得太杂乱，管理失误；再一个原因就是你故意这样做，表示不愿意向对方提供名片，变相拒绝。无论哪一种原因，都对你给别人留下良好印象没有丝毫帮助。如果你面对的是一个能为你提供良机的人，你的表现会让你失去机会。

温馨提示：

□ 名片要放在方便取出的地方。
□ 最好在固定的位置放名片。
□ 取名片的动作应该迅速、自然、从容。与别人见面之初应该做好递送名片的准备，以免临时乱了阵脚。

不可乱发名片

名片能代替自我介绍，有时还能代替介绍信，作用不可忽视。正因为名片重要，才不应该乱发。

如果对方地位比自己高出许多，彼此也没有交往的必要，主动向对方发名片就会有献媚之嫌；如果对方是你的熟人，在你基本信息未变、对方没有主动要求的情况下，发名片给对方是多此一举；如果对方身份不明，随便发名片给对方就可能泄露自己的个人信息，从而给对方为你制造麻烦提供机会。

见人就发名片，既是对名片的浪费，也是对自己的不负责。

温馨提示：

□ 对陌生人或自己不想交往的人不必主动送名片。
□ 对待不同的对象应该准备不同的名片，如为客户准备公务名片、为泛泛之交准备社交名片。
□ 不要在同一个公司或家庭留下 3 张以上的名片。

以双手递接名片

名片虽小，送出和接受时也不该只用左手，甚至只用左手的两个手指，因为这是令人厌恶的行为。

左手递名片是对接受者的不敬，左手接名片是对递出名片者的不敬。在公众场合中，如果你的公众形象很好，左手递接名片会使你的形象受损；如果你尚未达到一定的知名度，左手递接名片会让你的公众形象贴上负面标签。面对长者这样做，你会给对方以"犯上"的印象；面对晚辈这样做，你会给对方以"耍大牌"的印象；面对平辈人这样做，对方会觉得你对他有消极看法。

温馨提示：

□ 递接名片时动作应从容。
□ 递送和接受名片时应用双手或右手。
□ 男性不应主动向同性的配偶或其他女性亲属递送名片。

不可将脏污或折损的名片递给别人

将脏污或折损的名片递给别人，无论你是否有意为之，都是不礼貌的做法。

递给别人脏污或折损的名片，一方面说明你不珍视自己的形象，不在乎自己在别人心目中是否美好；另一方面说明你不在乎别人，故意用不完好的名片敷衍别人。

因此，千万不要递给别人有"毛病"的名片。

温馨提示：

☐ 自己的名片应该放在便于保护的地方，防止折损。

☐ 如果自己的地址或电话有变更，应该另印名片而不是涂改旧名片。

☐ 如果没有完好的名片，应该礼貌地告知对方并请对方原谅或待他日补送名片。

递名片时把正面朝向对方

递名片给别人时，不少人没有想过应该把正面朝向对方。

递名片时正面朝向自己，表明你对自己更为关注。将名片文字的反方向递给别人，对方阅读起来会有困难。虽然这个"方向性"问题是极小的细节，却能体现出一个人是否懂得为他人着想，是否有值得敬佩的合作精神。如果不想引人误解和不快，还是不要把名片正面朝向自己吧！

如果你的名片背面是空白的，将背面朝上递给别人同样是错误的。

温馨提示：

☐ 递送名片时，应将名片的正面朝向对方。

☐ 送出名片的同时，应用友好的目光看着对方的眼睛。

☐ 递送名片时，应适当与对方寒暄或稍加自我介绍。

不可无故拒绝别人索要名片的要求

无故拒绝别人索要名片的要求是错误的。

如果对方身份比你低很多，拒绝递名片，对方会认为你看不起他；如果对方身份比你高很多，拒绝递名片，对方会认为你不尊敬他。如果对方态度很真诚，拒绝递名片是辜负对方；如果对方仰慕你而提出请求，你的无故拒绝是伤害对方；如果你觉得对方与你没有交往的可能，断然拒绝递名片会破坏你在对方心目中原本不错的形象。

无故拒绝给别人名片会让对方无法下台，尴尬收场。

温馨提示：

☐ 无论对方身份地位如何以及与自己的关系如何，都不应断然拒绝发送名片。即使拒绝，理由和态度也要委婉。

☐ 平时应随身携带足够多的名片以备发送和交换。如果自己未携带名片或名片已用完，应礼貌地向对方说明。

☐ 事先可以准备未留详细地址的社交名片，预备发给不准备深交的人。

切忌在别人的名片上胡写乱画

别人的名片不能随便涂涂画画。

在别人的名片上随手记下其他人的电话号码或者其他信息，如果当着名片主人这样做，对方会认为你根本没有与其结交或合作的资格；如果你在某人的名片上这样做被其他人看到，对方会对你的人品产生怀疑，同时会疑心你可能在别人背后做"落井下石"之类的事情。

别人的名片不是便笺，也不是随手可弃的废纸。名片既然代表了本人，就应该妥善对待。在别人的名片上胡写乱画，其结果与画在他脸上一样。

温馨提示：

☐ 无论自己收藏的名片主人是否在场，都不应在其名片上写字、乱画。

☐ 记录信息、向别人传递消息时，应该找空白的纸张或纸条。

☐ 应随身携带便笺以备急用。

收到名片后要回应对方

收到名片后，在表情和语言上没有任何表示，往往会让送出名片的人摸不着头脑，从而产生怀疑、失望、生气等负面情绪。

代表单位外出参观访问或接待来宾时收到对方人员名片后再无任何表示，对方会认为你所在的单位员工素质低下；作为个体与别人交往时接到名片后不做回应，别人会认为再没有与你继续交往的必要。收到名片而不做回应，在别人看来，你把送出名片的人当成了"透明人"。

收到名片不理不睬，就像得到别人的帮助后表现得若无其事一样令人厌恶。

温馨提示：

☐ 收到别人的名片后首先应面露微笑，态度恭敬。如果你坐着，接名片时一定要站起来。

☐ 接过别人的名片后要向对方表示感谢。

☐ 接到别人名片后应回赠自己的名片给对方。

收到名片后不可立刻放入皮夹

收到名片后立刻放入皮夹不是一种好习惯。

名片相当于对方的脸，一眼都不看就装起来肯定是不礼貌的。如果对方的地位远远高于你，对方会认为你情绪紧张，没接触过"大人物"；如果对方身份比你低，对方会认为你无意与他交往，心生失望；如果对方身份、年龄与你相仿，对方会认为你缺乏耐心，不够成熟。

温馨提示：

☐ 收到别人的名片后，首先应仔细阅读名片上的内容。如果你能重复一下名片上的职务，对方会很高兴。

☐ 拿到别人的名片后，不要拿在手里把玩，更不能折叠。

☐ 放入名片夹中时动作不要显得仓促、满不在乎。

将别人的名片妥善存放

名片不能随处存放。

作家热情地招待一位读者，却随手将他的名片放在装废旧稿件的纸袋里，这无疑是告诉对方，你对他的热情是虚假的；多方打听和努力才得到机会拜访某人，接到对方名片后却随手塞在牛仔裤的后兜里，对方有限的耐心很快会被你这个动作冲得消失殆尽；你值班时遇到一位找别人的访客，你随手把他的名片夹在一大堆资料里，对方一定不会对你有什么好印象。

随意放别人的名片，一方面容易丢失，另一方面是对别人的轻慢。养成习惯的话，等待你的会是越来越多的麻烦和误解。

温馨提示：

☐ 名片应放在上衣内袋或皮包、专用的名片夹中。

☐ 如果是在自己的室内接受别人的名片，可以在办公桌或窗台上放置名片盒。

☐ 接到名片后不要一直拿在手里，不要把别人的名片随意扔在桌上、随意装在容易丢失的地方，更不要转送他人。

不宜在用餐过程中交换名片

别人刚把酒杯举起准备干杯，你就提出要交换名片；别人相谈正欢，你提议交换名片；别人正忙着夹菜，你提出交换名片……餐桌上交换名片看似便利，却很不妥当。

在进餐过程中交换名片，会影响大家吃菜、饮酒、交谈，影响宾主尽欢的气氛，而且不卫生，将名片上的细菌等脏污带到手上，会引起别人的不快。再者，在餐桌上交换名片，给人的感觉是功利性太强，容易引起别人的戒备心理。

从任何角度来考虑，在用餐过程中交换名片都是不合礼仪的。

温馨提示：

☐ 在餐桌上进餐、别人正在忙碌时不宜交换名片。

☐ 与别人没有交往必要时不必交换名片，对方无意与自己交往时不必交换名片。

☐ 参加宴会时，适合交换名片的时间是见面之初。

交换名片时要遵循次序

不按次序交换名片会使在场的人产生疑惑和误解，给人际交往带来不必要的障碍。

陪同上司出访，接待单位的人员提出交换名片，上司尚未递出自己的名片，你就抢先向对方送名片，你的举动既抢了上司的风头，又给对方留下目无尊长的印象；面对一群陌生朋友，你先给衣着最鲜亮的人递名片，必然会落得个"势利眼"的评价；只和年轻女性交换名片，一定会受到其他人的指责，而接受你名片的女性也会心存戒备。

交换名片不遵循次序，不仅贻笑大方，还会招来质疑。

温馨提示：

☐ 交换名片应该按照对方身份、地位的高低依次交换。

☐ 可以按照顺时针方向交换名片。

☐ 可以按照对方与自己的距离由近及远交换名片。

切忌叫错别人的名字或职务

任何人都不希望别人叫错自己的名字或者职务。

名字和职务是一个人最珍视的个人标志，不容亵渎。叫错别人的名字，说明你对他了解太少；叫错别人的职务，说明你居心叵测。当着总经理的面，把张副总经理叫成张总经理，总经理会皱眉，张副总会暗暗叫苦；别人已经升迁，你却依然用原来的职务称呼别人，对方会认为你心怀忌妒。一次叫错可以原谅，如果多次叫错就是"顽固不化"。

温馨提示：

☐ 和别人打招呼时应看清楚对象再说话。

☐ 如果不能肯定对方的身份，可以事先询问别人。

☐ 叫错别人名字或职务后应及时道歉并改正。

第八章　介绍礼仪

同时招待几个客人时要做一番介绍

如果你同时接待几个客人，而他们彼此又不熟悉，不做介绍是很失礼的。

组织两个集体进行联谊活动却不对双方成员进行介绍，彼此间就不太容易确定身份，从而阻碍交往，产生交流障碍。如果不事先做介绍，个别人因为互不了解而随口说了不利于在座的其他人的话题，会让彼此都有误解，无法继续交流。

当有人拜访自己而又与在场者不相识时，不将来访者介绍给在场的其他人也是不可取的。

温馨提示：

☐ 应该把晚辈介绍给长辈，把职务低的人介绍给职务高的人。

☐ 应将男性介绍给女性，把后来者介绍给先到者。

☐ 应将本单位的人介绍给外单位的人，将自己的家人介绍给客人。

为他人做介绍要注意时机

别人正在和同伴讨论问题，你突然插入他们要介绍一个刚认识的朋友过来，对方一定会为受到打扰而不快；别人正在忙于公事，你强行介绍他给别人，对方一定没有心情接受；别人正在欣赏艺术作品或投入地运动，你上前为他介绍自己的同伴，对方一定会心不在焉；别人刚听到一个噩耗，正陷入忧伤，你上前热情为其介绍新朋友，对方会觉得你不会察言观色，不懂得体谅别人；别人正准备开车赶路，你热情地邀他认识某人，对方一定不胜其烦。

为他人做介绍不看时机，不仅事倍功半，还会招人诟病。

温馨提示：

☐ 做介绍应选择被介绍者有空闲且有心情的时候。

☐ 做介绍应选择气氛比较融洽的时机。

☐ 做介绍应选择被介绍者精神比较充

沛的时机。

做介绍要注意场合

在大型会议上，作为主持人的你介绍嘉宾时滔滔不绝，大谈与会议无关的嘉宾逸事，与会者会认为嘉宾爱出风头，嘉宾则会因为你暴露他的私生活而不悦；进行演讲前，做自我介绍时大谈自己曾经获得什么奖励，听众们会认为你过于自恋；在列车上与陌生人交谈，详细介绍自己的姓名、职务等个人信息，对方会认为你"少根筋"；别人正在办公，你推门而入大谈自己要推销的产品，对方会以干扰工作为由将你赶走。

什么情况下该介绍什么，该保留什么，不能随心所欲。做介绍时，无论是介绍人还是介绍事，都要看场合。

温馨提示：

☐ 在不同的场合做介绍要遵循相应的规则。

☐ 做介绍要先选定介绍人，通常由东道主或对被介绍的对象都较为熟悉的人充当。

☐ 介绍个人给集体时，可以只向集体介绍个人的姓名、职务、籍贯或主要成就；被介绍的双方是集体时，应先介绍规模小或级别低的一方。

将某人介绍给别人之前要事先征求其允许

如果自作主张地充当介绍人，往往事与愿违。轻者别人怪你多管闲事，重者对方为此恼火，与你关系僵化。

如果甲与乙身份、地位悬殊且生活和工作环境完全不同，介绍双方认识则没有意义；如果甲与乙原本认识而有过节儿，介绍双方认识会使他们矛盾加剧，且会对你产生误解；如果一个人对某个群体没有兴趣，你介绍他加入是徒劳无功；如果某些人迫切想结识甲，但甲反感与陌生人接触过多，你未经同意介绍一群人给甲，必定会招致他的厌烦，且无法向群体交代。

因此，千万不要未经同意就将某人介绍给别人。对于被介绍的任何一方，这条法则都是适用的。

温馨提示：

☐ 为他人做介绍之前，必须私下分别征求双方的意见。

☐ 必须经过被介绍的双方首肯，介绍才有意义。

☐ 不要介绍明显没有共同点的人相互认识。

做介绍时要态度端正

做介绍时态度不端正，别人就会认为你缺乏诚意，被介绍的双方也容易产生误解，双方交往也会因此而进展缓慢或不畅。

做介绍时虚张声势、语调夸张，别人会认为你介绍的对象比较虚伪；做介绍时语速过快、声音不清晰，别人会认为你敷衍塞责；做介绍时态度畏畏缩缩、谨小慎微，被介绍者会感到紧张、不自然，认为介绍对象凶恶、不好相处。

被介绍者往往还会根据你的表现来推测自己即将认识和交往的对象，如果你态度不合适，做介绍就起不到应有的效果。

温馨提示：

☐ 做介绍时应礼貌对待双方，不能厚此薄彼。

☐ 介绍一方的同时应用目光照顾到另一方。
☐ 做介绍时姿态要热情大方。

做介绍要强调重点

为他人做介绍时不强调重点，被介绍的人们之间就难以相互理解。自我介绍时没有重点，你给别人留下的印象就会比较模糊。当在场者众多、需要被介绍的人数众多时，做介绍不强调重点，别人就可能不容易完全正确地分辨彼此，不知道该用怎样的态度来对待别人，不知道该用什么话题展开交谈和交往。

为他人做介绍也好，自我介绍也罢，你所起的作用都是便于沟通的"纽带"。任何情况下，都不能无的放矢、想到什么说什么地胡乱介绍。

温馨提示：

☐ 做介绍时首先应让被介绍者清楚彼此的身份，应从被介绍者的职业、籍贯、爱好等主要方面入手。
☐ 做介绍时应该突出介绍被介绍者的优点或特点。
☐ 为双方做介绍可以突出双方的共同点。

做介绍要讲究顺序

做介绍不讲究顺序，千万别觉得这样做会显得做介绍的方式灵活自然。

做介绍很随意，对应该被先介绍的人而言是不敬，对应该被后介绍的人而言是揶揄；在正式场合做介绍不讲究次序，会降低所在场合的档次和水准；在私人场合做介绍不讲顺序，会引起尊者的不满。无论在什么场合、为什么人做介绍，不讲究顺序都说明你不懂得礼仪规则。

温馨提示：

☐ 做介绍时应把自己认识的人介绍给陌生人。
☐ 应把晚辈介绍给长辈，把地位低者介绍给地位高者，把家人介绍给客人。
☐ 为两个集体做介绍时，应该先介绍规模小、地位低的单位，并按照其成员身份由高到低的次序进行介绍。

先把男士介绍给女士

一般情况下，先把女士介绍给男士是不对的。

所谓女士优先，不是说先介绍女性，而是女性有优先认识别人的权利。如果把一位女性经理介绍给外单位的普通男性业务员，把年轻女士介绍给年龄相当的男士，把年长的女士介绍给年轻男士，双方都会尴尬。先把女士介绍给男士，女士会认为你不尊重对方，男士则会感到不安。大家会觉得你连起码的礼仪规则都不知道，有负于介绍人的身份和职责。

如果没有特殊情况，一定不要先把女士介绍给男士。

温馨提示：

☐ 在社交场合中做介绍时，应该先把男士介绍给女士。
☐ 同时为多位女士做介绍时，可将年轻女士介绍给年长女士。
☐ 在正式场合，或者男士的年龄或地位远远高于女士，应将女士介绍给男士。

被别人介绍时要面带微笑

被别人介绍时表现得糟糕是绝对不可取的行为。

被介绍给别人时无精打采、心不在焉，另一方会觉得你不值得交往，介绍人会觉得你辜负了他的好意，或者疑心你对被介绍的其他人心怀不满；被介绍给别人时盛气凌人、态度倨傲，另一方会认为你难以接近且徒有虚名，介绍人会觉得你故意耍酷，成心给自己使坏；被介绍给别人时与其他人谈笑说话，另一方会觉得你有意制造矛盾，介绍人则会觉得你同时侮辱了在场的所有人。

被介绍给别人时，一定要注意杜绝自己"非正常"的表现。

温馨提示：

☐ 当别人介绍自己时，表情和动作要自然，要展现良好的精神状态。

☐ 被介绍的同时应礼貌地向介绍人和其他人点头致意。

☐ 被介绍完毕后应得体地和别人问好、寒暄。

自我介绍切忌啰唆

自我介绍是别人认识你的常见的、必要的环节。如果这一环做不好，你就难以给别人留下得体的第一印象。

应聘时自我介绍太啰唆，用人单位就可能认为你办事没有效率，很自然地就把你排除在录用名单之外；演讲、做报告时自我介绍太啰唆，听众就会认为你狂妄自大，并对你演说的内容持怀疑态度，不认真听你讲话更是不足为奇。即使在日常生活中初次与人相识的场合，自我介绍时太啰唆，别人也会对你冗长的内容感到厌烦。

温馨提示：

☐ 自我介绍时，要根据场合和对象有重点、有选择地进行介绍，无须大讲自己的生活细节或剖析自己的性格而喋喋不休。

☐ 进行自我介绍时语言要精练、准确。

☐ 自我介绍时，动作要简练利落，应避免下意识的小动作，如搓手、吐舌头等。

在社交场合要主动介绍自己

有的人在社交场合或公务场合不主动做自我介绍，也许他认为，让别人来介绍自己才够面子。这是错误的。

到外单位公干不做自我介绍，对方就不能肯定你的身份，甚至不相信你的身份；在社交场合遇到自己想结识的人，单方面询问对方而不做自我介绍，对方会摸不清你的来路；求人办事时不做自我介绍，对方就无法接受你的请求。即使你是著名的公众人物，初次到异地访问或出席正式活动而不做自我介绍，别人会认为你把自己抬得太高。

只要你面对的人与你是初次交往，就不能不做自我介绍。

温馨提示：

☐ 自我介绍时可以用介绍信、名片等做辅助工具，或者请别人辅助介绍，如请别人把你带入一个陌生的交际圈。

☐ 自我介绍应突出自己的优点和特点，讲究方式。

☐ 自我介绍应该组织好内容和语言逻辑，防止杂乱无序。

自我介绍不可过于夸大

有人觉得做自我介绍时把自己拔高一点或说得更优秀一些会使自己在社交上、工作中更顺利。这样想是不对的。

求职时自我介绍夸大，即使过了面试关，在工作中也会很快露出马脚，迅速丢掉工作和信誉；寻找合作伙伴时自我介绍夸大，随着双方交往的深入，对方发现实情后会对你造成极为恶劣的影响。自我介绍过于夸大，别人会否定你的信誉、能力、态度等多方面要素，使你难以顺利与他人交往。

自我介绍时吹牛、无中生有，是自欺欺人的做法，应当避免。

温馨提示：

☐ 自我介绍要实事求是。

☐ 自我介绍时可以少提自己的缺点，但是不能否认。

☐ 自我介绍不能包含自己不具备的成绩和优点。

自我介绍应掌握好时间

自我介绍时不考虑时间，对人对己都没有好的影响。

别人要求你做1分钟自我介绍，你却滔滔不绝说了3分钟，无论是比赛还是求职，你一定会被认为是总结能力差、爱出风头，必然会被淘汰；别人要求你做3分钟左右的自我介绍，你却用不到1分钟的时间解决了问题，别人不会认为你效率高、语言精练，却会认为你情绪紧张、思维滞涩、言语贫乏。

做自我介绍如果不掌控好时间，未达到时间要求也好，超过时限也好，内容准备得再充分也不会受到肯定。

温馨提示：

☐ 自我介绍的时间应该控制在3分钟以内。

☐ 自我介绍要符合场合的要求，避免画蛇添足的、与主题和目的无关的内容。

☐ 自我介绍时不要重复内容。

第九章 日常交往礼仪

切忌脏话不离口

"国骂""京骂"……无论什么品种的脏话,都不宜出口。

在大街上口出脏话,会让你仪态尽失,并给人以没有教养的印象;在长辈面前说脏话,会让对方认为你不把他放在眼里;在异性面前说脏话,会将对方置于尴尬的境地;在办公室里说脏话,会"污染环境";在外宾面前口出脏话,对方会质疑中国国民的素质。说脏话会降低人的身份,还会给人以故意惹是生非的嫌疑。在任何场合、任何时间,面对任何人,口吐脏话都会让别人鄙视。

开口说话前,一定要事先检验其中有没有脏字。

温馨提示:

☐ 和别人说话要注意自己的身份和所处场合。

☐ 当众说话要礼貌,用语要文雅。

☐ 说话要看对象,养成"三思而后说"的习惯。

对人的态度不可前倨后恭

用到别人的时候毕恭毕敬,用完别人后趾高气扬;别人风光的时候对其热情,别人落魄后则对其冷漠;别人和自己观点一致时对其称赞有加,别人与自己观点相左时就反唇相讥。这样的人惹人鄙夷。

从表面看,态度变化迅速、频繁是你的"本事",实际上这样做容易使人产生戒备心理和厌恶、轻视。从礼仪角度而言,无论是什么原因让你的态度产生变化,都是极不礼貌的行为。事实是,始终如一的态度才能赢得别人的信任。不要让别人认为你见风使舵,不要让别人因为你的态度而怀疑你的人品。态度前倨后恭,真的要不得。

温馨提示:

☐ 面对长辈要尊敬,面对女性要礼让,面对晚辈要和蔼,面对同辈要热情。

☐ 不应因别人处境和身份的变化而改变对别人的态度。

☐ 求别人帮忙,态度应落落大方,不

应谄媚。

请求帮忙被拒绝后不可抱怨对方

请别人帮忙被拒绝后，不要条件反射般地抱怨对方。

抱怨对方，甚至到别人面前抱怨对方，这样做只能让你显得小肚鸡肠。这解决不了问题，也丝毫不利于你与对方的关系。抱怨对方，对你而言也许只是发泄一下，但在对方看来，就是纠缠和怀恨在心。求助被拒绝后抱怨对方是心胸狭窄、目光短浅的表现，无论对公对私，这样的态度都容易造成双方的不愉快。

别人拒绝帮忙不一定是不肯帮，如果你抱怨对方，说不定以后对方真的有条件帮忙时，也不愿帮你了。

温馨提示：
☐ 不要对任何人提出让对方为难的要求。
☐ 请求别人之前应做好被拒绝的心理准备。
☐ 被拒绝后应谅解对方，并仍然尊重、友好地对待对方。

请人帮忙要说"请"

"喂，给我拿某某东西！""快来帮忙！"听到这样生硬的请求，你愿意帮助对方吗？

请友邻单位帮助解决会议场馆的问题时不说"请"，对方会觉得你态度强硬，难以接受；请陌生人帮你指路时不说"请"，对方会觉得你粗野无礼，"活该没有人帮助"，不愿帮忙。请人帮忙不说"请"，无论对方是长辈、晚辈还是同事、亲朋，都会有受逼迫、被斥责的感觉。如果对方较真起来，你不经帮助就无法完成的事就肯定完不成了。

任何人都没有义务无条件帮助你。因此，请人帮忙，千万别忘记说"请"。

温馨提示：
☐ 请人帮忙时一定要使用礼貌用语，如"请""劳驾""拜托"，等等。
☐ 即使被拒绝或别人没有帮到你也要向对方说"谢谢"。
☐ 不要勉强别人为你做事，不要用命令的语气要求别人。

请求帮助不可超出别人的能力范围

利用友谊请求帮助，多半是请别人做对方不想做或者超越对方职责范围的事情。这样做显然是不为对方着想、对对方不利的。

以友情为筹码请别人做事，会让对方认为你自私自利；把友情当作利用别人的手段，别人会觉得受到威胁。利用友情请人帮忙，本身就是对友情的伤害，会让别人怀疑你交友的初衷，降低对你的信任。

你的要求再迫切，理由再充分，即便你只是想强调一下你的需求很重要，也不该拿友情说事。

温馨提示：
☐ 应该把为人做事和朋友关系分别对待，分开对待。
☐ 自己能做到的事情不要利用别人。
☐ 不要要求别人做在他职责范围和能力之外的事情。

帮助别人不可主动要求回报

主动要求回报，就是要求别人对你的付出做出对等的交换。

在自己职责范围内帮别人处理一些

事务就主动要求回报，有滥用职权、玩忽职守之嫌；为别人传话、替别人买票等举手之劳就主动要求回报，有唯利是图之嫌；别人占用你一点时间或空间而主动要求回报，有一毛不拔之嫌。

主动要求回报会给人以没有度量、冷酷无情的印象，相信没有人会愿意和这种人打交道。因此，即使你不是真心索取，也不要主动要求回报。

温馨提示：

☐ 不应以交换的目的和原则与别人交往。

☐ 对于别人的请求应该本着力所能及的原则去做。

☐ 别人需要帮助时，不要在别人向你求助的时候提要求。

致谢、道歉要及时

致谢和道歉只有及时表达才能起作用。

企业、公司接受客户的产品或服务质量投诉后不及时道歉，信誉就会受损，甚至会危及品牌价值；接受同事、亲友的帮助后不及时致谢，无意间妨碍或伤害了对方而不及时道歉，彼此间的关系就会淡化甚至恶化；陌生人给予你帮助，你却不及时感谢，你给陌生人带来了不便而不及时向其道歉，对方会想"这人真不知趣，太没教养了"。

不要觉得早一点儿或晚一点儿致谢或道歉无所谓，如果不及时，再诚恳的行动也显得虚假、勉强。

温馨提示：

☐ 得到别人的帮助后应立刻道谢，误解别人或妨碍别人应当时道歉。

☐ 无法面谢对方或无法当面道歉时，可以托人转达或以信件、电话的形式表示。

☐ 受到的帮助很多或给别人带来的麻烦太大，应该及时以送礼物或向对方提供帮助的方式致谢或道歉。

拒绝他人要委婉

直截了当地拒绝别人很不礼貌。

别人刚提出他的请求，你就不假思索地一口回绝，对方自然会认为你不近人情，过于冷漠；熟人提出请求，你断然拒绝，对方会觉得自己很没面子；别人抱着很大希望请求你帮忙，你却当众毫不客气地断然拒绝，对方一定感到你是在"作秀"；心胸狭窄的人遭到你的果断拒绝，心中难免抑郁不平。如果拒绝方式不当，还会导致误会或矛盾甚至事故。无论对方身份如何，要求是否合理，断然拒绝都会对双方造成不利影响。

为了不给求助者带来伤害，也为了使自己不被误解，绝对不要断然拒绝别人的要求和请求。

温馨提示：

☐ 对于违法、违背自己原则的事情可以直接拒绝，但仍要态度礼貌。

☐ 对于自己办不到的事情，要耐心向对方说明原因并请对方谅解。

☐ 如果对方和自己关系很好，拒绝时要考虑对方的感受，说话要委婉。

注意多赞美他人

吝啬赞美和客观公正、光明正大不是一个概念。吝啬赞美别人是错误的。

对下属吝啬赞美，对方会心理紧张，怀疑自己的工作能力；对上级吝啬赞美，对方会降低对你的关注程度；对亲朋吝啬赞美，对方会信心不足，怀疑自己与你的关系；对客户和宾客吝啬赞美，对方不容易对你产生深刻印象，进而延缓双方交往的深度和持久度。

赞美是一种礼仪，懂得赞美的人更受人欢迎，更容易展开社交并取得成功，不要因为吝啬赞美而让别人失去对你的好感。

温馨提示：

☐ 与人交往过程中应该及时对自己看到的对方的优点进行赞美。

☐ 对于别人的成绩和优点不要视而不见，更不要诋毁。

☐ 要本着接受对方、欣赏对方的态度与人交往，要主动寻找他人身上的优点。

不可对别人吹毛求疵

任何人都不会喜欢别人对自己吹毛求疵。

别人买了一件新衣服请你看，你单刀直入地告诉对方衣服颜色太难看，对方一定会败兴而归；别人送了你一本书，你不说"谢谢"反而先告诉对方"这本书是伪书，你买得没有价值"，对方一定不想再送你任何礼物；朋友请你一起去旅游，你归来后不提风景优美，反倒向对方抱怨太累，想必别人的热情顿时像被浇了一盆冷水。

对别人吹毛求疵、斤斤计较，绝对不能看作是实事求是的好习惯，这样做只能让别人越来越讨厌你。

温馨提示：

☐ 不应就非原则性的问题对别人提出批评和指责。

☐ 当别人需要听赞美和鼓励时，不应提出批评；对于别人的外貌、性情等方面无法改变的不足，不要特意指出。

☐ 不要只盯着别人的缺点、不足、遗憾。

切忌赞美别人的缺点

赞美别人时不能赞美他的缺点。

别人做事丢三落四，你非要赞美他说这是胸怀宽广、不拘小节，别人一定觉得你不是拍马屁就是讥笑；别人分明身材臃肿，你却执意夸奖她体态动人，对方一定会感到如坐针毡，浑身不自在；别人十分忌讳他人谈论自己见识少，你却不停赞美对方阅历丰富，对方一定觉得你"哪壶不开提哪壶"，故意找碴儿。

赞美别人的缺点可以理解为颠倒是非，也可以理解为嘲笑和批评。无论哪种理解，都不利于顺利交往。

温馨提示：

☐ 如果别人没有明显的优点，可以不进行赞美，但绝不能颠倒是非。

☐ 赞美别人不要变成阿谀奉承。对于别人的缺点，应该含蓄地提出批评和建议。

☐ 对于不熟悉的人，不要随意评价他的缺点。不应用无中生有的方式来赞美别人。

赞美要发自内心

没有诚意的赞美是无效的，甚至还会起到相反作用。

语言夸张、辞藻华丽的赞美显得虚假，别人不会因此而受宠若惊，反而会疑心你是否得罪了他，或者有求于他；模棱两可、不疼不痒的赞美不等于朴素真诚，反而会让对方觉得你太过勉强、敷衍对方；赞美别人时附和他人，会被认为是老好人；如果甲乙两人不和，你当着任何一个人的面赞美另一个人，会被双方视为别有用心。

如果赞美不能让对方感受到诚意，就是礼仪上的错误。

温馨提示：

☐ 赞美别人要有针对性，不要说套话、空话。

☐ 赞美别人时态度要诚恳，语言要平实，应让对方感受到你的欣赏之情。

☐ 赞美别人时不要东张西望、心不在焉、敷衍了事。

慰问别人时要配合恰当的表情

也许有的人天生喜怒不形于色，但如果慰问别人时表情不配合，就容易引起对方的误解。

别人生病了，你嘴里说着体贴的话，表情却显得漠不关心，对方一定怀疑你是否真心；别人考试失利了，你说了一堆鼓励的话，却一直保持事不关己的表情，对方一定怀疑你的动机；别人被开除了，你尽管滔滔不绝地安慰对方，却一直面带微笑，对方一定会认为你是在说反话。

慰问别人时，如果话语内容和表情分家，再动人的话也起不到应有的作用。如果慰问显示不出对别人的关心和尊重，就是对礼貌的亵渎。

温馨提示：

☐ 慰问别人时应看着对方的眼睛。

☐ 安慰别人或鼓励别人时，态度应该恳切、真诚。

☐ 表达问候和劝慰时不要面无表情。

别人失误时不要大惊小怪

别人失误时大惊小怪说明你没有修养，志趣低俗，喜好哗众取宠。

别人发言时说错了话，你的大惊小怪会让他更容易出错；别人在工作中做错了一份报表，你的大惊小怪会让对方增添烦躁；别人打错了电话，你的大惊小怪会让别人觉得小题大做。在身份较高的人失误时大惊小怪，在别人看来是忌妒心理的泄露；在地位低于你的人失误时大惊小怪，在别人看来是向其施加压力的表现。

别人失误时大惊小怪，对人对己都没有益处，这样做是有悖礼仪的。

温馨提示：

☐ 对于任何人的失误都应该以同情和理解的态度来对待。

☐ 如果有必要，应委婉地向失误者提出安慰和建议。

☐ 如果别人的失误有关仪态，且对方极力掩饰失误，你可以装作没看到，从而维护对方的尊严。

迅速化解自己的尴尬

面对尴尬如果不知所措，结果会更糟糕。

会场上突然有人针对你的提议展开激烈争吵，作为主持人的你面对突发事件愣神，必然令别人质疑你的能力；面对公众讲话时突然思维短路、无话可说，此时手足无措，你的讲话必然失去号召力；给领导送文件资料时，将领导桌上的茶杯打翻并沾湿文件，此时手足失措，必然让人更加怀疑你是否在用心工作。

因尴尬而引起的不知所措会让你的尴尬加重，同时影响别人。

温馨提示：

☐ 与人接触或处理事情，应时时保持清醒的头脑，预想可能发生的情况并做好心理准备。

☐ 遭遇尴尬时首先要冷静，避免失态，并迅速做出对策。
☐ 适当运用幽默可以使不太严重的失误得到弥补，但不要过于自责或过于轻描淡写。

切忌用食指指人

用食指指人是最不礼貌的行为。

介绍人们相互认识时用食指指人，会给别人一种高高在上的感觉；清点人数时用食指指人，给人的印象是你在数牲口；招呼别人时用食指指人，会让对方觉得你自高自大、不把对方放在眼里；双方交谈提到对方时用食指指人，会有威胁和蔑视对方之嫌；在别人背后指指点点，会有说别人闲话的嫌疑。

用食指指人有侮辱、轻蔑之嫌，应坚决杜绝。

温馨提示：

☐ 指人时应该使掌心向上、四指并拢，做类似于"请"的姿势和动作。
☐ 指自己时也不要使用食指，而要用手指并拢触胸或以掌心按胸。
☐ 做手势时，动作幅度应加以控制，上举不要超过对方头部，向下不要低于自己的腰部。

不应随意拍别人肩膀

用拍肩膀的动作表示友好、问候、请求、询问的人不在少数，但这是不值得提倡的动作。

随意拍领导的肩膀是冒犯领导，别人也会为之侧目、心生猜疑；随意拍异性肩膀是骚扰或暗示，别人很快会为你制造出新的绯闻；随意拍陌生人的肩膀是试探或进攻，别人会对你产生防范心理。

关系未到一定程度或场合不适合，就不该随便拍别人的肩膀。

温馨提示：

☐ 对于长辈、陌生人、自己不熟悉的人，不要使用亲密动作。
☐ 在公共场合或私下场合对于关系一般的异性，不宜拍对方肩膀。
☐ 对晚辈和同性也不要随意拍肩，或做其他表示亲近的动作。

借路时要打招呼

借路时图省事，一声不吭就横冲直撞过去，这绝对不是潇洒的行为。

在剧场、集市、展览会等人群聚集的场所借路不打招呼，撞到一个人的同时也会连带撞到其他人，从而引起众怒；在窄路上借路不打招呼，别人很容易被你挤倒、摔伤；面对年长者借路不打招呼，显然是目无尊长；在办公场合借路不打招呼，不利于同事交往。如果你地位显赫或身份高贵，借路时不打招呼，别人自然不会对你有好的评价。

借路不打招呼，不仅不礼貌，还容易造成或大或小的事故。

温馨提示：

☐ 在人多拥挤的地方借路一定要提前打招呼。
☐ 借路时别人如果没有注意到你，必要时应停止并向对方说明，不要强行通过。
☐ 多人同行时一定要减慢速度，有序行进。

对别人的尴尬要帮助化解和掩盖

别人摔了一跤，别人被突然而至的大雨淋成了落汤鸡，别人的衣服扣子没系好，别人受到了嘲讽……每个人都可能遇到意想不到的尴尬。但别人的尴尬不应该成为你的笑料，不该将其指给其他人看。

上司眼角有眼屎，你指给别人看，对方不会认为你观察力强，而会认为你有怪癖；路人被踩掉鞋子，你指给别人看，对方不会认为你善于发现细节，而会认为你心理阴暗。

你将别人的尴尬指给其他人看，日后其他人遇到尴尬，相信你会指给另外的人看。长此以往，你会失去别人的信任和尊重。

温馨提示：

☐ 对于别人的尴尬，能提供帮助就低调上前帮助，否则就避开。

☐ 遇到别人的尴尬场面，不宜做出惊奇、夸张的表情，更不能发出叫声。

☐ 如果是熟人遭遇尴尬，事后不要提起。

切忌动作不雅，手势过多

说话时动作过多，待人接物时动作不雅，别人就会对你产生消极看法。

教师讲课时不时搔头、摆弄手指，必然没有"为人师表"的形象；公司主管为员工进行训话时手指不停搓动，手臂总是不自然地摆动，则很难树立起威严而有魄力的形象；名人接受访问时不停摆手、掩口、摸脸、捋袖子，必定会破坏他在大众心目中的完美形象。动作不雅、手势过多的人会显得不自信、不爽快、不端庄，还会显得内心不安、不信任别人。

温馨提示：

☐ 男性和女性都应该避免在日常生活和工作、社交场合中翘兰花指。

☐ 平时可以请身边的人指出你不当的动作和手势，并请他随时提醒你改正。

☐ 摆手、挥舞拳头等动作应该适时使用。

男士要走在女士的左侧

男士走在女士的右侧是不合适的。

首先，"男左女右"是中国的传统规则，男女并立或同行时通常右侧是默认的女士位置；其次，国际通行的准则是"以右为尊"，女性为尊又是社交场合公认的原则。在大街上男女同行，在公园散步时男女同行，男士走在女士右侧，来往车辆和行人则最先妨碍女士。在公众场合、正式场合，男左女右也是约定俗成的规则。

温馨提示：

☐ 男女同行时，应让女士走在里侧而不一定是右侧。

☐ 引导前行时，男士应走在女士的前面。

☐ 进出大厅、公共场所等地时，应请女士走在前面。

女士不可为表现矜持，故意在约会时晚到

为展现淑女身份、表示矜持和有涵养而约会迟到的女性数不胜数。如果你认为迟到能为女性魅力加分的话，那么一定该清醒一下了。

女性赴私人性、社交性质的约会迟到，会让别人有受愚弄之感；女性赴商务性约会迟到，对方毫无疑问地会怀疑她的信誉；女性参加集体活动迟到，别人会认为她对活动不够重视。无论约会是什么性质，女性赴约迟到都是不守信用、不尊重约会对象的表现。女性赴约迟到不但会让等待者为她担心，还给人留下懒惰、拖拉、低

效的印象。

温馨提示：
- 非正式约会女士可以迟到，但不应超过5分钟。
- 出席正式场合的活动，任何人都不应迟到。
- 出席谈判等正式活动时，即使是女士，也应早到5～10分钟。

遇到危险时男士要主动保护女伴

遇到危险时男性主动挽住女伴，有人可能想：女性应该受保护，挽住她是表示对她的爱护。这么认为就错了。

挽臂礼是女性的"专利"。遇到难走的路，男士主动挽住女伴，给人传达的信息是他需要女伴的挽扶；遇到抢劫等危险事件，男士主动挽住女伴，给对方的暗示是男士需要女伴的保护。男士应礼让、保护女性，如果男士主动挽住女伴，不仅会受到女伴的鄙视，更会受到别人的嘲笑。

将危险推给柔弱的女伴，不仅是对对方的不尊重，从某种程度上说，也是对对方的伤害。

温馨提示：
- 遇到危险的环境，男士应事先谨慎地主动探测，以保证女伴的安全。
- 遇到危险的道路，男士应主动挽扶女性。
- 遇到危险的紧急情况，男士应挺身而出保护女伴。

挽臂姿势要雅观

挽臂本是社交场合常见的一种很优雅的举止，在男女结伴同行时更为常见。但如果不注意姿态动作，就会有伤大雅。

大庭广众之下，一个女性用双手紧紧挽住男伴的手臂，"挂"在男伴身上，这样的姿势一定引人注目并遭人非议；林荫道上，一对男女结伴而行，男性健步如飞，女性被拖在男伴手臂上脚步趔趄，这幅场景一定显得滑稽；出席舞会时，一对同事关系的舞伴挽臂的姿势过于亲密，别人会对他们的关系产生疑问。

温馨提示：
- 挽臂时，女性在左侧以右手轻挽男伴左臂的臂弯即可。
- 同性不宜挽臂，在西方容易被认为是同性恋。关系一般的异性也不宜挽臂。
- 在正式场合，晚辈可以与长辈挽臂，学生可以与老师挽臂。

约会结束后，男士送女伴回家要征求其同意

在我们意识中，约会结束后男士送女士回家似乎是天经地义的事情，但也并非全都如此。

男士在舞会上认识了一位女性，舞会结束后殷勤地坚持送女性回家，是对女性隐私的侵犯；女性与他人结伴而来，约会结束后一位男性固执地要送女性回家，是不把女性的同伴放在眼里。如果双方不熟悉，男性送女伴回家会让对方误解为别有用心；如果女性需要独自办其他事情，男性坚持送女伴回家会让对方视为障碍。

因此，约会结束后，男性不能不看情况就要求送女伴回家。

温馨提示：
- 约会结束后，如果男性想送女性，必须征得对方的同意。
- 如果女性不希望男性护送，男性不

应坚持送女伴回家。
- [ ] 如果女性主动要求，男性可送其回家。

探病前要问清情况

探病一定是为了表示对病人的关心，但不事先问清情况就探问，有百害而无一益。

如果病人是刚做完重病手术，急需静养，你前去探视只能给病人徒增负担，对其康复毫无益处；如果病人处于昏迷或危重状态，随时都需要医护人员的严密看护，你前去探视是对疗救工作的妨碍；如果你去探望时正赶上病人吃饭、休息或接受治疗，必然会打乱病人的正常作息。

探病不将情况了解清楚就贸然前往，既耽误自己的时间又对病人不利，甚至可能引起病人家属的反感和批评，当然是错误的。

温馨提示：
- [ ] 探病前应问清楚医院允许探视的时间，以及病人的病情、作息规律。
- [ ] 如果病人情绪不稳、心情烦躁，需要独处，则不应强行探视。
- [ ] 当病人需要隔离观察或治疗时不要探视。

探病不宜结伴同行

探病结伴而行，也许你会说这样做能最大限度地让病人感到被关心，其实不然。

看病人结伴而行，会造成过于隆重、严肃的气氛，容易让病人误解自己危在旦夕，加重心理负担，影响休息和病情恢复。看病时结伴而行，如果病人想对某一个人单独交谈就不太

方便。几个人同行探望病人，会污染病房的空气，妨碍医护人员工作；如果病房里还有其他病人，他们的休息和心情也会受到很大干扰。

温馨提示：
- [ ] 探病应该预约，避免和别人扎堆。
- [ ] 不宜在早晨、中午、深夜等时间探望病人。
- [ ] 探病过程中，不应争抢着和病人说话，声音也不能太高。

探病时切忌详问病情

如果你觉得探病时郑重地向病人本人或在场的病人家属、医护人员详问病情，能充分体现出对病人的关切和安慰，这说明你对探病礼仪误解甚多。

一进到病房里就向病人索要病历，想看个究竟；看望病人期间不停地谈论治疗方案，如果病人不希望别人知道详情，这样做会使病人难堪。医护人员查问病人时，马上当着病人详问治疗手段和用药情况，这样做会触到病人的痛处，使其感到惊惶；如果医护人员有必要对病人部分保密，这样做便是干扰医院的工作。

探病时，一定要避开询问病人具体的病因等问题。

温馨提示：
- [ ] 探望病人时，对其表示关心即可，态度应与其未生病时一样。
- [ ] 见到病人时不要做出惊讶、担忧的表情，以免加重病人的心理负担。
- [ ] 探病时不要就病人的状态做过多评论。

探病时宜说一些轻松话题

探病时谈什么话题，这个问题可

不简单。

病人得的是小病，如果你大谈"小病时间长了就变成大病"，别人该认为你在诅咒病人；看望病人本该慰问对方，如果你谈论自己在工作或生活上的苦恼，别人会觉得你很无聊，对病人表现出极度的"不体贴"；在病房里谈论别人的闲话以及种种负面的社会新闻，病人会觉得心情沉重。

探病时谈沉闷的话题，是对病人健康的不负责。

温馨提示：

☐ 探病期间，不宜谈对方不感兴趣的话题，不宜谈有关疾病和死亡的话题。

☐ 探病期间，不宜谈论忧伤的话题。看望病人时，说话要放低音量，以免病人烦躁。

☐ 争端话题、容易引起兴奋的话题不宜谈。

看望病人时不可长时间逗留

看望病人时长时间逗留是错误的。

看望病人时在病房里停留时间太长，会打乱病人的时间表，耽误病人休息，也会加重其心理负担。病人该睡觉了、该换衣服了、该上厕所了，如果你长时间待在病人身边，病人做这些事就会不方便。

温馨提示：

☐ 看望病人前应征得对方的同意。

☐ 看望病人逗留时间应该不超过半小时。

☐ 探病期间，表情不要显得哀伤、担忧，而应表现得关切和充满希望。

约会要明确地点

约会不明确地点，约会就不可能成功。

公务活动或商务活动不明确约会地点，只说"待定"，对方就不能得知自己能否方便地赴约，同时自己拟定请柬也是浪费；私人约会不说明具体地点，双方见面时就容易走错。你告诉对方在北海公园见，却没告诉对方在公园的什么位置见，因为目标不明确，彼此见面一定会出意外。

约会不明确地点，说明提出约会的人没有头脑，做事没有条理。一旦给别人留下了这样的印象，即使约会如期进行，也难免有遗憾。

温馨提示：

☐ 约会时一定要事先确定地点、路线。

☐ 约会地点应尽量选择对约会双方都便利的地方。

☐ 如果约会前一方有特殊情况需要更换地点，应及时通知另一方并重新商定。

约会要明确时间

有的人与别人约会只定大致的时间，如"明天上午""后天下午"等，却不说具体时间，这是错误的。

对于初次见面的人这样约时间是不尊重对方，对方也会认为你敷衍他；对客户这样定时间是不真诚的，对方会认为你不重视他。约会不明确时间，既容易产生误解，导致时机延误或使双方产生矛盾，又显出定约者粗心大意、在待人接物上缺乏经验。

约会不明确时间会浪费彼此的时间，而且不利于双方安排日程，双方错过彼此也很有可能。

温馨提示：

☐ 约会前双方一定要定好时间。

- [ ] 对于比较重要的约会，应提前预约并提前一段时间确定。
- [ ] 如果约定后时间有变动，一定要及时通知约会对象。

敬烟前不可自己先抽一根

敬烟，理所当然是向别人敬，自己先抽就不能说是"敬"了。

敬烟时的姿态和动作、态度十分重要。敬别人之前自己先抽一根，别人会以为你其实不打算向对方敬烟。抽出烟像投篮一样抛过去，会让对方有接受施舍之感；如果烟掉落地上，更有戏耍之嫌。别人已经告诉你自己不吸烟，你却热情不减硬塞给对方，这是强人所难的表现。

敬烟动作虽小，却能看出一个人的修养如何，千万别视为小事而忽略礼仪。

温馨提示：

- [ ] 做客或出访时，如果主人不向你敬烟，自己不要主动向对方敬烟。敬烟前不应为自己点烟。
- [ ] 敬烟要按照长幼顺序。聚餐时，不应一坐下就吸烟。
- [ ] 在场的女性如果吸烟，应该先向女性敬烟。

吸烟时切忌对着别人吞云吐雾

吸烟时对着别人吞云吐雾不是招人喜欢的做法，养成习惯更是错误。

教授在课堂上对着学生吞云吐雾，是不敬业、不尊重学生的表现；男性在女性面前吞云吐雾，是不尊重女性的表现；投资者在考察、商谈期间对着投资对象吞云吐雾，是侮辱对方和抬高自己的表现。吸烟时对着别人吞云吐雾，会给人一种玩世不恭的印象，显得浮躁，给人一种捉摸不定的不安全感，还会给别人以刁难、示威的误解。如果招待客人时这样做，会让对方误以为你在逐客。

温馨提示：

- [ ] 吸烟时应注意自己的姿态和动作，避免歪斜着站或坐。
- [ ] 吸烟时不要冲着别人，更不要炫耀吐烟圈的技巧。
- [ ] 吸烟时，不要乱丢烟蒂和乱磕烟灰。

禁烟场合不可吸烟

在禁烟场合吸烟，在有些人看来只是面子问题，敢于在禁烟场合吸烟是个性和勇气的表现。这种认识实在是毫无道理。

首先，在禁烟场合吸烟是违反规定和有损公德的事，破坏规定，显然是错误的。其次，在禁烟场合吸烟会造成危险或给他人带来不便。在机场、加油站等地吸烟，容易引起火灾和爆炸；在医院、剧场里吸烟，会污染空气，危害他人健康。身为长辈或上级，身处禁烟场合时吸烟，无疑是在制造不良行为的源头。

温馨提示：

- [ ] 在任何公共场合都应遵循禁止吸烟的规定，避免在有禁烟标志的地方吸烟。
- [ ] 面对女性和孩子及不吸烟的人时，应该避免吸烟。
- [ ] 在商业谈判、开会、做报告、讲课等场合，即使面前有烟灰缸，也不应吸烟。

要接受长辈的呵护照顾

拒绝长辈的照顾也是礼仪错误。

长辈为你倒水，为你披衣，为你

开门,送你出门……晚辈拒绝时,也许你的本意是不希望老人劳累,老人却会认为你嫌弃自己。不接受长辈的呵护,长辈容易产生挫折感,认为自己年迈体衰,已经没有人需要了。拒绝接受长辈的照顾,就是对他们身份和关爱的否定。

为了避免长辈误解晚辈和产生心理负担,一定不能拒绝长辈的呵护、照顾。

温馨提示:
☐ 对于长辈的关心爱护应该坦然接受。
☐ 应该给长辈创造让他们表达关爱的机会,让他们做愿意做而又力所能及的事。
☐ 应该对长辈的关爱表示感谢。

切忌在用到别人的时候才表示热情

用到别人的时候才表示热情会给人一种不"实在"的感觉。

平时不怎么打交道的邻居,忽然殷勤上门、嘘寒问暖,原来是想请你介绍一个某行业的熟人给他,此时你一定会感到对方太过虚伪;平时关系一般的同事突然送你高级礼品,一问才知道对方想请你帮他写论文,你一定会认为对方太势利;多年不联系的老同学突然上门拜访,究其原因,原来是对方在工作调动上想借助你的力量,你一定会感觉自己被对方当作了棋子。反过来说,如果你也以这种态度对待周围的人,对方也会这样待你。

临时性的礼貌不是礼貌,别做临时性的绅士或淑女。

温馨提示:
☐ 对别人的热情应该始终如一。
☐ 有求于人的时候说话不应太谄媚。
☐ 对待自己周围的人,不应因为对方对你没有帮助就不问候、不理会。

不可以貌取人

尽管人们都提倡注意自己的形象,也很注重穿着打扮,但人天生的容貌和体型是根本不可能改变的。外貌只是给人的第一印象,但是以貌取人却是错误的。

服务人员以貌取人,会让客户尊严受挫,其结果是客户资源流失;管理人员以貌取人,会让被管理者信心受挫,其结果是工作不利。同时会见一群人,只对外貌出众者表示尊敬和好感,其他人一定会感到不公平。在并不特别强调外貌的单位,招聘人才时以貌取人,也许会错过最优秀的人才。出门在外,以貌取人也可能让你遭遇最高明的骗子。

温馨提示:
☐ 应以平和心态对待他人的容貌和衣着打扮。
☐ 应该以平等的态度对待外表不同的人。
☐ 应该善于发现外表一般的人身上的优点。

在别人有难处时应出手相助

在别人有难处时找借口离开,绝对不是礼貌之举。

甲心中有烦心事,看到乙闲着,希望乙能听他说说话,而乙却做出"我有事,先告辞了"的回应,甲一定认为乙是故意为之;乙做一项重要工作时暂时腾不出手,希望甲帮他打个下手尽快把任务赶出来,甲却一改认真工作的姿态,推说自己有约而离去,乙一定会感到甲很自私。别人有难处时,最能验证旁观者的真诚,当然也能在这种关键时刻验证旁观者的礼仪修养。

温馨提示：
☐ 别人有了难处，能帮的就帮，帮不上的也应给予安慰。
☐ 如果别人的难处是不正当的事情，应予以劝诫。
☐ 如果的确对别人的难处帮不上忙，应该认真解释。

与熟人保持联系

长时间不联系熟人，彼此间的感情自然会淡漠。从礼仪上说，这是对熟人的冷落，是不礼貌之举。

长期不联系熟人，当你的地址和联系方式发生变更，对方如果联系不上你，就会认为你故意与其断绝关系。长期不联系熟人，对方会认为你已经将其遗忘。当你长久未联系后突然问候对方，对方会感到突兀和不适应；如果你正好有事相求，对方会认为你是势利小人。

即使没有重大事情，你与熟人也不能断了联系。

温馨提示：
☐ 朋友、熟人应该经常保持联络，即使没时间常见面也应常联系。
☐ 应经常性地了解熟人的近况，致以问候，并向对方告知自己的近况。
☐ 当你有个人的重大事件如乔迁、升迁、结婚等，应该及时通知熟人。

切忌过于频繁地打扰熟人

俗话说："低头不见抬头见。"家里电器坏了找熟人修理，出门时想坐免费车就找熟人借，出门逛街找熟人陪伴……即使再熟悉的朋友、再亲近的熟人，总是被打扰也难免会烦。

经常上熟人的单位打扰对方，显然对其工作不利；经常上熟人家里串门，容易对其生活产生干扰；频繁打扰异性熟人，容易给双方带来绯闻；过于频繁地打扰熟人，对方会不胜其烦，还可能产生"他是不是在利用我、欺负我"的怀疑。

因为关系较近就在外人面前对熟人随便呼喝，同样很失礼。

温馨提示：
☐ 应该和熟人在保持联络的前提下保持距离。
☐ 无关紧要的事情不要麻烦熟人。
☐ 不要不经同意就贸然打扰熟人。

观看别人打牌、下棋时不宜插嘴

别人打牌正打得热闹，你非凑到前面凑趣，指点某人该出什么、别出什么；别人聚精会神地下棋，你不时插话，满嘴"象""车"不停。这种人很不受欢迎。

如果你这样做，一来会破坏打牌、下棋者们公平竞争的局势；二来会扰乱他们的思维和心情；三来会显得多事、多嘴多舌，不懂规矩。观看别人打牌、下棋时多嘴多舌是不礼貌的举动，如果你的声音很大很刺耳，估计全体参与者都会"当机立断"，马上转移阵地。

看别人打牌、下棋，一句与牌局或棋局有关的建议也不该说。

温馨提示：
☐ 观看别人打牌、下棋等娱乐活动应保持安静和沉默。
☐ 可以叫好，但不应未经允许指点他人。
☐ 不应对参加游戏的任何一方讽刺和挖苦。

第十章 交谈礼仪

不宜在路边交谈，以免妨碍他人

经常能见到在路边交谈甚欢的人们。他们的行为是不合礼仪的。

路上偶遇老同学，站在车水马龙的路边就开始闲聊，你们不担心被车撞，开车的人还担心撞到你们呢。在公园里散步，走累了在路边站着闲谈，如果参与交谈的是三个人以上，行人多半都得绕着走了。在单位和同事站在甬路边上说话，遇到领导，他会认为你们对工作不够用心；遇到前来参观访问的客人，他们会认为你们不注意自己的形象。

温馨提示：

☐ 与他人交谈时不应占用公共通道。

☐ 几个人一起交谈时不应扎堆，妨碍别人。

☐ 在户外偶然相遇或同行时，不要停在人多拥挤的地方。

交谈时注意与对方保持适当的距离

交谈不注意距离，交谈就可能无法成功。

距离关系一般的人太近，对方会感到受到威胁；与异性交谈时距离太近，对方会感到不安。亲朋好友距离太远，对方会疑心你对其不满或有事相瞒；领导与下属谈话时距离太近，有损领导威严，在别人看来也超越了上下级的关系。集体开会时距离太近，不利于大家集中注意力谈论正题；距离太远，又有逃避责任的嫌疑。

温馨提示：

☐ 一般关系的交谈应该保持社交距离。

☐ 如果关系比较亲密，可以将彼此距离保持在一米或半米以内。

☐ 对于自己不熟悉的人或异性，交谈时距离不应低于两米。

听别人讲话时身体不可后仰

听别人说话时身体后仰，这样做是错误的。

身体后仰的姿势显得无精打采，更谈不上优雅，谁见到这样的姿势也不会感到愉快。身体后仰，必然使自己与说话者的距离拉得更远，显得傲慢，同时也给人以"不想听""不屑于听"的印象。身体后仰又暗示出你对别人所说的话不感兴趣，对方会认为自己的话有问题，再说下去，可能会紧张或不自然。如果对方停止讲话，听话者会认为说话者对自己不感兴趣，双方的误解也就由此产生了。

温馨提示：

□ 听别人讲话时身体应该稍稍前倾。
□ 听别人讲话时身体不要歪斜。
□ 听别人讲话时姿势要挺拔、端正。

说话切忌总以"我"字开头

说话处处以"我"字开头，绝不是自信的最好表现。

习惯于用"我"字开头是唯我独尊的表现，显得过于张扬、自大。人们都不太欢迎以自我为中心的人，处处以"我"字开头，会显得目光短浅、视野狭窄。如果你向别人提建议，说不定别人会认为你不会讲出什么有用的话，从而对你不屑一顾。

如果你经常以"我"字开头说话，则最好改变这种习惯。

温馨提示：

□ 不应时时处处以自我为中心。
□ 和别人说话时不应只谈自己，而应主动关心别人。
□ 代表集体讲话时，应该经常性使用"我们""大家"等代表性人称代词。

切忌把口头禅挂嘴边

口头禅挂嘴边，不是好习惯。

开头总说"也许"，结尾总说"是吧"，会让人觉得没有主见；"有没有搞错"之类用于贬低别人的港台式口头禅常挂嘴边，会让人觉得自大而且庸俗不堪；"啧啧""哎哟"等大惊小怪时候才用的词语常挂嘴边，会让人觉得虚伪而刻薄；"你必须""听我的"等带有强制色彩的口头禅常挂嘴边，会让人觉得控制欲强，我行我素。

口头禅虽然是无意识地脱口而出，却容易引起别人的误解和反感，是很不礼貌的。

温馨提示：

□ 平时说话应避免脏字、无意义的词语。
□ 说话要连贯、顺畅，不应使用过多的"嗯""啊"等连缀词语。
□ 不要使用太多的关联词语，如"接下来""然后""那么"，等等。

不可滥用双关语

双关语使用不当会给社交带来麻烦。

对异性无意间使用有暧昧含义的双关语，容易让对方误会，引起对方的厌恶，对交往无益；对长辈和老年人滥用双关语，对方会认为你自作聪明；对同辈人和晚辈、下属滥用双关语，对方会认为你故作高深；对客户滥用双关语，对方会认为你不够坦诚。

滥用双关语会使别人不知道你真正的意思，造成双方理解困难或出现误差。

温馨提示：

□ 不要使用"没了""挂了"等容易引起人反感和联想的词语，对老年人更是如此。
□ 不要使用"这不太好办"之类的话搪塞需要你帮助的人。

☐ 不要使用"我希望能和你深入交往""你我之间距离再近些"之类含义模糊的话应对异性。

无聊的搞笑不等于幽默

吓唬别人，拿别人的生理缺陷开玩笑，嘲笑别人笨嘴拙舌或其他缺点，在别人身上粘贴画了乌龟的小纸条，学狗叫……这些绝不是幽默，而是无聊的行为，把无聊当幽默是大错特错。

把无聊当幽默的人，显得内心空虚，情趣低俗。如果经常把无聊当幽默，别人会认为你本身就是个无聊的人，自然会疏远你。把无聊当幽默调节气氛，结果往往适得其反。如果你的方式是捉弄别人，被捉弄的人会认为你品行卑劣，旁观者会认为你不值得结交。

温馨提示：

☐ 不要把捉弄别人当作幽默。
☐ 不要把夸张的表情和动作当幽默。
☐ 内容健康、格调高雅而又使人发出会心之笑的玩笑才能称得上幽默。

开玩笑要看对象和场合

随便逮到谁就开玩笑，在任何场合随意开玩笑的做法都是愚蠢的。

对陌生人开玩笑，对方会厌恶你的"自来熟"，有的人甚至会把你当作不法分子；对生性敦厚的人开玩笑，对方多半不做配合，甚至会被你惹恼，你是在自讨没趣；对上司开玩笑，对方会认为你不尊重上级。公司会议上，在讨论下一季度销售方案的间隙，主管开玩笑会让人觉得莫名其妙，下属开玩笑会让人觉得缺乏自知之明；在课堂上开玩笑，会扰乱教学秩序，分散大家的注意力；在追悼会上开玩笑，会让人觉得不伦不类，侮辱死者及其家人。

开玩笑找错对象和场合会弄巧成拙。

温馨提示：

☐ 不应对生性多疑、心胸狭窄的人开玩笑，不应对长辈、领导、贵宾、异性随意开玩笑。
☐ 图书馆、剧场、博物馆、电影院等要求安静的场合不宜开玩笑。
☐ 会议、办公等正式场合不宜开玩笑，葬礼等严肃场合不宜开玩笑。

开玩笑要注意内容是否适宜

别人头发掉了一半，你偏偏在对方面前讲嘲笑秃子的笑话，无疑是在影射对方；别人的衣服不小心被划破了，你偏偏经常拿这件事在众人面前开玩笑，无疑是在暴对方的丑；别人考试失利，正在愁闷中，你却当众宣讲书呆子的笑话，无疑是想让对方更郁闷。

虽然很多时候人们开玩笑都是无心的，却没注意到玩笑的内容触动了某些人或某个人的"心病"。被你无意中冒犯的人自然会对你心怀不满。

温馨提示：

☐ 不要以别人的生理缺陷为笑料。
☐ 不要拿别人的隐私开玩笑。
☐ 不要拿别人的伤心事和尴尬事开玩笑。

开玩笑不可认真

把玩笑当真的人是很令人为难的。

任何人开玩笑的目的都不是伤害别人，而是为了调节气氛，增进彼此间的关系。把玩笑当真，别人就无法收场，以后再也不敢和你开玩笑，彼此的关系也会因此而产生隔膜。把玩笑当真，你就误解了别人，别人更会为你的误解而尴尬。

温馨提示：

☐ 对无伤大雅的玩笑一笑了之即可。
☐ 对别人无意的玩笑不要穷究其原因。
☐ 别人开玩笑时应该适当配合，可以对过分的玩笑表示批评，但不应侮辱对方。

与人交谈不可目光冷漠

与人交谈时，目光冷漠无法起到积极作用。

"眼睛是心灵的窗户"，如果眼睛没有了神采，不能传达出感情，说话就没有感染力，就会显得虚假。与人交谈时目光冷漠的人不容易取得对方的信任，即使双方谈话中有共鸣，也难以让对方感受到你的真诚。

温馨提示：

☐ 与别人交谈时，目光应热情、和蔼。
☐ 交谈时，目光应随着交谈内容而变化。
☐ 交谈时，目光应经常性地注视谈话对象。

注视别人时目光要在一定的范围之内

注视别人时，不是对方的任何部位都能随便看的。

注视别人时，只将目光投射在对方眼睛以外的部位，从不与对方目光相触，是内心怯懦或心里有鬼的表现；对着别人周身上下扫描不停，是不信任对方的表现，还容易被对方认为你想打探他的隐私；专向别人的某个部位注视，则是骚扰的表现。

温馨提示：

☐ 一般关系的交谈者之间应保持两米左右的距离。
☐ 交谈时，目光应放在对方胸部以上，双眉之间、双眼之间、嘴唇以上的部位。
☐ 不要居高临下地注视别人，不要斜视别人。

切忌不加掩饰地注视别人

不加掩饰地注视，就是死盯着别人看，是一种令人讨厌的行为。

不加掩饰地注视别人会让你看起来形态猥琐，有失仪态。不加掩饰地注视别人会给对方带来心理压力，不利于交往的顺利进行。不加掩饰地注视别人会让对方认为你别有用心，有恶意企图或阴暗心理，别人会不乐意和你接近并交谈。

温馨提示：

☐ 看别人时，应该使自己的目光有所控制和收敛。
☐ 如果交谈者众多，不要只盯着一个人看。
☐ 不要注视别人身体的某些部位，如女性的胸部、男性的腰部。

与人交谈时不可用目光瞟人

与人交谈时用目光瞟人是一种很不好的行为习惯。

与陌生人交谈时用目光瞟人，有不信任对方、看不起对方之嫌；与异性交谈时用目光瞟人，有心怀不轨之嫌；与熟人交谈时用目光瞟人，有不耐烦、希望尽快结束谈话之嫌。与人交谈时用目光瞟人，还有不自信、心里有事、心里有鬼之嫌。

温馨提示：

☐ 与别人交谈时，目光不要游移不定，也不要迅速回避别人的注视。

☐ 与人交谈时，目光应适时与别人对视。
☐ 不要把目光投向空中、地上或交谈对象的身后。

要主动与他人交谈

不肯主动与他人交谈的人是不受欢迎的。

在社交场合，不主动与他人交谈就会错过结识很多新朋友的机会；在工作场合，不肯主动与他人交谈容易"脱离群众"，使同事、上级、下属不便于了解你，从而不能更顺利地开展工作；在私人聚会的场合，不肯主动与他人交谈，别人会觉得你不合群或脾气古怪，从而也不愿意和你交往。第一印象总是很有影响力的，如果你给人留下了难以接触的印象，再和见过的人们深入交往就会比较难。

只要是在适合交谈与沟通的环境和场合，就不要做不肯主动交谈的人。

温馨提示：
☐ 在聚会等场合，如果身边没有熟人，应主动与他人沟通、交谈。
☐ 在陌生的环境里应注意自己的表情和动作，不要做出冷若冰霜的样子。
☐ 遇到自己希望与之交往的人时，应该使用积极的目光。

对他人的主动交谈要积极回应

当别人主动和你交谈时，无动于衷是不礼貌的。

别人主动与你交谈是一种积极友好的表现，在社交场合尤其如此。对他人的主动无动于衷，一种原因是你对主动交谈者不屑一顾，一种原因是你生性怯懦或多疑，不敢和陌生人交谈。无论什么原因，不回应别人的主动交谈都会使对方进退两难，遭遇尴尬。

温馨提示：
☐ 对于别人善意的主动搭话一定要积极回应。
☐ 如果你不想和主动交谈者进一步交流，应礼貌地找理由离开。
☐ 遇到他人主动交谈，应礼貌地向对方问候、与对方寒暄。

切忌询问对方"我刚刚说到哪里？"

询问对方"我刚刚说到哪里"的人是很容易让别人失望和厌恶的。

问这句话的人多半是说话中途去做其他事情或想起其他事情，而后接着与别人交谈。自己说过什么、说到哪里都不记得，可见他记忆力之差。听他说话的人可能想：记不住自己说到哪里，是因为他根本就没用心和我对话，敷衍我而已；询问这句话还可能给听话者以这样的感觉：他在检验我是否用心听他讲话，他不信任我。

温馨提示：
☐ 与别人交谈时一定要认真聆听对方的讲话。
☐ 对于自己不感兴趣的话题可以主动、自然地转换，但不应贸然打断。
☐ 与别人交谈时自己的语言要有逻辑，组织要有条理。

说话声音要温和

说话声音刺耳也是不礼貌的。

说话声音刺耳的人会让别人觉得不够沉稳可靠。如果你批评别人时声音刺耳，就有讽刺之嫌，也会被对方误解为刻薄尖酸、得理不饶人；如果你向别人解释原因或为自己的过失进行辩解时声音刺耳，对方会认为你不服气，有狡辩和强词夺理的嫌疑。另外，说话声音刺耳还会使别人失去与你谈话的兴趣和耐心。

说话时，一定要注意自己的声音是否刺耳。

温馨提示：
☐ 说话时应注意音量和声调。
☐ 说话时不要刻意提高声音。
☐ 无论是批评别人还是向别人辩解，都要避免声嘶力竭。

切忌揭别人的伤疤

揭别人伤疤的行为不但错误，而且可恶。

揭别人的伤疤会让对方不得不面对已经淡忘的痛苦，同时忍受其他人异样的眼光。揭别人伤疤，在伤害对方的同时，也无异于提醒对你了解不太深的人：不要和你交往。揭别人伤疤的人会失去对方的信任，自然也不会赢得朋友。

闲谈、讨论也好，辩论也好，都不要专揭别人的伤疤。

温馨提示：
☐ 对于别人的隐私或不幸的、不光彩的经历都不要提。
☐ 如果别人告诉你他的秘密，应当替对方保密。
☐ 如果别人触犯了自己，不要用揭对方伤疤的做法进行报复。

在谈话中不宜纠正别人的错误

在谈话中纠正别人的错误很容易让对方下不来台。

首先，每个人的知识水平和分析能力、经验阅历都不一样，因此各自的观点以及对某人某事的认识也不尽相同。有些时候，有些问题根本不能用是非的标准进行评判。其次，也许有的人在某个常识性问题上的确错了，但他是其他领域的专家，纠正他的错误等于是否定他的能力和地位。此外，有些错误的记忆和认识在说话人看来是正确的，别人再纠正也不会动摇其固有的认知，反而会伤彼此的和气。

温馨提示：
☐ 对非原则性口误、无关紧要的常识性错误，不要纠正。
☐ 当对方地位高、身份重要时，不应纠正对方的任何错误。
☐ 纠正别人的错误应该在私下场合，并使用委婉的语言和语气。

尊重他人的意见

质问他人意见的可靠性，其实就是否定他人的意见。

质问他人意见的可靠性，对权威性人物来说是挑衅和侮辱，对胜券在握而又急于表现自己的人来说是打击和贬低，对胆小谨慎而又顾虑重重的人来说是威胁和扼杀，对一些急性子的人来说是抬杠、吵架。质问他人做法是否妥当、想法是否正确、记忆是否准确，其效果是相同的，都不妥当。

温馨提示：
☐ 与人谈话要认真聆听，不应随意质疑。
☐ 询问对方时态度要端正、尊重、认真。
☐ 向别人征求意见时应该信任对方。

切忌在谈话中扮演"祥林嫂"

无论是做办公室的"祥林嫂"，还是做日常生活中的"祥林嫂"，都会令人生厌。

偶尔说说烦心事，别人会耐心听你倾诉一番，并同情地为你出出主意，但是说多了就变成了无理取闹，是浪费别人的时间和感情。做"祥林嫂"还会使整个谈话氛围变得压抑、紧张，影响别人的心情甚至降低工作效率。

温馨提示：

☐ 不要总是向别人重复讲自己的伤心往事。

☐ 不要向别人讲述谈过很多遍的家庭琐事。

☐ 不要总是扮演倾诉者的角色。

聚会时不宜用方言与同乡交谈

聚会时用方言与同乡交谈是错误的做法。

聚会时用方言与同乡交谈，一方面会让人觉得你有小团体主义，另一方面让人觉得你是在哗众取宠。此外还让人觉得你利用方言谈论对别人不好的话。聚会时用方言与同乡交谈，让别人有受到排斥的感觉。在有的人看来，使用方言是降低自身的做法。

无论从沟通的角度还是从礼仪的角度而言，聚会时用方言与同乡交谈都是不妥当的。

温馨提示：

☐ 聚会时应该使用通用的语言，如普通话或英语等。

☐ 与同乡谈话时不应压低声音，神态诡异。

☐ 聚会时不应总是与同乡谈话。

参与多人谈话时不能只和其中几个人交谈

参与多人谈话，和每一个在场的人交谈是必需的礼貌，也是结识他人的良好途径，如果只和其中几个人交谈就不合适了。

老同学聚会，你只和距离自己较近的人交谈，就会让距离较远的人感到生疏；参加熟人聚集的社交晚会，如果只和身份、地位较高的人交谈，就会让身份一般的人感到受歧视；参加朋友组织的聚会，只和与你是同乡的人交谈，别人就会认为你排外、闭塞。

温馨提示：

☐ 与多人谈话时应照顾到其中每个人。

☐ 与多人谈话时，对各人的态度应同等尊重。

☐ 参与多人谈话时不要始终沉默。

与多人谈话时切忌当众叫朋友的小名

朋友的小名不是任何时候、也不是当着任何人的面都能叫的。

如果朋友的小名无法登大雅之堂，如"狗子""二秃"之类的字眼，当众叫其小名显然是让朋友出丑。如果朋友的小名是他某位亲人专用的昵称，当众叫出必然是对他权利的侵犯，也等于向别人暴露朋友的"小秘密"。如果朋友根本就不希望别人知道他的小名，当众公布是对朋友的侮辱。如果你想向别人表示你和朋友关系亲密，用当众叫对方小名的方式会显得很"弱智"。

温馨提示：

☐ 与多人谈话时，应考虑到彼此之间的关系和所处的场合。

☐ 无论朋友的小名是否动听，都不能当着别人的面随便叫。

☐ 想叫小名之前必须征得朋友的同意。

对别人的插话不可强硬拒绝

贸然拒绝他人插话是一种强硬的

姿态，给人以压迫感。

某人接受采访时，说话太多，当主持人试图插话调整话题时，他贸然呵斥拒绝，主持人必然多少会有些尴尬。下级向上级汇报工作时，上级想起一个问题，想要插话询问却遭到下属的贸然拒绝，上级一定会觉得自己的尊严受到了侵犯。别人插话的目的也许是提醒、建议，也许是打圆场，都不应贸然拒绝。即使对方插话的原因是由于不耐烦，但贸然拒绝也是不应该的。

<u>温馨提示：</u>

☐ 谈话过程中如果有人想说话，应该礼貌地予以肯定。

☐ 如果环境不适合别人插话，应该用手势或目光示意。

☐ 如果有人强行插话，应向对方表示尊重和礼貌。

交谈时话语要连贯

交谈时话语不连贯，给人的感觉是你说话能力差、内心紧张，这样的表现是不利于展示礼仪的。

与朋友交谈时支支吾吾，会让人误以为你做了什么亏心事；与上级沟通时说话不连贯，对方对你的好感会降低；与晚辈交谈时说话顾前不顾后，难以得到对方的信服。

<u>温馨提示：</u>

☐ 交谈时说话应该组织好逻辑，保持思维清晰。

☐ 交谈时声音要清晰，避免对方听起来困难。

☐ 交谈过程中应避免啰唆、重复和长时间的话语停顿。

不要强行加入别人的讨论

强行加入别人的讨论，就像强行侵入别人的领地一样不但不礼貌，而且惹人讨厌。

未经允许加入别人的讨论，会打乱对方的思路，扰乱对方的心情，甚至迫使对方中断正在谈论的话题。如果别人正在谈不便公开的事情，强行加入别人的讨论就是打探对方的秘密。如果别人谈的是专业话题或工作内容，你不懂而强行加入，是无理取闹。

强行加入别人的讨论还是一种急于表现自己的浅薄行为，懂得自爱和尊重别人的人不应这样做。

<u>温馨提示：</u>

☐ 想加入别人的讨论应事先征得同意。

☐ 应在对方讨论告一段落时再进行询问。

☐ 询问对方时要恭敬、礼貌。

不可贸然加入异性的谈话圈

不要以为贸然加入异性谈话圈是活泼、善于交际的表现。

同性之间通常会有特定的话题，异性之间则不同。如果男性贸然加入女性的谈话圈，会被女性们认为是"耍流氓"；女性贸然进入男性的谈话圈，会被认为是"风骚成性"。贸然加入异性的谈话圈，还会给异性圈子交谈带来不便，对方又不好拒绝贸然入侵的异性，双方都难免尴尬。

<u>温馨提示：</u>

☐ 单独一个人时，不要加入异性的谈话圈。

☐ 加入异性谈话圈时，应该先确定对方的话题是否属于大众性的。

☐ 不要偷听异性谈话圈的话题。

交谈过程中离开前要打招呼

交谈期间无故离开是不礼貌的。

交谈时突然离开而不打招呼，会让别人误以为他们说了什么得罪你的话或做了其他不合适的举动，妨碍了你，也会让其他人误认为你不屑于参加他们的交谈。与长辈交谈过程中突然不打招呼就离开，是明显的不敬；即使面对晚辈和陌生人，毫无征兆地突然离开也是会让人感到莫名其妙的。

温馨提示：

☐ 交谈过程中需要离开时应向众人打招呼。

☐ 交谈过程中不要突兀地中止话题。

☐ 交谈过程中不要做跺脚、背手等暗示不耐烦的动作。

与人交谈时既要说也要倾听

只管说不管听的人是不受欢迎的。

只说不听的老师不能领会学生真正需要什么，只说不听的领导不能真正合理地领导员工，只说不听的员工永远无法受到他人的尊敬。只说不听，就不能知道别人对你话语的反应如何，也不能知道你说话的效果如何。回到礼仪上来，只说不听本就是不把其他人当回事、以自我为中心的表现。即使你说的话很有道理，也无法得到别人的尊敬。

温馨提示：

☐ 说话时应注意听者的反应。

☐ 别人说话时应表示愿意聆听。

☐ 谈话时应主动邀请别人表达看法和提出新的话题。

切忌随意打断别人的话

不随意打断别人的话是最基本的礼貌。

人与人的表达能力和说话速度不同，有的人长篇大论、滔滔不绝，有的人边想边说、吞吞吐吐。如果别人好不容易获得一点灵感，正在陈述他的想法，突然打断会使其灵感遭到破坏。人与人说话的态度和语气不同，有的人言辞犀利，有的人言辞谨慎。如果你因为难以接受对方的观点而随意打断别人说话，会显得急躁、武断、沉不住气。如果你在参加辩论会的时候急于打断对方的话，结果可能是给评委留下不好的印象而得到低分。

即使你想反驳对方或补充、纠正对方，也不应打断他的话或抢着发言。

温馨提示：

☐ 让别人把话说完，是对对方的尊重和肯定。与别人谈话时，要给别人说话的自由。

☐ 如果想插话，应该寻找别人说话告一段落的时机。

☐ 想要提醒别人什么或表达看法时，要事先用表情或手势向说话者示意。

不探听别人的私密谈话

没有人欢迎对别人的私密谈话探头探脑表示好奇的人。

极力想了解别人私密谈话的人使人觉得没有教养、好奇心重，而且在不该好奇的地方好奇。与这样的人共事，别人一定会缺乏安全感，担心自己的隐私被他窃取，更担心他向别人泄密。对别人的私密谈话表示好奇的人使人觉得他不安分守己，不能专心工作或不负责。

不侵犯别人的私密空间是一种礼貌。

温馨提示：

☐ 如果别人做出明显的拒绝加入的姿态，不要对其表露好奇。

☐ 应克制自己探究别人话题的想法。

☐ 不要经常对聚成小圈的人们做出探头探脑的样子。

切忌不懂装懂

不懂装懂最通常的结果是惹出笑话，以自己的狼狈表现收场。

不懂装懂在无知的人面前也许能暂时抵挡一阵，保留住自己的面子，到了行家面前，可就要大出其丑了。不懂装懂是极力掩饰自己知识贫乏、见识短浅的做法，说得越多，自己的缺点暴露得就越多。不懂装懂也是不诚实的表现，如果对方有意考验你的诚意，不懂装懂就会使其对你丧失信心，收回扶助你、点拨你的打算。

温馨提示：

☐ 对于自己不明白的问题应该谦虚地向别人询问。

☐ 对于自己没有听懂的解释可以适当再次询问。

☐ 如果自己确实不知道，应该明确告诉发问者"我不知道"。

切忌自吹自擂

自吹自擂的人不容易得到别人的认同和肯定，更不要说深交与合作了。

自吹自擂首先是狂妄自大的表现，这样的人目中无人，不是很好的合作伙伴。自吹自擂也是过度自卑的表现，目的是用过分的自信来掩盖过度的不自信。自吹自擂容易"穿帮"，导致无法自圆其说，正所谓"搬起石头砸自己的脚"。自吹自擂的人显得浮夸，没有真才实学，这样的上司难以让人信服，这样的下属难以担当重任，这样的朋友无法推荐给别人。无论是公务交往还是私人交往，人们都不会对这种人有好印象。

温馨提示：

☐ 平时讲话应该谦虚。

☐ 对自己要有自知之明，不说不精通的事情，不随意夸大自己的能力和见识。

☐ 不要过多地使用"绝对""没错"等决断性的话语。

表达自己意见的同时也尊重别人的意见

强行让别人接受自己的意见是错误的做法。

强行让别人接受，说明自己的意见不对、对别人不利，或者别人不感兴趣、不适合别人。强行让别人接受自己的意见，是不考虑他人的感受、不为他人着想的表现。上级和长辈这样做是仗势欺人，亲朋好友这样做是强人所难，陌生人这样做是多管闲事。强行让别人接受自己的意见是在搞"一言堂"，就算别人当下表示赞同，内心也是不服气的。

温馨提示：

☐ 发表意见和下达指示应该用商量的语气和态度。

☐ 想要让别人接受自己的意见，事先应耐心与对方沟通。

☐ 可以采用交换意见的方式来让别人接受自己的意见。

劝说他人要看时机

劝说他人不看时机，即使你的劝

解能力再强，也难以达到预期效果。

如果别人经过长期考虑后已经打定主意，并且下定决心，你上前劝说，对方一定置若罔闻；如果别人情绪高涨，完全听不进任何人的言语，你上前劝说，对方也许更加坚持自己的意见；如果对方周围有很多亲信支持他，你上前劝说，就是不给大多数人面子；如果别人事务缠身，你上前劝说，对方会因为无暇顾及而听不进去。

因此，劝说他人一定要看时机才算礼貌。

温馨提示：

☐ 应该选择在他人心平气和的时候进行劝说。

☐ 应该在单独相处的情况下进行劝说。

☐ 应该在别人有时间的时候进行劝说。

懂得适时保持沉默

别人都在专心听某人发言，你却在下面用大家都能听到的声音对某人做出评论，让人感觉你得了"人来疯"；别人正围在一起商讨解决方案，听到只言片语的你贸然开口，让人感觉你是"半瓶子水晃荡"；老师让大家在几分钟内认真思考，你偏偏转头和旁边的人说话，旁边的人会认为你打扰他的思路，老师会认为你目无师长，大家会认为你不遵守纪律。

温馨提示：

☐ 交谈过程中应该懂得倾听和思考。

☐ 别人发表意见时应该专注地听。

☐ 别人交谈时应保持礼貌的沉默。

不可在谈话中插入一些会使别人感到不好意思的话题

在谈话中插入让别人感到脸红或者不宜公开谈论的话题，会让在场的人都很尴尬。

在聚会谈话中，不知道谁发出了不合时宜的肠鸣，你马上就此话题展开发言，大家的表情肯定会不太自然；当着许多不太熟悉的男性的面大谈女性孕期保健，别人一定会觉得不自在且索然无味；在男女长幼混杂的社交圈子里大谈在场女性的身材和体重，别人一定觉得这个话题有些敏感；在闲谈中插入床上技巧的话题，想必很多人都会尴尬发笑。

在谈话中插入使别人感到不好意思的话题并不能显示出你的无拘无束，反而会让别人觉得你粗俗不堪。

温馨提示：

☐ 谈话中不要议论在场者的隐私、疾病等话题。

☐ 谈话中不要使用粗俗的词语。

☐ 谈话中应该避免内衣、人体特征、性之类的话题。

不要谈论陈旧无聊的话题

谈论陈旧无聊的话题对表达你对别人的尊敬毫无益处，是错误的。

谈论陈旧无聊的话题的人，给人一种不思进取、头脑简单的印象，也给人以没话找话、态度不积极的印象。与客户谈判告一段落后闲谈陈年旧事，难免让人觉得你跟不上时代；和新结交的朋友谈论味同嚼蜡的陈旧话题，对方自然会感到你缺乏生气，比较古板、拘谨。

谈论陈旧无聊的话题会让人不胜其烦，这样的人不容易受到欢迎。

温馨提示：

☐ 平时应该搜集一些时事、社会新闻、

行业动态等比较新的信息，以备谈资。

☐ 应每隔一段时间更新自己的话题库，剔除已经过时的话题。

☐ 与别人谈天时可以留意最近正在流行什么话题，让自己得到的信息保持与时代同步。

谈论别人喜欢的话题

谈论别人不喜欢的话题，即使你的话再多，说话技巧再高超，也难以引起别人的兴趣，更不要说引起对方的共鸣了。

和目不识丁的人谈论文学理论，和十几岁的孩子谈论国企改革，和讨厌动物的人谈论宠物喂养经验，和喜欢看爱情电影的女性谈论车祸现场……都会让对方如坐针毡。

谈论别人不喜欢的话题，结果只会让原本想和你交往的人打消交往念头，造成你和对方的关系更疏远。

温馨提示：

☐ 谈话过程中应注意别人对话题的反应，及时做出调整。

☐ 谈论过程中，可以很自然地询问别人的爱好和感兴趣的话题。

☐ 平时应该留心大部分人喜欢什么话题。

尽量避免使用专业术语

每个行业都有其专业术语，但在非专业领域的场合，与对自己行业所知甚少的人交谈时，专业术语是不宜使用的。

内行人士在外行人士面前故意使用专业术语，使人觉得学究气浓，不易融入大众；不同行业的人士相互交谈时各自故意使用专业术语，有拒绝与对方交往和卖弄学问、抬杠赌气之嫌；经销商与客户商谈时故意使用专业术语，难免让对方有上当受骗的担心。

温馨提示：

☐ 谈话时应避免卖弄学识。

☐ 谈话时遇到别人不懂的名词和术语，应该用通俗的、别人能够听明白的说法进行解释。

☐ 谈话时不要故作高深、故弄玄虚。

批评要把握分寸

批评过了火就容易变成攻击，会让人的好意变成恶意。

本意是希望对方能改变工作方法，结果却变成声讨对方智力低下，这就是将批评变成了攻击；本意是希望对方节省一些，结果却变成数落对方招蜂引蝶，这就是将批评变成了攻击；本意是希望对方思考问题再缜密一些，结果却变成了讽刺对方是非不分，这也是将批评变成了攻击。

批评能使人进步，攻击却使人发怒，造成严重的负面影响。

温馨提示：

☐ 批评别人要就事论事。

☐ 批评时不要进行人身攻击。

☐ 批评别人时不要牵扯到人品问题。

提建议要切合实际

提建议不切实际，结果不会比不提建议更好。

有人不小心落水，在场围观者包括你在内没有人会游泳，你却建议别人赶快跳水救人，这样的建议自然不切实际。你觉得突击学习法对应付考试很有效，却不一定适合别人的学习习惯和记忆特点。别人的身体状况不适合做剧烈运动，你却建议对方用短跑的方式恢复健康，这样的建议会被对方当作伤害。

提建议不切实际会浪费时间，还会给别人增添烦恼，让别人误解你是"站着说话不腰疼"。

温馨提示：
☐ 提建议应该保证能够切实可行。
☐ 提建议前应该对别人有所了解，对事件或环境、背景有所了解。
☐ 提建议时应站在对方的角度进行考虑。

不必在非原则性问题上与他人纠缠不休

在非原则性问题上纠缠不休，这样的人在别人看来是小肚鸡肠，不值得交往。

和朋友结伴购物，你坚持向对方推荐你觉得漂亮的衣服，朋友选了她认为好的，你就不停抱怨对方没有眼光，对方一定不再愿意和你一起逛街。别人的要求并没有违反规定，作为负责人的你却竭力阻挠对方，对方一定会认为你擅用职权，自然不会对你有好印象。

温馨提示：
☐ 说理要有根据，不能感情用事。
☐ 对于无关大局的小问题应持宽容态度，不细追究。
☐ 为人做事应该灵活一点，学会谅解和宽容别人。

说理要讲原则

说理不讲原则是不会得到别人的拥护的。

你觉得自己和甲关系好，就不分是非帮甲说话，你讲得再多也会被视为"歪理"；你觉得身为甲公司的员工就该维护本公司的利益，于是不分真假帮甲公司说话，你说得越多，做伪证的嫌疑就越大。说理不讲原则，会让领导失去威信和权威，让父母失去良好形象，让裁判失去资格，让律师失去事业；说理不讲原则，会让矛盾无法解决，让小矛盾变成大矛盾，让争执扩大化。

说理不讲原则就是意气用事，不仅解决不了问题，还会让自己的解释和说理显得空洞无力，给别人留下胡搅蛮缠、是非不分的印象。

温馨提示：
☐ 讲道理之前应该先明确谁是对的、什么是对的。
☐ 讲道理时不应受别人的影响。
☐ 讲道理时应该以事实为基础、以公平为原则。

切忌不明是非乱传话

不明是非，却积极做"传声筒"，是错误的。

道听途说单位要裁员，你立刻第一时间向同事们传播，必定造成人心惶惶。偶然听说某人蹲过监狱，某人得过怪病，你转身就告诉别人，如果是真，是对当事人的伤害；如果是假，是对当事人的诽谤。不明是非乱传话，如果传话人不怀好意，你就成了他的帮手；如果事件不能公开，你就是违反纪律，提前泄密。不明是非乱传话，别人会认为你头脑简单、容易被利用。

温馨提示：
☐ 传播消息时应该保证它的准确性和积极性。

- ☐ 不要养成传播小道消息的习惯。
- ☐ 应该保密的消息不要进行传播。

对自己不懂的事情不随便发表意见

任意对任何事情发表意见，很容易说错话。

如果自己的经验只限于道听途说，为凑热闹而对自己不了解的事情发表意见，容易因为断章取义而"帮倒忙"；如果自己无权对某事指手画脚，随便发表意见就是越权行事；如果别人需要独自思索，自己任意对其发表意见，就是喧宾夺主；如果事实已成定论，自己不分青红皂白随便发表意见，就会显得很无知、很无聊。有时随便发表意见，还会有颠倒黑白的嫌疑。

任意对任何事情发表意见，只能暴露出你的莽撞和浅薄，并且让别人感到不受尊重。

<u>温馨提示：</u>

- ☐ 对于自己不了解的事情和不在自己责任范围之内的事情不要随便发表意见。
- ☐ 不宜发表意见的事情不要发表意见。
- ☐ 容易引起别人误解的问题不要发表意见。

说话要注意场合

说话不注意场合的人，说明他不会说话，不懂得说话礼仪。

在别人的婚礼上评论"新娘个子太矮"，新人们以及其他宾客一定感到很扫兴；在别人的寿筵上询问主人顽疾是否治好，肯定会引起别人的批评；在葬礼上大开玩笑，别人一定会认为你故意捣乱。

说话不注意场合很容易使别人不快，引起别人心理上的不适和厌烦，甚至引起争执，导致自己与别人关系破裂。说话之前，一定要先想想"这样的场合应该说什么"。

<u>温馨提示：</u>

- ☐ 在不同的场合，说话应注意内容和要点。
- ☐ 在不同的场合，说话的态度和方式应有所变化。
- ☐ 不同的场合应该谈论不同的话题。

弄清自己在交谈中的角色

该说的不说，不该说的瞎说，不知道什么时候该说，什么时候不该说，不知道什么话该对谁说，什么话不该对谁说，这就是不注意自己在交谈中的角色。

如果自己不是主角，滔滔不绝地在交谈中表现自己，是喧宾夺主；如果自己是主要配角，谈话过程中一言不发，是目中无人或者心不在焉；如果自己是主持人，谈话中不注意帮助别人引出话题和平衡其他参与者的关系，就是失职；如果自己是倾听者，在交谈中表现得漠不关心，就是对倾诉者的不尊重。

<u>温馨提示：</u>

- ☐ 不要剥夺谈话主角的位置，也不要降低自己在谈话中的位置。
- ☐ 不要没有自己的观点。
- ☐ 不要混淆自己的角色和任务。

节日交谈宜选择喜庆话题

节日交谈选择非喜庆话题一定会招人不快。

别人过生日，你偏说这个年纪容易得什么病之类的话题，别人一定会认为你在诅咒过生日的人；过春节等传统节日，你偏说失业、郊外无名尸体之类的话题，别人一定感到非常扫兴。节庆日子里谈非喜庆话题会影响欢乐的节日氛围，使人们的心情受到影响。

节庆时节，一定不要谈论非喜庆话题。

温馨提示：

☐ 节日交谈不要谈哀伤的、凶暴的消息。
☐ 节日交谈不要谈灾祸和人际纠纷的话题。
☐ 喜庆节日不要谈关于死亡的话题。

切忌轻易许诺

想要许诺时一定要深思熟虑。

朋友让你帮他买东西或别人请你去某地旅游时顺便捎点东西给他，你不考虑自己是否方便就一口答应，结果根本就没有到卖相关物品的市场上去；别人请你托熟人介绍工作，你不考虑自己有没有熟人就义气用事地答应下来，结果你根本没有能力帮对方办事。如此许诺的结果必然是导致别人对你的失望和抱怨，更不要说信任了。

许诺事关人品和别人的信赖，千万不能随便应承。

温馨提示：

☐ 自己做不到的事情不要许诺。
☐ 自己不想做的事情不要许诺。
☐ 违法的事情、危害他人利益的事情不要许诺。

说话要算数

不要做言而无信的事。

答应别人的事情不去做，或者推托搪塞，即使事情很小，也会损害你的名誉，损害别人对你的信任。言而无信一次也许别人会原谅你，三番五次失信于人就会让别人彻底不再相信你。从礼仪的角度说，言而无信就等于欺骗，别人会认为你不重视对方、不诚心，敷衍塞责。

无论事情大小，无论对方与你关系如何、身份如何，言而无信都不应该。

温馨提示：

☐ 答应别人的事情不要拖延。
☐ 答应别人的事情一定要做到。
☐ 没有做到承诺的事应该道歉。

不做不必要的道歉

不是自己的错而向别人道歉，责任就变成了自己的；为讨别人欢心而违心道歉，会助长他人不负责任、推脱责任的习惯。事情本来做得很好，你去道歉就显得矫情；几个人都有责任，你出于好心自己承担责任而道歉，就有投机且包庇其他人的嫌疑。

温馨提示：

☐ 如果你没有犯错或不必承担责任，不要道歉。
☐ 当事情没有严重到需要道歉的地步时不要道歉。
☐ 在事关原则和是非的问题上不要用道歉的方式来迁就别人。

切忌当众告诉别人他的坏消息

当众告诉别人他的坏消息，其结果不亚于你制造了坏消息。

当众告诉某人他的坏消息，无疑是在众人面前给他的伤口上撒盐，对方由坏消息带来的痛苦会更为剧烈且难以消除；当众告诉某人他的坏消息，给对方以你想和许多人一起看他难堪的印象，对方会认为你故意让他丢脸；当众告诉某人他的坏消息，看热闹的人们会认为你幸灾乐祸、居心不良。

温馨提示：

☐ 对于关于个人的坏消息，应该在单独面对他的时候告知对方。

☐ 告诉别人坏消息后应安慰对方。

☐ 如果坏消息很重大，告诉对方前应给对方充分的安慰和提醒。

告诉别人他的坏消息时要表示同情

用若无其事的表情告诉别人他的坏消息是错误的。

如果你和当事人没有过节儿，对方会疑心你有意看他遭遇困难或不幸；如果你和对方有过节儿，对方会疑心是你造成了他的遭遇；如果对方比较敏感，他会认为你冷漠而没有同情心；如果消息紧急，你面无表情的样子会让对方认为你是在开玩笑，因此可能导致延误时机。

温馨提示：

☐ 告诉别人坏消息前应该用委婉的话语向其"打预防针"。

☐ 告诉别人坏消息时应该用同情的表情和郑重、关心的态度。

☐ 告诉别人坏消息后不要再向其他人传播。

第十一章　电话礼仪

拨打电话要选择时间

打电话不选择时间，坏处多多。

别人正在午休，你打电话必然会让对方休息不好，如果再加上你的电话无关紧要，可打可不打，更会让对方生气；别人正在开会，你打电话必然令对方无法招架，如果再加上你喋喋不休，会无端让对方难堪；别人正在专心工作，你打电话必然影响其状态，如果再加上你倾诉痛苦，对方说不定必须加班才能做完他的工作。

温馨提示：

☐ 上午8点前、11点以后不宜打电话。
☐ 中午、下午2点前和5点以后不宜打电话。
☐ 晚上8点以后不宜打电话，深夜更不宜打电话。

打电话时要用问候语

打电话不用问候语是相当不礼貌的。

给长辈和领导打电话不用问候语，对方会觉得你对其"有看法"；给亲朋好友打电话不用问候语，对方会觉得你对其感情淡漠；给客户打电话不用问候语，对方会觉得你不具备专业水准。给任何人打电话不用问候语，对方都会感到突兀，会打消对方与你沟通的积极性，甚至让对方不愿意再与你交谈。

温馨提示：

☐ 打电话时应该使用"您好""打扰了"等礼貌用语。
☐ 打电话时应始终保持良好的精神状态。
☐ 打电话时要保持站立姿态。

电话问候切忌生硬刻板

电话问候生硬刻板，会让电话另一端的人很不舒服。

在公务或商务交往中，身为部门接待人员，如果接到客户电话时生硬地说："你哪里？""说！""你想干什么？"等，这些冰冷的词语和句子会让对方感到像是在被审讯。身为业务员，打电话给新客户时，如果生硬地说："你好，这里是某某单位……"话语中不带一丝感情，语调平直，对方会认为你是在例行公事，没有诚意，自然难以得到对方的认同。私人交往时，电话问候生硬刻板，对方会认为你对其心生厌恶，容易让别人打退堂鼓。

温馨提示：

☐ 接、打电话时应该保持微笑。
☐ 接、打电话时的问候语应该充满热情，语调柔和。
☐ 电话问候应该亲切友好。

电话问候要遵循职业规范

　　电话问候如果不遵循职业规范，就不合礼仪。

　　涉外单位接到外国人的电话时不按规定使用外语，值班、接线人员接到电话后不懂得自报家门和询问对方目的，客服人员接到电话后问候语混浊不清、态度不恭……这都是电话问候不遵循职业规范的做法。人们常说"以小见大"，这样做会给来电者以不专业、不负责、不热情诚恳的印象，不利于接电话者所在单位的形象和声誉，还容易导致来电者的不满，引起误解、耽误事情。

温馨提示：

☐ 接、打电话时应根据本行业要求使用规范、礼貌的语言。
☐ 电话问候应根据语言环境适当变化。
☐ 电话问候应根据对方身份灵活地变化。

不可让电话铃声响得时间过长

　　让电话铃声响得时间过长是不负责任的表现。

　　夫妻、恋人、朋友来电话时让电话铃一直响，对方会认为你不在乎他；窗口单位的电话铃声响得时间过长，来电者会认为你所在的单位名不副实；关系一般的人来电话，让电话一直响，对方会认为你对他不屑一顾；闹过矛盾的人来电话，让电话铃声响得时间过长，对方会认为你小心眼；如果对方是向你提供机会的招聘者、招商者，电话迟迟接不通会让对方失去耐心和好感。

温馨提示：

☐ 接电话时，不应让铃响超过3声。
☐ 电话铃响一声时不宜接。
☐ 接电话应在第2声响过、第3声尚未响起时接。

打错电话要道歉

　　打错电话不道歉是很没有教养的做法。

　　你打电话给某单位，不小心拨错号码，当对方告诉你打错了，你气急败坏地冲着话筒说"神经病"，对方一定在委屈的同时暗骂"你才是神经病"；你拨朋友的电话号码，却拨成一个相似的号码，对方告知你打错了，你却说"什么破号码，害得我拨错"，对方一定觉得"好心没好报"。打错电话本来就是对别人的打扰，不道歉就是骚扰，如果你连续几次拨错号码不道歉，对方应该误以为你是在搞恶作剧。

温馨提示：

☐ 打错电话后要向对方道歉。
☐ 打错电话后不要纠缠询问对方是谁。
☐ 打错电话后应避免再次拨对方的电话。

打电话要说清楚目的和要求

打电话不说清楚目的和要求，电话就白打了。

有的人打电话本来想向对方求助，开口时却因为不好意思、怕对方拒绝等种种原因而含糊其辞，不说出真正想法；有的人打电话时以为对方能明白自己的意思，因此在通话时不说清自己的目的和要求。这样做的直接结果就是对方不知道你到底想说什么。如果对方没有深入体会你的话语，就有可能误解你是闲来无事聊天；如果对方想帮你，却又怕直接询问伤害你，你不说清楚目的就会误解对方。

温馨提示：

☐ 打电话时应该开门见山地简短说明目的和要求。

☐ 打电话时不要闲扯。

☐ 打电话提出目的和要求时用语不要模糊、模棱两可。

接通电话后要问对方是否方便

接通电话后不问对方是否方便就自顾讲话，必然会造成"不方便"。

张三正在开会，你接通电话后不问对方是否方便就开始聊天，对方即使想回应你，也无法应答自如；王五正在上课，你接通电话后不问对方是否方便，对方就会耽误学生的时间，造成"教学事故"；对方是个正在准备为病人做手术的医生，你接通电话后不问是否方便，对方就容易分心，影响工作状态；对方正在接待客人，你不问对方是否方便，对方就不能很好地待客。

别人接你的电话表示他尊重你，但你接通电话后不问对方是否方便就是对别人的不敬。打电话应该懂得为对方着想，这样于人于己才都方便。

温馨提示：

☐ 接通电话后首先应该问对方是否方便接听。

☐ 接通电话后如果感觉对方说话不便，应主动表示理解。

☐ 如果对方不便接听，应另约时间通话，及时向对方说"再见"。

请对方回电时要留下可靠的联系电话

请对方回电话，却不留下方便对方找到你的电话号码，导致联系失败是很常见的。

要找的人不在，给代接电话的人说："让他打我家里电话吧！"对方一定会为这句话摸不着头脑。请对方回电话却不留下可靠的联系电话，你的电话就是无效的。如果你和受话人不太熟悉，或者你身在外地，使用的又是公用电话，接电话的人会为确定你的身份而大费周折，为找寻你的电话号码而干着急。

不要以为任何人都清楚地记得你所有的联系电话，如果请对方回电话，务必要留下可靠的联系电话。

温馨提示：

☐ 请对方回电应告知对方自己的电话号码和姓名、单位等有效信息。

☐ 请对方回电话应告知对方自己方便接听的时间。

☐ 请对方回电话应该告知对方有效期限。

不可责骂打错电话的人

谁都可能打错电话。如果你不小心拨错了号码，电话另一头传来暴风疾雨似的责骂，你肯定会觉得非常委屈、非常生气。责骂打错电话的人不是礼貌的做法。

责骂打错电话的人，会给对方留下很糟糕的印象。如果你负责的是企业的总机或部门的分电话，对方知道来历后会对你所在的企业或部门产生恶劣印象。

温馨提示：

☐ 别人打错电话，简明地告诉对方他打错了即可。

☐ 如果对方只是打错了部门，你应该告诉对方要找的部门正确的电话号码。

☐ 如果对方纠缠不休，你应该报上自己的单位和姓名，让对方明白自己打错了。

错过电话后要及时回拨

错过电话不及时回拨，错过重要信息的同时往往也错过了对方的热情和坦诚，甚至错过机会。

新闻记者错过电话，也许会错过重要线索；医生错过电话，也许会危害误病人的生命；演员错过电话，也许会错过重要角色。在工作岗位上错过电话，就是失职；在私人交往中错过电话，就是逃避。错过电话而不及时回拨，一定就会错过更多信息。

温馨提示：

☐ 别人打电话没有找到自己，得知消息后一定要回拨给对方。

☐ 如果别人传达给自己速回电话的消息，一定要按时回电。

☐ 如果不能及时回电给对方，一定要在回电时首先向对方道歉。

不可贸然替别人接电话

贸然替别人接电话不会被人认为是"热心肠"，反倒会给受话人添乱。

甲约好在几点等恋人的电话，你贸然替甲接电话，来电者会认为甲故意不接电话，同时会怀疑你刺探隐私。如果你是甲的异性朋友，来电者可能会因为你接电话而产生误会、与甲吵翻。如果来电者谈的是工作上的问题，你贸然替别人接电话，非但解决不了问题，还可能让来电者认为电话主人不负责任。如果来电者的电话内容涉及机密，电话主人更会因为你的贸然代接而苦不堪言。

温馨提示：

☐ 如果自己和电话主人关系一般，不要贸然替对方接电话。

☐ 未经电话主人首肯，不要贸然替对方接电话。

☐ 如果电话响个不停，应该征求电话主人的意见。

不可随便请别人代接电话

随便请别人代接电话不礼貌。

如果来电者的目的是追究责任，请别人代接电话会有逃避责任之嫌；如果来电者的目的是为了邀请，请别人代接电话有摆架子之嫌；如果来电者的目的是商讨问题，请别人代接电话会有敷衍、推托之嫌；如果别人打电话的目的是试探，请别人代接电话就有拒绝之嫌。我们不一定事先知道来电者的身份和目的，但随便请人代接电话首先就是不重视来电者的表现。随便请别人代接电话还会让重要电话失效，会让打电话的人心生疑虑。

温馨提示：

☐ 自己和别人约好的电话不应让其他人代接。

☐ 不得已需要请他人代接电话时，应该告诉代接电话的人向打电话的人说什么。
☐ 如果自己有时间接电话，一定不要让别人代接电话。

不可将电话到处转接

电话到处转接难免会耽误事情。

如果一个顾客初次给某个企业打咨询电话，接电话者先将电话转到一个部门，那个部门紧接着又将电话转接到另一个部门，估计不等电话转接到所需部门，顾客就将电话挂掉了。将电话到处转接，对方会认为接电话的人素质较低、不负责任，进而认为接电话者所在的部门或单位管理有问题，甚至不相信企业的产品质量。如果私人电话到处转接，对方就会认为是受话人在故意躲避自己。

温馨提示：

☐ 尽量不要让电话层层转接。
☐ 如果是找人的电话，简单告诉对方要找的人暂时不在，然后请他另找时间打即可。
☐ 如果一个人能够应付的电话，不应再转至其他部门或其他人。

接电话要复述要点

接电话不应该遗漏重复要点这个环节。

医院急救室接电话时不重复要点，病人的地址、病情等关键信息就可能遗漏或记错，从而延误病人的救治；贸易公司接电话时不重复要点，客户要求的产品数量、型号等信息就可能模糊，从而导致错误；私人交往时接电话不重复要点，对方的要求、意见等信息就可能有偏差，从而引起误解。

接电话不重复要点，从一个侧面显示出接电话者不负责任、考虑事情不周全的弱点，在来电者看来也是不关心、不尊重人的表现。

温馨提示：

☐ 接电话时，一定要将双方对话的要点重复一遍。
☐ 对于地点、时间、人名、数字等信息，务必要重点重复、核实。
☐ 重复的要点必须要齐全、准确。

代接电话要做记录并及时转告

代接电话时不做记录、不及时转告，是很令人生气的做法。

代接电话时，无论来电者事大事小，不做记录就可能无法准确传达来电者的意图，不及时转告就会使来电者的电话失效。如果来电者的电话很紧急，并且不可能再打来，代接电话者不做记录、不及时转告，就可能给来电者造成不可弥补的遗憾。即使来电者身份低微、事情微小，代接电话者替其做好来电记录、及时转告也是起码的礼貌。

温馨提示：

☐ 代接电话时一定要做详细记录。
☐ 代接电话后一定要根据电话的轻重缓急及时告诉来电者要找的人。
☐ 转告别人消息时一定不要有遗漏和记错的地方。

接电话时未经同意不得透露同事个人情况

接电话时未经同意就透露同事的个人情况是不对的。

自作主张地向来电者透露同事的手机号码、家庭住址、去向等个人情况，就是对同事隐私的不尊重、对同事个人安全的不尊重。这样做有可能给同事的工作和生活带来意外的麻烦，使同事遭人误解，也使你招惹麻烦。如果同事的去向需要保密，而来电者是恶意纠缠，毫无保留地向来电者透露同事个人情况就是对同事的伤害。

温馨提示：

☐ 接电话时应确定来电者的身份和目的。
☐ 如果对方询问同事去向或个人资料，应该委婉地回绝。
☐ 回绝来电者时态度一定要礼貌，不可生硬。

替来电者叫人时要懂礼貌

来电者是同事的男朋友，你当着满屋子的人捏着嗓子大声叫受话者："丽丽，你亲爱的找你！"同事一定会觉得你很可恶；对方是同学的爷爷，你接电话一听是个老年男性的声音，立刻大叫："某某，一个老头子找你！"同学一定会感到气愤。替来电者叫人时不懂礼貌，对来电者和受话者都是侮辱。

替来电者叫人时，务必要尊重来电者和受话者。

温馨提示：

☐ 替来电者叫人时，不得使用蔑视别人的词语胡乱称呼来电者。
☐ 替来电者叫人时，应该事先礼貌地告诉来电者。
☐ 等待被叫的人到来时，可将电话暂时搁置一边，在此期间不应议论来电者与被叫者之间的关系。

重复来电者姓名时要用语得体

重复来电者姓名时用语不当是很多人都犯过也很容易犯的错误。

来电者叫小光，你重复对方名字时说"小孩的小，光秃秃的光"，不如说"大小的小，光彩的光、阳光的光"更能让对方接受；来电者叫毛云，你重复对方姓名时说"毛血旺的毛、毛病的毛，乌云的云"，不如说"毛宁的毛，白云的云"更显得尊重对方。每个人都很重视自己的名字，重复来电者姓名时用语不当就是对对方的亵渎和轻蔑。无论对方与你关系如何、来历如何，乱用词语都会让对方感到不快。遇到特别在乎的人，也许一场争吵就不可避免了。

温馨提示：

☐ 重复来电者姓名时应该使用褒义词。
☐ 重复来电者姓名时应该使用常见、常用的词语。
☐ 重复来电者姓名时要使用简洁、没有歧义的词语。

几个电话同时响起时要分主次

现在很多单位都有多部电话同时使用，固定电话都有来电显示功能，手机更是如此，因此人们可以方便地知道哪个电话更重要。但总有人接电话时不分主次，这是错误的。

领导和下属同时来电，显然是领导的电话更重要；预约的电话和陌生电话同时响起，显然是预约的电话更重要；上班时间，公务电话和朋友的私人电话同时响起，显然是公务电话更重要；急救电话和咨询电话同时响起，显然是急救电话更为重要。接同时响起的电话时不分主次，轻则惹对方埋怨，重则误事。

温馨提示：

☐ 不知道来电者的身份时应该就近接

电话。

- □ 几个电话同时响起时可以根据来电号码判断轻重缓急。
- □ 不知道哪个电话重要时可以依次接起电话，问明缘由后先处理最重要的电话。

不可同时应答两个或两个以上的电话

同时应答两个或两个以上的电话，听起来这样的人效率很高，对每个来电者都同等对待，其实这么做是不对的。

同时接两个甚至比两个更多的电话，会造成每个电话都无法一次性顺利应答的结果。由于接电话的人必须不停在几个电话之间来回转换，容易使接电话者记忆出错，此外还可能使不同的来电者听到不同电话之间的只言片语，有可能造成泄密。

温馨提示：

- □ 一次只能接一个电话。
- □ 接电话期间其他电话响起时，可以请对方稍等后，接起电话告知后来的来电者稍后再联系。
- □ 几个电话同时响起时可以请别人代接。

让对方持机等候时要说明所需时间

让对方持机等候时不说明所需时间，会很让对方着急、反感。

需要让对方持机等候时，如果先告诉对方需要等多久，对方心情会平静一些，反之对方会以为自己被遗忘了。事先告诉对方需要等待的时间，对方就可以根据自己的情况适当处理一下别的事情，不至于干等、浪费时间。

让对方持机等候时告诉对方需要等多久，是体贴对方的表现。

温馨提示：

- □ 需要对方等待时间很短时，应该事先告诉对方"请稍等片刻""请稍等一分钟"等。
- □ 请对方等待过程中，应不时拿起电话提示对方。
- □ 如果需要对方等较长时间，应该礼貌地向对方道歉并另约时间接听，或回拨电话。

接电话时不可以"喂，喂"或者"你找谁呀"作为开头语

接电话时用"喂，喂"或者"你找谁呀"作为开头语绝对是错误的。

首先，接电话时用以上语言作为见面礼是对来电者的轻视，说明对方在你心目中不值得好好对待；其次，接电话时用以上语言开头，会给对方留下恶劣印象，甚至从对个人的不良印象扩大到对集体的不良印象；最后，接电话时使用不当的"见面礼"，会让接电话者不自觉地养成不礼貌的习惯以及不守规矩的陋习，更不要说树立榜样形象和发挥职能了。

温馨提示：

- □ 接公务电话时，应首先报上单位名称、部门名称。
- □ 如果接的是私人电话，应首先报上自己的姓名。
- □ 询问对方身份和目的时，应该礼貌地使用"您好""请问"等字眼。

在电话中不要谈一些别人不想听的无聊话

在电话中谈别人不想听的无聊话是错误的。

打长途电话时，谈完正事后絮絮

叨叨地谈自己家的猫长得怎么样，而对方对猫毫无兴趣，对方手机又不是免费接听，这样做会让对方很恼火；值班时闲着没事，用办公室的电话找熟人聊天，有一搭没一搭地向对方谈论白天办公室发生的趣事，而对方对你身边别人的事情不感兴趣，这样做会让对方觉得很烦躁。

温馨提示：

□ 在电话中不要无休止地谈论家长里短，使用公务电话时更是如此。
□ 不要在电话中不断开玩笑。
□ 不要在电话中大谈街头巷尾的小道消息和无聊信息。

通话中要注意自己的表情举止

通话过程中，不注意自己的表情举止，就像当面谈话时不注意自己的仪态一样，会令人讨厌。

阴沉着脸说话，从话筒中传出的声音就会生硬冰冷，令听者不快；弯腰弓背地说话，话筒中传出的声音就会底气不足、慵懒无力，令听者怀疑对方的信心和态度；坐立不安地说话，从话筒传出的声音就会时高时低、容易颤抖，让听者怀疑对方的诚实和心理状态。

温馨提示：

□ 通话时应保持站立姿态。
□ 通话中应保持微笑的表情。
□ 通话过程中应避免趴着、歪斜着、低头等动作。

通话中要注意说话方式

通话时不注意说话方式，很容易影响通话效果。

与领导通话时大大咧咧，就算你电话里的内容很重要、很关键，也无法改变你留给领导"办事不牢靠"的印象；和急性子的人通话时吞吞吐吐，对方耐心听完你啰唆后，必定已经火冒三丈，因为你已经给对方留下了效率低下的印象；和异性下属通话时不停地开玩笑，对方听你说话的同时，一定在心里悄悄打鼓，因为你已经给对方留下了轻浮的印象。通过电话告诉别人不幸消息时劈头就说，对方一定会被突如其来的打击搞得精神压抑。

温馨提示：

□ 通话时要考虑对方的身份和说话习惯。
□ 通话时要考虑对方的年龄和性别。
□ 通话时要考虑自己和对方的关系以及通话目的。

通话中要注意控制音量

通话中不注意控制音量的做法是行不通的。

在集体办公室里接打电话时音量过大，会影响同事们工作，也让对方听起来觉得"聒噪"；在较为安静的场所接打电话时声音过大，会被周围的人视为"怪物"，有扰民之嫌；谈论私密话题时声音过大，会让周围的人感到尴尬，对自己的形象不利，对保护自己的隐私不利。同样道理，通话时声音太小，对方与你沟通就会困难，并怀疑你"心虚"、说假话。

温馨提示：

□ 通话过程中音量应以对方能听清楚而不至于吵到周围的人为宜。
□ 通话过程中不要突然放大音量，也不要突然压低声音。
□ 通话时应注意自己的嘴与话筒的距离。

通话要控制时间

本来一分钟可以说完的话，絮絮叨叨半个多小时；本来需要详细谈论、解释的事情，你几句话就打发了对方。这都是错误的。

商谈公事时通话过于啰唆，给人一种不务正业和效率低下的印象；沟通私事时通话时间过长，给人一种无聊透顶的印象。如果通话时间太长，必定耽误其他人使用电话；如果通话时间太短，该说清楚的问题说不清楚，给别人以不负责任的印象，而且使人心情郁闷。

温馨提示：

☐ 商务电话通话时间一般应控制在3分钟以内。

☐ 通话时应该尽量长话短说。

☐ 通话时应避免谈论与通话目的无关的事情。

在通话中不可对着话筒打哈欠，或是吃东西

有的人边与别人通电话边打哈欠，或者吃东西，自己觉得这都是"小节"，无关紧要，其实这些并非"小节"。

接公务或商务电话时打哈欠、吃东西，对方必定会对你和你所在单位的人员素质产生怀疑；给结交不久的朋友打电话时打哈欠、吃东西，对方会觉得你不真诚；与亲人、朋友通电话时打哈欠、吃东西，对方会觉得你闲着无聊拿对方打发时间，同样无法感觉到你的尊重。

通话过程中做与通话无关的事情是心不在焉的表现。

温馨提示：

☐ 通话过程中，如果难以控制打哈欠，应避免让对方听到。

☐ 通话过程中，即使对方与自己关系密切，也不要边吃东西边说话。

☐ 通话过程中，应避免用手捂着嘴说话。

不可边接电话边和别人聊天

边接电话边和别人聊天是错误的。

接电话与当面与人交谈一样，都是需要礼节的，如果不专心对待，就会难以准确明白对方的意图。当别人准备在电话里与你商谈重要事情时，你边接电话边和其他人聊天，一方面会让对方感到受冷落和轻视，另一方面会让你因为无法集中精力接听电话而漏掉重要内容。有些人边接电话边做别的事情，如翻书、看电视、做饭等，自认为这样做提高效率，其实这样往往使任何一件事情都做不好。单从礼仪角度来讲，这是对来电者的不敬。

除了做电话记录可行，边接电话边聊天或者做其他事情都是不应该的。

温馨提示：

☐ 接电话的时候要精力集中，专心处理这个电话。

☐ 如果有必要和自己身边的人说话，应该按保留键以免电话另一端的人听到。

☐ 接听电话时态度要端正。

处理抱怨电话时要认真对待

作为受话人，不能因为对方的电话内容是抱怨就不认真对待。

如果对方打的是投诉电话，不认真对待的话，对方的抱怨会更为严重；如果对方是亲朋好友，不认真对待的话，对方会认为你不重视他和他的感受，容易引发彼此间的矛盾。无论打电话的人身份如何，不认真对待其抱

怨，都是不礼貌、不耐烦、不真诚的表现。

温馨提示：

☐ 对于抱怨电话，首先要认真听取对方的话语。

☐ 接电话者应该礼貌地针对对方抱怨的内容和原因进行分析并做出对策。

☐ 对于需要处理的问题妥善解决后，应该再找合适的时间向抱怨者进行回复。

结束通话时，不可抢先放下电话

通话结束抢先放下电话是不敬的做法。

通话结束抢先放电话会让对方疑心你不愿与其通话，或有事相瞒；如果对方还想补充什么或者想强调什么，抢先放下电话就会让对方失望；如果对方之前与你有过不愉快，抢先放下电话会让对方认为你心胸狭窄，尚在"记仇"；如果对方有事相求，抢先放下电话是拒绝的表现；如果对方身份较高，抢先放下电话是蔑视的表现；如果对方是不熟悉的人，抢先放下电话是不屑一顾的表现。

温馨提示：

☐ 结束通话时，应请对方先挂电话。

☐ 如果你的身份或你所代表的单位级别高于对方，对方请你先挂电话时应该轻轻地挂电话。

☐ 通话结束放电话时应待对方挂上电话后自己再挂电话。

不宜在会客时长时间接打电话

会客期间长时间接打电话是不能使人容忍的。

你约好一个许久未见的朋友来家中做客，对方到来后，你一会儿接电话，一会儿拨电话，把对方晾在一边。这样做一方面会让对方认为你故作姿态，显示自己交际范围广、受人欢迎、事务繁忙；另一方面会让对方认为你不是真心相待，有被欺骗的感觉。再者，你会让对方认为你用这种方式暗示"电话那头的人比你重要得多"。

温馨提示：

☐ 有重要电话需要接打时，应该礼貌地向客人说明。

☐ 接打电话时，应该请客人稍候并避开客人。

☐ 会客期间不应该接打电话，或接打电话时简短解决。

用简洁的话语设置录音电话的提示音

当你不方便接听电话而又不想错过重要电话时，可以使用录音电话的留言功能，使来电者在录音电话上留言。但是如果你的留言提示语太烦琐，就不会起到积极作用了。

录音电话的提示语言太烦琐，别人可能没有耐心听完就放下电话走了，更不必说为你留言；录音电话的提示语言太烦琐，别人会认为你的录音电话装饰作用大于实用，会不屑于为你留言；录音电话的提示语言太烦琐，会损害集体的形象，让来电者认为企业机构庞杂、不正规、办事效率低。

录音电话的提示语言太烦琐，不仅容易让录音电话的留言功能形同虚设，还会让别人有被愚弄之感。

温馨提示：

☐ 录音留言应该言简意赅,避免讲废话。

☐ 不要使用古怪的声音设置录音提示。

☐ 正式留言前面不要加笑话和太长的

音乐。

接电话的一方不宜提出中止通话的要求

接电话时主动提出中止通话是不对的。

如果对方是长辈或上级，接电话的一方主动要求中止通话，会给对方以不受尊重的感觉；如果对方是晚辈或下属，接电话者提出中断通话，对方会有受挫感。如果对方尚未说完想说的话，主动提出中断通话会让对方觉得犹如骨鲠在喉。

温馨提示：

☐ 接听电话时一定要仔细听对方讲话并听对方讲完。

☐ 接电话时应及时对对方做出回应。

☐ 如果对方说话太啰唆或无聊，可以以适当的理由礼貌地提醒对方"时间不短了"。

不可突然挂电话

突然挂电话会让人丈二和尚摸不着头脑，莫名其妙之余感到生气。

别人找你倾诉苦恼，你突然挂断电话，对方会认为你厌烦而更为苦恼；下属找你汇报工作，你突然挂断电话，对方会认为你不满意而心存疑虑；别人向你咨询问题，你突然挂断电话，对方会认为你没有耐心或能力欠缺而失望。突然挂断电话让人觉得突兀而无法适应，对方会认为你使性子、乖戾而不通人情。

即使自己有再紧急的事情也不应该突然挂断电话。

温馨提示：

☐ 如果因为线路问题导致电话突然断掉，应该及时向对方道歉。

☐ 挂电话前应该保证和对方沟通完毕并且已经说"再见"。

☐ 挂电话时要注意动作幅度，不要让对方觉得太突然。

第十二章　书信礼仪

给别人写信字迹要工整清晰

给别人写信字迹潦草马虎是不礼貌的表现。

给亲近的人写信不注意字迹和措辞用语，是敷衍的表现；给上级写信字迹潦草、书写马虎，是工作不认真的表现；给下级写信字迹潦草，是不能以身作则的表现。私人信件不认真书写，说明自己做事拖泥带水、邋遢随便；写公务信件字迹杂乱，说明自己办事不妥当、不负责，所在单位管理不到位。任何人收到需要费力才能看清的信都会不高兴。

<u>温馨提示：</u>

☐ 写信时应该保证字迹工整、清楚。
☐ 写信时不要在同一封信上使用两种字体、两种信纸或两种颜色的油墨。
☐ 写信时尽量不要涂改。

写信要注意格式

因为电话、传真机和电子邮件的普及，越来越多的人不注意写信的格式，如不写称呼、乱写落款、不分段等，这是不应该的。

写私人信件，如果对方是你的亲人或好友，也许不在乎有没有格式、合不合格式，但若对方是初次与你交往，收到格式乱七八糟的信，心里一定会不乐意。如果你通过信件来联系供应商、投资对象、合作伙伴等，或者向上级单位或下级单位发公务文件，不注意书写格式就会阻碍工作的进展，你也会被别人认为是工作不负责、待人不真诚的人。

<u>温馨提示：</u>

☐ 一封完整的信应该包括称呼、问候语、正文、结尾、落款和日期。
☐ 书信的称呼要顶格写在第1行。
☐ 书信的问候语要根据收信人的身份以及与自己的关系来写，最后的结语也是如此。

写信要长短适宜

有的人写家信，短短几句，好像发电报；有的人写公文，长篇大论，且只写一件小事。这些做法真让人哭笑不得。

信件不是电报，不必惜字如金；信件也不是长篇小说，不必连篇累牍。信写得太短让人觉得写信人在感情和笔墨上都太吝啬；写得太长则让人感觉写信人婆婆妈妈，办事不利索，总结能力太差。

温馨提示：

☐ 写信时应该根据内容定字数，最少也不应低于二三百字。

☐ 写信时应本着长话短说的原则，不要使用重复啰唆的话语，尽量不在同一封信中同时说好几件事。

☐ 不要把文字写到信纸的最顶端和最下端，要给信纸留出"天"和"地"。

给不熟悉的人写信不可太亲密

给不熟悉的人写亲密信件是违反礼仪常识的做法。

刚认识一位异性没几天，就写言辞暧昧的信给他，对方一定会感到很不适应，甚至觉得你太过"奔放"。领导给下属写信使用昵称称呼对方，下属不会感到受宠若惊，反而会感到"大难临头"。为了请别人帮忙而在信中落款"你的某某"，对方一定会感到牙都快被酸掉了。

给不熟悉的人写亲密信件，非但无法表达对别人的尊重，反而会让别人觉得自己不受尊重，并且因为引起对方误会，原本存在的联系也可能中断。

温馨提示：

☐ 给不熟悉的人写信，不要使用亲密的称呼。

☐ 给业务、公务关系的异性写信，不要在信中使用暧昧的话语。

☐ 给一般关系的朋友写信，不要将自己的昵称或爱称作为落款。

不可将私人信件公之于众

失恋后将过去恋人的情书公开；与某人闹矛盾后将其写给自己的倾诉秘密或痛苦的信件曝光；无意中发现借来的书里夹着主人的信件，自作主张地传阅给别人看……这样的行为令人深恶痛绝。

如果你是收信人，这样做是对写信者权利的侵犯；如果你是写信人，这样做是对收信人的伤害。如果你无意中发现别人的私人信件而将其公开，是对写信人与收信人双方的侮辱；如果你故意找别人的私人信件并将其公开，你的行为已经超越礼仪而涉嫌犯罪。

温馨提示：

☐ 对待自己写的信和自己收藏的私人信件，应同等尊重和爱护。

☐ 不要以公开私人信件的方式报复别人。

☐ 未经写信人与收信人双方同意，不要将自己保管的他人的私人信件公开。

收到信后要及时回复

收到信后不回复是不可原谅的错误。

如果对方的信件内容紧急且重要，不回信就会耽误事情甚至让你永远无法弥补；如果对方与你关系密切，不回信会使对方盲目等待、徒增烦恼；如果对方与你关系一般，不回信就使对方认为你不肯与之交往；如果对方是亲人，不回信就会使对方担心你的状况，增加其心理负担；如果是公务、商务信件，不回信就可能导致信誉危机或被别人认为没有效率、没有规范。

温馨提示：

☐ 收到信后应根据信的内容进行回复。
☐ 如果信件很重要，应采用电话等形式进行回复。
☐ 回复信件要及时。

不可用传真机发感谢信和邀请函

　　传真机是不能滥用的。

　　用传真机发感谢信和邀请函，会使这些表达感谢和邀请的信件显得不够正式和庄重，更无法体现对感谢对象和邀请对象的重视和尊重；用传真机发的感谢信和邀请函无法保证纸张的质地和内文的清晰、美观，很容易出现污渍和字迹模糊的情况，这也是对感谢对象和邀请对象的侮辱。

　　用传真机发送私人信件和秘密文件也是不允许的。

温馨提示：

☐ 感谢信和邀请函应该用亲自送达或邮寄的方式送至感谢对象。
☐ 写感谢信和邀请函要注意格式的规范和语言得体。
☐ 写感谢信和邀请函不要使用空话、套话。

不可用普通信纸和信封写商务信件

　　不要用普通信纸和信封写商务信件。

　　用普通信纸和信封写商务信件会降低你所在单位的档次和可信度，也会降低信中所述事件和内容的重要程度。用普通信纸和信封写商务信件，说明写信人对收信人不尊重、不重视、不礼貌、不真诚。收信人会觉得你所在的单位不正规、实力不足，甚至怀疑发信人有欺骗的动机。如果用普通信纸和信封商谈重要合作事宜，成功的可能性很小。

温馨提示：

☐ 写商务信件应使用专用的商务用笺和信封。
☐ 写商务、公务信件的信纸和信封质量应上乘，没有瑕疵。
☐ 写商务、公务信件时字迹一定要清晰，语言和格式要规范。

不可用公务信纸和信封写私人信件

　　用公务信纸和信封写私人信件是不允许的。

　　用公务信纸和信封写私人信件，会让收信人有种公事公办的感觉，对方还会觉得你装腔作势，不利于私人情感的交流。用公务信纸和信封写私人信件是对单位的不敬和资源的滥用和浪费，说明你爱占小便宜。如果被领导知道，你的人品在他心目中必定大打折扣。如果你用公务信纸和信封写求职信，相信没有哪个单位愿意接收这样无视公司利益的新员工。

温馨提示：

☐ 不应滥用公务、商务的信纸和信封。
☐ 不应假借单位名义写私人信件。
☐ 写私人信件时，信纸不应折叠得过于复杂，信封应使用标准信封。

邀请函中要写明聚会的细节

　　邀请函最需要注意的要点是包含客人所需要了解的所有派对信息。通常必须包括以下内容：

　　派对的具体时间、日期和大体持续的时间。

　　派对的地点。

参加聚会的对象和具体日期，回复对象和截止日期。

需要携带的物品，比如家常菜。

服饰的要求，比如举行服装派对……

温馨提示：

☐ 如果选择正式手写邀请函邮寄的方式，可以提供一些回复邀请函的灵活选择。

☐ 可以通过电话或者邮件回复邀请。

聚会前要提前给朋友发送邀请函

尽可能早地给朋友寄送派对邀请函，最理想的时间是在聚会的前3~6个星期。这样邮政系统有足够的时间来递送邀请函，确保客人能够收到，同时客人也有足够的时间来回复邀请函。

温馨提示：

☐ 在临到聚会前才向朋友发出邀请函是极不礼貌的做法，会让他觉得你是临时找他去凑个数。

☐ 发送邀请函的时间也不能太早，以免对方遗忘。

不要遗漏应该邀请的人

礼貌的主人所做的最糟糕的事情就是将一些人排除在派对之外，特别是一些能够获知派对信息的人。因此如果心有顾虑，并且邀请了他们交际范围内的人，那么让邻居或者自己所在活动组的女士们一起参加派对。设身处地地想想，如果你所在的街道或者社区的人都被邀请参加派对，而你没有，他们会有什么样的感受。己所不欲，勿施于人，不要将某些人排除在外。

温馨提示：

☐ 发送完邀请函后再仔细检查一遍，看是否遗漏了一些人。

☐ 不可故意将某些人排除在邀请之外。

第十三章　拜访礼仪

上门拜访前先预约

贸然上门拜访是不符合礼仪之举，如果你有事相求或商量，则失望的可能性会加大。

因为公务性或商务性事务上别人的办公地点贸然拜访，对方可能正在处理事务而无暇顾及，如果对方已经出差，你连向对方打个招呼的机会都没有。如果是拜访私人而贸然上门，对方可能在招待客人、举办小型聚会、休息，甚至有可能在和家人吵架，你的到来必定会让对方不知所措。贸然上门拜访，对拜访者来说会让主人感到突兀、为难，对接待者来说会导致行为仓促而难以让来客达到满意。

<u>温馨提示：</u>

☐ 上门拜访前应该和主人预约。
☐ 上门拜访时应该征得主人的同意。
☐ 上门拜访时应保证不打扰主人的正常工作和生活。

不可单独夜访异性朋友

单独夜访异性朋友引起别人的猜疑和误解自然是难免的。

无论是让异性朋友误解，让异性朋友的伴侣或家人误解，还是让异性朋友周围的熟人、陌生人误解，都是不应该的。好心拜访别人，反倒让对方背负名誉上的负面影响，给对方心里"添堵"，这能说是符合礼仪的做法吗？

<u>温馨提示：</u>

☐ 拜访异性朋友时最好与别人做伴。
☐ 拜访异性朋友应该在白天。
☐ 拜访异性朋友时在对方处不应逗留太长时间。

登门拜访前要明确目的

登门拜访前不明确目的，就容易使拜访流于形式，失去效用。

路过熟人的家，登门拜访说"没事，随便看看"，对方会多少有点莫名其妙。因为没有目的，对方摸不着头脑，招待你的同时始终会猜测你的真实想法和要求，导致"心累"。如果你和主人有过节儿，上门却不说目的，对方一定会猜疑。

登门拜访前不明确目的会导致交谈不顺畅，交往不顺利。上门拜访本身就是一种打扰，如果没有目的，则既浪费时间，又浪费精力，当然不能说符合礼仪。

温馨提示：

☐ 登门拜访前应有一个明确的理由。
☐ 登门拜访时应向主人说明原因。
☐ 登门拜访时不要不着边际地乱侃。

约定聚会要考虑对方是否方便

你准备发起一场老友聚会，确定了不妨碍自己工作、有闲暇、精力充足的时间，然后挨个和朋友们联系，要求他们在你定的日子里参加聚会。其结果会很难让你满意。

约定聚会不考虑对方是否方便，对方则无法兼顾自己的事情和聚会的事情，同时还会认为你自私、强硬、自以为是。虽然请对方参加聚会是好心，却让对方为难。不为对方考虑，显然是不礼貌的。

温馨提示：

☐ 约定聚会前应询问对方是否方便。
☐ 约定聚会时应该给对方提供方便。
☐ 不要强迫别人答应你的约会或参加你组织的聚会。

不宜利用星期天、节假日拜访朋友

利用星期天、节假日拜访朋友不合适。

大家平时都没有时间，朋友平时必然也是忙于工作，无暇与亲人共享天伦之乐，很多人就等着星期天和节假日与家人团聚，与恋人约会，或者旅游、购物等。如果你单方面地认为对方一定有时间与你相聚，那真是有些强人所难了。当然，如果大家很要好，又彼此希望在节假日见面，就无可厚非了。

温馨提示：

☐ 拜访朋友应该尽量避开节假日。
☐ 拜访朋友时不宜带太多人。
☐ 必须在节假日拜访朋友的，事先应预约并请对方谅解。

预约拜访要提前确认

预约了别人在某某天前去拜访，拜访前却不确认，这样做不礼貌。

约定好的事情，对方可能会因为事务繁忙或记性不好而忘记，或者因为临时有事而需要做出其他安排。如果拜访前不确认一下，就可能导致拜访时找不到人、对方没有时间等结果。既然是你主动约别人，就应该对约定更加负责。有的重要约会，如果不由预约者提前确认一下，对方就会疑心预约者已经忘记或另有安排，或者根本就不是真心相约。预约了对方却不在拜访前通过确认让对方放心，显然是不礼貌的。

温馨提示：

☐ 预约拜访前应提前一天或两三天联系约会对象以确认时间。
☐ 预约拜访前应先询问对方是否另有安排。
☐ 预约拜访前应提醒对方，免得对方忘记而失约。

到朋友家做客不宜带小孩同行

到朋友家做客带小孩同行并不礼貌。

如果你的孩子很小，必然需要时

时悉心照顾。带孩子上门，吃喝拉撒都在朋友家，不但不雅观，还会制造令人不舒服的气味和噪音，想必给朋友带来的麻烦会多过乐趣。如果你的孩子特别闹，到朋友家后疯起来，难免会打破东西、索要朋友家新奇的物品、撒娇哭闹，这样大人自然就无法正常交谈，更不要谈开心和乐趣了。

到朋友家做客，除非朋友强烈要求，否则不要带小孩。

温馨提示：

☐ 拜访朋友时尽量不要带太小的孩子。
☐ 带小孩到朋友家做客时，应该保证孩子不过分哭闹。
☐ 带小孩拜访朋友时，不要让小孩破坏朋友家的物品。

切忌带着送给别人的礼物访友

带着送给别人的礼物访友是不合适的。

带着送给别人的礼物访友，如果对方误以为你是带给他的，必然会很高兴地请你放在某个位置或主动上前接过收好。然而当对方误解后，拿也不是，放回去也不是，双方都很尴尬。当对方知道这礼物不是带给他的，多少会有类似的想法："上我家带着给别人的礼物，这不是明摆着让我眼馋、寒碜我吗？"对方可能会认为你是故意以此举来向他表示不满或示威、讽刺。访友本是好意，却无端惹出尴尬，谁也不会觉得这是礼貌。

温馨提示：

☐ 带着送给别人的礼物访友时，应先把礼物寄放在别处。
☐ 不得不带着送给别人的礼物访友时，应先将物品向对方说明。
☐ 带着送给别人的礼物访友时，最好给朋友也准备一份礼物。

敲门时要把握分寸

敲门时不掌握分寸，咚咚乱敲，敲到让人心烦的地步，一定是错误的。

杂乱的敲门声让人感到心烦意乱，同时会觉得敲门的人太嚣张、脾气暴躁。过大的敲门声会影响其他人，影响其正常工作或休息。持续不断的敲门声会让人紧张，感到被催促、被逼迫的压力。即使上门者有要紧事，敲门无所顾忌也会令人厌恶。

温馨提示：

☐ 敲门时声音要轻而有节奏，以对方能听见而又不太响为宜。
☐ 敲门时一次敲两三声即可。
☐ 敲门时间不要太长。

叫门时要把握好声高

大声叫门不是合乎礼仪的举动。

大声叫门是不尊重对方、不爱惜自己形象的表现，也是缺乏教养、不冷静的表现。大声叫门会吵到邻居，对方会因为自己有你这样的熟人感到难为情；大声叫门会扰乱对方的心情，使其徒生烦恼和不快；大声叫门会让别人以为你有什么重大事件，或者与主人"有仇"，容易让别人误解。

温馨提示：

☐ 拜访别人时能敲门的时候就不要叫门。
☐ 叫门时应保证不吵到别人。
☐ 叫门时声音不要太大，以主人能听见为宜。

进门要换鞋

进门不换鞋是不对的。

上门时鞋子会把户外的脏土、杂物带进室内，污染主人精心清扫的地面，还可能带进病菌。进门换鞋是对主人劳动成果的尊重，能使主人的居室保持整洁，也是对主人健康的负责。进门是否换鞋并非原则性问题，但如果主人家有进门换鞋的习惯，作为客人上门不换鞋就是粗俗的表现。进门换鞋这一细节，能体现出客人对"礼仪"二字的理解和尊重，体现出客人有良好的修养。

温馨提示：

☐ 做客时，进门前应询问主人是否需要换鞋。

☐ 换鞋时应根据主人家的习惯将鞋放在指定位置。

☐ 如果鞋子很脏，进门前应先清理鞋底、鞋面。

切忌换鞋时露出脏袜子

换鞋露出脏袜子，真是会让人笑掉大牙。

换鞋时露出脏袜子，等于在向主人宣布"我没洗脚，我不讲卫生"。脏袜子与整洁的环境极不协调，还有可能发出令人尴尬的气味。一个懂得礼仪的人不可能不让自己有一个整洁的形象，而穿脏袜子说明你不重视自己的拜访对象，是对主人的不敬，也是自暴丑陋。

温馨提示：

☐ 做客之前应该保证自己的脚是干净的。

☐ 做客之前应换上干净的袜子。

☐ 做客时不要穿有破洞的袜子。

随身物品要放在恰当的地方

拜访别人时，自作主张地放置自己的随身物品，如把围巾扔在桌上，把皮包和外套扔在沙发上……这种毫不拘谨的方式并不能起到积极作用。

随意放置自己的随身物品，你会在对方眼里变得很放肆；随意放置自己的随身物品，会使主人的居室显得杂乱，这是对主人居室整洁的破坏，显然是不受欢迎的；随意放置随身物品也暗示出你对主人不信任。这种举动显然不能说合乎礼仪。

温馨提示：

☐ 坐下时，随身的皮包应放在自己腿上或座椅上。

☐ 如果随身物品较多，应放在指定位置。

☐ 如果没有人规定或指定位置，随身物品应放在自己方便取用而又不妨碍别人的地方。

要在指定位置停放交通工具

随心所欲地停放交通工具是不合礼仪的。

随处停车可能会违反对方单位的规定，妨碍别人行车走路；停车位置不对，会占用过大空间，给他人停车造成障碍；随便找个地方停车，还可能因为位置偏僻而给偷车贼时机，如果车丢了，接待你的单位或个人必然尴尬。无论是前往外单位考察、开私家车到公共场所游玩，还是骑摩托车、自行车找朋友聊天，任何交通工具和出行理由都不足以说明你有随意停车的权利。

温馨提示：

☐ 交通工具应停放在指定地点。

☐ 停放交通工具时应遵守规章制度或听从主人安排。
☐ 停放交通工具时应将其锁好。

拜访要控制时间

拜访任何人都不应该不控制时间。

拜访好友、拜访自己崇拜的人、拜访亲戚等，兴致上来，一坐大半天，几个小时过去也没有走的意思，即使对方再有谈话的兴致和良好涵养，也会感到疲惫。如果对方与你是初次交往，说不定会被你这种超级热情吓得再也不敢接待你。拜访别人时逗留时间长到让对方厌恶甚至害怕，没有人会觉得这样是礼貌的。

同样，拜访时间太短，见一下，没过5分钟就走，对方会认为你是嫌弃和敷衍，这样也是不合礼仪的。

温馨提示：
☐ 临时性访问应该控制在15分钟左右。
☐ 一般关系的拜访和事务性的拜访时间应控制在半小时以内。
☐ 好友聚会时间最好不要超过两小时。

访友要问候对方家人

访友时不问候对方的家人，其实就是对朋友的不敬。

访友时不问候对方家人，表面上看来，你是目标明确，专找自己要找的人，干脆利落，其实这样反倒让别人误解。别人会想：他是不是看不起我们家人？他是不是很功利？他是不是太害羞了？难道他不知道这是我们家吗？

访友不问候对方家人，即使你对朋友展现出全套合乎标准的礼仪，朋友和他的家人也不会认为你懂礼貌。

温馨提示：
☐ 访友时一定要问候对方的家人。
☐ 问候朋友的家人时应按照辈分依次问好。
☐ 不知道朋友家人长幼辈分时，应向朋友询问或仔细听朋友介绍。

访问要确定交谈主题

访问时不确定交谈主题，看似小事，却让人觉得棘手。

如果因为某件事而访问，交谈时不跟着主题走，事情就难以解决；如果参与交谈的人较多，不确定主题，就容易造成混乱嘈杂，从而影响交谈氛围；如果谈话时间有限，不确定谈话主题，就会浪费时间和精力，造成效率低下；如果交谈者习惯性跑题，不确定主题就抓不住谈话重点。

访问而不确定交谈主题，访问的目的就可能无法实现。平白打扰别人的宝贵时间，这能说符合礼仪吗？

温馨提示：
☐ 拜访别人时，应该有明确的谈话目的和主题。
☐ 拜访别人时，不要东拉西扯、漫无边际地闲谈与主题无关的事情。
☐ 拜访别人时，不要在枝节问题上纠缠不清。

拜访要确定交谈对象

上别人家串门，本来是要找甲，结果和对方家人打个招呼后，竟然与甲的家人聊起来，把甲冷落到一旁。有过这种经历的人恐怕不在少数。

拜访别人却不确定交谈对象，一会让你忘记真正的拜访目的；二会让真正的拜访对象感到奇怪和生气；三会浪费时间，导致拜访无效。拜访不确定交谈对象，会给人以随随便便、不讲原则、意志不坚的印象，没有人愿意和这样的人合作；拜访不确定对象，容易让真正的拜访对象疑心你对他有成见，如果碰巧其他人有事在身，与他们交谈则是为其增添负担。

温馨提示：

☐ 拜访前应该确定自己是去拜访谁。
☐ 如果自己要找的人不在，不要和其他人长时间交谈，以免妨碍对方。
☐ 拜访某人时如果遇到其他人，不要将目标转向他人。

临走时要和主人及其家人一一道别

临走时只和主人道别的人，可以说是礼仪规矩的门外汉。

临走时只和主人打招呼，说明你眼中没有主人的家人。在主人的家人看来，你这种人一定很势利，他们会认为你只对自己用得上的人表示礼貌。只对主人打招呼，并不能让主人感到你对他格外尊重，反而会暗暗对你产生不满。

你拜访的对象是主人，但是忽略他的家人，显然是不懂礼节。

温馨提示：

☐ 做客临走时应向在场的所有人道别。
☐ 参加舞会临走时可以只向主人或熟悉的人告别。
☐ 参加宴会等社交聚会，临走时遇到熟悉的人不要视而不见。

做客不可随便

做客太随便的人惹人讨厌。

在主人家里站没站相，坐没坐相，想说什么就说什么，不管别人心里的感受如何，不管别人的目光和表情如何；吃饭的时候想吃什么就吃什么，狼吞虎咽；主人家的物品，不管什么都能引起他的好奇；主人家的宠物，喜欢就抓住玩弄，不喜欢就冷眼相对，甚至打骂。这都是做客太随便的表现。这样做是对主人的侮辱，任何主人都不会喜欢这样的客人。

温馨提示：

☐ 做客期间不要对主人家居的陈设太好奇。
☐ 做客期间未经允许不要进入主人的卧室和其他虚掩的房间。
☐ 做客期间说话和行为都要注意分寸。

做客不可拘谨

做客太拘谨的人不受欢迎。

做客期间，主人无论说什么，你都唯唯诺诺地应对；主人为你敬茶，你连忙点头哈腰地双手接过，放下时却洒了一桌子水；主人请你吃饭，你小口吃，一碗吃完，却不敢请主人帮忙添饭；和主人对话时，坐得僵直，半天不动一下；主人的家人向你致以问候时，你半天才挤出一个僵硬的笑容，发出一句连自己都听不清楚的话。这么拘谨的客人，再热心的主人也会感到头痛，难以招架。如果你太拘谨，会导致主人不知道怎么办才好，给对方心理造成压力，双方交流也会比较困难。你的拘谨也会让对方从你的外在表现上怀疑你做事、做人都缩手缩脚、胆小怕事。

温馨提示：

☐ 做客时，言行举止应大方自然。
☐ 做客时，不要用胆怯的声音、姿态

和眼神对待主人。
- 做客时，不要太过谦让。

对主人倒水表示感谢并欣然饮用

主人倒水给你，你一点都不喝是不对的。

主人倒水给你，你却一滴不沾，首先是辜负了主人的劳动。你不喝水，主人不会以为你珍惜他倒的水、不舍得喝，而是认为你怕脏、觉得主人不配为你倒水、不屑于喝。主人倒的水你不喝，对方会认为你对他有戒心，或者认为你拘谨、虚伪。主人为你准备的水是自己颇为得意的配制饮料——茶、果汁、汽水等，如果你不喝，主人就无法体会让客人对自己的饮料赞不绝口的那种成就感。

温馨提示：
- 主人亲自为你倒水时，应起立并表示感谢，同时用双手接过。
- 主人倒水给你，不要一直端在手里。
- 主人倒水，多少要喝一点，即使不口渴也应该喝一两口。

不可提出不合理的要求

做客时，不要因为自己是客人，就提出不合理的要求。

你在家时爱蹲在椅子上看书、看电视，但做客时提出这样的要求就有点过分了；你在家时喜欢在米饭里拌上酱油，做客时这样要求，主人大概会认为你暗示对方做的菜还不如酱油好吃，责怪对方招待不周。做客期间，突然接到一个朋友的电话，恰巧朋友就在主人家附近，你提出请主人多准备些饭菜好招待自己的朋友，主人一定会反感，因为你竟然以主人身份自居，要在别人家里请自己的朋友。

虽说招待客人讲究一切以客人为中心，但若客人不知趣地提出不合理的要求，再大度的主人也不会对你有好感。

温馨提示：
- 不要向主人索要主人家没有的饮料或食品。
- 不要向主人索要自己喜欢的物品。
- 不要提出有悖主人习惯的作息方式。

主人做事时应主动帮助

如果你拜访主人时，对方正在忙着做事，如收拾屋子、修理家电等，这时你高跷着二郎腿坐下当看客，袖手旁观，无疑是错误的。

做客时，享受主人的热情招待无可厚非。然而当主人忙得不可开交时，客人还悠闲地看着就是没有"眼力见"了。主人做事时客人袖手旁观，会让主人觉得你把自己抬得过高，做客的目的仅仅是享受，甚至还可能怀疑你会在关键时刻自私地逃跑。

温馨提示：
- 做客逢主人做事时，客人应主动询问是否需要帮助。
- 主人忙不过来时，客人应为其做自己力所能及的事情。
- 主人做事时，客人如果不能帮助对方，则不要使主人分心。

不可强行代主人做饭

强行代主人做饭的人，可谓很不知趣。

首先，到别人家做客，强行代主人做饭是反客为主的表现，等于是抢夺了主人的地位；其次，你毕竟不是主人的家人，对方厨房的格局以及主人的卫生习惯都不太清楚，强行代主人做饭，无疑是表示自己对主人的手艺不放心，同时也暴露出热衷于自我表现的心理。强行代主人做饭，让主人的殷勤待客之情无处可施，徒增尴尬。

温馨提示：

☐ 做客时吃什么饭可以向主人提建议，但是做饭时应该听从主人的安排。

☐ 做饭是主人向客人表示尊重和热情的机会和手段，应该尊重主人的劳动。

☐ 主人做饭时，可以适当帮忙，但不要在旁边指指点点。

不宜请客人下厨"露一手"

请客人下厨"露一手"的做法实在不明智，不是所有的客人都喜欢这样的。

客人如果从来不下厨，请对方做饭炒菜是让他出丑；如果对方不习惯在别人家使用炊具，可能使其难以发挥出正常水平，同样是出丑。请客人下厨，必然要动刀动铲，很可能让客人不小心受伤。客人拜访时，必然是穿了盛装前来，下厨时油盐酱醋齐上阵，沾上污渍或油烟味不说，不小心弄脏衣服或头发，自然就使自己的形象受损了。

温馨提示：

☐ 客人应该是享受者，应保证在做客期间安心接受招待。

☐ 如果客人主动要求下厨，可以请其做一两道菜。

☐ 如果客人手艺不佳或从未下过厨，不要向其提出下厨的建议和要求。

切忌随便进主人的房间

随便进主人的房间，有窥探隐私之嫌。

第一次上门拜访，处处觉得好奇，主人请你在客厅里坐，你偏偏把目光投向对方其他的房间；不等主人答应，你就自作主张地推开对方的卧室进去参观。这样做相当不礼貌。如果主人家其他房间里有人，贸然闯入是对其冒犯；如果主人除客厅之外的房间都未打扫，贸然进入会使主人尴尬；如果主人家藏有贵重或新奇的物品，四处乱闯会让主人担忧。

温馨提示：

☐ 拜访别人或受邀做客到别人家里时，应该尽量在主人指定的房间内活动。

☐ 未经允许，不要窥视主人家的各个房间。

☐ 未经允许，不要动主人家的任何物品，更不要打开对方的橱柜等家具。

不可随意使用主人的卫生间

随意使用主人的卫生间是没有礼貌的行为。

卫生间是主人的"禁地"，不是可以随便使用的。卫生间是洗澡和上厕所的地方，也是最容易聚集病菌的地方。上卫生间，就等于侵犯了主人的私密领地，再遗留下排泄物，显然是不礼貌的。关系一般的人短暂拜访时上卫生间，主人和客人都多少会感到不自在。

不事先征求主人同意，不询问主人有什么注意事项就上卫生间，也是错误的。

温馨提示：

☐ 如果短时间拜访，应避免使用主人的卫生间。

☐ 如果主人家里有两个卫生间，必须使用卫生间时不要使用主卫。

☐ 使用主人卫生间时尽量避免大便和长时间待在里面。

对主人的房间布置表示赞美

有的人喜欢紧凑的布局，就对主人家家具摆放的方式相对松散而指指点点；有的人喜欢艳色的布料，就对主人家颜色素淡的窗帘和床罩表示轻蔑；有的人不喜欢在室内放置花木，就劝主人不该在卧室里摆放兰花和仙人掌。

按照自己的喜好评判主人房间的布置，就是对主人审美水准和花费的心血进行抨击。把自己的意志强加给别人是不礼貌的。

温馨提示：

☐ 参观主人的房间和陈设时不要一言不发。

☐ 不要对主人房间的布置吹毛求疵。

☐ 应对主人房间设计的独特之处进行赞美。

对主人家的宠物或孩子表示喜爱

对主人家的宠物或孩子表示厌恶是很失礼的做法。

宠物是主人家庭的一分子，主人的孩子则是主人的最爱，向宠物和孩子表示厌恶，就是对主人的厌恶。如果你满怀希望地向好朋友展示自己心爱的儿女或宠物时，对方露出嗤之以鼻的神色，想必你心里的难过一定不亚于对方嘲讽你时的感觉。

温馨提示：

☐ 对待主人家的孩子和宠物时要表露出喜爱之情。

☐ 即使害怕宠物，也不要对其表示出害怕和驱赶动作。

☐ 做客时，最好能热情地抱一抱主人的孩子，摸一摸主人家的宠物。

借宿时要讲究卫生

借宿别人家里不同于在自己家里，不能不讲卫生。

借宿期间乱扔自己的鞋子，不洗袜子，不洗澡，把主人家的梳子用得沾满污垢；上完厕所时马桶不冲干净，洗手时甩得到处都是水；吃饭时掉饭粒、掉菜；随处扔垃圾……想必这样大大咧咧的客人，任何人都不会喜欢。

借宿时不讲卫生，既是对主人的不尊重，也是对自己的不尊重，更是把自己变成了主人的负担。不讲卫生的客人，会让主人从他的日常表现怀疑他对待别人的态度甚至他的人品。

温馨提示：

☐ 借宿时应将自己制造的垃圾主动收集放置一处，放在垃圾筐或袋子里。

☐ 借宿时不要将脏水乱倒。

☐ 借宿时不要将主人的被褥及桌椅等陈设弄脏。

借宿时要看主人的作息时间和习惯

借宿时不看主人的作息时间和习惯的客人，主人招待过一次，一定不愿意再招待第二次。

主人习惯早起，你却日上三竿；主人吃过早饭了你还在大睡；主人习惯早睡，你却在夜半时分仍然在看书、看电视；主人习惯天天洗澡，你借宿期间却几乎连脚都不肯洗。这样做能让你感到舒服自在，却会让主人反感。你的行为在主人看来是自私和不满的表现，你这样做也打扰了主人的正常作息。招待客人本来就是额外的负担，而招待我行我素的客人，更是令主人身心都受到打扰的负担。

温馨提示：
☐ 借宿时应尽量跟随主人的作息时间和习惯。
☐ 如果需要晚睡，应征求主人的意见，并保证不打扰到主人。
☐ 不要在主人休息的时间要求对方陪你聊天。

借宿期间出门要打招呼

借宿期间出门不打招呼是不应该的。

借宿别人家里时，出门不打招呼，这种我行我素的做法，是对对方及其家人的不尊重；出门不打招呼会使主人不知道你的去向，担心你的安全，甚至会想：是不是因为我招待不周，把人家气跑了？另外，出门不打招呼会让主人不清楚你何时回来而不方便安排自己的行动。

借宿期间，早晨起床和晚上睡前不打招呼，也是不合礼仪的。

温馨提示：
☐ 借宿时应让主人知道你的行程表。
☐ 借宿时如果出门，一定要告诉主人。
☐ 如果在外需要多待一段时间，应及时告诉主人。

做客时不可频繁看表

做客期间频繁看表绝不是值得欣赏的举动。

做客时频繁看表，第一个原因是你有重要事情要做，暗示主人你必须马上离开；第二个原因是暗示主人对你的招待未能使你满意，或者主人的话题太无聊；第三个原因可能是你的手表是新买的名牌，你需要用这种动作来引起主人的注意。频繁看表会让主人认为自己不招客人喜欢，客人不接受自己的款待，也可能会认为客人太过急躁，不关心别人的感受。

温馨提示：
☐ 做客期间应避免做出看表、跺脚等动作。
☐ 做客期间应保持良好的姿态。
☐ 做客期间应保持从容的态度。

主人送客时要礼让

主人送客时，客人不应该心安理得地接受主人的送行而不做出任何表示。

主人送客人送到很远，客人一句谦让的话都不说，给人的感觉是太傲慢、太无情，也太不识抬举。主人送客时不礼让，会让满怀热情的主人在情感和礼仪上缺少回应，也会给主人留下自私的印象；主人送客时不礼让，会给主人增加负担，送客越远，主人所做的额外付出越多。

主人送客，尤其是客人与主人比较熟悉时，客人千万不能无动于衷。

温馨提示：
☐ 主人送客时应请对方留步。
☐ 主人送客时不要与对方长时间寒暄。
☐ 如果主人站在门口目送客人，客人到转弯处应回头再次向主人挥手道别。

做客后要向主人致谢

做客后不懂得感谢主人的客人不受欢迎。

如果主人特地隆重招待了你一次，告辞时你却一句感谢的话都不说，对方一定会觉得自己的殷勤款待未得到承认。做客后向主人致谢是必需的礼貌，也是体现一个人是否有涵养、有教养、有感恩之心的试金石。

没有人愿意招待一个吃了就走、对主人的热情和辛苦视而不见的冷漠客人。

温馨提示：

☐ 做客后要向主人口头表示感谢。
☐ 如果主人待客很隆重，客人返回后应打电话或写信向主人表示感谢。
☐ 如果有必要，客人应该适时用礼物回谢主人或者回请主人。

喝茶时要细细品味

喝茶时牛饮的人是不配喝茶的。

主人郑重地捧出名茶，精心冲泡，你却举杯一饮而尽，甚至咕咚有声，还让茶水从嘴角流下来。这就是牛饮。动作倒显得淋漓酣畅，却严重损害了你的形象，让你仪态尽失。

喝茶牛饮，就无法体会茶味之美，不能体会茶文化的内涵，以致辜负主人的好意。如果主人的茶价值不菲，牛饮是对主人茶叶的浪费。喝茶牛饮，还会让主人产生你故意与其作对的误解。

温馨提示：

☐ 喝茶时不要一口气喝完。
☐ 喝茶时应该动作文雅、态度平和。
☐ 喝茶时不要发出声音。

喝茶要赞茶

喝茶不赞茶的人不懂礼貌。

应邀到访，主人端出精美茶具为你泡茶，你喝得不亦乐乎却连一句夸奖的话也不说，主人必定会很失望。主人请客人喝茶，尤其是请贵宾喝茶，必然会上好茶。茶叶的品质体现着主人的品质，赞茶就等于是对主人的品质及待客之道的肯定。如果客人不懂得及时赞美，就无法体现宾主之谊。喝茶而不赞茶，主人会觉得你没见过世面，缺少共同语言，不值得交往。

温馨提示：

☐ 喝茶时应向主人表示感谢。
☐ 如果主人向客人上的是好茶，客人应该对茶表示欣赏和赞美。
☐ 如果宾主聚会的主要活动之一就是喝茶，更要对茶表示赞美。

第十四章　待客礼仪

远客到来要提前迎接

远客到来之前，主人如果不迎接，就不算个合格的主人。

如果客人第一次来访，并且你的住处很偏僻，提前迎接客人可以免去客人费力寻找之苦；如果客人身份高贵，即使不是初次来访，提前迎接也是客人应得的礼遇；如果客人不善长途跋涉，提前迎接客人有助于客人恢复精神和体力。反之，主人就会留给客人傲慢自大的印象，从而有碍主宾交往。

<u>温馨提示：</u>

☐ 远客到来时应该由主人亲自迎接，或由专人前往车站迎接。
☐ 如果客人是初次到来，应该准备接站牌。
☐ 应该提前赶到客人下车的地点，避免让客人等待。

待客前要打扫卫生

用杂乱、肮脏的居室待客是不礼貌的。

门口放着胡乱摆放的鞋，客厅里堆满果壳和瓜子皮，家具上落满灰尘；阳台上堆满杂物，厨房里放着没洗的碗，卫生间里堆着未洗的衣服……客人来做客看到这幅景象，一定心情不爽。待客前不打扫卫生，说明主人对客人不够重视，也说明主人不在乎自己给别人留下什么印象，还说明主人生活邋遢、没有规律、不求上进。

让客人在脏乱差的环境里做客，实在是对客人的亵渎，更谈不上礼仪。

<u>温馨提示：</u>

☐ 待客前应该认真打扫室内外的卫生。
☐ 如果有临时性访客上门，不要当着客人的面打扫房间。
☐ 如果来不及打扫，至少应该把物品摆放得稍微整齐一点。

接待客人要注意仪表

蓬头垢面地招待客人，客人怎么能觉得主人是真心实意的呢？

接待客人时穿着睡衣甚至内衣，客人一定会觉得自己走错了地方，并且不知道把眼睛放在哪里更合适；接待客人时蓬头垢面，牙齿上还沾着食物残渣，一伸手暴露出指甲里黑乎乎的污垢，这样的形象想必主人自己照照镜子都会觉得难为情。接待客人时不注意自己的仪表是不合礼仪的。

温馨提示：

☐ 接待客人前应洗澡、穿上干净整齐的服装。

☐ 男主人应该刮胡须，女主人应该化淡妆。

☐ 接待客人之前，应祛除口臭等不雅的气味，可在室内喷洒清新剂或使用香水。

待客时要精神饱满

带着一脸的倦容和一身的倦意待客的人，不会给客人带来好感觉。

客人满怀欣喜和期待前来拜访，却发现主人满面倦容，一定会觉得主人是在勉强应对，同时自己心里也会有些歉疚。待客期间客人正热情高涨地发表见解，却看到主人疲倦的表情，客人的热情马上就会像遭遇冷水一样迅速减退。待客时主人露出倦容，无疑是在暗示客人"我累了，该休息了，你该走了"。也可以被理解为"客人的话题太无聊，搞得我都昏昏欲睡"。

温馨提示：

☐ 接待客人时主人应保持良好的精神状态。

☐ 待客时主人不应该有抱怨的神色。

☐ 待客期间，主人不要走神，更不要想不愉快的事情。

不可拒绝不速之客

将不速之客拒之门外是不合礼仪的。

对方是慕名而来，因为没有联系方式，打听了很多人、走了很远的路才找到你家，拒绝这样的不速之客会让对方受到伤害；对方临时有急事，来不及联系你，拒绝这样的不速之客会让对方对你失去信任；对方是多年不见的校友或亲戚，路过你所在的城市特意顺便访问，拒绝这样的不速之客会让对方觉得你不近人情。

即使你必须马上出门办事，也不应毫不留情地拒绝不速之客。

温馨提示：

☐ 不速之客上门时，应该热情相待。

☐ 不速之客上门时，主人不应露出慌乱、厌烦之色。

☐ 对于不速之客，可以在客厅里招待，无须让进内室。

客人来访要起立

客人到来时不起立迎接是错误的。

长辈做客也好，同事和朋友来访也好，晚辈拜访也好，如果不起立迎接就不足以表达欢迎、友好、敬重之情。客人到来，主人该看电视继续看电视，该浇花仍然浇花，顶多抬头向客人努努嘴，意思是说"坐"。如果你做客时遇到这样的主人，想必一点儿身为客人的优越感都不会有了。客人到来时不肯起立迎接的主人，即使笑容再灿烂、话语再动人，也会使客人失望和误解。

温馨提示：

☐ 客人到来时，主人应马上放下手中的事情，或停止与别人交谈。

☐ 客人来访时应该起身相迎。

☐ 主人应该与客人热情寒暄。

为互不相识的客人做介绍

当同时招待几位互不相识的客人时，作为主人不为他们做介绍是很无礼的。

不为互不相识的客人做介绍，他们就不方便很快认识彼此。因为彼此不知道对方的身份、性情、背景等各方面情况，某些客人很容易无意间说出令其他人反感的话题。不为互不相识的客人做介绍，地位高的客人会觉得自己没有面子，身份低的客人会认为主人不屑于向别人介绍自己。总之，不为互不相识的客人做介绍，既不利于客人交流，也容易引起客人不满。

温馨提示：

☐ 有后来的客人到来时，应该将他们介绍给先来的客人。

☐ 应根据客人的身份依次介绍。

☐ 几位互不相识的客人同时到来时，主人应为他们做介绍。

按一定的秩序请客人入座

主人招待客人"随便坐！"似乎显得很大度、很随和、很热诚，其实这样是不合礼仪的。

"随便坐"的意思就是哪里都能坐。如果来客不太懂规矩，坐到了主人的位置上，你是让他重新坐还是表现得若无其事呢？客人陪同长辈前来，如果让年轻客人坐在了长辈的位置，长辈必然会有受到冷遇之感。让客人随便坐，其实暗示给客人的是"爱坐不坐"，这是对客人的不关心、不尊重。

温馨提示：

☐ 主人待客时应将客人请到上座。

☐ 如果客人是几个人，应将年长和辈分高的让到上座。

☐ 如果客人的身份不好区分，可以按照进门的顺序请他们落座。

切忌以旧茶剩饭待客

以旧茶剩饭待客是很不礼貌的。

用隔夜茶待客，哪怕是用客人来之前泡好不久的旧茶待客，都会让客人觉得自己是不受欢迎的、被敷衍的。用剩饭待客，客人会认为自己在主人眼里只适合"处理剩饭"。热情地邀请客人到访，热情交谈，嘘寒问暖，却用旧茶剩饭待客，那么主人的热情就显得表演意味太浓、太过虚伪。

饮旧茶、吃剩饭，对主人而言也许是勤俭节约的表现，但这样待客就是冒犯。

温馨提示：

☐ 沏茶应沏新茶，待客应用新做的饭。

☐ 待客时，不要故意当着客人的面说旧茶剩饭"倒掉真可惜"之类的话。

☐ 待客用的茶和饭菜应该干净、卫生。

待客的茶具要完好

用破损的茶具待客是不礼貌的。

茶壶上缺一个口子，茶杯把断了半个，这样的茶具向客人昭示着主人多么不懂规矩、多么随便应付。如果主人专门请客人品茶，破损的茶具会使茶之美尽失，这不但是对茶的亵渎，更是对客人的怠慢。

即使不能用新茶具，也不该用破损的茶具待客。

温馨提示：

☐ 敬客用的茶具应该保证完整无缺。

☐ 茶具应该成套使用，质地以陶瓷为佳。

☐ 茶具的新旧程度应该相一致。

倒茶前要洗茶具

倒茶前不洗茶具是要不得的。

茶壶里满是茶垢，茶杯上残留着刺鼻的气味，用这样的茶具喝茶，恐怕没有人能喝出自在舒服的感觉来。倒茶前不洗茶具，就不足以表示对客人的真诚和热情。如果茶叶很好，茶具却很脏，客人就无法品味到好茶的真味。倒茶前不洗茶具，就像接待客人前不洗脸一样，是不恭敬、不礼貌的行为。

倒茶前，即使你确定茶具是干净的，也不要不洗。

温馨提示：

☐ 倒茶前应当着客人面将茶壶、茶杯都清洗干净。

☐ 清洗茶具时不要装模作样走过场，至少应认真地用开水冲洗一遍茶具。

☐ 清洗后的茶具中不应该沾有残留的洗涤剂和污水。

不可用手抓取茶叶

用手抓取茶叶是不合礼仪的。

茶叶不是俗物。从品茶赏茶的角度而言，用手抓取茶叶会使茶叶失去文化韵味，失去喝茶的境界；从卫生角度来说，用手抓取茶叶会使茶叶沾染上不纯的气味或不洁的尘垢，影响茶的味道和成色，也影响客人的心情；从礼仪角度讲，当你为一个酷爱喝茶的客人打开一罐极品茶叶，下手去抓的同时，客人已经对你失去了信心。

温馨提示：

☐ 为客人沏茶时，应该使用专门的瓷勺或竹木勺取茶。

☐ 取茶要适量，要根据客人的需要来取。

☐ 掉落的茶叶不能再拾起放进茶杯。

敬茶不可满杯

敬茶满杯不代表大方、热情，反倒是不对的。

中国有"茶满欺人"之说，因为茶水一般都上热茶，一方面，茶水倒得太满，水容易溢出，烫到客人的手，或泼洒到桌上或地上；另一方面，茶水倒得太满，主人端杯时容易将手指浸泡在茶水中，这自然是很令人反感的。敬茶满杯，客人会认为主人厌烦自己，或者对自己有不满意的地方而不愿直说。

温馨提示：

☐ 敬茶时，倒水至七八分满即可。

☐ 敬茶时，应避免茶水溅出，更不要让茶水淋湿客人的衣服或文件。

☐ 敬茶时，应用双手或右手递上。

不可用一次性纸杯盛水待客

用卫生纸杯待客显得太敷衍，如果用纸杯冲茶待客，更是不礼貌的做法。

中国人喝水一般讲究水杯的质地和档次，纸杯是简陋用具，使用纸杯一方面说明主人对客人不重视，另一方面说明主人对客人有防范之心——"杜绝病菌入侵"。一次性纸杯给客人的感觉是：自己和主人的交往是一次性的。虽然一次性纸杯符合"科学"，却不符合"人情"。

温馨提示：

☐ 不要用一次性纸杯盛水待客。

☐ 必须使用一次性纸杯待客时，应该在茶杯上加上杯托。

☐ 待客的杯子应该干净且没有残损。

要按次序上茶

上茶不按次序，即使茶是好茶，上茶者仪态优雅，也不算是做到了礼貌相待。

同时招待长辈和晚辈时不按次序上茶，客人们会认为主人不懂得长幼尊卑；两个单位会谈时，接待方不按次序上茶，客方会认为招待方不够正规，因而很可能影响到双方的合作。不按次序上茶，客人会认为主人刻意对某些人表示不屑。上茶不按次序，还会使互不熟悉的客人混淆彼此的身份，不利于彼此交往。

温馨提示：

☐ 上茶时应该按照客人的身份、地位高低上茶。

☐ 不知道客人身份、地位时，可以按照顺时针方向敬茶。

☐ 招待客人时，应先给外单位的客人上茶。

敬茶后要及时添茶

敬茶不可不添茶。敬茶不添茶，等于是告诉客人：不想招待你了。

在中国传统礼仪上，敬茶讲究"不过三杯"，但是只敬一杯，显然是"不够意思"的。如果主人的茶叶是上品，主人只敬一杯，客人会觉得主人太小气、太不近人情。如果客人是初次到访，只敬一杯，客人会认为主人欺生；若客人是熟客，只敬一杯，客人会觉得主人与自己疏远。

温馨提示：

☐ 向客人敬茶后，当客人杯中水剩下三分之一左右时，应及时添水。

☐ 当茶水颜色变淡时，应为客人换新茶。

☐ 添水时，要把茶杯放在桌边，不正对客人，以免茶水溅到客人。

不可频繁添水

如果你想表现好客，请不要用频繁添水来表现。

为口渴的客人添水是体贴，为爱喝水的客人添水是关心，为喝茶的客人添水是尊敬。但频繁添水就是不礼貌、不尊敬的表现了。喝水要有限度，水喝得太多，享受就变成了受罪，客人会被无休止的水吓倒。另外，频繁添水在一些老辈人看来，有逐客的意思。如果你与客人相谈正欢，却频频为其添水，对方一定会对你热情的表情和添水的动作感到困惑：这人怎么如此虚伪？

温馨提示：

☐ 待客时添水要适度，不要在客人刚喝了一两口水就马上添水。

☐ 不要频繁劝客人喝水。

☐ 如果客人不想喝水，不要硬劝。

不可在客人面前与家人争吵

在客人面前与家人争吵的主人不合格。

当着客人与家人发生争吵，甚至打骂，会制造出紧张、难堪的气氛，会让在场的客人感到自己"来得不是时候"；主人当着客人与家人争吵，容易被客人认为是"指桑骂槐"，误以为真正的矛头是针对自己；在客人面前与家人争吵，是将家丑外扬的表现，是把不好的嘴脸暴露在客人面前，有损主人的形象；当着客人与家人争吵，会严重影响宾主交谈的效果。

温馨提示：

☐ 待客时应与家人和睦相处。

☐ 如果与家人产生矛盾，应待送走客人之后再解决。

☐ 待客期间，不要故意与家人发生口角和争执。

不可任由自家小孩打扰客人

　　无论是多么要好、多么不拘小节的客人来访，都不应该让自家小孩任意打扰客人。

　　与客人谈重要事情时任由孩子在客人面前跑跳，问东问西；客人的衣着打扮有些特别，自家小孩不停地玩弄客人的衣服，抓客人的头发；主人的孩子哭闹着让客人为他买糖果……这些都是任由自家孩子打扰客人的表现。客人不可能和小孩子计较，但受到打扰后就不免失态，耽误宾主交流，还容易给客人留下"这家人不懂家教"的印象。

温馨提示：

☐ 招待客人时，应该首先安顿好自家小孩。

☐ 当自家小孩哭闹时，主人应尽快好言抚慰，不应当客人的面呵斥、打骂。

☐ 如果自家小孩已经懂事，要事先教其礼貌地称呼客人，并嘱咐其不打扰客人。

待客时要照顾来客的小孩或陪同者

　　待客时，别忘了照顾来客的小孩或陪同者。

　　既然是待客，每一位随自己邀请对象来到家中的人都是贵宾，不应当有贵贱之分，不应当区别对待。待客时不照顾客人的小孩或陪同者，会让客人误以为主人讨厌自己带来的孩子或其他人，或者认为主人是在故意做给自己看、贬低自己，客人自然无法很放松地享受主人的招待。忽略了客人的小孩或陪客，小孩或陪客自己也会感到备受冷落，很容易显得拘谨或故作轻松。

温馨提示：

☐ 待客时对客人带来的小孩应悉心照顾，给其准备玩具和空间。

☐ 对待与客人同来的陪同者应一视同仁。

☐ 当主人与客人单独交谈时，应为陪同者安排接待者或娱乐休闲项目。

留宿客人要问客人的习惯

　　让客人在自己家留宿时，不问客人的习惯，按自家习惯照顾对方是不对的。

　　客人不习惯睡软床，你却特意在为客人准备的床上加铺厚厚的床垫，虽是好意，却让客人无法享受；客人不喜欢看肥皂剧，你却在招待客人期间极力向客人推荐，并请对方和你一起看五集连播的电视剧，客人内心一定苦不堪言；客人习惯晚睡，你却早早地把客人安顿好、嘱咐他早点睡，并随后就去自己的卧室玩电脑游戏，客人一定会觉得你是在向他表示厌倦和不满。

温馨提示：

☐ 留宿客人时，应事先询问客人对住宿环境的要求。

☐ 留宿客人时，应针对客人的年龄、性别、身份进行安排。

☐ 留宿客人时，应尽量为客人营造整洁、安静的环境。

待客应尽力方便客人

　　"客随主便"是我们耳熟能详的词语，但待客时这样做就错了。

　　待客时对客人不够恭敬，吃饭、住宿、游玩等，处处都是主人代为决定，客人必定会感到很不自在、很不尽兴，甚至很委屈。待客时"客随主便"，就无法使客人得到真正的轻松和愉快。不询问客人需要什么就自作主张，实际上是连对客人最起码的尊重都没有实现，这样的主人是费力不讨好的，在客人心目中也是不懂礼仪的。

温馨提示：

☐ 待客时，应该"主随客便"，讲究"宾至如归"才是上策。

☐ 待客时，应该主动体察客人的需要并进行照顾。

☐ 待客时，不要将自己的喜好强加给客人。

在客人到齐之前就开始炒菜

在家宴客时，千万别等客人到齐了再炒菜。

等客人到齐了再炒菜，一方面，必然耽误时间，主人不可能短时间内把很多道菜做好，客人们在此期间会等得心焦，也会等得饥肠辘辘；另一方面，等待个别客人太久，先到的客人会感觉自己受到了冷落，认为他们只是陪衬。再者，等客人都到齐了再炒菜，主人让客人干等着菜上桌而不出面相陪、寒暄，会显得很不尊重客人。

温馨提示：

☐ 待客时应该边准备菜边等未到的客人。

☐ 主人准备菜之前应指定专人陪伴先到的客人。

☐ 两道菜之间的间隔不应该太久。

在家中宴客比在外宴客对客人更重视

许多人认为，请客理所当然要去酒店、饭店，酒店或饭店越豪华，花费越多，表示对客人越尊重。其实不然。

高级酒店再好，气氛再迷人，也说明主人把客人当"外人"；在家宴请，则能体现出主人的关切和真诚。何况家庭所独有的温馨气息是任何奢华的饭店都无法营造的。主人请你去家里吃饭，也表示主人对你很信任，已经把你当"自己人"了。

温馨提示：

☐ 设宴款待贵宾，尤其在私人关系中，宴请客人时应该在家中设宴。

☐ 在家设宴时，应该根据客人的身份而设定规格。

☐ 不太熟悉的人，如关系一般的同事、同学、老乡等，无须在家宴请。

主人因疏忽犯错，不必反复向客人道歉

主人不小心把茶水洒到了客人衣服上，拿东西的时候不小心用胳膊撞到了客人，不小心在菜里放多了盐……主人待客时，难免出一点纰漏。但如果主人不停向客人道歉，这就不合适了。

既然主人是因为偶然的疏忽犯错，客人通常也不会觉得主人是故意的，更不会希望主人一遍又一遍地道歉。不停道歉会使小错误看起来不可饶恕，容易夸大失误带来的尴尬，让客人心烦和产生压力，此外还容易让客人对主人的犯错动机产生怀疑。

因疏忽犯了小错，与其不停道歉，还不如开个玩笑来化解更容易让人接受。

温馨提示：

☐ 主人因疏忽犯错，向客人诚恳地道歉一次即可。

☐ 主人因疏忽犯错后，应及时采取补救措施。

☐ 主人因疏忽犯错后，应尽量使客人的损失和不适减少到最低程度。

点菜要问客人是否有禁忌

点菜不问客人有什么禁忌，不是合格的主人。

请客人吃饭不问禁忌，为不喜欢吃甜食的人点甜点，为喜欢吃辣的人点一丁点辣椒都没有的清淡菜，为喜好素食的人点大量味道厚重的肉食……也许你点的菜都是你最喜欢吃的，也许是花费最高的，也许是当地最有特色的，但不一定是客人喜欢的或者是客人能吃的。

点菜不问禁忌，非但不礼貌，还会让人误以为是侮辱或故意为难、虚情假意。

温馨提示：

☐ 点菜前应询问客人有什么饮食上的爱好和禁忌。

☐ 点菜时如果在场者有少数民族或外国同胞，应询问对方的饮食习惯。

☐ 如果在场有身体不适的客人，应询问对方健康方面的禁忌。

在家待客不可打扰邻居休息

主人在家待客时打扰邻居休息，说明他不懂礼仪。

在家待客时，乘车而来的客人把各种车子停在主人家院子里、楼道里、门外，杂乱的声音传得很远；在家待客时，大张旗鼓地炒菜、喝酒，浓烈的气味透过窗子飘出很远，猜拳的声音让邻居也能听见。有的人在家开私人舞会，吵得楼下无法休息；有的人深夜接待客人，发出很大的开门、关门声以及寒暄声。这样待客，热闹的同时也影响了周围的邻居。邻居会为你的自私而恼火，朋友也会因为声音太吵而感到烦躁。

温馨提示：

☐ 在家待客时，不要大声喧哗。

☐ 在家待客时，不要将音响等声音开得太大。

☐ 在家待客时，不要在室内跳节奏强烈的舞蹈。

不可冷落个别客人

同时招待几个客人时，主人因为照顾不过来而冷落个别客人，这样做不好。

如果同来的是一个关系很好的小团体，冷落其中任何一个客人都是对他们全体的不敬，这等于是在向他们暗示：某人不适合和你们在一起，这是挑拨离间。如果客人身份较低，冷落他是对他的不屑；如果客人地位较高，冷落他是对其挑衅；如果客人生性腼腆，冷落他是以强欺弱。冷落一个客人，其他的客人全看在眼里，大家会从礼仪到品质都对你产生怀疑。

温馨提示：

☐ 待客时要时时为客人着想。

☐ 客人多时应该照顾到每个客人。

☐ 待客时如果主人有事不能照顾客人，应该让亲戚朋友代为照顾。

待客交谈时要避免冷场

待客交谈时冷场，是任何一个合格的主人都应该竭力避免的情形。

待客时，如果主人不说话或说话很少，客人就会感到紧张和无聊，会认为主人是在故意制造难堪，暗示客人"你不受欢迎"；如果客人谈话热情不高，主人便顺其自然，也停止发言，客人会认为主人是在赌气。待客本来应该是个宾主尽欢的场景，如果冷场，"礼仪"二字就无从谈起。

温馨提示：

☐ 待客时，不要故意冷落客人。
☐ 待客时，如果客人不爱说话，主人应主动寻找话题。
☐ 待客时，如果客人对某些话题很感兴趣，主人应主动顺应并配合客人。

待客殷勤有度

待客过于殷勤并不是礼貌的表现。

客人喜欢安静，你却热情地滔滔不绝，对方一定会烦躁；客人希望主人不那么客套，你却一口一个"您请"，时时保持鞠躬的姿态，对方一定会感到承受不了；客人饭量很小，你却不依不饶地往客人碗里堆菜，并预先盛两三碗饭预备客人吃完第一碗后替换，对方一定会感到为难且"吃不消"。待客过于殷勤，会使你显得卑躬屈膝，容易让家人产生妒忌心理，同时也让客人感到巨大的压力。如果客人有权有势，还会怀疑你有利用他的打算。

温馨提示：

☐ 待客时不要强迫客人吃东西、喝水。
☐ 不要在客人面前堆太多东西。
☐ 不要事事都为客人代劳。

强留客人并不礼貌

不要以为强留客人就是礼貌。

如果你和客人不是很熟，强留客人就显得虚情假意，太过牵强；如果对方是异性，还会产生被骚扰的怀疑；如果客人确有事情要办，你强留客人就是耽误对方时间，阻挠对方做事。如果宾主已经尽兴，强留客人会让双方接下来冷场，多此一举；如果客人单方面已经尽兴，强留对方就会让享受变成"忍受"，无端令对方难堪。无论如何，强留客人都不会让对方感到愉快，是不合礼仪的。

温馨提示：

☐ 一般待客时间以半小时为宜。
☐ 客人要走时，象征性地客套几句即可。
☐ 客人如果赖着不走，应该委婉地暗示对方。

询问客人何时离开要讲究方式

询问客人何时离开不讲方式，任何人都不会坦然接受。

觉得客人坐的时间足够长了，主人不耐烦地对客人出言不逊、语气生硬、横眉竖目地向客人说"走吧走吧"，客人一定会很尴尬。一点不为别人的感受着想的主人，一定很难有机会再接待曾经遭遇他驱赶的客人。

询问客人何时离开不讲方式，让客人难堪，自然是不礼貌的。

温馨提示：

☐ 客人如果迟迟不走，主人应该委婉而礼貌地进行提示。
☐ 可以用看表的动作来暗示客人。
☐ 主人可以用询问客人是否有其他事以及告诉客人自己的安排来暗示客人。

送客要送到门外

送客不到门外，你对客人的招待不算做得圆满。

客人提出告辞，主人立即起身挽留，但只是目送客人自行出门，这样的挽留未免太虚伪勉强。送客不到门外，说明主人在潜意识里早就在盼望客人离开。客人有了这样的认识，心里必定不会舒服。整个接待过程都非常热情、到位，而主人不把客人送到门外，就会将主人的全部殷勤消融殆尽，可谓是功亏一篑。

温馨提示：

☐ 送客要送到门外、楼下，并亲切道"再见"。

☐ 如果客人初次到来，应将客人送到稍远一点的地方。

☐ 对于贵客，可将其送到车站，并为其准备礼品。

要照顾第一次远道而来的客人

客从远方来，而且是头一次来，如果主人不关心他是否吃得惯异地的饭，不问他对什么地方感兴趣，不告诉他出门应该注意什么，这样的主人最容易让客人扫兴。

客人第一次远道而来，人生地不熟，主人对其淡然处之，会让对方有受冷落、不受欢迎的印象。客人离家远，自然会因为主人的态度而心生不适应和不愉快的感觉。

不能让客人感到受尊重和被体贴，这样的礼仪就是错误的。

温馨提示：

☐ 对待第一次远道而来的客人，应悉心照顾其饮食和生活。

☐ 待客期间不要与客人发生争吵。

☐ 主人应向首次远道而来的客人提供当地交通路线和出行建议。

送客时走在长者后面

送客时，主人不应该走在长者前面。尊敬长辈、尊敬贵客的行为应该体现在待客始终的任何一个细节。送客时走在长者前面，会让客人有"主人嫌我走得慢，他巴不得我早点离开"的误解。送客时走在长者前面，还会让客人觉得主人不懂尊重长辈、好大喜功、爱出风头。

送客时主人走在长者前面，无法让长者体会到为尊的尊严。

温馨提示：

☐ 送客时，主人要走在长者身后。

☐ 送客时，主人要主动搀扶年老体弱的客人。

☐ 送客时，主人行走的速度不要太快，不要距离客人太远。

不可在客人刚走后就议论客人

客人没走远就议论客人很容易引起对方误解，是不应该的。

客人没走远就议论对方最近发生了哪些事，议论对方和哪些人交往等，如果主人对客人的议论是好的评价，客人会觉得主人在作秀给他看；如果主人对客人的议论是负面的，客人会觉得主人招待自己是违心的。无论主人议论客人的什么方面，都是在客人背后议论，这样的人是不受欢迎的。

温馨提示：

☐ 客人离开家门后，不要谈任何与客人相关的话。

☐ 客人出门后，主人不要指着客人的方向说话。

☐ 客人未走出主人的视线时，主人不要掩口和家人说话。

客人走后要轻声关门

不要在客人走后马上大力关门。

客人走后马上大力关门，给人的感觉是主人对客人很不耐烦，早就盼着客人离开，甚至还有厌恶和故意做给客人看的嫌疑。如果客人此次上门的目的是道歉，主人这样做显然是将自己接受道歉的行为推翻了；如果客人上门的目的是求助，主人这样做会让客人感到心灰意冷；如果来客是长者或上级，主人这样做无疑是搬起石头砸自己的脚。

温馨提示：

☐ 会客结束，主人应目送客人出门。
☐ 会客结束，应待客人走远再关门。
☐ 关门时动作要轻，不应发出沉重的声音。

送客不必太远

送客一程又一程，并非热情的表现。

送客太远，客人会感到过意不去，觉得拖累了主人。遇到喜欢独行的客人，则会觉得主人太琐碎。如果待客时宾主已经尽兴，送客时难免会沉默，从而产生无话可说的尴尬。

温馨提示：

☐ 送客要有分寸，除非客人对路线确实很不熟悉，否则不必送太远。
☐ 送客时，说话举止不要太客套。
☐ 送客不要到最后反倒要客人回送主人。

不可深夜让客人独自返回

深夜让客人独自返回是错误的。

如果客人年老体弱或者是年轻女性，深夜令其独自返回是对其安全的不负责任；如果客人住处很远，深夜令其独自返回会让客人受颠簸以及牺牲睡眠之苦；如果天气不好，让客人独自在深夜返回会让客人深受恶劣天气的侵扰。深夜让客人独自返回的主人，会给人以无情无义、铁石心肠的印象。

无论如何，深夜时分让客人独自返回，从交通、安全、健康等各方面看，对客人都很不利。主人待客却让客人返回时遭遇不愉快，显然是不合礼仪的。

温馨提示：

☐ 深夜聚会结束后，应将客人尤其是女性客人送回住所。
☐ 深夜聚会结束后，如果客人住处不远，应陪同行一段路。
☐ 如果客人住处较远，应为客人安排住宿。

贵客走后要及时问候

贵客走后，主人不再问候是不得体的。

全心全意地招待过贵客，不等于已经尽心。贵客离开后主人不闻不问，会让客人感到自己接受过的招待是出于客套、是虚伪的。贵客走后不再问候，显得主人做事虎头蛇尾，不懂得"善后"，而且对客人缺少发自内心的尊重和关心。如果客人往返都需要鞍马劳顿，客人走后再不向其问候，主人在客人心目中的形象和地位一定会一落千丈。

温馨提示：

☐ 贵客如果是白天离开，视其返回路程远近，当天应用电话、信件等方式向对方问候平安。
☐ 贵客如果是晚上离开，主人应在次日白天非工作时间向其表示问候。
☐ 贵客告别后，主人应与其保持联系。

第十五章　办公场合礼仪

在办公室着装不可太随便

办公室可不是想穿什么就能穿什么的场合。

穿着超短裙和露脐吊带衫的女秘书，无法让人相信她有良好的作风和工作能力；穿着无袖上衣的女教师，无法成为为人师表的模范；穿着休闲装参加谈判的老总，难以让对方相信他的实力和诚意；穿着皱巴巴衬衫的男性员工，很容易被认为是"小混混"。办公室里着装随便，会给他人以低劣的视觉印象。在办公室乱穿衣的人，无法传达出对别人的敬意。

温馨提示：

☐ 办公室里不要穿太休闲的服装。

☐ 办公室里不要穿太短小、暴露的服装。

☐ 办公室里不要穿太透明的服装。

穿制服要注意职业形象

身穿制服的人，如医生、警察、服务员等，都给人一种专业、干练的印象。但如果身穿制服却不注意职业形象，就令人不敢苟同了。

身穿制服走路东摇西晃、满嘴脏话，这样出入社交场合，这些表现都会玷污职业形象，使人倍添厌恶之感，容易被人疑心为不务正业，还让人分不清穿制服的人究竟是在工作还是玩忽职守。

温馨提示：

☐ 穿制服时，应按照规定整齐着装，不得搭配其他非职业装。

☐ 穿制服时，言行举止要符合工作条例。

☐ 穿制服时，不要出入非工作场合，更不要出入娱乐场所。

胸针与胸牌不可同时佩戴

同时佩戴胸针与胸牌不合礼仪规范。

执勤人员佩戴胸牌，同时佩戴一枚时尚胸针；检查人员佩戴胸针，同时佩戴单位的胸牌……不要以为这样的装扮很惹眼，很有风度，很让人羡慕。同时佩戴胸针和胸牌会显得杂乱无章，也会显得虚张声势、不够稳重内敛。

温馨提示：
☐ 胸针与胸牌，两者只能佩戴其一。
☐ 胸针宜戴在带领衣服的左侧、无领上衣的右侧，还应与发型的偏向相反。若穿带领上衣，发型偏左，胸针应戴在右侧。胸针的位置应在最上端两粒纽扣中间。
☐ 佩戴胸牌时，应将其戴在左侧胸口的位置。

女性不宜穿鞋跟太高太细的鞋

高跟鞋能衬托出女性婀娜的体态，使女性迈出娉婷碎步，展现女性魅力。但并非鞋跟越细越高就越美。

女性穿鞋跟太高太细的鞋，走路会重心不稳、东摇西晃，且显得身体比例不太协调。设想一个女新闻记者穿着又细又高的高跟鞋到处采访，人们很难相信她的职业，也难以进入合作状态。一个女领导穿着夸张的高跟鞋一步三晃地走上会场的讲台，估计大家都忙着看她狼狈的步态，而不会关注她的职位和威严了。

温馨提示：
☐ 女性在社交场合不要穿鞋跟高度在10厘米以上的高跟鞋。
☐ 女性不要穿鞋跟太细的高跟鞋。
☐ 女性穿高跟鞋走路时如果太响，应该钉鞋掌消除杂音。

男性落座后注意不要露出腿毛

男性落座后露出腿毛有失礼仪。

礼仪的标准之一就是在别人面前呈现出一个得体大方的形象。男性落座后露出腿毛，说明他穿衣不太合体，对自己的仪表不太讲究——男性露出腿毛，给人一种野蛮粗鲁的印象。推想到他在做事习惯上，也一定是不注重细节的。

温馨提示：
☐ 男性的长裤的长度，应以落座后不露出脚踝为宜。
☐ 男性不要穿太短的袜子。
☐ 如果男性腿上汗毛较重，最好不要穿短裤。

注重自我形象不可过度

过分注重外表形象是不对的。

头发光滑得苍蝇站上去都打滑，衣饰一尘不染；走到哪里都不忘照镜子，自己携带的镜子、路边的橱窗、公司的落地窗，都可以成为他检视仪容的镜子；别人不小心碰到她（他），她（他）马上会皱眉，随即看自己的衣服是否被弄皱了、弄脏了。仪表大方自然是受人欢迎的，但把仪表美看得高于一切就令人讨厌了。过分注重自我形象的人，有无心工作、看不起他人之嫌，更有"花瓶"之嫌。

温馨提示：
☐ 不要随时随地在公众面前照镜子、整理仪容。
☐ 别人碰到自己，不要马上掸衣服、露出不悦表情。
☐ 不要给人留下有洁癖的印象。

递送尖状物时尖端应朝向自己

递送尖状物时不应该让尖端朝向对方。

当别人递给你锥子的时候，把锥尖朝向你，尽管是你要求对方递送，对方也热情而态度礼貌，但这种方式多少会让你有心里害怕与烦躁的感觉。递送剪刀、水果刀等工具，尖端朝向别人会给对方以威胁感，如果不小心伤到对方，更是尴尬非常。

温馨提示：

☐ 递送刀、剪等物时应将尖端朝向自己。
☐ 递送尖状物时不要抛送。
☐ 递送尖状物时要等对方接到手里后再放手，以免掉落地上。

及时清理杂乱的办公桌

不清理办公桌的人，不懂得尊重自己和别人。

办公桌长期不清理，就会妨碍自己及时找到需要的文件，降低工作效率。如果外单位来参观学习，看到你杂乱的办公桌，一定会觉得你所在的单位徒有虚名。领导前来视察时，不提前清理办公桌，领导就会认为你不把领导放在眼里。办公桌杂乱的人，难以让别人相信他做事有条理。

温馨提示：

☐ 办公桌应该定期清理，清除杂物和污垢。
☐ 要养成不乱堆、乱放东西的习惯。
☐ 过期的文件和废旧纸张、办公用品要及时丢掉。

不可在办公室里放与工作无关的物品

办公桌上放着一件未完工的毛衣，窗台上放着一排化妆品，墙上挂着两幅明星海报，抽屉里还放着薯片……这样的办公室似乎已经成了私人领地，是不对的。

在办公室里放与工作无关的物品，一来会分散精力，影响工作效率；二来会影响个人形象，让别人怀疑你的工作能力和积极性。接待客户或领导时，对方会认为你自私、懒惰。再者，

每个员工都是他所在公司的形象代表，每个办公室都从侧面反映着整个单位的风格和实力。在办公室里放与工作无关的东西，无法营造严肃、正规的工作环境，有损集体形象。

温馨提示：

☐ 办公室内不要放置玩具。
☐ 办公室内不要放置零食。
☐ 办公室内不要放太多的私人礼品。

不可在办公室接待亲朋

在办公室里接待亲朋是不妥的。

不准在办公室接待亲朋，应该是大多数单位的明文规定。从礼仪角度而言，在办公室接待亲朋，如果你是领导，就难以为下属树立一个以身作则的形象；如果你和其他同事共用一个办公室，容易影响别人工作；如果接待亲朋期间正好有公务上的客户来访，对方会认为你以及你所在的单位制度不严、信誉不佳。

温馨提示：

☐ 必须在办公场所接待亲朋时，应在接待室进行。
☐ 在办公室接待亲朋时间不要太长，最好不超过半小时。
☐ 接待亲朋时不要高声喧哗。

访客不可占用对方工作时间

访客不问时间，想什么时候找别人就什么时候找，甚至不放过对方的工作时间，这是错误的。

别人手头有要紧工作要做，你却坐在对方办公室里和对方说话，明显是干扰对方工作。对方虽然没有重要任务，但在工作时间内无法违规接待你，你坚持要和对方见面，就是为难

对方。如果在别人工作时间硬要对方陪你闲聊、做无关紧要的私事，就是自私、不为对方考虑。

温馨提示：

☐ 不要占用别人的办公时间进行拜访。
☐ 必须拜访他人的时候应征得对方同意。
☐ 拜访他人时，应尽量避免影响对方。

对别人占用自己的时间要懂得拒绝

同事找你帮忙处理你分外的工作，同事闲暇时找你聊天，熟人找你办私事或公事……无论什么情况，无原则地允许别人占用自己的时间都是错误的。

第一，这样做会让别人产生你的时间很充裕的错觉，因而难免在态度上不紧不慢，很容易浪费双方时间；第二，如果你恰好很忙，这样做会使你心不在焉，使对方感到不受尊重，同时必然降低办事效率；第三，这样做容易引起他人的误解，认为你对自己的工作不负责。如果你的确因此而降低了工作质量，你会成为他人眼中无心工作的代表。

温馨提示：

☐ 在工作时间应尽量避免别人干扰。
☐ 自己无暇招待别人或替别人做事时，应礼貌、简洁地向对方解释清楚。
☐ 如果别人占用你过多的时间而影响了你的工作，应礼貌地提醒对方。

使用公共设施要有公共观念

使用公共设施缺乏公共观念的人容易被别人看不起。

工作单位里有健身器材，你一到休息时间就抢占自己喜欢的健身器材，不给他人使用的机会；公司的洗手间备有卫生纸和洗手液，你发狠使用，浪费很多；公用的打印机、电话、传真机等设施，一旦轮到你用就不顾他人在一旁等候。公共设施是为大家设置的，使用时缺乏公共观念，不礼让他人，不替他人着想，大家就会把你当作另类，认为你不合群、自私自利、浪费成性。

温馨提示：

☐ 使用公用的打印纸、油墨等文具时，应当注意节约。
☐ 使用水龙头、健身器材等公共设施时应该注意保护。
☐ 多人同时使用公共设施时应该替他人着想。

使用打印机要节约耗材并遵守秩序

打印机是办公室必不可少的工具，使用它如果不拘小节，会惹来很多麻烦。

有的人用公用打印机打印自己从网上搜索的资料用于私事，甚至用公司的打印机打印网络小说；有的人使用打印机不懂得爱惜，一次放很多纸，造成卡纸以及浪费大量纸张和油墨；有的人用完打印机后不关机，空耗电和油墨；有的人抢在别人前面使用打印机，其实他的文件并不重要；有的人遇到油墨或纸张用完的情况就撒手不管，打印机被自己用坏后不吭声。

这些都是很不礼貌的行为。如果不注意，就会影响到别人对你的看法，甚至影响你的事业前途。

温馨提示：

☐ 不要滥用公用打印机打印私人资料。
☐ 用完打印机后应将自己的原件取走，并关闭打印机。
☐ 使用打印机要讲先来后到，但如果别

人打印任务少并且紧急，应该礼让对方。

在办公区域遇到访客要打招呼

在办公区域遇到访客，无论是生人还是熟人，都不要视而不见。

在办公区域见到陌生访客视而不见，说明你心中没有"个人即单位形象代表"的概念，不懂得从自身做起树立单位形象。如果客人是准备与单位合作的人，对方会被单位员工的冷漠所打击；如果对方图谋不轨，漠然视之会给对方以可乘之机。即使对方是推销员，漠然走过也是不礼貌的。

温馨提示：

☐ 在办公区域遇到陌生访客应礼貌地微笑致意。

☐ 如果看到陌生访客有迷茫的神色，应上前询问并适当指点对方。

☐ 在办公区域看到等待中的访客，可以为其提供茶水、报刊等。

礼貌接待不速之客

在办公场合随意打发不速之客，是欠考虑、不成熟的做法。

在办公时间被不速之客打扰是很烦人的，但也不能随随便便就将其打发。如果对方是你的朋友，匆匆将其打发会危及你与对方的友好关系；如果对方是走错部门的访客，问过后就将其打发会让对方对你所在的单位留下不好的印象；如果对方是同事的熟人，三言两语将其打发，会让同事对你产生不良印象。

温馨提示：

☐ 对于不速之客，应根据对方目的礼貌应对。

☐ 如果来客有急事，可以帮助其询问他要找的人是否有时间应对。

☐ 如果不速之客为无聊的事纠缠不休，应礼貌地将其劝走。

接待客人时站立要到位

在单位接待客人，尤其是在饭店、商场等服务性行业，站立不到位是很不礼貌的。

接待客人时站立不到位，一来容易妨碍客人行动，同时使服务人员不能及时提供服务；二来容易给客人造成该单位人员素质低、服务水平低的印象；三来容易让其他人对该单位的档次和其他方面情况产生不信任，进而影响该单位声誉。

温馨提示：

☐ 在大门口迎接客人时，应站在门边。

☐ 陪同客人时，应站在客人的外侧。

☐ 迎接重要客人时，接待人员应分列入口两边夹道欢迎。

切忌零食、香烟不离口

在办公场所零食、香烟不离口，真可谓"不成体统"。

工作单位都有岗位制度，工作时间吃零食、抽烟必定是违反规定的。在办公室吃零食，给人以不安心工作的印象；在办公室抽烟，如果几个人共用一个办公室，还会影响他人。

温馨提示：

☐ 上班时间不应吃零食。

☐ 上班时间不应吸烟。

☐ 吸烟时应到吸烟区或卫生间。

办公室里要控制情绪

在办公室里不控制情绪会引出很多不必要的麻烦。

工作上出了点问题，与客户吵架了，受到别人的误解了……遭遇不快时，就拉长着脸，对每一个和自己说话的人翻白眼；周末时买彩票中奖了，发奖金了，见到老朋友了，买到心仪已久的衣服了……遭遇喜事时，就抑制不住自己的兴奋。在办公室里常常出现这种不控制情绪的人。不控制情绪，会使自己受情绪控制而不能很好地工作，还会将自己的情绪传染给别人，影响别人工作；不控制自己的情绪，便不能让别人感到放心，别人就不会将重要工作交给你做。

办公室不是发泄情绪的场所，不要对自己的情绪不加控制。

温馨提示：
☐ 在工作场合受到委屈或批评，不应转嫁到同事身上。
☐ 不要把私人情绪带到办公场所。
☐ 受到嘉奖或取得成绩时不要太张扬。

外借公物要有原则

不讲原则地外借公物是错误的。

你的朋友向你借你所在部门的书籍，你未通过管理人员就私自外借，这是假公济私；外单位向你所在单位借用音响设备，你身为库管人员，不登记就外借，这是玩忽职守；其他部门的同事通过你借用你所在办公室的办公用品，有借无还，你却置若罔闻，这是姑息养奸。不讲原则地外借公物，会让你被别人当作不讲原则、不明是非的人。

温馨提示：
☐ 外借公物时应遵循单位的相关规定。
☐ 外借公物时应保证本单位或本办公室暂时不需要。
☐ 借出的公物要负责将其完整、完好地收回。

在原则允许的范围内要优待客人

在原则允许的范围内吝啬待人，会使接待的积极作用尽失。

按规定，接待客人时可以在规定的经费数额内尽量满足对方的需要，你却极尽吝啬之能，安排档次最低的旅馆、点价格最低的饭菜、提供最差的服务。客人一方面会认为你斤斤计较、没有人情："这家伙该不是想把省下来的钱私吞了吧？"另一方面会认为你所在的单位太抠门："这家企业该不会是快倒闭了吧？"给客人留下糟糕印象，自然不会让对方感受到礼貌。

温馨提示：
☐ 在原则允许的范围内，对待访客应热情、尽心。
☐ 在原则允许的范围内，对访客的需要要尽量满足。
☐ 在原则允许的范围内，对待访客的提问不应刻意隐瞒。

不可高声喧哗

在办公场所高声喧哗，是没有公德的表现。

讨论问题也好，发表见解也好，对别人的误解进行辩解也好，都无须高声叫嚷，否则别人会觉得你急于以声势夺人而忽略你经过深思熟虑才讲出的话语。说话声音太吵、太高，会让旁边的人心烦意乱、无法静心工作。如果你所说内容有关行业机密，那就是泄密的举动了。

温馨提示：
☐ 在办公时间和办公场所讨论问题时

应做到不打扰他人。

☐ 在工作场合批评下属时不应高声斥责。

☐ 在办公休息时间，开玩笑、说话等声音不要太大。

讲私人电话要轻声细语

上班时间偶尔接到私人电话，或因为情况紧急而拨打私人电话，都无可厚非，但高声讲私人电话就让人难以接受。

私人电话当然是谈私人的事情。接打情侣的电话，别人旁听会觉得尴尬，如果不听，这又是公用的办公室。再说，只适合两个人单独交流的话放到办公室的严肃场合的确不雅。家人闹矛盾了，孩子要上学了，朋友要结婚了等私事，在办公室里讲本已经不合适，再提高声音应答，简直是故意干扰别人工作，毫无疑问是一种不礼貌的行为，会受到人们的责备的。

温馨提示：

☐ 打私人电话应该到室外或不影响他人的地方。

☐ 接听私人电话时声音要低。

☐ 接打私人电话时要控制时间。

☐ 上班时间最好不接打私人电话，可用发短信的方式给对方回电话。

禁用办公资源做私事

用办公室的电脑浏览娱乐新闻，用公司的打印机打印网络小说，用公司的电话和朋友聊天，用公司的信纸和信封写私人信件，等等，如此做法，都是用办公资源做私事的表现。这是应该杜绝的行为。

用办公室资源做私事，说明你自私自利、爱贪小便宜。如果因为做私事而导致公司处理紧急事件时资源告急，你就有渎职之嫌。如果你是领导，就会导致上行下效，无法树立威严和榜样。办公资源你都做私事用了，大家工作时就不够用。

温馨提示：

☐ 办公室资源应做到专管专用，加强不滥用的自制力。

☐ 办公用品不要拿回家自己用，更不要送给别人。

☐ 使用办公用品要有分寸，懂得合理利用和节约使用。

☐ 如果有办公用品损坏了，应及时向公司反映，购买补充。

在办公室要节约用电

在办公室浪费电，尤其是当你独享一个办公室的时候，这样做是错误的。

在采光条件良好的办公室白天长时间开灯，上班期间开集体会议离开办公室时、会议结束后离开会议室时、下班后离开办公室时，都让空无一人的办公室电灯继续开着……别以为节省用电不是你的责任，电不是自己家的就任其浪费。在办公室浪费电是没有集体观念、自私自利、缺少责任心的表现，也是懒惰和存在侥幸心理的表现。

这不仅是对公司的不尊重，在别人眼里，这也是会损害你形象的行为。

使用完卫生间不及时关电源也是错误的。

温馨提示：

☐ 可用可不用的电器应该关掉。如光线充足时关掉电灯、气温适宜时关掉空调或电扇。

☐ 如果你单独使用大办公室，务必要

减少日光灯打开的数量以及关闭其他不必要的电源。
☐ 离开办公室1个小时以上应该关闭电源。

无事不可乱串门

上班时间无事乱串门不是让人称道的好行为。

无事乱串门给人以无所事事、闲得无聊的印象；随便串别人的办公室，必然会打扰别人工作；随便串别人办公室还会让有些人误以为你刺探别人隐私或"监视"对方。无事乱串门，如果遇到相关检查，你还会连累别人。平白给别人添麻烦，当然不合礼仪。

温馨提示：
☐ 办公期间不要因为私事或无关紧要的小事随便串别人的办公室。
☐ 进入别人的办公室应征得对方同意。
☐ 进入别人办公室的时间不要太长。
☐ 进入别人办公室不要高谈阔论，不能大声喧哗。

不可随便挪用他人东西

不要随便挪用他人的任何东西。

随便挪用同事的东西，也许是你表示自己和他关系良好、"不分彼此"的举动，但是在对方看来，你是在漠视他的存在。你挪用的时候不能保证对方不用，如果别人着急用某件物品却找不到，且又得知是你自行拿走，对方一定会生气。如果你把同事的文件当废旧打印纸使用，对方甚至会发火。

随便挪用他人的物品是侵犯他人利益，自然不能说是礼貌之举。

温馨提示：
☐ 使用同事的物品前应先询问对方。
☐ 使用同事的物品时要事先征得对方同意。
☐ 同事不在而又必须使用他的某些物品时，一定要小心使用、合理使用；待同事回来要及时告诉同事并向其表示歉意和谢意。

不可替同事做决定

无论大事小情，你和同事关系再好，也不应该替他做决定。

不要认为"他可能会这样想""他应该会这样做""这样做是为他好，替他省时间、减少麻烦"。替同事做决定，在同事自己看来，是对他权利的剥夺；在其他同事看来，会认为你多管闲事，被你帮助的那个同事则是懒惰成性、没有主见的人。

如果同事准备做出的决定和你替他做的决定正相反，你就是帮了"倒忙"。

温馨提示：
☐ 同事不在场时不要替同事做决定。
☐ 不了解同事时不要替同事做决定。
☐ 同事未对你进行委托时不要替同事做决定。

及时传达小事情

下午两点要开集体会，明天上午要去某科室填表，该领新的办公用品……诸如此类的小事情，不费脑筋，不用思考，只是简单地传达即可。即使这样，也总有人做不好，因为他忘记去向他人传达了。

别人委托给你的事，无论大小都需要负责。忘记传达小事情，简单地说是"忘记了"，严格地说是辜负了别人的信任，耽误了别人的时机，同时也说明你心里"没有别人"。这是办公室礼仪所不允许的。

温馨提示：

☐ 平时应养成随时做记录的习惯。

☐ 对于需要及时传达给别人的小事情，应该尽量在第一时间通知对方。

☐ 如果担心自己遗忘，可以请别人代为传达。

☐ 事无大小，都要抱着对别人负责的态度来完成。

上级领导来办公室视察时要起立

各个企业、学校、机关经常能遇到上级领导来办公室视察的情况，有的人在这种情况下依然专注于自己的工作，不起立，不抬头，不问候。这样做是不对的。

平时办公室里来一个普通访客，工作人员礼貌迎接都是应该的。领导既然是上级，下级就更应向其表示尊重，而这尊重就应该体现在基本礼节上。上级领导来办公室视察时员工不起立，就显得倨傲，这并不是专注于工作的表现，而是没素质。

一个人不起立，整个办公室乃至整个单位的形象都会受损。

温馨提示：

☐ 上级领导来办公室视察时应该马上起立。

☐ 上级领导视察时，应暂时放下手中的工作并向领导问候、致意。

☐ 上级领导来办公室视察时，必要的时候应适时集体鼓掌。

尽量不要迟到、早退或到场太早

参加会议时迟到、早退、到场太早，都不可取。

迟到和早退都需要在众目睽睽之下穿过会场，干扰会场秩序。即使你在最后排就座，也表明了你对会议的轻视、对发言者的不敬，还体现出你目无集体、目无纪律、过于自我、没有时间观念等种种缺点。

而到场太早，通常情况下你既不能为筹备会议的人帮上忙，还会给人以监督筹备者、好奇而窥视会场的印象，你还可能干扰会场筹备人员的工作。

温馨提示：

☐ 参加会议、正式宴会等集体活动不应迟到。

☐ 参加酒会、舞会等非正式活动时允许迟到和早退，但必须和周围的人打招呼。

☐ 一般情况下，参加集体活动应提前10分钟到达，不要太提前，以免筹备者尴尬。

会上发言要看对象

有的人会上发言慷慨激昂，结果却令听众摸不着头脑；有的人会上发言气势恢宏，结果却让听众昏昏欲睡；有的人会上发言自我感觉良好，结果却让听众厌烦透顶。

造成诸种情况的根本原因就是发言者没有考虑到听众的具体情况。

给村民们开会讲话使用大量专业术语、引用文言词句，对方一定会认为发言者故作高深；给生性好动的小学生开会语气沉重、发言词没有精彩之处，对方一定感觉"度秒如年"。

会上发言让听众听不懂、不爱听、听不进去，必然是无效的，同时这也是对听众的不尊重、对他们时间的浪费。

温馨提示：

☐ 会议上发言要根据听众的身份和层次拟写发言稿。
☐ 会议发言要有针对性、鼓动性。
☐ 会议发言要迎合听众的兴趣。
☐ 会上发言的语言要通俗易懂，避免用专业术语。

会上发言不要长篇大论

会上发言长篇大论令人反感。

为一个几句话就能说完的主题在会上长篇大论，既啰唆又有显摆和说教之嫌；发言时不断转换议题，总将"我再补充一点"挂在嘴边，给人以思维混乱、记忆力差之感；刚被提升的人在昔日同事面前开会时长篇大论，易给人"小人得志""得意忘形"之感。

会上发言长篇大论，别人记住的不会是你善于说话的优点，而是你不尊重他人感受的表现。

温馨提示：

☐ 会上发言要简洁。
☐ 会上发言不要揪住一个问题反复讲，重复、啰唆。
☐ 会上发言不要扯与主题无关的事情。
☐ 会上发言应避免说一些口头禅之类的话。

会上发言要事先列提纲，重点突出

不列提纲、没有重点，这是很多会议发言的特点，但绝对不是"优点"和"亮点"。

会上发言不列提纲、没有重点，会让与会者感到不知所云、心烦意乱、浪费时间；会上发言不列提纲、乱说一气，会让别人感到你思维混乱、没有逻辑、准备不充分，或者根本就没准备；会上发言不列提纲，发言就难以发挥效用，变成让人不愿聆听的"紧箍咒"。

发言没有条理性是对与会者的不尊重，听众会认为你对会议不重视，心中不满，甚至会离开会场。

温馨提示：

☐ 会上发言首先要列出提纲。
☐ 会上发言要有重点。
☐ 会上发言要层次分明。
☐ 会上发言要有节奏。

第十六章　面试礼仪

参加面试要穿深色衣服

参加面试不宜穿浅色衣服。

每个招聘单位都有其不同的企业文化和用人标准，有其独特的风格。穿浅色衣服也许可以让你显得有活力，但不一定能让你显得更成熟、稳重、专业、可靠。有的人肤色本就不适合浅色，穿浅色服装参加面试，无疑是自己给自己降低标准。

温馨提示：

☐ 参加面试时应该穿深色衣服。男性参加面试时可以穿深色西装，女性参加面试时可穿深色套裙。

☐ 参加面试时，应穿款式简单大方、风格适合招聘单位的服装。

☐ 参加面试时，不要穿崭新的、特别昂贵的名牌服装。

避免身上散发出不雅的气味

身上散发出不雅的气味，会令人难堪。

身上散发着不雅的气味，会让人对你的卫生习惯产生怀疑，对你的身体健康状况产生怀疑，甚至对你的修养、品位产生怀疑。

气味虽然无形，却在很大程度上塑造着你的形象。无法展示一个得体的外在形象，这本身就违背了礼仪的要求。

温馨提示：

☐ 身上不应该有刺鼻的香水味。

☐ 参加面试时，身上不应有明显的腋臭、脚臭等气味。

☐ 参加面试时，身上不应有脏衣服的气味。

应聘时应独自前往

应聘者找参谋结伴参加面试，对应聘者本人没有半点好处。

参加面试还需要找伴"壮胆"，本身就说明你没有足够的信心和独立能力；让同伴陪自己参加面试，你就必须同时注意招聘者和同伴的反应，无形中给自己增加压力，同时也让招聘者有不被信任和尊重之感；找伴参加面试，会影响招聘者与你顺利交流，对方也因为有一个旁观者在场而感到不自在。

温馨提示：

☐ 应聘时不要找不参加应聘的同龄人做伴。

☐ 应聘时不要让伴侣或父母、朋友陪同。

☐ 应聘时不要和几个要好的人同去。

头发要整洁

应聘时头发杂乱，这绝不是潇洒气质的流露，这样的形象是不受欢迎的。

一个人的仪表如何是判断其内心和性格、习惯的重要参照标准。在面试中，这当然也是招聘者评判一个人是否值得聘用的标准之一。人们经常说"头等大事"，可见头发的状态暗示着一个人对人对事所持的态度。头发杂乱会给人以很糟糕的第一印象。既然如此，无论你能力多么强，内涵多么深厚，面试官也宁愿录用一个能力稍逊但是能给人大方、爽朗的第一印象的人。

温馨提示：

☐ 应聘前应该仔细清洗头发，使其保持整洁。

☐ 如果有必要，应聘前应提前一周左右修剪头发，使其保持清新自然的发型。

☐ 应聘时进入面试场所前，可以到洗手间将在路上变乱的头发梳理整齐。

眼角要保持干净

面试的时候，在招聘者面前呈现出一双眼角堆满眼屎和其他污垢的眼睛，这对你应聘成功可是没有半点积极作用。

眼角残留眼屎，别人会以为你作息不规律、生活不够有条理；女性眼角残留化妆品，别人会认为你对自己不够负责，做事缺乏细心和耐心，且做事有侥幸心理。

无论你性别、年龄如何，容貌如何，眼角残留污垢都会给人一种拖沓、散漫的印象，是不礼貌的。

温馨提示：

☐ 面试前，应尽量让自己保持良好的睡眠，以利于眼睛休息以及精神饱满。

☐ 面试前，应保持眼部清洁，女性可适当进行修饰，如涂睫毛膏、眼影等。

☐ 进入面试场所前，最好能在比较隐蔽的场所再检查眼部整洁情况，以免意外。

系好纽扣

前去应聘时，不要让自己的纽扣"站错了岗位"。

应聘时，正在口若悬河地讲述自己的光辉历程，却突然发现自己上衣的纽扣没系好；应聘时，刚推开面试官的门，就发现自己外衣的纽扣扣错了；前去应聘，自始至终都不知道主考官一直对你意味深长地微笑是因为你的纽扣扣错了一颗。

扣错纽扣说明你不细心，这个细节会让招聘方觉得你做事粗心、缺乏条理性。

温馨提示：

☐ 应保证自己的衣服上纽扣数量齐全、无残缺。

☐ 应保证自己的纽扣都准确无误地扣好了。

☐ 如果在应聘时发现自己的纽扣没系好，应避免当场窘迫。

简历内容要规范

简历没有统一的格式、基本资料不全、字体和字号混乱、错字连篇、在照片一栏里贴自己的搞笑大头贴……这样一塌糊涂的简历，相信没有一个招聘单位会欢迎。

简历不规范，会让招聘单位怀疑你的学历和能力，怀疑你的人品和求职态度、求职热情；简历不规范，人却打扮得神采奕奕，会让招聘单位难以将简历与你本人联系在一起；简历不规范，会暴露出你粗心的缺点。

简历其实是你的门面，带着不规范的简历应聘自然是不合礼仪的。

温馨提示：

☐ 简历的内容应包括最基本的姓名、性别、年龄、毕业学校等个人资料。
☐ 简历的内容还应包括个人主要经历、主要成绩和简单的自我介绍。
☐ 简历不应有彩色个人艺术照、长篇大论以及过于花哨的格式。

简历制作要朴素大方

有不在少数的人认为，将自己的简历制作得豪华耀眼会更容易获得应聘机会和成功，其实没必要。

刻意使用高级纸张，采用富丽堂皇的印刷效果，将简历制作得像高级请柬或菜单，制作豪华简历，说明你注重做表面文章，还说明你奢侈浪费，招聘方容易认为你华而不实。如果招聘单位恰好特别崇尚朴素，你的豪华简历无异于向对方提出批评和挑衅。

温馨提示：

☐ 制作简历不宜使用豪华纸张。
☐ 制作简历不宜烫金、压膜。
☐ 简历不宜制作成相册式封面。

简历内容要详略得当

有的人简历真称得上"简"：一张让人感觉不到分量的薄纸，上面的材料少得只相当于名片。这种简历不合格。

简历太简，一方面说明你对自己不够负责，不够自信，不注重自己的形象，不注重细节，对自己要求过低；另一方面说明你对应聘单位不够负责，不够诚实，不肯向对方透露足够翔实的个人信息。过于简单的简历还说明你对自己所应聘的职位采取的是无所谓的态度，让人误以为你对自己选择的职业不尊重、不信任。

温馨提示：

☐ 简历不应只包含个人基本资料。
☐ 简历上的字数不能太少。
☐ 简历用纸不能太薄、太次。

简历不可弄虚作假

有的人在简历上虚构自己的工作经验，照抄别人的自我评价，把别人获得的奖项挂到自己名下，修改在校成绩，在简历上写自己根本不具备的能力和优点……诚信是任何招聘单位都极为看重的要点，也是应聘礼仪的必备项目。如果你通过虚假简历侥幸进入面试，但很快就被发现制作虚假简历的事实，其结果不仅是遭到眼前这家招聘方的拒绝，很可能会招致所有招聘单位的拒绝。

在简历上弄虚作假，即使你外在表现得非常彬彬有礼，也是无法真正达到礼仪标准的。

温馨提示：

☐ 简历上的个人基本资料应该保证真实。

☐ 简历上的个人经历应该保证真实。

☐ 自我介绍、个人学历、所获奖励及工作经历都应保证真实。

写求职信要规范

　　文本格式不规范、字迹模糊、语言不规范、内容不规范，这都是求职信写得不到位的表现。

　　文本格式不规范、字迹模糊，招聘方就没有兴趣看求职信的内容；语言啰唆或过于干瘪，招聘方就会不相信你的知识水平；大书特书与求职不相干的内容，招聘方会觉得你无理取闹，拿应聘当儿戏。

　　求职信是你身份和能力的说明书，说明书写得糟糕，显然是对招聘方的不尊重，没有人会将这样失败的求职信和"礼仪"二字联系起来。

温馨提示：

☐ 求职信应包括称呼、正文、结尾、署名、日期，可以打印，也可以手写；字迹必须工整，内容尽量控制在1页以内。

☐ 求职信应包括自己对工作的期望以及真实、准确的自我评价。

☐ 求职信应包括自己的工作能力和潜力方面的具体描述和相关数字。

不可在求职信中滥用名言、俗语

　　在求职信中滥用名言和俗语不仅是不礼貌的表现，还是愚蠢的表现。

　　滥用名言如"走自己的路，让别人说去吧"，明显是表明自己桀骜不驯的不合作态度；滥用"舍我其谁"之类的话语，则有夸耀和逼迫之嫌；使用"好酒不怕巷子深"这样的话，你是想让招聘方注意你呢，还是希望招聘方把你像陈酿一样"陈下去"？在求职信上滥用语句，无异于昭示自己的浅薄无知。

温馨提示：

☐ 求职信中不要抄袭他人的话语。

☐ 求职信中不要使用网络等作为范例的简历模板上的话语。

☐ 求职信上不要使用华而不实和浅薄的话语。

个人资料要准备充分

　　参加面试时，个人资料准备不足是错误的。

　　招聘方已经事先提醒你需要携带哪些证件来面试，你却只带着身份证就前去应聘，这肯定不行。不准备足够的资料就去应聘，暗示出你对招聘不太热心，或者丢三落四；个人资料不准备充分，还会让招聘方疑心你不善于规划自己的生活和工作；个人资料不准备充分，就无法按照招聘方的要求进行互动，更无法充分展示你的实力和诚信。

温馨提示：

☐ 个人资料应根据自己应聘的单位和职位进行充分准备。

☐ 个人资料应包括自己的简历、求职信、相关证书（或证书复印件）、证明、介绍信。

☐ 如果有必要，个人资料应该包括自己的文字等各种作品。

应聘时不宜拿出艺术照

　　有很多人求职时，为了让自己多一分胜算，花费重金去拍艺术照。这种行为在女性求职者中尤为常见。

用艺术照为自己加分，尤其是女性这样做，有搔首弄姿、投机取巧之嫌。如果你的艺术照与本人相差太大，招聘方会认为你刻意掩饰自己的缺点，甚至可能会想：在照片中如此粉饰自己，在简历和实际工作中是否也会过分粉饰呢？

温馨提示：

☐ 应聘时不要准备艺术照。

☐ 女性应聘者不要拍突出性感的"写真集"。

☐ 应聘者应根据招聘方的需要提供照片，如一寸或二寸免冠照、全身日常生活照等。

求职时要事先了解应聘单位

求职时对招聘单位一无所知是应聘的大忌。

对应聘单位不了解而前去应聘，招聘方会认为你没有明确的职业定位，尚未真正做好求职准备。盲目求职不但会让你因为对招聘方缺乏了解而处于不利地位，还可能因为同样的原因而出言不当，或者回答招聘者提问时驴唇不对马嘴而贻笑大方。求职时对招聘单位一无所知，说明你盲目鲁莽、自以为是，对招聘单位不尊重，没有真正的诚意。

温馨提示：

☐ 求职前应对用人单位的性质、规模、用人标准等有所了解。

☐ 求职前应了解一些招聘方的企业文化。

☐ 求职前应对自己所应聘的职业有一定的认识。

进入面试场所时要敲门

进入面试场所时不敲门，不是礼貌之举。

是否懂得尊重人、是否懂得如何尊重人也是面试的重要考察内容。进入面试场所不敲门，首先就会给招聘方一个莽撞无知的印象。俗话说"先入为主"，不佳的印象自然会影响到对方对你的评价。进入面试场所不敲门，还会让对方认为你急于求成、不够沉稳和成熟。如果招聘者正在抓紧时间认真准备，而房门又紧闭着，不敲门就进入面试场所会让招聘方有受惊之感。

温馨提示：

☐ 进入面试场所时，如果房门敞开，应首先向室内的人点头致意。

☐ 进入面试场所时，如果房门紧闭，应有节奏、有力度地在门上轻敲两三下。

☐ 如果房门虚掩，也要在门上有节奏地轻敲两三下。

离开时要随手关门

面试结束离开时，不随手关门是不礼貌的。

关门动作虽小，却体现出一个人做事是否有始有终，是否懂得为他人着想，做事是否细致用心。离开时是否随手关门，从这个细节也可以判断出面试者心理素质是否良好。如果他很紧张或因为自己感觉胜券在握而得意忘形，就容易忽略关门这个动作。单从尊重别人的角度来看，离开时随手关门也是必需的礼节。

温馨提示：

☐ 离开时应态度恭敬、动作轻柔地将

房门带上。
☐ 关门时应避免发出沉重、刺耳的声音。
☐ 关门时动作要利索，应避免推拉好几下。

进门要打招呼，并回应招呼

参加面试时，进门不打招呼是无礼的，不回应招呼更是无礼。

不打招呼，不回应招呼，一个原因是你怯场，不敢打招呼，不知道如何打招呼；另一个原因是你不懂面试的基本礼仪，忽略了打招呼这一环节；再一个原因就是你自视清高，不屑与招聘者打招呼。这三个原因的任何一个都足以让招聘者将你筛出候选者名单。

温馨提示：

☐ 进入面试场所后，应向在场的主考官礼貌问候"您好"或"大家好"。
☐ 进入面试场所后，如果面试官向自己问好或微笑，应礼貌地向其回礼。
☐ 问候或应答面试官时，声音要清晰、饱满。

未经允许不可落座

参加面试时，未经面试者允许就坐下，会让别人反感。

未经允许而自主落座，也许你会坐错位置，与此同时，你已经给招聘者留下了过于随便、自我的印象。如果不在招聘者指定的位置就座，你会被认为是没有听清楚他的指示，或者故意挑选自己喜欢的座椅。

温馨提示：

☐ 进入面试场所后，应根据招聘者的提示和指示就座。
☐ 如果招聘方未提供座位或未说明请你落座，应礼貌询问。

☐ 落座时动作要轻而敏捷，坐下后身体要端正。

面试中不做小动作

抠指甲、挖鼻孔、仰头看天花板、想问题的时候歪着头等的小动作常常会不自觉地出现在不同的应聘者身上。而它们是本不应该出现的。

面试中小动作不断，给人的感觉是不卫生、不自觉、不够端庄大方，有的动作还强烈地暗示出应聘者内心的紧张和自卑。还有的小动作会让人误以为是挑逗，如女性拢头发、晃动双腿等。应聘时过多的小动作给人以沉不住气的印象，也给人以缺乏教养的印象，不但对获得招聘者的青睐毫无帮助，反而让你的仪表顿时失色，无法让招聘者感受到你的礼仪。

温馨提示：

☐ 面试过程中不要搓衣角。
☐ 面试过程中不要咬嘴唇、皱眉头。
☐ 面试过程中不要不时低头向下看，不要跷二郎腿。

入座时避免碰响桌椅

入座时桌椅乱响是不能体现礼仪的。

入座时桌椅乱响，说明你入座的方式不妥，暗示出你缺乏礼仪修养，同时也暗示出你的紧张慌乱或者是满不在乎。即使你进入面试场所的时候很放松，入座时桌椅发出的噪音也会给你带来一点心理压力，给招聘者带来不悦。面试时，每一个细节、每一个动作都影响着你在招聘者心目中的形象，影响着你的录取概率。

温馨提示：

☐ 入座时，应尽量从座椅的外侧入座，动作要轻而快。
☐ 入座时，应避免碰撞桌椅，不要大力搬动桌椅。
☐ 入座时，身体要端正，要看好位置再坐。

坐下后不可晃腿

面试时坐下后晃腿，左右摇晃或者上下颠动，都极其不雅。

男性不断晃腿，给人以傲慢轻浮之感；女性在座椅上不停晃腿，给人以轻佻放肆之感。坐着晃腿，还让人觉得过于兴奋或过于紧张。有谁愿意聘用一个浮躁而不懂得尊重别人的员工呢？如果你不想以这样的形象使招聘方反感并被淘汰，就不要落座后神经质地晃腿。

温馨提示：

☐ 应聘时，坐下后应保持身体的平稳。
☐ 应聘过程中，坐着时应避免不停变换姿势。
☐ 应聘时，应适当控制急躁或紧张情绪，避免在肢体语言上呈现出来。

善于打破沉默

面试时不善于打破沉默对应聘者是不利的，也是不礼貌的。

有时因为面试官故意探试，有时因为面试官正在寻找合适的话题或词语，面试过程中出现短暂的沉默是很常见的。不懂得打破沉默，说明你不善于与人沟通，不善于寻找话题；说明你不会随机应变，不够灵活；说明你胆怯自卑，不善于思考。更重要的是，沉默对于面试官而言是尴尬的，任由沉默继续会让双方感到别扭。

温馨提示：

☐ 在面试过程中，如果出现沉默，应尽快做出反应。
☐ 在面试过程中，可以用询问考官招聘方的企业文化等问题来打破沉默。
☐ 在面试过程中，可以用向考官补充介绍自己的个人情况或自己对招聘方的认识来打破沉默。

说话速度要适度

参加面试时，说话速度过快或过慢都不会给你的表现加分。

说话速度太快，容易给人以慌张失措之感。如果面试接近尾声，语速过快会显得你急于结束面试。在面试者看来，这是不耐烦和没有诚意的表现。说话速度太慢，容易给人以傲慢无礼之感。如果一直这样，面试官会觉得你不尊重对方，并故意摆出老成持重的样子，同样显得虚伪、没有诚意。更主要的是，说话语速过慢给人以思维能力差、反应能力差的印象，这显然对应聘成功不利。

温馨提示：

☐ 参加面试时，说话速度应以对方听起来不费力为宜。
☐ 参加面试前，可以事先练习说话速度，请别人帮你体会速度是否合适。
☐ 面试过程中，可根据面试者的表情适当调整说话速度。

谈话内容要简洁

参加面试时，面试官请你做1分钟自我介绍，结果你却用了1分半；面试官请你用一句话来陈述自己的观点，你却断断续续用了五句话；面试官请你用两句话概括一下你对招聘单位的印象，你却滔滔不绝地讲了一大堆。这些说话内容不简洁的表现是不应该出现在面试场合中的。

说话内容不简洁，首先，面试官难以很快了解你说话的重点和含义；其次，会为面试官营造出一个啰唆、低效的形象；最后，明显地会耽误时间，如果面试官每天要面试很多应聘者，你这样的表现无疑会使其心情很不好。

温馨提示：

☐ 面试过程中，说话一定要简洁而准确。

☐ 面试过程中，应避免使用太多口头语和无意义的语气词。

☐ 面试过程中，无论是提问还是回答，都应事先在头脑中组织、简化语言。

说话声音要稳定

在面试中声音颤抖则难以赢取面试官满意的目光。

面试时声音颤抖，第一，不利于你和面试官交谈，颤抖的声音会影响双方交流的心情和顺畅程度；第二，颤抖的声音会明显暴露你内心的紧张，面试官会觉得你应变能力太差、不自信、胆怯。如果你应聘的恰好是销售、培训师之类需要与陌生人打交道的职位，这样一来，胜算的概率会大大降低。

声音颤抖虽然不能说明你不懂礼貌，却能很明显地影响你的仪表和仪态，给人留下生涩、拘谨的印象。

温馨提示：

☐ 在参加面试时，应事先稳定心态。

☐ 参加面试的过程中，应避免时刻提醒自己"不要紧张"，以免反倒陷入紧张状态。

☐ 参加面试时如果声音颤抖，可以尝试用深呼吸的方式进行缓解。

不可与面试官套近乎

有人觉得与面试官套近乎可以加深对方对自己的良好印象，促使自己获得更多的"分数"，实际上不是这样。

与面试官套近乎，会让你的目的昭然若揭。如果在场的有多位应聘者，你这样做等于向面试官脸上抹黑。如果面试官恰好是个很讨厌套近乎的人，你的举动无疑是撞到了枪口上。即使是普通人，也不会乐意陌生人一下子向自己表现出很熟络、很讨好的样子。

与面试官套近乎非但不合礼仪，反而是对别人自尊和信誉的侵犯和对礼仪的亵渎。

温馨提示：

☐ 不要以行贿、暗示、攀亲或借同姓、同乡等关系向面试官套近乎。

☐ 不要向面试官做出谄媚的动作和表情。

☐ 不要主动离开座位向面试官靠近。

不可对面试官抱有成见

看到面试官是个年轻人，就觉得他"没什么了不起的"，看到面试官是个威严的长者，就觉得自己"底气不足"；因为招聘方所在单位建筑不起眼，就认为对方是"小菜一碟"，因为招聘方对你的态度非常热情而友好，你就得意忘形地与对方开玩笑……

被自己的成见左右，你会自掘陷阱，陷入迷茫；被自己的成见左右，你会给招聘方留下见风使舵而又过于单纯的印象。

温馨提示：

☐ 对招聘方单位的任何成员都应该表示同等的尊重和礼貌。

☐ 对招聘方提出的任何问题都应该理性看待、认真回答。

☐ 不要随意地从表面现象去分析自己的所见所闻。

面对多个面试官时不可只注意某个人

参加面试时，面前有好几位招聘者，你却只对正中间的那位行注目礼，或者只对长得漂亮的那位行注目礼，或者只对长者行注目礼，这么做可不算聪明。

只注意一个人，其他人就会被"晾起来"、受到冷落；只注意一个人，你就无法及时感受到其他人对你的态度，从而及时调整自己的状态；只注意一个人，说明你不能纵观全局，不善于和团体进行沟通；只注意一个人，还有"只认衣裳不认人"以及掩饰内心紧张之嫌。再说，你所注意的那个人也许恰好不是最高面试官，不向每个面试官以目光致意，既是对他们整体的不敬，也是对他们被忽略的个体的不敬。

温馨提示：

☐ 参加面试时，首先应向在场的所有面试官行注目礼，环视众人，与他们每个人对视。

☐ 参加面试过程中，要随时注意每个面试官的表情、举止并向其做出适当回应。

☐ 参加面试时，不要让自己的目光显得飘忽不定。

既会讲理论，又要摆事实

参加面试时，主考官不喜欢只会讲理论、不会摆事实的应聘者。

越是夸夸其谈的人，越会给人以没有真本事的印象。在校期间从未参加过社会实践，却对各企业的经营之道进行大肆评论，会让人觉得浅薄；做自我评价时只会用形容词，不会使用陈述句，会让人觉得虚伪；与面试官对话过程中大量引用书本上的观点和理论，对方让你举出实际案例，你却无法恰当回应，这会让招聘者觉得你纸上谈兵。

只讲理论不摆事实就像推着一辆自行车、唾沫横飞地向别人介绍骑车技巧，实际上自己并不会骑。

温馨提示：

☐ 与招聘者对话时，应实事求是地回答问题，避免阐述自己实际没有的能力。

☐ 参加面试时，应该学会用事实说服别人。

☐ 参加面试时，不要不懂装懂。

态度要积极

参加面试时摆出一副无所谓的表情；招聘者问你英语水平、写作能力如何，或参加过什么大型活动时，你故作谦虚地把自己的能力和成绩打个对折："一般一般"；招聘者询问你对面试单位的印象时，你用慵懒的态度说"还行"；招聘者请你填一份表格，你匆匆忙忙就交卷且字迹潦草……这些都是面试中态度不积极的表现。

没有积极的态度，就会掩盖自己的能力、优点、自信，招聘者会认为你对你所应聘的单位和职位没有诚意，还会觉得你对待任何工作都不会有积极的心态和行动。态度不积极，本身也是对招聘者不敬的表现，是不合礼仪的。

温馨提示：

☐ 参加面试时，应迅速地对招聘者的提问做出积极互动。

☐ 回答招聘者的问题时应尽量考虑周全。

☐ 招聘者组织小组讨论等活动时，应及时调动自己的热情和积极性。

表态不可犹豫不决

表态犹豫不决也是礼仪错误。

任何单位招聘都是经过层层筛选才逐渐确定面试对象的，他们必定对这些前来参加面试的人寄予厚望。如果你表态犹豫不决，就是对招聘方的不信任和不尊重。表态犹豫不决，招聘者会认为你优柔寡断、没有魄力，还可能因此而判断你还有其他的应聘机会，或者对招聘方感到不满甚至不屑。表态不及时也是没有效率、浪费时间的表现，单就这一点说也是不礼貌的。

参加面试时，如果表态犹豫不决，你很可能失去宝贵的工作机会。

温馨提示：

☐ 表态时应迅速而果断。

☐ 表态时，说话方式应避免闪烁其词、支支吾吾。

☐ 表态时，要注意动作和表情，避免给人以特别犹豫、为难的印象。

切忌伪装完美

在面试过程中伪装完美不仅不能给你加分，反而很容易让你陷入僵局。

描述自己的知识能力水平时将自己说得天花乱坠；因为招聘方需要活泼性格的人，就硬是把自己暂时塑造得很活跃；即使是描述自己的缺点，也使用"太认真""过于追求完美""过于真诚""过于努力"等类似的话语。但是，如果你伪装完美，一旦在面试环节中出了问题，你就会陷入无法自圆其说的困境；如果你伪装完美，招聘者立刻就会认定你在撒谎和粉饰自己，从而不会对你有好的印象。伪装完美其实就是欺骗，懂得礼仪的人是不会这样做的。

温馨提示：

☐ 参加面试时，不要刻意迎合招聘方而极力掩饰自己的缺点。

☐ 参加面试时，不要使用过于绝对的赞美式的话语对自己进行描述和评价。

☐ 不要对自己并不擅长的技能进行赞美，不要对自己涉足不深的领域进行过多评价。

自我定位要准确

每一个参加面试的人都应该对自己有一个正确而合理的定位，否则是不合礼仪的。

自己不具备销售人员的素质，却偏偏去应聘贸易公司；自己不具备经理的资格，却主动上门应聘经理，只是因为某单位待遇高，就不顾自己的特长、爱好以及能力而前去应聘，这样是不对的。

自我定位不准确，就无法向招聘方描述和展示出一个真实、全面的自我，也许能体现你对招聘单位的热情，却无法很好地体现你对它的了解和敬重，同时你会有急功近利、投机取巧之嫌。

温馨提示：

☐ 应聘前，应对自己的兴趣爱好和职业理想以及适合做什么工作有一个评估。

☐ 参加招聘时，不要将待遇和单位的

规模放在首选地位。
- ☐ 参加招聘时，应选择适合自己的岗位。

耐心听清问题再回答

面试时不要未等听清问题就回答。

不等听清问题就回答，是性急和莽撞的表现，也是头脑简单、思考不到位的表现。不等招聘者把话说完就回答问题，是对其不敬的表现。不知道对方到底在问什么就回答，答非所问的结果在所难免。不耐心听清问题，说明你沉不住气，也说明你自视清高，不能正确评估自己的理解能力和判断能力。

温馨提示：

- ☐ 回答问题前，要注意招聘者的表情和态度。
- ☐ 回答问题前，要准确理解招聘者所说的内容和深层含义。
- ☐ 回答问题时，应待提问者问完话后再开口。

切忌滔滔不绝

滔滔不绝会让你的口才变成缺点甚至"败点"。

无论是回答问题、提出问题还是参与讨论，在面试过程中，滔滔不绝地说话绝不是令人欣赏和赞叹的举动。这样做会让招聘者处于被动的位置，而且容易让他们产生疲劳感。如果你说话前后矛盾、瞻前不顾后，就正好应了"言多必失"这个词语。如果同时有几位应聘者，你的做法会让其他人有威胁之感，急于表现成为你的突出特点而非优点。

温馨提示：

- ☐ 回答招聘者的提问时要控制时间，

点到为止。
- ☐ 谈论自己时不要夸夸其谈。
- ☐ 向招聘者提问时不要不断重复。

说话要谦虚

出言不逊是最能让你颜面尽失的做法。

出言不逊常常是色厉内荏的表现。虽然表明你求胜心切，却也暴露出你"不让我如意，你也别想好过"的阴暗想法。求职不成反而恼羞成怒，可见修养之差。对一个招聘单位出言不逊，也许你会受到你所求职的这个行业所有单位的拒绝。出言不逊，说明你不能承受失败、自制力欠缺。即使只是因一时冲动随口而出的话，也会让你的形象瞬间毁坏。

温馨提示：

- ☐ 与招聘方应答时，应始终保持谦恭有礼的姿态。
- ☐ 如果招聘方言语中透出轻慢，你可以礼貌地提醒，但不可做出激烈反应。
- ☐ 如果求职失败，询问招聘方原因时应保持冷静和礼貌。

不对应聘单位妄加评论

不要对招聘单位妄加评论。

很多招聘单位会在面试中提出类似的问题："你觉得我们单位如何？""你可以从你所见所闻对我们单位提出建议吗？"别因为面试官表情殷切、态度和蔼、眼神中充满期待就认为这是你表现自己的大好时机，从而妄加评论。招聘方所有的问题都是本着尽可能全面地考察你的目的来设置的，他们想知道的是你的思维能力、应变能力和做事态度等，答案并不太重要。但是，如果你的答案太"个性",就会犯错。对招聘单位妄加评论,说明你狂妄自大、自制力差、经不起诱惑,同时说明你忘记了最基本的礼仪——尊重。

温馨提示:
- [ ] 评论招聘单位时,态度应诚恳而谦虚、谨慎。
- [ ] 对于自己不了解的地方不要妄加评论。
- [ ] 对于自己难以判断的、有争议的地方,不要妄加评论。

提问要适时

面试过程中,如果应聘者能适当提出一些问题,会给招聘者留下很好的印象,从而使你的应聘成功率大大提高。但是如果提问不是时候,你的美好愿望说不定就泡汤了。

主考官正在与身边的其他考官对话,你突然提问,这会让对方感到措手不及;主考官看似正在思考问题,你贸然询问,对方可能一时间反应不过来;主考官起身出门,请其他主考官继续面试你,你却执着地向对方提出问题,对方会有点进退两难。

提问不适时,给人的印象是故意刁难,这的确不是礼貌的做法。

温馨提示:
- [ ] 面试中提问,应选择主考官注意力集中的时候。
- [ ] 面试中提问,应选择考官停止与他人说话的时候。
- [ ] 面试中提问,应避免在考官下逐客令后进行。

提问内容要适当

参加面试时得到提问的机会是很难得的,通常会对你能否被录取起到很重要的作用。但是,如果你得意忘形地提了不恰当的问题,只有"后果自负"。

询问面试官的个人爱好等私人问题,对方会觉得你有意套近乎,如果对方恰好反感这一套,你被刷掉是肯定的;询问企业内部问题,对方会觉得你太过好奇,还可能疑心你刺探机密;询问对方已经向你介绍过情况的问题,对方会觉得你在敷衍,且记忆力差、不善于应变。

提问不当,其结果比不提问还糟糕。

温馨提示:
- [ ] 提问时,应避免提出缺乏新意的问题。
- [ ] 提问时,应避免提出特别尖锐、敏感的问题。
- [ ] 提问时,应避免提出重复的问题。

切忌批评和诋毁原单位

有些人可能觉得批评自己工作过的单位,更能表明自己对招聘方的忠诚和渴望,这是完全错误的。

批评原单位工作压力大、工资低,抱怨老板脾气不好,同事不好相处、素质低,批评原单位管理不善、效率低下……这都是不对的。原单位对你进行过培养,给了你经验,招聘方更希望知道你从原单位学到了什么,而你此时离开原单位并诋毁它,那么你将来很可能再诋毁现在的单位。身为一名员工,不能对自己服务过的企业没有一点感谢之心,你的诋毁会让你的人品在面试官眼中"下滑"。

诋毁原单位就是诋毁你自己和所有的雇主,这是不礼貌的。

温馨提示:
- [ ] 当表达自己对原单位的看法时,应从客观角度进行评价。
☐ 对原单位进行评价时，应从它对自己所产生的积极影响入手。
☐ 对原单位的不足之处，要进行客观而委婉的表述。

打探薪水和福利要看时机

主动打探薪水和福利，说起来是应聘者对自己权益进行维护的表现，不值得大惊小怪，其实不是这么简单。

投简历的时候，如果在电子邮件中询问对方待遇，无论你能力如何，对方多半会把你排在面试者名单的最后一名；面试之初先向对方询问待遇，对方一定会第一个否定你。主动打探薪水和福利，给人一种唯利是图的感觉。摆出一副"工资不高咱就免谈"的样子询问薪水和福利，就算招聘方能给出足够高的薪水，也不愿意接受这么性急和狂傲的员工。

有些问题我们有权知道，也应该询问。但是如果在不合适的时候、不假思索地问，绝对不合礼仪。

温馨提示：
☐ 询问薪水和福利时应该注意方式，不宜太直白。可以用"我希望多了解些公司各方面的情况"之类的话语进行暗示。
☐ 询问薪水和福利问题适合在面试基本内容结束以后。
☐ 询问薪水和福利问题时态度要礼貌，不要表现出过于急切的样子。

礼貌有始有终

有的应聘者顾头不顾尾，礼貌有始无终。这样做是不对的。

应聘时点头哈腰，一口一个"老师"，一口一个"先生"，面试结束后却判若两人，连招聘方的"再见"都不理会；进门时笑容满面，出门时却满面冰霜；礼貌恭敬地进门，却趾高气扬地出门。应聘者前后差距太大，会让人觉得表演意味太浓：之前的礼貌和热情都是装出来的。

温馨提示：
☐ 面试整个过程中要讲究始终如一。
☐ 走出招聘场所时，不要得意忘形或神情沮丧，因为楼道里可能装有摄像头。
☐ 离开面试场所时，应对自己见到的所有工作人员礼貌问好。

要注意及时告辞

不及时告辞，很可能让唾手可得的工作机会与你擦肩而过。

不及时告辞，双方都会陷入没话找话的境地，彼此尴尬；不及时告辞，就会影响招聘方计划中的工作，影响到对下一个应聘者的招聘；不及时告辞，会让招聘方对你产生不珍惜时间、不懂得察言观色的印象；不及时告辞，除言行举止等各方面的一些缺点，还会让你因为找话题而做出不合适的言行举止，不经意间暴露出缺点。不及时告辞，对你和招聘者都不利。

温馨提示：
☐ 当面试基本结束后，要趁沉默的时候主动提出告辞。
☐ 不知道是否该告辞时，应该礼貌地询问"请问我还需要做些什么？"以此试探。
☐ 提出告辞后不要进行过多的寒暄。

面试官与应聘者告辞要起立

面试官坐着与应聘者告辞是有失身份的。

面试官坐着与应聘者告辞，是倨傲、自大的表现。招聘方的态度即招聘单位的态度，一个无法平等待人的单位，必定是员工素质低下、水平不够高的，企业文化必然也有很多不足之处。我们都说聘与被聘是双向选择，那么招聘者坐着送人的举动，很可能被注重细节的人才摒弃。

坐着送客是不礼貌的。应聘者可以说是招聘单位的客人，因此坐着送应聘者是不礼貌的。

温馨提示：

☐ 应聘者提出告辞时，面试官不宜面无表情地原地不动。

☐ 应聘者告辞时，面试官应起立并向其致意。

☐ 应聘者告别时如果要求与面试官握手，面试官应积极回应。

切忌打击应聘者

招聘方打击应聘者，不仅会失去一个应聘者，还可能失去更多的人才，甚至损害招聘单位的声誉。

打击应聘者，第一，暴露出招聘者自以为是、刻意摆谱的心态；第二，显示出招聘者不尊重应聘者的人格、无视其尊严；第三，说明招聘者不注意维护所在单位的形象。打击应聘者的招聘者会给人留下恶劣的、没有教养的印象，相信没有人愿意进这样的单位、在这样的领导手下工作。

温馨提示：

☐ 不要对应聘者的外貌做出批评和讽刺。

☐ 可以对应聘者提建议，但不要对应聘者的能力和临场表现进行嘲笑。

☐ 不要对应聘者说"你绝对找不到工作"之类武断而不负责任的话。

切忌态度傲慢，盛气凌人

态度傲慢、盛气凌人本来就是不礼貌的做法，更不要说用这样的态度对待应聘者了。

一个人是否有修养，从他的言谈举止就可以看出。招聘者用居高临下的目光看待应聘者，会让对方有受辱之感；招聘者对应聘者略显幼稚的问题嗤之以鼻，会让对方有受挫之感；招聘者用刁难的语气对应聘者说话，对方会有受敌视、被误解之感。

招聘者代表的是他所在的单位，而不单单是他个人。如果用不礼貌的态度对待应聘者，相信他所在的单位会把很多优秀人才拒之门外。

温馨提示：

☐ 作为招聘者，应以严肃而和蔼的态度对待应聘者。

☐ 作为招聘者，不要斜眼看人，不要故作高深、倨傲待人。

☐ 作为招聘者，不要对应聘者提出的任何问题嗤之以鼻。

提问题要适当

面试过程中，招聘者提问题必须慎重，并不是说招聘方占据主动位置就可以随便提问。

男性招聘者询问女性应聘者婚否或有没有恋人还不算过分，但如果问她谈过几次恋爱就有骚扰意味了；询问应聘者在农村长大还是在城市长大，有歧视农村出身之嫌；表情神秘地询问应聘者是否愿意接受某些"有挑战性的工作",会让对方疑心招聘单位存在不正当行为。招聘方提出不适当的问题既是对应聘者的侮辱或挑衅,也是对招聘方个人及单位形象的污损。

温馨提示:

- [ ] 招聘方不要提出涉及应聘者隐私的问题。
- [ ] 招聘方不要提出刁难的、无意义的问题。
- [ ] 招聘方不要提出重复的、无聊的问题。

第十七章　职场工作礼仪

在上司面前不可逞强

在上司面前逞强是愚蠢的行为。

在上司面前耍小聪明、做手脚，宽厚的上司会不动声色，性急的上司则会立刻将你开除；在上司面前故作深沉、卖弄才学，会让对方觉得你不满自己的职位或待遇，意在取代其地位；在上司面前大量使用他不熟悉的名词，对方会觉得你有意为他设置障碍，有意让其尴尬。在上司面前逞强，对方还会认为你考虑事情和做事不周全，不懂得尊重领导，不懂得谦虚谨慎，非可塑之材。让上司感到不愉快，肯定是不礼貌的。

温馨提示：

☐ 不要刻意与上司发生争执与冲突。
☐ 不要不经上司同意就自己做主决定某些事情。
☐ 不要对上司使用显示轻视、不信任和嘲笑的口吻。

不可只跟老板打招呼

在工作场合中，不要只和老板打招呼。

初入职场的新人，面试时印象最深的是老板，上班第一天第一个见到的也是老板。开始只和老板打招呼情有可原，但过一段时间以后仍然这样，就令人匪夷所思了。别人会觉得你和老板关系不一般，如果你和老板不是同性，大家更会如此认为。只跟老板打招呼，别人会认为你欺软怕硬、故意冷落同事或者害怕与同事交往。只跟老板打招呼，不利于你与同事展开合作和交流，会给人留下不合群、孤僻的印象。

温馨提示：

☐ 在工作环境中，不要只和领导打招呼。
☐ 在工作环境中，不要只和自己部门的同事打招呼。
☐ 在工作环境中，不要只和认识的人打招呼。

不可直呼老板的名字

在一些外企，老板可能会要求和习惯员工直呼其名，但这条看似能传达"平等和谐"理念的规则并不是到处适用的。

新员工没有过渡地直呼老板的名字，会让人产生刻意谄媚上级和表现自己的怀疑；老员工直呼老板名字，让人有倚老卖老、卖弄老资格的怀疑；年轻的女秘书和女下属直呼老板名字，让人容易产生对方与老板关系暧昧的怀疑。在公务场合直呼老板名字，会显得很缺乏职业素养。

温馨提示：

☐ 如果你是新员工，即使单位有直呼老板名字的传统，你也应先礼貌地以职位称呼老板。

☐ 只有确定老板的确乐意接受直呼其名的习惯，且大家都这样做的时候，你才可以照办。

☐ 在不同的场合，应根据情况对老板采用不同的称呼。

不可绝对服从

服从命令，这是有的人心目中"好同志"的形象。实际上，如果你毫不变通地绝对服从，你的行为就有待商榷了。

领导一时兴起做出了一个不合理的决定，身为助理，你虽然看出了不合适之处，却不加提醒地完全照办，造成漏洞百出的后果，这显然会影响领导的威信。同时你必定会成为他人眼中的"死脑筋""一根筋"，这不利于你与他人的交往。

温馨提示：

☐ 接到上级指示时，应适当提出询问或建议。

☐ 同事交代的任何事情，遇到有疑问的地方，一定要及时而礼貌地提出来。

☐ 遇到他人事件紧急需要特殊办理的时候，应合理地安排、处理。

在职权范围内自主决断

你是否和很多人一样，认为在办公场合，做决定前征求所有人的意见是礼貌的做法，同时又显得你谦虚谨慎、善于与人沟通，且非常尊重他人呢？如果你回答"是"，那么你错了。

做决定前征求所有人的意见，从工作能力的角度而言，别人会觉得你事事都需要别人帮助，没有工作能力，缺乏主见；从人际关系的角度来讲，别人会觉得你不懂得体谅别人的难处，事事打扰别人，很不礼貌，甚至会让对方不胜其扰。

温馨提示：

☐ 身为领导，做决定前与部分或全部高层人员商议即可，必要时自己全权做主。

☐ 身为某项工作或某个部门的负责人，应该对自己的决策能力有信心。

☐ 身为下属，做决定前如果不太确定，直接征求领导的意见或建议即可。

女性言行要端庄大方

与年长或职务较高的同事说话时嗲声嗲气；做事动不动就甩手、嘟嘴；工作没做好的时候装出一副无辜、委屈的模样；看到新发布的通知或决定时瞪大眼睛惊呼，做出惊讶、夸张的表情……女性如此这般地在职场上是不理智的。

第一，会给人以不符合年龄和工作场合的不适感；第二，会让人觉得你用这种方式推卸责任、投机取巧；第三，如果你做得太过分，容易被误解为纠缠和骚扰。

职场女性言行不端庄大方,既不能表达自己对别人的敬意和重视,也不能表现自己的能干和可爱。

温馨提示:
- □ 任何年龄的职场女性都应避免做不符合自己年龄的神情举止。
- □ 女性应避免刻意撒娇,尤其是不应在男性同事或领导面前如此。
- □ 职场女性应在言行举止上及时修正自己的"天真"表现。

遇到困难要积极解决

遇到困难哭鼻子的员工不是受欢迎的好员工,甚至不是合格的职场人。

遇到困难就哭鼻子,别人多半会皱眉暗想:"怎么这么不经挫折,这么小心眼,这么敏感?"新员工哭鼻子,是心理不成熟、处世经验少、工作能力差的表现;老员工哭鼻子,是故意示弱、博取同情的表现;男员工哭鼻子,既是对自己性别的侮辱,也是对自己人格的贬低,其表现必定会成为广为流传的笑话。

温馨提示:
- □ 遇到工作中的困难如任务重,应妥善、理智地解决,如向他人请教。
- □ 遭受了委屈,应该冷静思考并寻找合适的对策,不应表现得冲动或过于愤怒、伤心。
- □ 哭鼻子的时候,应选择独处、不会影响他人的时间和场合。

提高工作效率

工作效率不高,经常单独加班,任务没有及时完成,这非常影响别人对你工作态度和工作能力的看法。

工作任务与其他人相差无几而经常单独加班,说明你工作能力差、工作效率低;工作任务稍多但完全不必过多加班,经常单独加班,别人会觉得你假公济私,借加班的理由办私事。经常单独加班会增加单位值班人员的负担,增加单位能源用量。如果你加班成效不大,别人可能会认为你的行为是作秀。

温馨提示:
- □ 工作时应尽量提高效率,集中精力在尽可能短的时间内完成工作任务。
- □ 工作时应避免无意义的重复劳动,平时应避免堆积未完成的任务。
- □ 下班后应避免疲劳而低效地加班。

切忌越级请示领导

越级请示领导,在有些人看来是工作积极、办事及时、讲究高效且利于树立自身形象的行为,其实不是。

你做事前越过直接领导而请示高级领导,既会给高级领导增加工作量,又会使直接领导感到自己被忽视、被隐瞒。如果高级领导下查,难免给你的直接领导带来"失职"的麻烦。越级请示领导,别人会认为你和直接领导有个人恩怨,或者认为你有特别的目的。越级而打乱秩序和流程,本来就不合乎办公礼仪,再惹出一串不必要的麻烦,更是错上加错。

温馨提示:
- □ 平时应该与直接领导及时沟通,保持联系。
- □ 与自己的直接领导沟通时要注意方法,要尊重对方。
- □ 发生矛盾时,首先应该冷静思考后礼貌而委婉地与自己的直接领导沟通。

不可热衷于传播小道消息

小道消息是办公场所的暗流。如果热衷于传播此类消息，无论是对工作还是对你的个人形象，都极为不利。

单位要裁员了，某些部门要改组撤并了，某位领导正在被司法机关查处，某位同事家里出事了，某位女同事怀孕了，某位男同事有新女友了……这些小道消息，有的无关痛痒，有的纯属胡编乱造，有的则是人身诽谤。如果小道消息制造者的目的是伤害别人或搅乱大局，传播它们就等于是煽风点火。常常传播小道消息的人，会给人留下人品不好的印象，容易受到别人的鄙视和排挤。如果你传播小道消息而使别人身陷困境，还可能触犯法律。

温馨提示：

☐ 不要打听小道消息。
☐ 不要讨论小道消息。
☐ 不要传播小道消息。

切忌在办公室谈论、评论别人的无能

在办公室谈论别人，评论别人如何无能，这么做永远都是不受人肯定的。

当面谈论甲工作中出现的种种错误，必定让他在同事面前抬不起头，觉得自己受到了鄙夷和排斥；私下谈论乙的种种失误，如果传到乙的耳朵里，他一定会自觉地远离你；参与你话题的人，必然会在内心里认为你"站着说话不腰疼"，只看到别人的不足。

在办公室讨论别人的无能，对你、对别人都没有半点益处，反而可能导致办公室风气不良、人心不齐。这个结果必定是办公室礼仪规范所不允许出现的。

温馨提示：

☐ 如果某位同事的确能力上有所不足，应该礼貌而委婉地向其提出建议。
☐ 如果无法向业务水平欠缺的同事提供帮助，就不要对他进行议论。
☐ 不要当着同事的面对其进行谈论和评论，更不要背着他这样做。

切忌大肆批判公司制度

批判公司制度的人并不鲜见，如抱怨公司制度苛刻、没有人性、不公平、有漏洞，等等。

批判公司制度，首先是言行上对所在单位的不敬，当然也表露了内心的不满。只在与同事闲聊时批判，有蛊惑人心之嫌；只在受到批评时批判，有发泄私愤之嫌；只向不如自己的人批判，有变相自夸之嫌；只在背后批判，有造谣生事之嫌。

温馨提示：

☐ 对公司的制度要严格执行。
☐ 如果对公司制度有意见，可以向相关部门提建议，但不应攻击。
☐ 不要钻公司制度的漏洞。

要关心同事

同事感冒了，你却视而不见，听而不闻；同事上班路上被车刮破了一点儿皮，你看到了却没有一丝关心的意思；同事心情有点糟糕，你却对其不理不睬，只处理工作上的事情。不关心同事是不应该的。

虽说同事关系不同于朋友关系，无须掺杂太多私人情感，但是完全像冰冷的机器一样对待同事，无益于营造良好、和谐的工作环境和氛围。

温馨提示：

☐ 工作之余，应对同事的生活和情绪适当关心。

☐ 如果同事身体不适，应及时表示慰问和帮助。

☐ 如果同事在工作上有需要帮助、合作的情况，一定要积极主动地向其表示关心。

热心于公益性事务

对公益性事务不可漠不关心，采取事不关己、高高挂起的态度和做法是不对的。

办公室里的饮水机没有水了，办公室的地板脏了，办公室里的垃圾桶满了，办公室的门坏了……只要在集体环境中工作，就不可能避免遇到这些公益性事务。你恰好守在垃圾桶旁而不肯倒垃圾，最后一个离开办公室却不肯帮忘记关电脑的同事关机，有空闲却不肯帮大家取一份公用文件……总是如此，大家会觉得你冷漠无情、极端自私、没有集体观念、没有起码的教养和礼貌。公益性事务虽小，却能检验出你心中是否有"礼仪"。

温馨提示：

☐ 工作闲暇，应注意到工作场所中的公益性事务。

☐ 如果单位对公益性事务排了值日表，一定要按时、认真地完成。

☐ 只要自己有空闲，就要主动做公益性事务。

与异性同事交往不可过密

办公室恋情多半没有好结果，"疑似办公室恋情"也是一样。

与同一办公室的异性同事交往过密，你会吸引其他同事的过多好奇而不友善的目光；与其他办公室的异性同事交往过密，别人会觉得你无心再在现在的办公室待下去；与异性上司交往过密，别人会认为你别有用心。无论与你关系密切的异性是什么身份，都对你的事业和生活不利，对良好、和谐的办公室社交不利。与异性同事交往过密的直接结果就是传出绯闻、影响名誉，别人还会因此而产生你不安心工作的错觉。

温馨提示：

☐ 上班时间不要频繁出入异性同事的办公室。

☐ 不要向异性同事过多透露自己的私生活。

☐ 不要向异性同事过多地打听对方的私人生活。

注意自己在异性面前的身体语言

不注意自己在异性面前的身体语言，往往会引来很糟糕的结果。

不经意地靠近异性同事，让对方能很近地感觉到你的呼吸，闻到你身上的气息；用暧昧的眼神瞟视异性同事；习惯性地用手轻拍异性的肩膀或手臂；男性在异性同事面前将裤子腰带松开再扎紧……许多的身体语言不经意中传达给别人暗示性的信息，从而很容易引发别人的言语挑逗或行为上的冒犯。不注意自己在异性面前的身体语言，会给所有的同事留下轻浮、散漫的印象，大家会认为你"不是工作的料"。不注意自己在异性面前的身体语言，容易干扰别人工作。如果迎接访客或外出访问时仍然如此，必定会令别人怀疑你所在单位的风气和业务水平。

温馨提示：

☐ 女性在男性面前应避免梳理头发、长时间注视等动作。

☐ 男性在女性面前应避免解开衣扣、拍对方肩背的动作。

☐ 在异性面前，不要习惯性做出打打闹闹的动作。

不可泄露公司机密

任何公司都有自己的机密，并且严禁员工外泄。

泄露公司机密，说明你目光短浅、经不起诱惑、自制力差；泄露公司机密，你的信誉就不再被同事和上司看好，你不仅会丢掉目前的工作，还可能失去进其他单位的机会；泄露公司机密，你的人品会因此而遭到怀疑，别人会迅速而自然地疏远你。

泄露公司机密既违背公司规定，也违背礼仪原则。无论是有意还是无意，通过什么途径，泄露公司机密都是不应该的。

温馨提示：

☐ 对于单位的机密不要刻意打听。

☐ 如果自己知道一些机密，不要当作话题透露给别人。

☐ 对于公司机密，要警惕某些人的刻意询问。

杜绝丢三落四的毛病

丢三落四是不好的习惯。

朋友约你出去玩，你收拾起东西来丢三落四；作为客户服务人员，向客户进行解答时丢三落四；执行工作任务时丢三落四……无论是在工作中还是在生活中，丢三落四浪费时间，

会给别人留下"没脑子"的印象。如果代表公司接待外商，你损害的不仅是你自己和公司的形象，还可能影响到你所在行业甚至国家的名誉。待人接物时不能让对方感到轻松自在、方便快捷，就是礼仪上的失败。

温馨提示：

☐ 对自己的办公用具、文件资料等要全部规整好。

☐ 对自己要做的事和已经做好的事要有规划和总结。

☐ 要随时用便条提醒自己的日程安排。

认真对待琐碎却必要的工作

有人大概觉得，工作中许多事情是可有可无的、不必做，或者觉得自己做"大事"就可以，一些鸡毛蒜皮的小事没必要做。这样想是错的，这样做就更是错的了。

记录每天要做的事以及最近一段时间的具体安排；将每一份上交给领导的文件整理好，做好标记；及时清理废旧文件，主动而及时地给客户打电话，调整工作任务……诸如此类的琐碎事情，如果你不做，工作效率就很有可能降低。从礼仪角度来说，对琐碎工作不屑一顾，会给人以势利、浮躁的印象。如果你职务高，有欺上瞒下之嫌；如果你职务低，有以工作泄私愤之嫌。

温馨提示：

☐ 工作无论大小和轻重，都应该认真对待。

☐ 对待工作不要有浮躁心态。

☐ 不要将琐碎却必要的工作让别人代做。

接受任务时不可嘀嘀咕咕

接受任务时嘀嘀咕咕，看起来无关紧要，其实有违礼仪。

接受任务时嘀咕，"又让我做""又做这种事情""可恶"，恐怕这些话在员工口中是最常见的。嘀嘀咕咕，说明你心存不满，或者对自己能力有怀疑。嘀咕声音越含糊，别人就会越疑心，从而对你产生不安全感和不信任感。无论你如何看待自己的任务，不能礼貌地接受或者不能礼貌地提出异议都是违背礼仪原则的。

<u>温馨提示：</u>

☐ 接受任务时如果有疑问，应该及时询问。
☐ 接受任务时如果有不满，应该克制。
☐ 如果对自己接受的任务有压力，应及时调整、缓解。

不把今天的事情拖到明天

今天的事情绝不应该拖到明天做。

医生把今天要做的手术推到明天做，也许病人的生命就被危害了；秘书把今天的征文推到明天交，对方就拒绝接受了；厨师把今天的晚饭推到明天做，大家肯定饿肚子；领导把今天的会议推到明天开，也许就失去时效、失去意义。做事拖拖拉拉，给人以心不在焉和摆架子的印象，也给人以自我为中心、不关注大局的印象，还可能让人以为故意搞破坏。无论哪一种误解产生，都是不应该的。

今天的事情拖到明天做，是对别人的不敬。所以千万不要这样做。

<u>温馨提示：</u>

☐ 每天要完成的事情必须完成。
☐ 应对自己每天需要完成的任务做计划。
☐ 每天工作时应该将时间和精力分配均匀。

对同事的能力表示信任

怀疑同事的能力，很容易遭遇同事的不满、不服气甚至怨恨。

如果老同事怀疑新同事的能力，新同事多半会觉得委屈；如果男同事怀疑女同事的能力，有性别歧视之嫌；如果性格开朗的同事怀疑性格内向的同事做不好工作，有以貌取人之嫌。既然同事在其位，必定会谋其职；既然同事能得到工作岗位，他就有足够的能力应付工作。怀疑同事的工作能力，不仅是对其能力的"不看好"，更是对其人格的侮辱。

<u>温馨提示：</u>

☐ 不要对同事的工作能力表现出不屑。
☐ 不要对同事的工作能力表现出不信任。
☐ 不要对同事的工作指指点点。

不要在无关紧要的事情上浪费时间

在无关紧要的事情上浪费时间，绝对不能体现出一个人的"心细如发"，反而会让人觉得"婆婆妈妈"。

整理资料时不注意其真实性和可靠性，反而在纠正错别字和标点符号上狠下功夫，正所谓本末倒置；马上要到宴会开始的时间了，你还在打扫未清理干净的房间，你就等着迟到后感受众人不满的目光吧！在无关紧要的事情上浪费时间，就是在重要的事情上耽误时间，同时减少别人对你的信任和期望值。在无关紧要的事情上浪费时间，别人还会以为你对手上的工作不满或者对他人不满，故意而为之。

温馨提示：
☐ 在不必多花时间的事情上不要太费心。
☐ 在无须立刻完成的事情上不要浪费时间。
☐ 在不必做的事情上不要浪费时间。

不要包揽自己能力不够应付的事情

上司要出差，询问是否有人可以负责接待访客，你自告奋勇承担任务，结果自己的工作没做好，又没招待好接二连三的访客。同事临时接受重要任务，询问是否有人能帮他打印文件，你爽快应承，结果自己忙得根本没有时间顾及同事的事。

包揽自己能力不够应付的事情，通常的结果就是什么事情也没做好，反而引来别人的失望甚至抱怨。包揽自己应付不了的事情，即使你有心、有时间，也容易耽误托付者的进程。有时，包揽自己做不好的事情，往往会让事情做得越来越糟。

温馨提示：
☐ 自己没有时间做的事情不要包揽。
☐ 自己没有能力做的事情不要包揽。
☐ 自己没有精力做的事情不要包揽。

不可将重要任务一口回绝

上级将一项重要任务托付给你，你本可以承担，却一口回绝；同事临时有事，将一项重要任务转托给你，当然将功劳也一并给你，你完全有时间也有能力去做，却一口回绝；别人怀着很大希望请你完成一项重要任务，你确定自己做不了，就一口回绝。

一口回绝重要任务，容易让托付者失望，对彼此间关系的发展和对方对你的印象都没有好处；这样做容易让别人误认为你傲慢、懒惰或者害怕承担责任，以后即使再有类似的任务，对方也不会交给你。因为你伤了对方的信任，以及对方的"面子"。

温馨提示：
☐ 接到自己能够胜任的重要任务时不应推托。
☐ 对于某些自己比他人更能很好应付的重要任务，可适当主动请缨。
☐ 对于自己的确不能做的重要任务，回绝时应礼貌地说明原因。

要懂得适当求助别人

从不向别人求助，你是否觉得这样的人在单位里才有威信，才称得上是实力派？这样的员工不会给别人带来麻烦，就肯定是最受尊敬的员工？不一定。

职场新人不懂得在工作上适当求助"前辈"，有脑膜自卑或自大狂妄之嫌；普通员工不懂得在工作上或情绪低落时向同事求助，有"冷血"或"自作自受"之嫌；上级不懂得在工作上和日常小节上向下属或同事求助，有"不近人情"或"工作机器"之嫌。适当向别人求助，并非暴露自己弱点的表现，而是因为不如此就难以更有效地贴近别人，从而更好地理解别人、与别人建立良好的关系，以及更好地在工作上进行合作。

温馨提示：
☐ 不要在自己做不好的事情上一味下蛮力。
☐ 当自己有困难时，应主动、及时地

向同事或领导请教。
- [ ] 当自己的确没有别人做得好时，不要拒绝让同事插手。

让同事分享自己的快乐

不懂得让同事分享自己快乐的人是不懂得礼仪的。

发奖金了，大家并没有要你请客之意，你却对此"封锁消息"，别人会觉得你小心眼；看到一则很有趣的笑话，你自己乐不可支，别人问你时却讳莫如深，别人会觉得你精神不正常。不懂得让同事分享自己的快乐，就有自私、虚伪之嫌，不利于增进人际关系和调节工作环境的气氛；不懂得让别人分享自己的快乐，容易造成误解，引起别人对你的疏远。

温馨提示：
- [ ] 自己取得成绩时，应态度坦诚而谦恭地向同事宣布。
- [ ] 当自己心情愉快时，应让同事感受到自己的轻松。
- [ ] 当自己有好东西时，应主动请同事分享。

不可忌妒别人

同事升职了，同事买车买房了，同事总是得到上级的嘉奖……任何一件大事小情都会引起你对同事的忌妒，小心这坏情绪会将你逼入死角。

忌妒别人是心胸狭窄的表现，忌妒会让你习惯于用挑剔甚至是敌意的目光看别人；忌妒会导致语言和行为上的变化，使你不自觉地对别人说不屑的话、嘲笑的话甚至中伤的话；忌妒会诱发你做出不利于别人的事。忌妒别人最直接的结果就是导致你和别人关系的僵化，引起别人的厌恶和警惕。

温馨提示：
- [ ] 对同事的优点应致以赞许和欣赏的态度和目光。
- [ ] 对职场中别人的财富和地位应淡然处之。
- [ ] 对职场中别人的成绩、外貌、人缘等方面，都应以平和的心态看待。

不为流言所动

面对流言失态有损礼仪之美。

面对流言失态，别有用心的人会大肆宣扬你的反应，并为之兴奋；面对流言失态，不明真相的人会认为你是因为丑事暴露而感到难为情；面对流言失态，有失自己的尊严和形象。无论是愤怒、悲伤还是破口大骂，都会让你仪态尽失。面对流言失态，还可能误会善意的人们，造成他们的误解和失望。

温馨提示：
- [ ] 面对流言时，不应慌张，更不应气急败坏。
- [ ] 澄清流言时，态度应庄重大方、不卑不亢。
- [ ] 面对流言时，要调整好心态，防止它影响工作和心情。

不在办公室里吃有刺激性味道的食物

在办公室里吃有刺激性气味的食物是令人感到头疼的做法。

办公室是工作的场所，空间有限，刺激性食物的气味很难短时间内消除，会停留在空气中，也会从吃过的人口腔中散发出来。在集体办公室里吃刺激性食物，会给大家带来不愉快；在独自使用的办公室里吃刺激性食物，如果有他人来访，会给对方带来不愉快。洋溢着刺激性食物怪味的办公室，会给人一种居家的错觉，不利于营造工作环境。如果恰好有人前来参观或检查，这样的办公室必定是不合格的。

为了营造一个良好的办公环境和做一个令他人感到愉悦的职场人，不要在办公室里吃刺激性食物。

温馨提示：

☐ 不要在办公室吃葱、蒜等会引起口腔异味的食物。

☐ 不要在办公室吃海鲜等食物。

☐ 不要在办公室吃臭豆腐等食物。

不宜在办公室和别人分享自己的食物

在办公室里吃东西本来就是不太妥当的做法，给别人分享自己的食物就更不妥当了。

给不喜欢在办公室吃东西的同事分食物，对方会厌恶；给关系一般的同事发食物，对方会觉得你"自来熟"；给有洁癖的同事分发食物，对方会尴尬；给对你所带的食物不感兴趣的同事分吃东西，对方难以接受。当你用油手抓着一把薯条分发给同事时，大家一定会担心你的手和薯条是否干净。

当你不确定别人是否愿意接受你的食物，不确定自己是否真的了解同事时，不要贸然请对方分享你的食物。

温馨提示：

☐ 即使在非工作时间，也不要随意向同事发放自己的零食。

☐ 不要把自己的零食硬塞给同事。

☐ 不要请别人吃他不喜欢的食物。

对同事的零食应接受

拒绝同事的零食是不礼貌的。

礼仪规范要求我们，要为他人考虑，要懂得站在他人的角度想问题。拒绝同事的零食就是拒绝同事的热情和真诚；拒绝同事的零食，就是间接对同事健康和卫生状况的怀疑。如果对方是职场新人，遭到同事的拒绝会感到沮丧；如果对方是出于庆祝的目的，拒绝就是拒绝向对方表示祝福的暗示；如果对方是异性，拒绝零食是对其有防范心理的暗示。

温馨提示：

☐ 非工作时间，同事递给你零食时，应坦然接受。

☐ 当同事向大家分发零食时，你应该礼貌地接受并表示感谢。

☐ 如果你由于身体原因不能吃某些零食，拒绝同事时应说明原因并致歉和道谢。

与别人共用办公桌时要懂得礼让

与别人共用办公桌时抢占大部分"地盘"是错误的。

与别人共用办公桌时占据大半"领地"，会给人以霸道而自私的印象，也会影响同事正常工作、扰乱同事的心情。此外，这样做还容易让你和同事的文件混到一起，从而影响办公效率。不为他人着想，必然会影响办公室的氛围，破坏办公室的整洁、和谐与公平原则。

温馨提示：

☐ 与别人共用办公桌时要照顾到别人的需要。

☐ 与别人共用办公桌时不要故意与对方抢占。

☐ 与别人共用办公桌时应尽量减少桌上物品的数量。

分清工作关系与私交

工作关系是不能与私交混为一谈的。

因为自己和某人私交甚好,就请对方帮自己搪塞领导,以便出去办私事,这等于是给同事制造风险;因为自己与某人是大学同学,就处处让对方帮自己处理琐碎工作,这等于是给对方增添工作量;因为工作中同事与自己的合作出了差错,就在私下与其结仇,这等于是将工作上的失误转嫁到私人关系上。将工作关系与私交混为一谈,工作和私交都会受到不良影响;将工作与私交混为一谈,你的人品和工作能力及工作热情就会遭到质疑。

温馨提示:

☐ 不要将工作中自己和别人的失误归结到私交问题上。

☐ 不要在工作时间找同事谈私事。

☐ 不要利用私人关系在工作上干扰同事工作和决策。

积极参加下班后的同事聚会

逃避下班后的同事聚会不是明智之举。

劳累了一天,同事邀请你下班后和大家一起吃饭、开舞会,你无论喜欢与否、有时间与否,一概拒绝,这样会使你显得很另类,很不合群,别人会认为你古怪、戒备心强。逃避下班后的同事聚会,别人会以为你另有缘由。一次还说得过去,每次都逃避,就说明你有意与同事拉开距离,讨厌同事或者害怕同事。逃避下班后同事的聚会,会让你逐渐失去同事的信任和好感。

温馨提示:

☐ 如果自己的确不能参加,应礼貌而诚恳地向大家进行说明。

☐ 同事举行集体聚会时,无论答应与否都要态度明朗而干脆。

☐ 对于一些有益的集体活动,应该主动而积极地参加,并踊跃表现。

不可公开过多个人信息

在工作场合,即使你和上上下下关系再好,也不应该公开过多的个人信息。

报告你的恋爱进程,别人会认为你耽于私情、无心工作;向别人倾诉你和家人争吵的细节,别人会认为你性情暴躁、自我控制能力差;向别人发布你的病情报告,别人会认为你"娇生惯养"、自我意识太强。如果你的病情是不妨碍别人但不便公开的,公开的后果很可能是让别人对你产生误解,甚至让你丢掉工作。公开过多的个人信息,会让领导失去威严和必要的神秘感,让下属失去安全感,让同事失去新鲜感。

公开过多个人信息,既是对自己的不负责任,也是对别人的骚扰。

温馨提示:

☐ 不要向同事透露过多私人信息,如经济状况、感情隐私等。

☐ 不要向同事报告你下班后的去向、对其他同事的看法,尤其是不满的看法。

☐ 不要在办公室里流露出跳槽的意向,发泄对单位的不满。

谦虚有度

总是保持谦虚态度的人未必招人喜欢。

明明是众人中的佼佼者，却极力推说自己很无能，简直是在讥讽别人是白痴；别人请你谈成功经验，你却拼命说自己没什么好谈的，这是在变相拒绝，别人会认为你自私，不愿向他人传授经验；大家都知道你是某方面的"专家"，做事时你却不动声色地退后，这么做等于是有心看别人的笑话、袖手旁观。

总是保持谦虚的人会被认为很自负，过度的谦虚等于骄傲，太过谦虚让人觉得虚伪做作。该表现的时候却做出谦虚模样，这是不礼貌的做法。

温馨提示：

□ 当别人夸奖自己的时候，应礼貌地适当接受。

□ 需要自己出面的时候，应该主动而得体地提出建议或提供帮助。

□ 需要竞争的时候，自己应当仁不让地发挥能力。

不做事后诸葛亮

大家策划活动的时候不参与，等活动结束了，出现问题了，你却像个指挥家一样滔滔不绝地告诉大家哪里没有做好；别人开会时你不发言，等会议结束后，你却私下里不停地提意见，且头头是道；别人遇到困难时你不帮助，别人失败后你却大言不惭地指点对方应该向谁求助。这样的人是事后诸葛亮，令人讨厌。

做事后诸葛亮，你说得越有道理，你在别人眼里就越无情、越懒惰，别人会认为你故意等着看别人失策、失败的结果。做事后诸葛亮于事无补，反而让别人平添烦恼。

温馨提示：

□ 即使别人做错了事，也不要在事后无休止地指责。

□ 如果你在别人做事的时候没有参与，就不要等他失败以后再向他提适合当时情况的建议。

□ 别人做事失误后，应根据他的情况进行安慰而不是冷嘲热讽。

尽快接待正在等待的客人

有人来单位访问你，恰好你有预约的电话要打，但打完电话却忘记了坐着等待你的客人。这样做是很不礼貌的。

遗忘正在等待你的客人，对方会认为你不把他放在眼里。如果对方有很重要的事情找你，你的遗忘会让他觉得你故意逃避；如果对方是初次来访，你的遗忘会给他留下不负责任、没有人情的印象；如果对方是长辈，你的遗忘会让他觉得你在表示蔑视。遗忘等待中的客人，除了给人留下不好的印象，显然还会浪费对方时间。

温馨提示：

□ 自己暂时无暇招待访客时，应请人代为陪伴。

□ 有客人在等待时，应将自己手头的事情尽快处理好或暂时放在一边。

□ 请客人稍等时，应告诉客人大致的时间并严格遵守，避免让客人久等。

对同事的客人也要热情接待

对"自己人"才表示礼貌，这不仅不能赢得"自己人"的信赖和感谢，相反可能会使"自己人"对你"另眼相看"。

对自己的同事热情相待、温暖如春；对自己的客人殷勤备至、温声软语，极有耐心；对待同事的客人以及自己不认识的访客却冰冷相待。这是"两面派"的做法，是"看人下菜碟"。

把陌生人和同事的客人当"空气"，自然无法表现出礼仪的实质。

<u>温馨提示：</u>

☐ 同事有客来访时，应热情对其打招呼。

☐ 同事暂时无法招待客人，而你有时间，在不违背原则和纪律的情况下应主动招待对方。

☐ 对待同事的客人不要视而不见。

包容和自己意见不同的人

不要随便指责和自己意见不同的人。

指责与自己意见不同的人显得没有修养、沉不住气。如果你是晚辈，批评别人是犯上；如果你是长辈，批评意见不同的人是欺小。如果你是正确的，指责别人就是得理不饶人；如果你是错误的，指责别人就是强词夺理。指责别人本身是不礼貌的行为，因为别人意见与自己不同而指责别人，会显得别有用心。指责别人如果态度恶劣、言辞激烈，就变成了中伤。

<u>温馨提示：</u>

☐ 当别人与自己意见不同时，应耐心听别人的言论。

☐ 如果别人与自己意见不一致，强调自己的观点时应礼貌、沉着。

☐ 不应没有原则地对与自己意见不一致的人进行恶意批评。

不要等到任务分配到头上才去做

任务分配到头上才去做，不要说这样的人是好员工，因为这样做的人不符合办公室礼仪的要求。

任务临头时才做，工作的进程必然会仓促，从而有可能产生失误。你在工作的空闲去休息娱乐，必然会给人留下对工作不认真、不负责的印象。即使有可能提前做，你也非要拖到规定日期才正式去做，必然会让人觉得懒散、得过且过。任务分配到头上才去做，让人觉得你对工作缺乏热情和信心，对自己缺乏责任心，对任务下达者缺少尊重。

<u>温馨提示：</u>

☐ 工作过程中，应该对自己的工作进程做出计划和预期。

☐ 对于一些有可能分配到自己手上的任务，应该提前做好准备。

☐ 平时应随时为自己安排一些可自由使用的时间，随时做好接受任务的准备。

不可频繁请假

频繁请假的人可不会受欢迎。

既然是请假，多半是办私事，占用工作时间办私事，于情于理都不合适。频繁请假，别人会觉得你自由过度、散漫成性，对工作没有热情和恒心。频繁请假，普通员工和同事会认为你与高层领导有特殊关系，才能有诸多自由，从而有损别人的工作积极性。频繁请假，必然会耽误你的工作，让你经常性地无法专注于工作，从而难免造成工作上的失职和失误。

<u>温馨提示：</u>

☐ 不应为一些无关紧要的事情请假，

如接待完全可以由家人来接待的客人。
☐ 一些小的私事应尽量在短时间内做完，不占用工作时间。
☐ 必须请假时，应尽量缩短请假时间并及时销假。

与同事和睦相处

不要在职场上故作姿态。

在工作中故作姿态，只能向别人宣告你不善于社交、不得人心。在讲究团队协作精神的职场故作姿态只会耽误时间，给工作带来阻力。职场不是自我表现的最佳场所，也不是行为艺术的舞台。故意表现得与众不同，也许你是想让自己表现特别出众，但事实却适得其反。故作姿态，在别人看来是自我推崇和对其他人的轻蔑，更谈不上礼貌。

温馨提示：
☐ 在工作中，应主动融入同事中间。
☐ 自己有意见或有特殊才能时，应该在工作中正常表现。
☐ 不要用不符合语境的话语说话，也不要做不适合工作场合的举动。

切忌表现出"怀才不遇"的样子

在职场上，处处表现得怀才不遇不会有很好的结果。

领导训话时做出怀才不遇的样子，对方会觉得你不服气、听不进去、挑衅领导；同事取得成绩时表现得怀才不遇，别人会认为你忌妒那位同事，心胸狭窄；自己的意见或成绩未被承认时表现得怀才不遇，别人会认为你自寻烦恼，找借口为自己的无能开脱。表现得怀才不遇，说明你与同事交流不多，不知道如何调整自己的心态以及与同事们和领导的关系。

表现得怀才不遇还会让人觉得你孤僻、冷漠，既不利于工作顺利进行，也不利于让自己融入集体氛围。

温馨提示：
☐ 不要抱怨自己觉得琐碎或不起眼的工作，应慢慢积累经验。
☐ 在职场上，应主动而热情诚恳地向其他同事学习，及时解决心理困惑。
☐ 当自己得不到承认时，应先从自身找寻原因。

以友好的态度帮助新同事开展工作

不少职场新人初入工作环境，容易遭到一些老员工的利用和役使。如果你是一名老员工，千万不要这样做。

对新同事颐指气使，会给本来就是生手的新人增添工作任务和心理负担；发懒让新同事帮你做事，你的工作可能会完成得更慢；在新同事面前摆老资格的架子，显然会损害你在对方心目中的形象。在其他老同事眼中，你的做法也会令他们不齿。对新同事颐指气使是不尊重对方、侮辱对方、利用对方的表现，根本就不是懂礼貌的人应该做的。更何况，随着新同事的进步，你能确定他永远处于劣势吗？

温馨提示：
☐ 对待新同事态度要和气而礼貌。
☐ 新同事不太适应工作环境时，应主动对其进行指点。
☐ 自己能做的事不要利用新同事、指派给新同事。

尊重勤杂人员

不尊重勤杂人员的人难以得到别

人真正的敬重。

刚刚还和悦、礼貌地和同事说话，见到勤杂人员就立即拉长脸，会显得见识狭窄、心机叵测。不尊重勤杂人员，说明你在意对方的身份和地位，说明你看不起身份、地位较低的人，看不起他的职业和工作。换句话说，你在别人看来善于见风使舵、欺软怕硬。不尊重勤杂人员，也说明你不懂得从人格上去尊重别人，不懂得尊重的真正含义。

温馨提示：

☐ 对所有的勤杂人员都要尊重、以平等心态对待。

☐ 不要任意制造垃圾或损坏工具，以免给勤杂人员增添负担。

☐ 当勤杂人员工作时，应主动为其提供方便、礼貌避让。

适度承担一些自己职责范围之外的事情

坚决拒绝不在自己职责范围内的任务是错误的。

别人交代你"如果有电话找我，请叫我一声"，你毫无商量余地地拒绝；别人请你采购办公用品的时候帮他捎带几件文具，你不假思索地拒绝；别人询问你是否能在送文件后返回办公室的时候替他传话给某位同事，你果断拒绝，因为你觉得这些都不是自己工作范围内的事情。

工作中也需要关心和理解，坚持与同事和睦相处、互敬互助的原则。

温馨提示：

☐ 对于不违反原则而自己又能做到的任务，不应拒绝。

☐ 自己有时间接受的任务不应拒绝。

☐ 如果确实不能接受任务，拒绝时应该礼貌。

切忌主动包揽任务

主动包揽任务不一定是工作积极、能力强的表现，反倒可能是自高自大、无事添乱的表现。

主动包揽自己职责之外的事，有替他人工作、徇私舞弊的嫌疑；主动包揽自己无法胜任的工作，是不自量力、逞能的表现；主动包揽超出自己工作量极限的任务，是不能正确认识自己能力的表现；主动包揽别人已经承担的任务，有假积极、作秀的嫌疑。

温馨提示：

☐ 承担任务时，应对任务的分配和自己的能力有科学的认识。

☐ 承担任务时，不要说"这有什么"之类表示轻视的话。

☐ 承担任务时，应避免有夸耀自己和贬低别人的表情或动作。

主动承担责任

推卸责任是工作中严重的失职现象，也是不合礼仪的。

犯了错误不承认本已经让人难以接受，再推卸责任就是执迷不悟。推卸责任是嫁祸于人，是自私而又愚蠢的做法。即使推卸责任成功，替你承担责任者也会从此鄙视你的为人。推卸责任的人难以得到别人的信任，更不会得到别人的尊重。推卸责任会影响你在别人心目中的形象，甚至让你丢掉工作。

温馨提示：

☐ 因为自己的原因而出错的事情，不

要归咎给别人。
- □ 如果几个人同时犯错，不要为自己开脱。
- □ 承认错误时态度要诚恳，应避免强词夺理。

不可过度承揽责任

有人觉得，犯错时承担的责任越多，越能证明自己悔过的心态和态度的诚恳，越能得到他人的谅解。其实不然。

过度承担责任是对自己的不负责，会让事情本身更难以解决。过度承担责任也是不坦诚的表现。如果你经常这样做，被袒护的人会养成习惯，形成侥幸心理，对对方的发展和工作顺利进行不利。承揽过多的责任，似乎是在向别人示威："我就犯了这么大的错，你能把我怎么样？"这是不成熟、不理智的表现。如果弄巧成拙，必然会连累多人。

温馨提示：
- □ 错误原因不在自己时，不应鲁莽地承担责任。
- □ 承认错误时，不应夸大自己的责任。
- □ 其他人不承认错误时，不应包庇对方。

敢于表达自己的意见

做老好人的人，最终会让每个人都觉得"不好"。

开会讨论时，大家各持己见，你却表示"哪一个人说得都有道理，很好很好"；两人为某件事不能决断，请你评判，你却说"不知道，你们自己解决比较好"；单位领导要进行换届选举，别人问你支持谁，你却表示"谁上都好"。做老好人也许不会与任何人产生正面冲突，不否定任何人和任何事，其实会让人理解为不支持任何人、任何事。老好人显得没有竞争意识，没有善恶、是非观念，在必须决断的关头做老好人，相信你会被所有的人所不齿。

温馨提示：
- □ 大家进行讨论时，应该主动而积极地发表意见。
- □ 无论做任何事、面对任何人，都应该有自己的立场和态度。
- □ 当别人询问和征求你的意见时，应该给对方一个明确的答复。

对同事的帮助要懂得回报

有人可能觉得，"投桃报李"这种事看起来太不合适了，职场上做好本职工作就可以了。其实，在职场上，虽然人与人之间不必走得很亲近，但一些善举还是很有必要的。

同事在关键时刻为你提了好建议，如果你过后不理不睬，对方就会觉得自己没有受到尊重；同事平时在你心烦的时候开导了你，如果你对他毫无谢意且从不知回报，对方会觉得你铁石心肠。

接受过别人的帮助后，用实际行动来回报对方是礼貌，这与"交换"有天壤之别，别混淆了概念而让人以为你不但不懂礼仪，而且无情无义。

温馨提示：
- □ 别人为自己提供过帮助，自己一定要适时向对方表示感谢。
- □ 对于帮助过自己的人，如果对方求助，一定要尽力帮助。
- □ 如果自己没有能力帮助关心过自己的人，应该向其提供求助线索。

切忌意气用事，为犯错的同事辩护

在职场上，意气用事非常要不得。意气用事，为犯错的同事辩护，更要不得。

为犯错的同事辩护，就是公然反对制度、反对规则、反对上级。同事明显犯错，一味为其辩护就是包庇和袒护；如果你是犯错者的直接领导，这样做就是否认错误，为自己开脱间接责任。为犯错的同事辩护，说明你不能理性地看待工作和工作上的错误，甚至被认为是故意破坏工作。意气用事，为犯错的同事辩护，既浪费时间，又不容易解决问题，还影响自己的形象，不利于办公室大环境的建设。

温馨提示：

☐ 同事的错误无法否认时，不应为其辩护。

☐ 不应因为同事与自己私交良好就为其所犯的错误进行辩护。

☐ 如果有必要为同事进行辩护，应据实而论，避免搬弄是非、颠倒黑白。

不可言行不一

在职场上，言行不一、阳奉阴违的人非常多见，很多人将此视为"职场生存"的必要做法，目的在于保护自己、防范别人。其实不对。

上司交代了任务，嘴上保证得信誓旦旦，上司走后却不认真完成；同事受到表扬，当面向其表示祝贺，背后却对其翻白眼；表面上和几个同事关系密切，背后却经常对他们"使坏"。

如此做事待人，第一，容易使你的本性暴露；第二，容易引起工作上和上下级、同事之间关系上的矛盾；第三，容易遭到别人的鄙视和排斥。

温馨提示：

☐ 上司是否在场与是否视察，都应表里如一地工作以及坦诚与人相处。

☐ 答应上司或同事的事一定要及时、圆满做到。

☐ 应避免当面夸人、背后说人的做法。

尽量不打扰工作中的同事

打扰工作中的同事是很不礼貌的做法。

同事正在计算数据，你却上前要求他帮你拿一件物品，对方必定会被你打乱思维，从而影响手上的工作。同事正在专心写一篇材料，初到单位的你却不停向他询问一些老员工都知道的事项，对方必然难以集中精力顺利完成他的工作。同事必须在规定时间内完成工作任务，你却一定要就某个工作上的问题和他进行一番讨论，对方一定会觉得你无聊而且可恶。

温馨提示：

☐ 同事在专心工作时，不要让其帮你做事。

☐ 借用物品时，不要找正在专心工作的同事。

☐ 自己有不太重要的事情需要咨询时，不要打扰正在工作的同事。

不在背后议论领导

背后议论领导的做法是错误的。

背后议论领导的衣着打扮，是无聊的表现；背后议论领导的私人生活，尤其是感情生活，是心理阴暗的表现；背后议论领导的为人和做事态度及方法，是自己对领导不满的表现；背后议论领导的工作能力，是轻视领导、自视过高的表现。背后议论领导，容易导致议论内容的广为传播，影响人心，同时也给他人打小报告制造机会。背后议论领导，说明你对领导不信任。在别人看来，你对任何人都不会信任。因此这样做也不利于同事关系的良好发展。

温馨提示：

□ 员工在单位应避免与任何同事背后议论领导，避免在任何情况下背后议论领导。

□ 身为下属，应该站在领导的角度想问题，尽力理解领导的所作所为。

□ 当自己对领导有所不满时，应以礼貌的方式进行适当沟通，而非在背后与别人议论。

进出领导办公室要注意细节

进出领导办公室时不注意细节，很容易因此而造成失误，引起别人的误解。

报告紧急事件时，敲门后不等应答就推门而入，如果领导正在接待重要客人，场面多少会有些尴尬。进入领导办公室后，不看领导脸色和忙碌程度，放下文件后就一言不发地站着等候指示，如果领导暂时无暇回应你，这样做是在为难领导。出门时大力关门，发出巨大的响声，等于是在向领导示威、发泄不满。

温馨提示：

□ 进领导办公室之前，应先轻声敲门，并确定领导是否在。

□ 进入领导办公室后，如果领导正在接待客人或接打电话，不要多做停留。

□ 进门与出门时应当及时随手关门。

听上司讲话注意力要集中

听上司讲话时注意力不集中是不对的。

不专心听上司讲话，就无法完全领会上司的意图，因而在执行过程中容易引起差错。不专心听上司讲话，显得心不在焉，是不尊重上司及其讲话内容的表现。听上司讲话时注意力不集中，会被认为是变相的挑衅和反对，此外还会让上司的话失去分量和作用，因而浪费时间和精力。听上司讲话时注意力不集中，还有可能影响他人的情绪，导致其他人分心、情绪波动。

温馨提示：

□ 听上司讲话时，不要不做思考。

□ 听上司讲话时，不要做小动作。

□ 听上司讲话时，不要走神、发呆。

认真对待领导分配的工作

领导分配给你一项任务，让你必须在几点之前完成，你却将其放到一边，理由是你觉得领导只是督促你尽快完成而已，是否在规定时间之前完成无所谓。这样做必定不会显得聪明。领导安排你和一个小心眼的同事合作，你很不情愿，原因是你认为领导歧视你，故意让你和难缠的同事在一起。事实上，领导是看重你的宽容和工作能力才这样安排的。

往往会因为误解领导的意图而耽误工作、影响心情，甚至影响你和领导之间的关系。

温馨提示：

□ 按照领导的指示做事时，不要单从自己的角度考虑问题。

□ 面对一些自己难以决断的事情，应及时向领导咨询。

□ 对领导的意图不是很明确时，应及时向领导询问和确认。

向上级禀告要把握分寸

一五一十地向上级汇报情况，毫不欺瞒，这样做的员工看起来肯定是非常受欢迎的，因为他诚实、坦然。但有突发情况要区别对待。

公司里出现混乱情况，你本来可以轻松应付，却急急地跑去向上司事无巨细地报告，上司一定会觉得"这么点事情都需要我亲自解决，真是没用"。几个下属出现了新人难免犯的错误，你耐心指导他们一番即可。如果上司询问新人工作状态时，你毫不欺瞒地报告说"他们犯了什么什么错误"，下属会觉得你不懂得体恤他们，上司会觉得你管理不善。在工作中，适当的隐瞒和委婉阐述并非欺骗，而是出于为上司分忧、体恤下属难处的礼仪需要。

温馨提示：
□ 对于一些暂时难以下结论的事情，可以等待结果进一步明确时再报告。
□ 当上司情绪波动很大时，可以对事件进行必要的保留。
□ 对于一些无关紧要而且可以迅速顺利解决的矛盾，可以避而不谈。

指正下属的错误宜在私下进行

当着他人的面指正下属的错误在很多人看来无可厚非，既使下属受到了警示，又在他人面前展示了自己身为上级的威严。但这样想是片面的。

当着外单位人的面指责下属，会给外单位的客人留下"这个单位的上级无能，下属当然也无能"的印象；当着本单位其他员工的面批评某个下属，被批评者会觉得没有尊严，旁观者会担心自己也受到这样的"待遇"；当着他人的面指正下属的错误，给人以好为人师和爱出风头的印象。

无论下属错大错小，当着他人的面指正下属都是在向别人展示下属的狼狈，显然称不上礼貌。上级这样做对下属是不尊重的，同时对自己的形象塑造也没有好处。

温馨提示：
□ 应避免当众批评下属，甚至对其失误进行中伤。
□ 当下属犯错时，应尽量与之单独交谈，通过详细沟通解决问题。
□ 发生当众指责下属的情况后，应酌情私下里向下属道歉。

不打小报告

打小报告的员工不仅会受到其他同事的厌恶，也会遭到上级的不齿。

打小报告必然得时刻注意其他人的行踪和言行举止，自己的工作必然无法很好地完成。打小报告是分散人心的做法，如果同事知道你的所作所为，必定不会愿意再与你合作。如果你的上司生性正直，打小报告会让他怀疑你的人品和动机，你因此而受到上级的批评和驱逐也是"罪有应得"。相信同事、坦诚对待同事是办公室礼仪的重要准则，打小报告的做法完全是对这一准则的破坏。

温馨提示：
□ 不要在背后向领导报告其他同事的不当行为。
□ 不要做其他同事行踪和具体工作情况的监视者。

☐ 不要专门针对自己不喜欢、看不惯的同事打小报告。

不越级报告

越级报告的做法通常都是不明智的。

领导有大小之分，通常各司其职、分工合作。越级报告，首先，剥夺了低级领导掌握事件情况和决断的权利；其次，越级报告给高级领导增添了工作负担，使其受到了不必要的打扰；再次，越级报告给人留下一种自视清高、看不起低级领导、故意对其隐瞒工作情况、挑衅对方的印象；最后，越级报告破坏了一般情况下的工作制度和流程，有不遵守纪律或不熟悉工作环节的嫌疑。越级报告看似重视工作效率、做事果断，其实不一定能提高工作效率和工作质量。越级报告还容易引起各层领导之间的误解，延误工作进程，因此是不合礼仪的做法。

温馨提示：

☐ 一般的小事情不应越过相关领导向更高一级领导报告。

☐ 只有在情况紧急且相关领导不在时，才能越过相关领导直接向上级报告。

☐ 有必要越级报告时，应在事后向被越过的领导进行说明。

不可替领导做主

有陌生人拜访领导，身为秘书的你，不问领导是否愿意、不考虑是否合适就让其进入领导办公室，当时不希望有任何人打扰的领导一定会觉得你不知道秘书的职责所在。领导外出办事，要求你记录每天的工作情况并向其汇报进展情形，你自作主张地忽略你认为不重要的地方，领导一定会觉得你玩忽职守。

替领导做主，一方面，会让领导错过重要信息或重要人物，给领导徒增无谓的负担；另一方面，会给他人留下不负责任、滥用职权的印象。最主要的是，盲目替领导做主是无视领导权威、轻视领导能力、误解领导意图的做法，是对领导的不尊重。

温馨提示：

☐ 不要在需要领导决断的事情上随便替领导做主。

☐ 只有领导明确指示你可以自作主张时才可以替领导做主。

☐ 替领导做主时，应保证从全局利益出发，从领导的立场上出发。

要注意当众维护上司的权威

身为下属，不注意当众维护上司的权威是错误的。

在公众面前，当领导仪表上出现瑕疵如鞋底上沾了显眼的纸片时，你不是委婉而不动声色地提醒，而是露出嘲笑的表情；陪同领导外出访问，领导在台上发言时，你不是仔细聆听而是昏昏欲睡。诸如此类的表现，都是对上司权威的亵渎。

不注意当众维护领导的权威，就是不重视你所在单位的形象，不重视你身为下属的职责，也是对自己形象的不负责任。

温馨提示：

☐ 不要当众指出领导的失误之处。

☐ 领导在公共场合失误时，应及时而礼貌地为其适当掩饰。

☐ 当有人对领导表示不敬时，应主动上前制止。

不顶撞上司

顶撞上司是很不礼貌的表现，但是总有人忍不住这样做，并且视之为"不唯上""不畏上"的英勇之举。

私下顶撞上司，会被误解为在工作中发泄私人不良情绪；公开顶撞上司，等于是向上司示威。顶撞上司会将本来不明显的矛盾激化，将争论从工作扩大到个人情绪；顶撞上司会损害上司的尊严，影响双方的判断力，不利于工作的顺利开展。

温馨提示：

☐ 当领导对自己产生误解时，应平心静气地向其解释原因。

☐ 当领导批评自己工作中出现的问题时，应态度谦恭地聆听。

☐ 当领导情绪不佳时，不要与其争论。

不介入上司的私人空间

介入上司的私人空间不见得是好事。

上司的亲朋来单位拜访上司，你嘘寒问暖，一副上司贴心人的做派；工作之余，你刻意旁敲侧击地获悉上司的生活细节，甚至打探上司的私人隐秘；作为秘书接到找上司的私人电话，你不厌其烦地追问对方的来历及与上司的关系。介入上司的私人空间，会打破上下级的严肃的工作关系，不利于工作的开展，也会让上司有暴露隐私的担忧和困扰。介入上司的私人空间，容易引起别人的私下猜疑。你和上司不拉开距离，对你和上司的形象都没有好的影响。

温馨提示：

☐ 在工作过程中，应与上司保持适当的身体距离和心理距离。

☐ 在工作环境中，不要询问上司的私人问题。

☐ 不要替上司做过多的私事。

不宜私访上司的家宅

私访上司家宅的做法不值得提倡。

私访上司家宅，通常情况下是不受上司欢迎的。如果是谈工作，环境不合适；如果是谈私人交情，环境同样不合适。私访上司家宅，第一，混淆了工作关系与私人关系，有溜须拍马和贿赂之嫌；第二，干扰了上司的私人生活，有骚扰之嫌；第三，容易给他人造成不好的印象，别人会认为你与上司有特别的隐秘关系。

温馨提示：

☐ 如果自己与上司级别相差很多，不要轻易私访上司家宅。

☐ 如果没有充分且必要的理由，不要私访上司的家宅。

☐ 有必要私访上司家宅时，首先应征得对方同意并避开节假日及对方繁忙或休息时间。

不可无故奉承别人

无故奉承别人不是善于与人交往、善于赢得别人信任的表现。

无故奉承同性同事，对方会认为你给他制造了麻烦或者有求于他；无故奉承异性同事，对方会认为你有意伺机骚扰；无故奉承上司，对方会认为你在耍溜须拍马的伎俩；无故奉承与自己有矛盾的同事，对方会认为你在伺机报复。无故奉承别人会让人觉得生硬、别扭，让人觉得突兀而虚情假意。如果你平时很少奉承别人，突然这样做会让人怀疑你"动机不纯"。

温馨提示：
☐ 不要随便奉承自己不熟悉的同事。
☐ 不要在自己需要别人帮助的时候刻意奉承对方。
☐ 不要在别人繁忙的时候无故奉承对方。

不争功邀功

在职场上职员之间争功邀功绝不鲜见，以至于人们将其视为办公室政治的必然表现，甚至有人将其视为职场生存的法宝。争功邀功其实并不必要。

争功邀功会显得你有极强的功利心，令人反感；争功邀功会分散同事之间的和谐关系，引发别人的忌妒心理和疏远；过度争功邀功会耽误正常工作，导致工作难以按时、保质保量地完成；争功邀功会促使不良风气的形成，不利于企业文化的良性发展和传播。

争功邀功违背职场礼仪脚踏实地、谦虚实干、积极协作的宗旨，是不礼貌的，也是没有积极作用的行为。

温馨提示：
☐ 不要将别人的劳动成果挂到自己名下。
☐ 不要夸大自己的功劳。
☐ 如果一项工作无法单独完成，不要在集体中强调自己的关键作用。

切忌以"跳槽"威胁上司

不要动不动就用"跳槽"的理由来威胁上司。

以跳槽威胁上司，意思是暗示上司你在单位里有无可替代的作用。如果你的能力并非超凡，以跳槽威胁上司，上司也许会想：就你这水平还想威胁我？我随便招一个人，他都会比你强！这样你非但无法达到目的，反而给上司提了个醒，上司会迅速将你开除。如果你能力很强，以跳槽威胁上司达到目的后，会对公司上下产生负面影响。别人会认为你骄纵自大，这既不利于单位人际关系的开展，又不利于你自身的形象。

温馨提示：
☐ 如果想获得更好的待遇，应该在适当的时间与上司进行协商。
☐ 如果自己没有足够的实力，不应用跳槽威胁上司。
☐ 与上司产生误解或矛盾时，应该理性分析、礼貌沟通来解决问题。

对上司要敢于提出意见

在任何单位供职，身为集体的一员都不应该对上司唯唯诺诺，该提意见的时候一声不吭。

唯唯诺诺是一种自卑、畏惧的表现，别人会认为你胆小怕事，办事犹豫、拖泥带水。设想一下，当别人像耗子见了猫一样战战兢兢地对待你，你是否会觉得别扭甚至生气呢？同样道理，上司面对这种态度时，当然也会感到浑身不自在。唯唯诺诺地对待上司，对方会觉得你没有主见，甚至没有独立工作的能力。

温馨提示：
☐ 与上司相处时，不应表现得过于拘谨。
☐ 上司向自己征求意见时，不应支支吾吾、闪烁其词。
☐ 上司与自己交谈时，不应沉默不语。

切忌升职后趾高气扬

做普通职员时对任何人都很和气、热情，单位人事变动升职后，立刻大改之前谦和的性情。这是错误的做法。

升职后趾高气扬，别人会觉得你以前的良好姿态都是装出来的，都是为升职而做的准备。如此一来，他们与你的关系必定会迅速冷淡，以后开展工作自然也不会顺利。

升职后趾高气扬，要么被认为是小人得志，要么被认为是胸无大志、鼠目寸光。从礼仪方面看，这样做是对别人明显的不尊重。

温馨提示：
☐ 升职后，应对以前的同事报以同等的尊敬和礼貌。
☐ 升职后，对待原来的领导应该一如既往地尊敬。
☐ 升职后，应避免对得罪过自己的同事或领导进行打击报复。

犯错后主动道歉

不肯道歉的人是令人讨厌的。

明知自己错了而不肯道歉，矛盾就无法彻底解决。如果你是无心犯错，不肯道歉会让别人误以为你是有心犯错。如果你的过失很大，不肯道歉会让你更难以得到他人的原谅。如果别人只是需要你道歉的姿态，不肯道歉就容易将事情向负面扩大。不肯道歉不仅无法解决问题，无法使矛盾"大事化小，小事化了"，反而会让人轻视你。

温馨提示：
☐ 自己犯错后应主动承认并向别人道歉。
☐ 当意识到自己的错误时，应及时向别人道歉。
☐ 当别人批评自己时，不要置若罔闻。

道歉要真诚

面对领导有气无力地说"是我的错"，对方绝不会相信你已经意识到自己的错误；面对自己伤害的人满不在乎地说"不好意思"，对方一定会更生气；面对被自己撞倒的陌生人毫不在意地说"对不起"，对方可能会认为你故意捣乱，并且以妨碍别人为乐。

道歉在很多时候都是很有必要的，但只有一句极不情愿的"对不起"是绝对不够的。道歉态度如果过于勉强甚至恶劣，往往会导致矛盾激化。

道歉如果不真诚就是无效的，就无法起到表示礼貌的作用，更不要说是遵循礼仪了。

温馨提示：
☐ 道歉时态度应坦诚、认真。
☐ 道歉时语言要恳切、谦虚。
☐ 道歉时动作神态应端庄、自然。

敢于承认错误

领导承认错误并不有损自己的尊严。

领导犯错而不肯承认，会严重影响自己的形象，并给下属呈现出一个负面的榜样，容易引起不良风气的形成。领导不承认错误，难以得到下属的真诚信服，甚至难以得到下属真正的尊敬，更不要说爱戴了。领导不承认错误，说明他爱面子胜过爱自己的荣誉和所在集体的利益，自私而目光短浅、浮华。领导不承认错误，是直接或间接对下属或集体的不负责任甚至伤害。

温馨提示：

☐ 领导错怪下属时，应单独或公开向其道歉。

☐ 领导的决策出现错误时，应诚恳地向大家公开道歉并及时调整。

☐ 领导被下属指出错误时应认真反思，并在确定自己犯错后及时承认错误。

工作中应谦虚、谨慎

开会时昂头腆肚；平时到下属中间走动时，背着手慢慢踱步，眼睛抬到头顶上；动不动就抬出自己的身份教训下属，摆出目中无人的架势。

不谦虚、谨慎不利于拉近自己与下属的关系，也不利于拉近自己与高一级领导之间的关系；在同级领导前张扬，对方会觉得你虚伪。无论你领导几个人，不谦虚、谨慎非但无助于你树立威信，反而会使你成为别人私下的笑料。如果外单位人员访问时看到你不谦虚、谨慎的模样，对方会觉得你素质不高，你所在单位的形象自然也好不到哪里。

温馨提示：

☐ 身为领导，应保持谦虚而落落大方的姿态。

☐ 与下属交流时，应避免容易引起摆架子嫌疑的居高临下示人的动作。

☐ 与下属说话时，应避免拉长声音、不断重复等。

在下级面前要以身作则

不能以身作则的领导是不合格的领导，也是不受欢迎和尊重的领导。

身为上级，行为举止乖张做作，穿衣打扮毫无领导做派，这会严重影响单位形象；身为上级，说话缺乏逻辑，做事拖拖拉拉、丢三落四，会严重影响他在员工心目中的形象和地位；身为上级，业务能力差、对待客户不认真、随便推卸责任，这会严重影响单位的风气和自身的威信；身为上级，言而无信、不能严格要求自己，这会严重影响单位的未来。

在下级面前不能以身作则，不仅是礼仪上的失误，更是对单位整个集体的不负责。

温馨提示：

☐ 身为上级应该在仪表、行为举止上给下属做出表率。

☐ 身为上级应该在下级面前在工作态度上做出榜样。

☐ 身为上级应该在自身素养、工作能力上做出表率。

听取下属的合理意见

如果一个领导不肯听下属的任何意见，必定不受欢迎。

不听下属建议，是堵塞上下级沟通之道的愚蠢做法。一个领导思维再缜密、能力再强，也不可能十全十美、说话做事从无疏漏。不听取下属的意见就可能错过良好的建议，或埋没优秀人才。长此以往，下属即使有好的建议或者发现重要问题，也不会有上报的积极性了。从礼仪角度而言，不肯听下属的意见，是对下属的不尊重。如果下属真心实意地向领导提建议，领导却嗤之以鼻，下属的自尊心和责任感必定会受挫。

温馨提示：

☐ 上级应主动向下属征求意见。

☐ 上级应给下属提意见的机会。
☐ 听取下属意见时，上级应认真、谦虚。

主动与下属沟通

不主动与下属沟通的领导不能说是称职的领导。

分配任务后就再也不管不问；明知下属是新手，仍然对其淡漠相对；只懂得在下属出错时批评对方，而不懂得提前提醒对方。这都是不主动与下属沟通的表现。上级与下属是管理与被管理的关系，也是同呼吸、共命运的关系。如果不懂得主动与下属沟通，就无法及时知道下属的想法，无法发现下属的潜能或不足，也不能掌握下属的工作和情绪状态。不主动与下属沟通，下属的思想和对工作的认识就会受到限制，不能及时改进工作方法从而提高工作效率，下属也会认为领导不关心、不体恤、不理解，难免对工作降低热情。不主动与下属沟通，就不容易与下属建立良好、愉快的工作关系。

温馨提示：
☐ 作为上级，应主动而及时地向下级传达任务、听取意见。
☐ 上级应经常性地与下级沟通。
☐ 上级与下级进行沟通时态度应平和、自然。

懂得在下属面前克制情绪

把情绪完全表现在脸上，或得意忘形，或乱发脾气，或面无表情，这样的上司不容易受到下属的爱戴和信任。

顶头上司应该是一个单位的"领头羊"和灵魂人物；小的领导，哪怕只是一个组长，也理所当然地在下属面前起着榜样作用。不懂得在下属面前克制情绪，就容易扰乱人心，影响下属的信心和意志，进而影响工作氛围和工作效果。

温馨提示：
☐ 上级在下级面前应保持沉稳大方而优雅的风度。
☐ 情况紧急时，上级应在下属面前保持冷静。
☐ 下属做错事时，上级应避免大发雷霆。

通知应明确、前后一致

下了个通知说开会，哪天开、几点开却说得含含糊糊；只说要举办一个大型活动，具体什么内容、需要做什么准备工作却说得让人不得要领。通知不明确会让人觉得你思维不够缜密，做事不懂得考虑周全；通知不明确还会让人摸不着头脑，不知道应该如何应对。

通知不明确还会让有的人误以为你心虚，对做决定之类的事情缺乏经验，缺乏勇气。

温馨提示：
☐ 下达命令或通知时，应保证语言通顺，没有歧义。
☐ 下达命令或通知时，应保证语言简洁。
☐ 下达命令或通知，涉及时间和地点等具体内容时应避免模糊。

不可朝令夕改

上个月制订了一个计划，过了半月就进行大改，然后没几天又要改，必然会增加员工的工作负担且不容易做好；已经提前确定好由哪几个人出差，临时又突然调整，事先做好准备的人和临时未做准备的人必然都会感到突然，并且很可能因为变故而给工作带来麻烦。

朝令夕改会让接受命令的人措手不及，无法很好地应付突然的任务。经常性的朝令夕改会导致人心不定，工作人员在接到每个新的号令时难免会想：先按兵不动，说不定什么时候还会改。

朝令夕改会让你失去下属的信任，而且会让你成为下属眼中缺乏判断力和决断力的人。朝令夕改会扰乱别人的情绪，搅乱别人的计划，浪费别人的时间，这是不合职场礼仪规范的。

温馨提示：

□ 通知或命令一旦下达，就应确定内容。

□ 下达命令和通知前，应确保信息准确无误。

□ 如果可能有变故，应该在第一份通知中用简短的话注明，如"如有变化另行通知"。

尊重副职领导的意见

副职领导也是领导，不能不尊重副职领导的意见。

普通职员不尊重副职领导的意见，对其话语毫不理睬，是轻蔑对方的表现；"一把手"不尊重副职领导的意见，是刚愎自用的表现；外单位人员不尊重副职领导的意见，是"势利眼"的表现。副职领导自然没有正牌领导的同等权威，但其位置也必然不是摆设。

敷衍对待副职领导的意见，绝不是礼貌的行为。

温馨提示：

□ 在一些需要商讨的问题上，应认真听取副职领导的意见。

□ 副职领导提出批评和建议时，应礼貌接受。

□ 如果副职领导的意见不合理，应礼貌与之商讨而不宜粗暴拒绝。

不可在职场上讲男尊女卑

职场上讲男尊女卑是错误的。

甲比乙工作能力更强，却因为是女性而不如乙的职位高、待遇好，甲必定觉得不平衡。男性员工把繁重的工作任务推给女性员工，是对女性员工的歧视；女性职员自认为性别不占优势就不敢参与职位竞争，是对自己才能的浪费和对自己尊严的侮辱。由于性别差异，男女在某些具体工作上必然各有其优势和劣势，但职场上讲男尊女卑就大错特错了。

温馨提示：

□ 在职场上，男性不应歧视女性。

□ 遇到利益分配的事情时，男性不应压制女性。

□ 在工作中，女性不应有畏惧和忍让男性的心理和行为。

部门之间要相互沟通、合作

同一单位中，不同的部门之间不沟通、不合作的情形似乎并不少见。这样做是不对的。

图书公司中，策划、编辑部门与发行部门不沟通、不合作，就无法及时捕捉市场信息、调整编辑计划，促使畅销作品的产生。销售公司中，客服部门与销售部门不沟通、不合作，公司就无法及时获取消费者信息，调整进货和销售计划，促使利益的持续增长。广告公司中，策划部门与市场部门不沟通，会出现信息传递失真，导致广告定位不准。

部门之间不沟通、不合作，整个集体就无法协同运作，也就无法顺利地、良性地发展。部门之间不沟通、不合作，容易造成彼此间的误解，是对彼此不信任、不礼貌的表现。这绝不是工作礼仪所能允许的。

温馨提示：

☐ 不同部门之间应及时不定期或定期沟通。

☐ 部门之间需要合作时不应有抵触心理。

☐ 部门之间沟通合作时应本着坦诚、互助互利的原则。

自己买衣服不应到公司报销

以公徇私、以职务之便或钻单位制度的空子报销自己的私人花费，这样做是短视和欺骗的表现，绝对不能允许。

自己买了件新衣，开出名为"办公用品"的发票；自己外出旅游，将车票按照公差报销；四处搜罗用过的车票、发票，一有机会就报销……虽然这样能使你得到额外的利益，却容易埋下隐患。

虚报、谎报会损失单位资金，数目超支或有其他疏漏时，你会成为单位的怀疑对象。一旦被怀疑，你的人品和工作态度就会遭到质疑。投机取巧会给财务人员带来麻烦，容易使其受到牵连和伤害。

温馨提示：

☐ 报销时应严格遵循单位的相关程序和制度。

☐ 不应将自己的私人购买物品混入公司报销。

☐ 不要将熟人的票据夹在公务票据中报销。

☐ 不要擅自向出租车司机多要车票报销收据回单位报销。

不可私自将单位的资料带回家

私自将单位的各种资料带出，无论什么原因，这种行为都是错误的。

私自将单位的资料带回家，容易使资料暂时缺失而给其他需要使用的人带来不便，甚至耽误工作、造成损失。如果你身为资料保管人员而私自将资料带出单位，这是失职和欺瞒行为。如果你私自将资料带出单位而造成丢失、损坏、泄密等意外情况，这是对单位信息安全的不负责任，严重的有可能遭到单位的行政处分，甚至被追究刑事责任。

温馨提示：

☐ 应避免将保密的书籍、文件、光盘等各种资料带出单位。

☐ 需要将资料带出单位时，应按相应规定登记上报。

☐ 将单位资料带出后，不应私自拍照、复印、抄写等。

☐ 带出资料后应妥善保管并进行备份，防止丢失。

接打电话时要找一个安静的环境

面试之前，大多数人都会有接到面试通知的电话或者打电话给招聘单位进行咨询的举动，如果你接打电话的环境很嘈杂，就比较容易失败。因为这样做是不礼貌的。

在嘈杂的环境中接打电话，容易

导致双方都听不清楚而误解对方。这样既耽误时间，使你错过机会，又让对方的心情受到影响，从而对你产生不良印象。在嘈杂的环境中接打电话，会给人以急躁不安、不尊重他人感受的印象，也说明你做事不够周全、不善于思考。

温馨提示：

☐ 接电话时如果环境嘈杂，应礼貌地与对方商量另约时间，或者请对方允许自己找一个安静的地点再接电话。

☐ 打电话时应尽量到安静的场所。

☐ 如果环境嘈杂，应避免长时间大声重复问话或猜测对方的意图。

第十八章　会议礼仪

展览会要安排讲解员

展览会上无讲解，不能算是合格的展览会，也不能算是完整的展览会。

没有讲解人员，参观者就无法更全面、更有效地了解展览会的整体设置，难以更有效地寻找到自己需要的信息；没有讲解资料，参加者就难以充分了解参展物品，留存相关资料，整理所见所感。

展览会的目的必然是让更多的人了解自己的展品，从而更有利地开发市场或传播知识与文化。但如果没有讲解，这个目的就难以圆满实现。对于参观者来说，这是"招待不周"的表现。

温馨提示：

☐ 展览会上应安排针对整个活动的专职讲解人员，准备详细的讲解资料以便免费派发。

☐ 参加展览会的商家应安排针对客户的专职讲解人员。

☐ 有顾客询问时，展台负责人应热情讲解。

举行露天大型仪式要设休息棚

庆功大会、颁奖典礼、运动会开幕式、展览会、展销会等露天举办的大型仪式对于我们而言绝不陌生。有很多这样的大型仪式进行时间很长，却没有设休息棚。这是巨大的疏漏。

无论是气温高、阳光强还是气温低、天气阴冷，不设休息棚都会使相当一部分参加者感到疲惫不堪。尤其是在仪式举行时间超过两个小时的情况下，一些年老或年幼、体弱的人，便会有很强烈的不适感。

温馨提示：

☐ 举行露天大型仪式时，应设置休息棚。

☐ 举行露天大型仪式时，应设置足够的休息位。

☐ 举行大型仪式时，应为嘉宾或年老体弱者设置专门的、安静的休息场所。

举办展览会要注意展品排列

举办展会、参加展览会，如果不

注重展品的排列位置和方法,就可能导致失败。

参展的展品东一个西一个,排列得毫无章法,展台布置令人眼花缭乱,即使是再好的展品,也难以在第一时间抓住参观者的眼睛。展品分类不清楚,不同色彩的展品位置安排不和谐,展品的质量和档次就容易受到怀疑。参展的展品新旧不一,漂亮的展品掩藏在外观一般的展品背后、主次不分,参展者可能就没有兴趣深入研究下去。

温馨提示:

□ 用于参展的展品,一定要保证质量上乘,优中选优,而且应保证外观上的完美。

□ 展品的陈列摆放要讲究整齐有序,有重点、有陪衬、有美感。

□ 展品的背景布置应与展览的主题相呼应,很吸引人。

举办展会要热心向观众讲解

举办展会时对观众置之不理,必然是令人愤然的。这样的展会,必然是不容易成功的。

展会正式开始后,工作人员仍未做好分工、嬉笑打闹,显然是对工作的失职;有观众上前参观或询问时,工作人员看都不看对方一眼,更别提主动招呼了,如此接待,即使展品丰富独特,也必然难以留住客户。相反,展品的"好"会与服务态度形成鲜明对比,从而使观众对展品品牌产生负面印象。

温馨提示:

□ 举办展会时,展位负责人应随时准备为观众进行讲解。

□ 举办展会时,工作人员应以热情、饱满的精神状态呈现在公众面前。

□ 举办展会时,当观众经过自己所在的展台,无论对方是否前来观看,都应向其致以热情问候。

展会上不可对观众滔滔不绝

热情的服务态度会给人留下良好的印象,但过于热情则是错误的。

参观者还未走到你所在展位的"势力范围"内,你就立刻做出热情洋溢的表情上前拉对方参观,对方如果无心前来,会为你的鲁莽而生气;如果对方有心前来,可能会对你的过度殷勤产生反感,反倒坚决不来了。如果参观者只是询问了一下自己想要了解的问题,更希望自己看,你却滔滔不绝,对方必定会觉得不自由而迅速离开。

温馨提示:

□ 展会上对观众做介绍时应适可而止。

□ 对于不打算停留的观众,不要强行拦住对方向其进行介绍。

□ 对待展会上的观众应做到礼貌而诚恳。

工作人员不宜在自己展位上吃零食

举办展会时,在参观者不多或自己展位内暂时没有参观者时,工作人员会不时吃点小零食。这是不对的。

工作人员在自己展位上吃零食,是不注重自己和自己所在单位形象的表现。这样做会给参观者留下"当面一套,背后一套"的印象,从而也难免使参观者怀疑该展位单位的信誉和产品质量。

温馨提示:

□ 作为展位工作人员应保持举止有度。

☐ 在展会上应避免吃零食。
☐ 休息、吃饭时应保持良好的形象，并且要注意及时整理和处理垃圾。

参观展会时要注意自己的公众形象

作为参观者参加展会时，如果觉得自己只代表自己，无须注意形象，那就大错特错了。

参观展会时旁若无人地与同伴喧哗，会影响他人的参观；参观展会时不注意避让，会妨碍他人的行动；参观展会时随处丢垃圾，会破坏展会场所的整洁，并给工作人员增添负担。如果在展会上随便把玩展品，却又不轻拿轻放、不放到原位，容易破坏展品，影响展位的宣传效果。

温馨提示：

☐ 参观展会时，不要对展位和展品以及其他观众指指点点。
☐ 参观展会时不要歪斜着走路。
☐ 参观展会时不要长时间抓摸展品。

参加展览会时不可哄抢展品

参观展会后，千万不要因为想要留一点"纪念"，或受到别人的怂恿、感染，就哄抢展品。

如果是外地厂商来本地做展览会，参观者参展后哄抢各展位的展品，本地政府和大众都会给被哄抢的厂商留下不良印象。哄抢展品，这是一种占便宜、抱有投机和侥幸心理的表现，是道德品质低下、自制力差的表现。如果你和别人结伴而行，唯独你这样做了，你的同伴必然会为你感到不齿。

温馨提示：

☐ 参加展会时应遵守场内秩序。
☐ 展会结束后，不应抱着占便宜的心态哄抢纪念品。
☐ 参展单位发放纪念品时，应按照一定次序领取或接受。

应邀参加典礼不可无故缺席

应邀参加朋友的婚礼、应邀参加同行的开业典礼、应邀参加商务或公务性质的各种典礼……应邀参加典礼却无故缺席，受邀而不出场，肯定会令主办者感到不满。对于任何人而言，这都是无法与礼貌沾边的事。

每个人都不会无缘无故邀请别人参加自己主办的各种典礼，邀请你本身就说明了对你的重视和关心。如果你应邀而无故缺席，居然在如此重要的日子和时刻失约，结果可能是对方觉得你不尊重、不重视他，因而与你疏远。

温馨提示：

☐ 接受邀请后，一定要提前做好准备，按时出席。
☐ 如果临时有事而不能参加典礼，必须及时通知邀请者并向其道歉。
☐ 接受邀请后，出席典礼前应计算好路程和车程。

剪彩时动作要利落

剪彩仪式是一项引人注目的活动，在各种开业典礼、奠基典礼上都能出现。作为一种蕴含美好寓意的仪式，剪彩时如果动作不利落，就容易破坏活动的好氛围。

剪彩时动作不利落，就难以讨到好彩头；别人恭敬地请你来剪彩，你却做不好，这不仅使你显得紧张局促、没见过世面，还会令仪式主办方失望、令参加者失望。剪彩时动作不利落，就会无形中降低仪式的水准。

温馨提示：

□ 剪彩时若一剪即断，会传达出一帆风顺、吉祥如意的祝福。因此，剪彩时应尽量一剪剪断。
□ 剪彩时，应保证举止大方，沉着冷静。
□ 剪彩时，要端庄自然、神采奕奕。

参加典礼要遵守程序

典礼通常都有约定俗成的程序，如果参加典礼却不遵循程序，忽略程序或程序乱套，必然是错误的。

典礼派发了请柬，来宾却不按照相关规定和程序出示请柬，登记签到；典礼上请了嘉宾，主持人却不对他们进行介绍；主持人引领大家起立、奏国歌时，作为普通来宾的你却径自坐在位子上不予回应……无论是典礼组织者还是参加者，在典礼上不按照特定程序来都是对典礼不重视的表现，同时也是无知的表现，还有可能被别人误认为是挑衅。

温馨提示：

□ 典礼通常包括来宾入场、正式开始、主持人致辞、嘉宾发言、礼成几个环节。
□ 参加典礼时应首先熟悉相关程序，以免自己在需要出现的某个环节关键时刻时出丑。
□ 参加典礼时，应在参加一个环节的同时为下一个环节做好准备。

不要坐在嘉宾席上嚼口香糖

有人说嚼口香糖可以消除紧张心理，让表情更自然、更放松，多嚼有好处。这话虽然有一点道理，但如果你身为嘉宾出席各种仪式、典礼等活动，在嘉宾席上嚼口香糖是不对的。

在嘉宾席上嚼口香糖，一方面会让人觉得嘉宾对活动举办者"有意见"；另一方面会让人觉得嘉宾不端庄、不稳重，对普通参加者不尊重。在嘉宾席上嚼口香糖，会显得过于自我。而且，嚼着口香糖说话也容易影响发言效果。

温馨提示：

□ 作为嘉宾出席某些活动时，在公众面前应时刻注意自己的形象。
□ 在嘉宾席上就座时，口中不能咀嚼任何食物。
□ 在嘉宾席上就座时，应保持良好的精神状态和自然得体的表情。

举行会议要选好场地

任何会议的成效都与其场地的选择有一定的关系。举行会议不能缺少合适的场地。

开公司的临时小会，需要参加者人数不多，却兴师动众地把大家召集到距离办公室很远的单位礼堂，会让大家有小题大做之感。几个企业商谈贸易问题，参加者都是各企业高层，且人数众多，却将会议地点定在简陋而周围环境嘈杂的小会议室，众人必定会觉得会议举办者没有诚意，且不具专业水准和敬业精神。

举行会议不选好场地，与会者就容易受到各种外界和心理因素的干扰，难以顺利地进行会议讨论。

温馨提示：

□ 举行会议时应根据会议的规模和性质选择合适的场地，不可过于简陋或奢华。
□ 举办单位内部的小型会议时，可选择本单位会议室或多功能厅。
□ 举办大型、多方会谈形式的会议时，

可选择酒店或礼堂。

举行会议要确定唯一联络人

举行会议前如果不确定唯一联络人，会议多半会开得很麻烦，举办者和参加者都会很累。

不确定唯一联络人，会议举行的准确时间和详细内容就可能因为联络人不同而有差错或遗漏，造成信息误传。也可能因不同的联络人发布通知的时间不同而导致与会者不能及时到场。比如两个公司开会，甲联络人告诉自己公司的人在某礼堂开会，而乙联络人告诉自己公司的人会议举办地点在另一个地方。如果事实上甲是错的，那么就不如由乙来通知甲公司的人。

举行会议不应到处指定联络人，这是会议组织者对与会者应有的责任与礼貌。

温馨提示：

☐ 举行会议前，应确定好唯一的联络人。

☐ 传达会议通知时，应避免请别人代为传达。

☐ 传达会议通知时，应保证信息真实、准确、及时。

做即席发言事先确定人选

做即席发言需要事先确定人选，有些人觉得没必要，这种想法是不对的。

举行国际性会议时，做即席发言事先不确定人选，容易出现意外情况。如果发言者言论不当，就会令外宾产生误解。举行一般的会议、内部讨论或者对外商谈，如果不事先确定即席发言的人选，会场上可能出现无人发言或争抢发言的场面，导致会议冷场或失控。此外，不事先确定即席发言人选，也容易使发言者感到突兀、紧张而"无话可说"。

温馨提示：

☐ 需要做即席发言时，应在会前确定人选以便对方做准备。

☐ 临时性做即席发言时，应由小组迅速推举出发言者。

☐ 指定即席发言者时，应事先征求人选的意见，避免强制。

做即席发言时要言语得体

许多会议上都会有即席发言的环节，或请嘉宾或请普通与会者。如果发言者说话不当，就会给会议带来不和谐的音符。

做即席发言时长时间滔滔不绝，别人会觉得你抢镜头、出风头；做即席发言时对主持人或嘉宾出言不逊，会场会陷入尴尬；做即席发言时无根无据地信口开河，别人会鄙视你。

做即席发言，如果是受邀，言语不当是对邀请者的不敬；如果是主动发言，言语不当会使自己出丑。无论哪一种，都会影响会议气氛和与会者的心情。破坏了会议的圆满，自然是违背了礼仪规则。

温馨提示：

☐ 做即席发言时应扣住会议主题，避免跑题。

☐ 做即席发言时应掌握时间，避免拖长、废话。

☐ 做即席发言时不要借机发泄个人负面情绪。

参加会议要签到

人们举行大型会议时一般都有签

到的环节，如果你到会而不签到，是错误的。

参加会议不签到，如果你身份、地位特殊，人们就会认为你摆架子、搞特殊化；如果你是个无名之辈，参加会议不签到会让人们认为你故意捣乱。对于限制人数的大型会议，不签到不利于组织者统计人数。

参加会议并遵循相关程序是会议礼仪的基本条目。有签到环节而不签到，是对会议程序的破坏，是对会议举办者的公然反对。

温馨提示：

☐ 参加会议时，应按照规定签到。
☐ 参加会议签到时，应严格遵循签到程序。
☐ 参加会议时，应避免代替别人签到。

迟到入场不要影响他人

参加会议不应该迟到，这是常识。迟到后还招摇入场，更是错上加错。

迟到时招摇入场，第一，会明显影响会场秩序，引起与会者注意力的分散。第二，会给必须经过的与会者带来不便。如果你的座位在中间位置，很多人都必须因为你而起身让路，这是对他们的打扰。第三，会给别人留下拖沓与散漫的印象。如果你是单位唯一的代表，你所在单位就会因为你的行为而丢失印象分。

温馨提示：

☐ 迟到时进场应尽量从侧面入场。
☐ 迟到后进场和寻找自己座位时应减少与别人的碰撞。
☐ 迟到进场时应避免张扬地与熟人打招呼。

在指定位置就座

参加会议而不在指定位置就座是不合礼仪的。有人觉得参加者众多，坐哪里都无所谓。如果这样做的话，引出麻烦是在所难免的。

当你作为嘉宾出席会议时，不在指定的、放有名牌的位置就座，有逃避责任、藐视主办方的嫌疑；当你和其他代表被安排到特定区域就座，唯独你不遵守安排混入其他单位所在区域，有缺乏集体观念之嫌。不在指定位置就座，容易打乱会议举办者的计划。如果会议上需要在不同区域就座的人商议并发言，你就会无形中被孤立起来。

温馨提示：

☐ 参加大型会议时，应按照指示标志就座或询问服务人员，寻找自己的座位。
☐ 普通与会者应避免坐到嘉宾席上。
☐ 与集体一起参加会议时，应坐在自己集体所在范围内。

鼓掌要看时机

不该鼓掌的时候鼓掌，这是应该受到谴责的行为。

台上主持人说错了话，台上演讲的人因为紧张而舌头打结，台上展开辩论的选手相互间由辩论升级为争吵，在舞台上亮相的人走错了方位，等等。在别人失误的时候鼓掌，是幸灾乐祸的表现；在不是精彩之处鼓掌，是无知和哗众取宠的表现。不该鼓掌时鼓掌，会影响台上台下其他人的心理，影响现场的环境。

温馨提示：

☐ 在会场上，不要在非告一段落的时候鼓掌。

- ☐ 不要在别人鼓掌完毕后仍然独自鼓掌。
- ☐ 不要在台上的人说错话的时候鼓掌。

别人发言时不可小声嘀咕

别人在台上发表对某个问题的看法，你在台下一边小声嘟囔一边做出古怪表情；别人在台上公布获奖名单，你在台下不停与旁边的人嘀咕；别人在做分析报告，你在台下向前后左右讲八卦新闻。这样做不礼貌。

别人发言时小声嘀咕，首先有对发言者表示不满和抗议、诽谤之嫌；其次是容易影响会场秩序，甚至带动其他人嘀咕；最后会影响你的公众形象。不该说话的时候说话，并且是小声嘀咕，容易令人产生疑心和反感。

温馨提示：
- ☐ 别人发言时自己应该安静而专注地聆听。
- ☐ 别人发言时不要小声评论发言者。
- ☐ 别人发言时不要小声讲与会议无关的事情。

自由发言时不可保持沉默

多数会议都会给与会者自由发言的机会。在这个环节，不应该保持沉默。

别人在自由发言环节争相举手时，你一言不发，会显得很突兀、不合群。如果你平时很热衷发表言论，此时的沉默会引起别人的怀疑，有破坏现场气氛之嫌。主持人点名请你发表意见，你却面露难色、一言不发，对方会遭遇尴尬，从而造成暂时的冷场。自由发言时保持沉默，容易让别人认为你心不在焉或心存不满。

温馨提示：
- ☐ 自由发言时，态度应积极主动。
- ☐ 自由发言时应避免与他人争抢。
- ☐ 如果自由发言的环节中自己被点名，应予以配合。

主持人要精神饱满

主持人是会议或典礼的灵魂人物，如果主持人在台上无精打采，整个活动就失败了一半。

主持人无精打采，会引得全场出席人员受到感染，从而使现场气氛压抑、沉闷；主持人无精打采，即使现场的准备工作做得很好，各环节都无疏漏，也会使会议或典礼的水平下降，缺乏吸引力和良好效果；主持人无精打采，是不敬业、不尊重主办方、不尊重来宾的表现；主持人无精打采，很显然也是对自己形象的不负责。总之，主持人表现如果不佳，所有参加者都会不愉快。

温馨提示：
- ☐ 主持人上台前应调整好心态，避免私人情绪影响场上表现。
- ☐ 主持人讲话时应保证声音洪亮。
- ☐ 主持人发言时应保证姿态端庄、情绪饱满。

主持会议时不可在场内与熟人打招呼

主持人主持会议或活动时，不应该在场内与熟人打招呼。

主持人是全场的焦点，一举一动都会被观众尽收眼底。如果在主持的间隙与台下的熟人挥手或用目光、表情打招呼，立刻就能被观众察觉。既然主持人的工作是主持活动，这样做就是失职。同时，主持人在场上与熟人打招呼会分散自己的注意力，影响自己的形象，当然也会降低活动的水准。从会场的成功度考虑，主持人的分心和不专业的表现将很难使会议达到预期效果。

温馨提示：

☐ 主持人在台上主持节目的过程中，应避免与熟人有眼神交流。

☐ 主持人发言时，应避免因为看到熟人而分心。

☐ 主持人在台上应全神贯注地专注于自己的工作。

主持活动要注意与会者的情绪变化

主持人主持活动时如果自顾按照既定程序背台词，丝毫不注意与会者的情绪变化，肯定不是合格的主持人。

主持人准备的台词与现场气氛不相符，却不做丝毫改变，参与者难免会皱眉头。如果这时主持人仍然对与会者的情绪无动于衷，就是愚蠢的表现。现场出现骚乱，众人表情各异、情绪不稳定，主持人却视而不见，就是胆怯与无能的表现。主持活动时，主持人如果不注意与会者情绪的变化，就会影响整个现场的氛围，影响大家注意力的集中，导致人们的厌倦心理。同时，这样的主持人会给人以冷漠、以自我为中心的印象。

温馨提示：

☐ 主持活动时，主持人应随时关注现场参加者的表情和姿态。

☐ 主持活动时，主持人应保持与现场参加者的互动。

☐ 主持活动时，主持人应随机应变。

主持人不可过分自我表现

主持人在台上过分自我表现是不应该的。

主持会议的时候大谈与会议主题无关的话题，在开场白和过渡引导的环节极力表现自己的语言才能；主持活动的时候肢体动作幅度过大，手势夸张，表情也"大一号"……这样的主持人给人的感觉是他在表演，过于自我。

主持人虽然是会场的焦点，却不应该是主角。主持人的作用更多地在于使整个会场环节衔接紧密，气氛融洽。如果表现超出正常的范围，就是对与会者的不尊重，不是礼貌之举。

温馨提示：

☐ 主持人在台上应注意控制自己的言行举止。

☐ 主持人应将注意力放在调度现场上。

☐ 主持人讲话时应避免声音做作、夸张。

切忌与其他主持人抢话

我们经常能看到一些大型的活动如晚会，会场上有几个主持人同台主持。在主持过程中，如果其中一个主持人与其他人抢话，他必定不受欢迎。

与其他主持人抢话，会使其他主持人无话可说，或想说而说不出、干着急；与其他主持人抢话，会给别人留下自私、过分表现的印象，这是对自己形象不负责任的表现；与其他主持人抢话，会影响现场台上台下的交流以及活动的和谐气氛。如果台下观众因为你的抢话而哄笑，可见你的错误之大。

温馨提示：

☐ 几个人同台主持时，不要与其他主持人抢话。

☐ 几个人同台主持时，应分配好各自的时间和发言重点，尽量保证没有人受到冷落。

☐ 几个人同台主持时，应注意相互配合。

主持人要尊重嘉宾

主持人对嘉宾出言不逊，即使他能力出众也是不合格的。

单位组织一场晚会，请外单位的几位领导做嘉宾。主持人请嘉宾做游戏未果就对嘉宾进行批评，对方会觉得受到了侮辱，本单位全体人员也会觉得得罪了嘉宾。嘉宾的言谈举止显得不那么高贵，主持人就出言讽刺，对方会觉得受到了伤害，现场的其他人也会觉得你太刻薄。

主持人的职责是尽可能地使他所主持的活动圆满成功，而非利用身份的便利随便对别人冷嘲热讽。

温馨提示：

☐ 如果嘉宾有不得体的言行，主持人可以含蓄而善意地提醒。

☐ 如果主持人与嘉宾认识，不要在交流中掺杂私人情感，更不应借机聊天或"报仇"。

☐ 主持人不可在主持过程中发泄私人的负面情绪。

不可强请不擅表演的人出节目

强请不擅表演的人出节目，不要说这是为他们好，可以促使他们变得善于表演。事实上，这么做是"不厚道"的。

强请不擅表演的领导出节目，你是不是想告诉大家你有足够的本事能让领导出丑？强请不擅表演的同事出节目，对方可能会疑心：我什么时候得罪他了？强请不擅表演的人出节目是对当事人的折磨，你将其推上舞台的中心，同时也将其推到了尴尬的地带。

温馨提示：

☐ 如果有即兴表演的环节，应事先了解自己要请的人是否乐意。

☐ 如果被请出表演的人拒绝表演，不要引领别人起哄。

☐ 如果恰好叫到不擅表演的人，对方又拒绝时，应礼貌道歉。

发言时不可只顾低头看讲稿

经常有人在会议上发言时从头到尾低着头看讲稿，这样做实在令人不满意。

开会也好，做报告也好，身处台上发言，你都不应该演独角戏。如果你是领导，大家会觉得你不懂得体恤下属；如果你身份普通，大家会觉得你过于紧张、放不开，胆子太小。总之，如果没有与台下听众的沟通与互动，你的发言就难以深入人心。也许大家会因为你的不抬头而对你的发言失去兴趣，从而使你的发言失去应有的效用，白白浪费你和大家的时间。

温馨提示：

☐ 发言时应尽量脱稿。

☐ 必须宣读时，应适当抬头将视线投向会场。

☐ 发言时，应该适当与观众和听众有目光交流。

发言时不可频繁舔嘴唇

发言时舔嘴唇，也许你觉得这种动作太自然了，没什么值得指责的。

做报告、演讲、参加会议、主持节目等发言时边讲边舔嘴唇，第一会给人一种滑稽之感，容易导致听众分心，无法专注于发言内容；第二会使发言者显得不庄重、不自然，对发言者的公众形象没有丝毫益处；第三会制造出一种紧张、干渴的气氛，影响现场的良好氛围。

温馨提示：
□ 发言时，应避免舔嘴唇、咬嘴唇等动作。
□ 发言时，应避免干咳和明显的吞咽。
□ 发言时，应避免抽鼻子。

会上发言要听主持人安排

任何会议都少不了主持人这个角色，如果你作为普通与会者发言时不听主持人安排，必然会引来不友好的目光。

别人发言的时候你高声打断，这是对会场秩序的蓄意破坏；轮流发言的时候你抢在别人前面，这是对被抢话的那个人的不敬；该你发言的时候你退缩，坚持先让别人发言，这不能说明你谦虚、礼让，而是说明你的不合作态度；该停止发言的时候你仍然滔滔不绝，这是对现场所有人忍耐力的考验和公然挑战。

温馨提示：
□ 会上发言应遵循主持人的指示。
□ 会上发言应注意主持人的表情举止的暗示。
□ 会上发言应照顾到主持人的身份和职责。

不可同时提出两个以上的问题

在会议场合或者做报告的场合，只要时间允许，基本都会给听众和观众一段自由提问的时间。如果在提问时同时提出两个以上的问题，就有点"不够意思"了。

任何人在没有准备的情况下，通常都难以一下子记住很多话语。同时提出两个以上的问题，被提问者容易遗忘或将问题混淆，容易导致他无法准确回答或偏题。一方面，如果你的每个问题都很长，并且一连问了三四个问题，就可能使被提问者陷入窘迫；另一方面，一次提出太多问题，等于是抢夺了其他人提问的机会，这是自私、霸道的表现。如果你所在的会场只允许提三个问题，你必定会招致大家的声讨。

温馨提示：
□ 提出问题时，应精简语言。
□ 在向发言者提问时，应尽量每次提一个问题。
□ 提问时，应避免提出无聊的或其他人提过的问题。

中途退场要低调进行

没有哪个举办会议的人会希望参加者不等会议结束就退场。

旁若无人地中途退场容易导致其他与会者分心，产生退场的想法。你的退场是对台上发言者身份和尊严的侮辱。如果发言者身份一般，你的高调退场会降低他的信心；如果发言者恰好是某位名人，对方会觉得难堪。

温馨提示：
□ 中途退场时应从侧面低调退场。
□ 参加会议等活动时应尽量避免中途退场。
□ 退场时应避免妨碍别人。

按次序退场

不按次序退场是不礼貌的行为。

不按次序退场，拥挤是必然的。无端被别人推挤、撞击甚至踩上一脚，再有涵养的人也会感到恼火。不按次序退场，因为浪费了时间，必然无法提高效率。不按次序退场，显然是没有耐心、道德修养低、缺乏公德的表现。假如你在"人龙"中好不容易走到门口，却突然被后面的人挤到他身后，心里一定感觉不爽。

温馨提示：

☐ 应按照一定次序如按照座位所在的方向、按距离门口远近的程度退场。

☐ 退场时应避免推挤前面的人。

☐ 退场时，不要抢先或在人群中站立着等人。

做演讲时要擅用目光

演讲时不擅用目光暴露了演讲者对礼仪的无知或缺乏重视。

如果做演讲时低头看稿子，或者抬头看天花板，或低头看脚，观众会觉得演讲者过于紧张、生涩，同时不懂得尊重观众的感受。演讲时目光游移不定，观众会觉得演讲者心神不宁，对自己缺乏信心。

目光在人与人交流过程中起着至关重要的作用。演讲既然是一个与所有观众沟通、交流的活动，不擅用目光显然是错误的。

温馨提示：

☐ 演讲时应恰当使用环视、注视。

☐ 演讲时应使目光与观众保持互动。

☐ 演讲的过程中，目光应避免一直盯着一个方向或一个范围。

演讲时自我介绍要恰当

演讲时的自我介绍很重要，它不同于平时结识新朋友和参加面试时的自我介绍。如果你不注意，你的演讲可能尚未开始就给人留下了不好的印象。

演讲时做自我介绍长篇大论，将自己的性格、爱好、身高、体重都报上来，大家会觉得你过于自恋；演讲时自我介绍简短到只匆匆报上一个名字，大家会觉得太突兀，容易将你遗忘；演讲时做自我介绍，声音或尖锐或嗫嚅，表情或严肃或谄媚，同样不利于你给大家以良好印象。

温馨提示：

☐ 演讲时的自我介绍应该简短而有重点。

☐ 演讲时的自我介绍应包括姓名、所在单位和自己的序号。

☐ 演讲时的自我介绍声音和表情应自然得体。

冷静面对突发事件

演讲过程中出现突发事件是很正常的，但如果你在突发事件面前满脸通红，结果大概就不像你想的那么容易对付了。

观众起哄、喝倒彩时满脸通红，起哄的观众会更加得意，其他观众也会受到影响，你的状态自然也会受到影响从而更加糟糕。忘词、说错话、不小心绊倒时满脸通红，本可以忽略或掩饰过去的失误立刻会被放大，给观众留下生涩、莽撞、心理素质低的印象，必然也会影响演讲成绩。

温馨提示：

☐ 突然忘词时，可以稍做停顿并积极思考、回忆。

☐ 有人起哄时应保持冷静、从容，尽量不受干扰。

☐ 听众中有人陆续离开时，应积极调

整心态，适当调整发言内容，避免更加冷场。

不在会场上乱扔杂物

在会场上乱扔杂物是不礼貌的。

参加国际性质的会议，如果东道主是外国友人，我们在会场上乱扔杂物会给我们的国家和单位丢脸；如果东道主是我们，我们这样做会使外国与会者产生没教养的糟糕印象。即使会议参加者来自几个不同的单位，或者只是自己在本单位开会，乱扔杂物也至少会给清洁人员带来负担。再者，从扔满杂物的会场，任何人都能得出"与会者没有全心参与会议"的结论。

温馨提示：

☐ 不要在会场上刻意制造垃圾。

☐ 在会场上，尤其应避免将嚼过的口香糖随处抛弃。

☐ 在会场上，应将自己制造的废弃物带出会场并妥善处理。

参加社交聚会时不可原地不动

参加社交聚会时，别人都在积极、热情地与别人交谈，结识新朋友，你却独自待在角落里不言不语；在社交聚会上，你虽然也与别人交谈，却自始至终不动地方。这种表现是不受欢迎的。

参加社交聚会时原地不动，别人会想：这人不是心高气傲、不愿与别人交往，就是没出过家门、不知道怎么与别人打交道。并且，你这样做还会让你成为社交聚会上负面的焦点，无疑是给自己贴上了"不擅交际"的标签。

温馨提示：

☐ 参加社交聚会时应主动四处走动并与别人交谈。

☐ 参加社交聚会时应热情、礼貌地对待别人。

☐ 在社交聚会上应避免独自表现得郁郁寡欢。

切忌在社交聚会上扎堆

在社交聚会上看到哪里人多就往哪里钻，或者专门聚集好多人在一起扎堆。这种做法不可取。

在社交聚会上扎堆，给人的感觉像是街头巷尾的闲人议论别人的是非，容易引起他人误解，也令你显得好事、缺乏修养。此外，这样做给人以此次社交聚会格调不高的印象，大家因此而难免降低彼此交流的热情。

温馨提示：

☐ 参加社交聚会时，不要专向人多的地方凑。

☐ 参加社交聚会时，应避免几个熟人在一起长时间热烈交谈。

☐ 在社交聚会上，可以变换交谈对象，并将人数控制在三四个以内。

第十九章　应对媒体礼仪

举办演出要注意节目顺序的安排

先是一大堆歌曲，然后突然插一场舞蹈；节奏强烈的歌舞类节目之间没有任何其他类型的节目穿插；时间长短不一的节目胡乱穿插……举办文艺晚会时，节目单不能马马虎虎，否则就容易将演出办砸。

排节目表时如果不懂得从人们的欣赏角度和心理接受规律出发、杂乱无章，第一会显得主办方愚蠢无知，没有艺术修养；第二容易使观众感到疲劳、乏味；第三容易使演员难以完全发挥应有的水平，从而从整体上降低演出的档次。

温馨提示：

☐ 举办演出时，应事先对节目表进行精心安排，确保节目安排合理、有序。

☐ 在节目表的制定上，应动静结合、悲喜结合，使歌曲、舞蹈、小品等各种节目的安排井然有序。

☐ 参加演出的演员应服从集体安排，避免争抢和冲突。

开新闻发布会前要准备资料

开新闻发布会，各种资料如果不能提前准备好，必然会导致不圆满的结果。

开新闻发布会而不提前准备资料，第一，会使前来参加的媒体记者因为缺乏准确材料而造成提出的问题偏离方向；第二，容易造成信息传播的不准确，从而给媒体带来负面影响；第三，容易使主办者达不到预期的宣传效果。还有重要的一点是，事先不准备材料本身就说明新闻发布会的主办者未做好准备工作。

温馨提示：

☐ 开新闻发布会前，一定要准备充足的文字、影音等各种材料。

☐ 必要的话，开新闻发布会时应向到场的媒体工作人员分发相关材料。

☐ 开新闻发布会前必须认真核实准备的资料，防止有错误信息。

召开新闻发布会要选择合适的场地

召开新闻发布会如果没有一个合

适的场合，就像表演没有一个合适的舞台，是难以取得成功的。

如果新闻发布会规模宏大，请来的媒体众多，或者召开后有许多媒体不请自来，地点选在空间狭小的单位会议室，就会显得不够严肃、正规，同时会给媒体采访和拍摄带来麻烦。相反，如果新闻发布会无须请很多媒体到会，而地点选在豪华酒店的多功能厅，就会显得虚张声势。空间太大，会显得气氛冷清；空间太小，则会显得气氛压抑。

温馨提示：

☐ 召开新闻发布会应根据预定的规模和媒体情况安排档次相宜的场所。

☐ 召开新闻发布会的场所可按其性质和预期目的选择酒店会议室或本单位礼堂。

☐ 召开新闻发布会的场所应光线充足、视野开阔。

召开新闻发布会切忌请错媒体

召开新闻发布会而请错媒体，不要说这种事不可能发生，实际上确有人请错了媒体而不自知。

本应请当地最知名的媒体，却请了几个名不见经传且信誉度不高的小媒体，即使你个人或集体声誉再好，此举也相当于砸自己的牌子；受众主要是通过广播来接收信息，你却请了电视媒体，宣传效果不一定会好；本来是社会性新闻，却请来了娱乐界媒体，宣传容易变得滑稽。

请错了媒体就像送不合适的礼物给别人，当然是难以让人满意的。

温馨提示：

☐ 召开新闻发布会时，应邀请与自己所在行业和地区比较贴切的媒体。

☐ 召开新闻发布会时，应邀请知名度与自己身份和级别相匹配的媒体。

☐ 召开新闻发布会时，应邀请信誉较好的媒体。

召开新闻发布会要考虑媒体的方便

召开新闻发布会的目的通常是将个人或集体的目的或想法向社会公布，用以宣传或澄清事实。如果不考虑媒体的方便，目的就不容易达到。

举行新闻发布会的场地太小、座位很少，甚至应对主要媒体的资料、文件都数量有限，这难免使媒体难以顺利进行采访；虽说是发布会，却对大部分问题一概保持沉默，即使这些问题不在禁区范围内，新闻发布会也一定难以取得预期效果，反倒可能有负面影响。

温馨提示：

☐ 召开新闻发布会时，在场地和座位的安排上应考虑到媒体的方便。

☐ 召开者应准备充分的辅助材料，如影音资料、模型、样品、沙盘、图表、说明书等。

☐ 对于不违背原则的问题，发言人不应闪烁其词、不予回答。

采访时不宜提出刁难问题

每个记者都希望能发掘震撼性的新闻，于是难免提出一些刁难采访对象的问题，但这并非身为媒体工作者工作能力的体现。

采访时提出隐私性问题，会令采访对象尴尬甚至愤怒；采访时提出挑衅对方的问题，会令采访对象有受辱之感；采访时提出有损采访对象形象的猜测，会给对方造成无形的压力。采访时提出刁难问题，一方面说明采访者对被采访者没有尊重之心，也没有自重之心；另一方面会被采访对象和其他人视为侵犯权益。采访时提出刁难问题，既不利于拉近媒体与采访对象的距离，同时又损害了采访对象、采访者、媒体的形象。

温馨提示：

☐ 采访别人时提出问题要有针对性，言辞要简洁。

☐ 采访期间应尽量避免提没有新意的、涉及对方隐私的问题。

☐ 采访时不要提刁难对方的问题。

采访提问要顾及对方的心情

采访时不考虑采访对象的心情是不合礼仪的。

运动员刚从赛场上失败归来，记者就询问参赛感受，对方必然不悦；某人刚失去亲人，记者就热情地上前询问对方是否想念亲人，对方必然更加悲伤；某演员获奖不久正在得意时，记者上前询问对方偷税漏税的问题，对方很容易转喜为怒。

采访时不顾采访对象的心情随意发问，不仅不利于采访顺利进行，而且说不定会让采访对象再也不希望见到你。

温馨提示：

☐ 采访时，提问应照顾到采访对象的心情。

☐ 不要在采访对象情绪不稳定的时候提出尖锐问题。

☐ 采访时，应避免以猎奇的心态看待采访对象。

接受采访时要注意言行举止

接受媒体采访时，你面对的就不单是一个或几个人，而是媒体和媒体所面对的特定群体甚至整个社会。如果你不注意言行举止，就会大出其丑。

接受采访时说话大大咧咧、摇头晃脑，不时做小动作，甚至口出脏话、口头禅，随便用下巴指人……当这些记录你形象的照片或录像公布到大众眼前时，相信任何一个有自尊心的人都会感到羞耻。

温馨提示：

☐ 接受采访时应避免有不雅观的动作。

☐ 接受采访时说话、做事都应本着礼貌、规矩、端庄的原则。

☐ 接受采访时要避免"得意忘形"。

接受采访时要做配合

接受采访时，你直接面对的是媒体记者，间接面对的是社会上的广大民众。如果不予配合，你的失态将不仅仅是被记者看到。

当采访者的提问并不过分时，如果被采访人表现出如临大敌的样子，就会让人觉得是在故意摆架子，以"非常规方式"吸引眼球。记者提问时答非所问，会被视为无理取闹；被采访时编造言论，会给自己的公众形象和采访者所在媒体带来不良影响。接受采访而不配合，还容易让人以为你在故意耍弄记者。

温馨提示：

☐ 接受采访时应避免做出不屑一顾的样子。

☐ 当采访者提出敏感或尖锐问题时，应避免失态。

☐ 接受采访时自己的表情应避免僵硬。

第二十章　商务与公务礼仪

在接待室等待时要有耐心

到其他单位拜访、找人时，在等待期间焦躁不安是不礼貌的。

在接待室等待时显得焦躁不安，会让人觉得你没有涵养、性情急躁。如果你只是等了几分钟就如此表现，别人会觉得你在摆谱、故作姿态。如果接待方的确征得你的同意请你等待一段时间，并且已经请人代为暂时接待，你表现出焦躁，就会给人一种对接待者非常不满的印象，也会让代别人接待你的人觉得自己受到了轻视。

在接待室等待时表现得焦躁不安，暗示出你不信任接待方，说明你不注意自己的公众形象。

<u>温馨提示：</u>

☐ 在接待室等待时，应该耐心地在指定位置静候。
☐ 如果等待时间太长，可以与接待方沟通，确定"改日再访"。
☐ 等待期间应该避免东张西望。

等待期间不可与工作人员聊天

有人在其他单位等待自己要找的人时，往往耐不住寂寞而主动找工作人员聊天。这是不礼貌的。

与接待方所在单位的工作人员聊天，说明你不懂得尊重对方的工作制度，不惜牺牲别人的时间来打发自己的无聊，有自私之嫌。与你聊天的工作人员必定不能全心专注于自己的工作，而且对方可能会因为你的打扰而背上玩忽职守的罪名。同时，与工作人员聊天，也必然会打扰其他人的正常工作。

<u>温馨提示：</u>

☐ 等待期间，当有专人暂时接待自己时，可与之浅谈，但不应过度。
☐ 等待期间，如果工作人员忙碌，不要上前与其搭讪。
☐ 等待期间，不要与工作人员开玩笑。

和接待人员说话要懂礼貌

设想一下，当你作为接待人员接待一位来访者，如果他用命令语气和你说话，你是否会因为对方的身份而对其产生好感呢？恐怕不会。

如果你是上级单位的领导，用命令语气对接待人员说话，会给你的个人形象带来负面影响；如果你是友邻单位的工作人员，用命令语气和接待人员说话，对方会觉得你装腔作势，甚至觉得你心理扭曲；如果你是与接待单位无任何瓜葛的初次来访者，贸然用命令语气对接待人员说话，对方可能拒绝为你服务或者降低服务质量。

温馨提示：

☐ 需要请接待人员找人或帮助时，应报之以礼貌、诚恳的态度。

☐ 与接待人员对话时，应避免用语尖刻、挑剔。

☐ 与接待人员对话时，应避免说话语气生硬。

商务谈话时不可常做补充、质疑

商务谈话中不要时常做补充或质疑。

如果针对商务谈话中对方说出的观点或意见，你总是"很及时"地进行补充，对方会认为你轻视对方而热衷于炫耀自己。你的合作伙伴刚刚提出一点建议，你就表示出怀疑，追问对方可靠性和可行性，对方会认为你怀疑他的经验和为人，也可能会认为你故作姿态，或者认为你根本就是无知、胆小、没见过世面。

商务谈话中时常做补充或质疑，一方面，会引起双方交流的不畅；另一方面，会影响双方对彼此的印象。此外还会拖延时间、降低效率。

温馨提示：

☐ 商务谈话中最好不对对方的话做补充。

☐ 商务谈话中不要怀疑对方所说的话。

☐ 商务谈话中要本着平等、开放的心态进行交流。

谈判时要尊重对手

谈判时如果不尊重对手，谈判将很难取得成功。

谈判时对对手流露出猜疑的表情，不时向己方人员递眼色；谈判时由于对对方所在的国家或民族有偏见，就使用暗示性、侮辱性词语；自认为己方实力雄厚，就处处做出自以为是的表情；想凭借特殊手段达到目的，就使用威胁、拖延时间等方式进行谈判。如果你这样做了，对方必然不会对你产生良好印象。无论是你的个人形象还是内在素养，都会给谈判对手留下恶劣印象。虽然谈判主要是双方利益上的事，但个人态度和形象对于谈判结果也起着相当重要的作用。

温馨提示：

☐ 谈判时应以尊重、平等的态度对待谈判对象。

☐ 谈判过程中说话、讨论时应避免攻击性言语。

☐ 谈判过程中应避免使用容易引起对方反感的肢体语言。

谈判时要懂得让步

如果你把谈判当作一味追求自己所在一方利益的行为，丝毫不管对方是否觉得合理，就是极端的想法、错误的认识。

初次谈判时不懂得让步，可能你就不会再有下一次谈判的机会；谈判最关键的时候坚决不让步，谈判就很可能白费时间而没有结果；已经达到预期目标，却仍然紧追不舍，不肯做出让步，谈判很可能功亏一篑。如果谈判不懂得让步，你给人的感觉非常吝啬，对方多半会认为和你合作没有意义。如果留给别人如此印象，你会很容易失去其他的潜在客户，因为与你打过交道的人已经将你的苛刻行为广为传播了。

温馨提示：

☐ 谈判过程中应根据对方的要求适当妥协。

☐ 谈判应力求双赢的结果。

☐ 谈判时应考虑长远利益，应在满足自己一定目的的基础上为对方的利益适当考虑。

谈判过程中要分清人事

谈判最忌人事不分。

谈判对手是你的朋友，谈判中就不自觉地向对方的利益靠拢，你会造成我方利益的损失，这是对自己单位的不负责，也是失职行为；谈判对手与你个人有过节儿，谈判中便处处刁难，这不仅是对我方利益的损害，也是对对方人员的不尊重，更是自私和目光短浅、心胸狭窄的表现。谈判过程中人事不分，容易造成判断失误和难以达到预期目标，不但给自己的团队带来损失，而且给对方团队留下不值得合作的印象。

温馨提示：

☐ 谈判过程中应避免因双方的态度而干扰谈判本身的进程。

☐ 如果谈判对象是自己的熟人，不要掺杂私人情感。

☐ 谈判过程中不要根据自己的好恶做决定。

不可以私事理由拒绝商务宴请

不要以私事理由拒绝商务宴请。

以私事理由拒绝商务宴请，说明你不重视对方和对方的宴请，也等于你对与对方的交往不感兴趣。如果对方是认识不久且初次相邀，你会同时失去与对方私交和商务合作的机会。此外，以私事理由拒绝商务宴请容易给人以不把重心放在工作上、不善于抓机会、不善于沟通的印象。

对方发出邀请，这本身就是礼貌的表现。但你以私事理由拒绝商务宴请，对方会觉得受到了冷落和敷衍。

温馨提示：

☐ 接到商务宴请的邀请后，应根据自己的需要和时间表尽快决定是否应允。

☐ 如果不愿接受商务宴请，应以工作方面的理由加以拒绝。

☐ 拒绝商务宴请时，说话要委婉，并向对方表示感谢和歉意。

不可在低档嘈杂的饭店宴请客户

有人觉得，为了防止客户认为我们不懂得节约而不与我们合作，干脆就找低档饭店请对方吃饭好了。这样想就错了。

在低档、嘈杂的饭店宴请客户，一方面难以保证卫生，另一方面难以保证安静、适合商谈的氛围以及私密性。此外，这样做还会让客户产生强烈的不受重视之感。对方会觉得我们过于吝啬、不尊重对方，同时缺乏自我品牌意识。有谁愿与不自重也不尊敬别人的人交往呢？如此，对方与我们合作的愿望就很容易打消。

温馨提示：

☐ 宴请客户时，应选择环境幽雅的饭店。

☐ 宴请客户时，应选择安静的单间。

☐ 宴请客户时，应根据对方的身份选择相应级别的饭店。

商务宴请的花费应适可而止

商务宴请是决定商务合作能否继续乃至成功的特殊宴请，但并不是花钱越多就越容易成功。

招待实力雄厚的客户时，以超出己方数倍的规格宴请，会使对方觉得你虚伪；面对实力相当的客户宴请时铺张浪费，会使对方觉得你在制造压力；面对实力稍逊但很有潜力的客户宴请时花费过多，对方会觉得你摆阔。商人从来都讲究"每一分钱都花在刀刃上"，铺张浪费所起到的作用更多的是让你显得"不够专业"，让别人对与你合作产生怀疑。

温馨提示：

☐ 商务宴请所花费用应量力而行，不应过于奢华。

☐ 商务宴请的规格可根据对方的地位和双方的关系来定。

☐ 商务宴请应在招待好对方的基础上适当节省。

接待过程中询问意见不宜采用开放式提问

招待客人时不假思索地问对方："想吃什么？想喝什么？想玩什么？"询问客人需要时采用这样的开放式提问是错误的。

一方面，这样提问给客人可以任意选择的暗示，如果对方提出接待方不具备的条件，接待方会显得小气、准备不足，客人则会显得太刁难人；另一方面，这样的开放式提问容易让客人误解为招待方认为自己没见过世面，什么都不懂，因而对招待方产生不满心理。此外，这样询问会暴露出接待人员考虑不周、不懂得说话技巧的缺点，从而难以给客人留下合格的印象。

温馨提示：

☐ 招待客人时询问客人需要什么，应该先提供一个可选范围。

☐ 招待客人时应避免询问"您想要什么，请随便说"之类的话。

☐ 招待客人询问对方需要时，态度应恭敬、礼貌。

商务宴请的菜单安排要合理搭配

商务宴请不同于普通性质的宴请，因为关系到生意、事业，所以菜单的安排不能马虎大意。

自作主张点店里的招牌菜，却不知道客人对这几道菜毫无兴趣；点菜时只管照准价格高的点，却不知道客人最喜欢的菜恰恰是另外一道。菜单全由自己定，显得霸道、不体贴；全由对方来定，又会显得懦弱。菜单上品种单一，全是肉食或全是素食，会显得"一根筋"；菜单上菜品味道单一，同样无法显出请客者的诚意和周到。

温馨提示：

☐ 准备商务宴请时，菜单必须由主人与客人共同来商定。

☐ 商务宴请时，菜单的安排应注意菜品的搭配。

☐ 商务宴请的菜单应注意味道与色彩的搭配。

拒绝对方要注意时机

拒绝的话通常是难以说出口的。虽然很多时候拒绝很重要，但拒绝别人时，不能想什么时候说就什么时候说。

别人鼓足勇气向你开口求助，话还没说完就遭到你的拒绝，对方必然难以释怀，觉得你拒绝的是他这个人，而不考虑他求助的是什么事，他会认为你蔑视他而沮丧。别人刚提出请求，你就断然拒绝，对方会觉得你太不近人情、冷漠、自私。别人情绪激动的时候拒绝对方，对方会难以接受，而且因为打击沉重而可能做出过激举动。拒绝别人不注意时机，即使你理由充足，也难以让人接受，并且会给对方留下恶劣印象。如果对方是你的朋友，你很可能失去他的友谊。

温馨提示：

☐ 拒绝别人的请求前应认真考虑。
☐ 拒绝对方应选择对方心平气和的时间。
☐ 拒绝对方应选择对方有空闲的时间。

拒绝时不应含糊暧昧

拒绝的话不好说，因此就说得含糊。这样做是错误的。

拒绝别人时说"让我再想想""给我点时间"，对方会认为你能够帮他，因而会继续找时间求助。而当你不得不明确拒绝时，对方就会有上当受骗之感。明明无法应允对方任何此类求助，却说"下次吧"，然而当对方真的下次来找你时，你的拒绝会让对方感到受了愚弄。

拒绝别人时态度含糊、话语暧昧，容易让对方误解，从而继续对你抱以希望，这样很可能让需要帮助的人错过真正能提供帮助的人，因此耽误事情。拒绝时不说清楚，非但不能照顾双方的面子、避免尴尬，反而最能制造尴尬，对求助者造成伤害。

温馨提示：

☐ 拒绝别人时态度应坚决。
☐ 拒绝别人时话语应清楚、明白。
☐ 拒绝别人时应避免使对方认为还有机会。

拒绝时不可把话说绝

拒绝别人结果最糟糕的莫过于把话说绝。

别人把你当作唯一的希望来求助，你却斩钉截铁地告诉对方你不提供任何帮助；别人慕名而来向你求助，你却毫无回旋余地地一口回绝；别人是你多年的好朋友，你面对他的求助时拒绝得极为干脆。

拒绝时把话说绝，会产生极为恶劣的效果，对方会觉得你落井下石、铁石心肠。如果对方的请求在情理之中，但你的确无能为力，你的拒绝很可能会让对方丧失信心。如果你不想给别人留下见死不救、事不关己、高高挂起的印象，就别用很绝的话来陈述你拒绝的理由吧！

温馨提示：

☐ 拒绝时，应避免不留余地。
☐ 拒绝时，应让对方明白你的拒绝不是针对他这个人。
☐ 拒绝时，应同时给对方以鼓励和安慰。

做业务介绍时切忌诋毁竞争对手

做业务介绍时，诋毁竞争对手是

不会有好结果的。

向客户推荐甲公司的产品时把乙公司贬得一文不值，但恰恰客户就是乙公司的忠实用户，你的做法只能让客户对你产生严重的不信任；在专柜向顾客介绍某品牌化妆品时大肆批判其他品牌，但被批判的品牌就在你所在专柜的旁边，难保对方的负责人不会过来与你争辩。做业务介绍时贬低竞争对手，你会给对方留下恶意竞争的印象；此外，这样做容易使人产生"王婆卖瓜，自卖自夸"的怀疑。贬低竞争对手，更多的时候起到的是相反的作用。诋毁了对手却又难以为自己取得口碑，这样的做法无论如何也称不上聪明。

温馨提示：

☐ 做业务介绍时应避免对竞争对手进行恶意贬低。

☐ 做业务介绍时应避免对自己的业务过分吹捧。

☐ 做业务介绍时应避免不顾对方的感受紧迫不舍。

开会前要布置会场

开会前不布置会场，就难以使会议圆满完成。

参加者都已经到场了，才发现会议室的桌椅上还落着厚厚的灰尘；会议开始前已经确定了人数，大家进入会场后才发现桌椅不够；拟定在会议上展示影音资料，会议开始后却发现会场内没有准备放映机。不准备好必要的设备，不按照会议要求摆放桌椅，这都是不布置会场的表现。这样做会让与会人员难以确信会议的必要性和严肃性，容易影响会议的进程和预期效果，同时给人一种仓促而寒碜之感，让与会者觉得未受到尊重。

温馨提示：

☐ 开会前应充分准备，将会场布置得合理而实用。

☐ 开会前应保证会场整洁、设备齐全。

☐ 开会前应将必备的条幅等宣传用品和话筒等工具准备到位。

选择的会谈人员身份要对等

正式会谈时选择的代表与对方人员身份不对等，这是严重不合礼仪的做法。

选择身份低于对方的人员参与会谈，一方面，显得我方"朝中无人""底气不足"，是对自己的贬低；另一方面，会让对方误认为我方小视他们，以此向对方表明"我们用小兵对付你们，已经很看得起你们了"。选择身份高于对方的人员参与会谈，一方面，显得我方傲慢自大，故意将会谈变成了"接见"对方；另一方面，也会让对方觉得受到了愚弄和侮辱。

选择的会谈人员身份不对等，不利于双方会谈正常进行。

温馨提示：

☐ 应选定身份、素质与对方相当的人参与会谈。

☐ 选择参与会谈的人员时，人数也应与对方保持一致。

☐ 参与会谈的人员选择完毕后应及时与对方沟通。

确定谈判地点时要征求各方意见

谈判地点对于谈判双方是不容忽视的因素，因此许多人谈判前都尽可能地将地点定得对自己更有利。即使如此，如果强行做主确定谈判地点的话，结果就不见得好。

选择谈判地点时，一味强调己方利益，会让对手觉得压力过大，同时不满于你的固执、自私，对方更可能对谈判结果不抱乐观的态度。如果己方是主方，强行按照自己的意愿确定谈判地点，对方会觉得我们搞地方主义；如果对方是主方，以强硬的态度确定谈判地点，会让对方觉得我们不把东道主放在眼里。

温馨提示：

☐ 谈判前应与谈判对象共同协商确定谈判地点。

☐ 确定谈判地点时应综合考虑双方的利益。

☐ 确定谈判地点时应避免自作主张、提前自定。

谈判时不可自己坐上座

谈判的时候，不要自己坐在上座的位置，否则客方谈判人员必定不乐意与你交往下去。

进行客方谈判时，不等东道主礼让就主动坐在上座，主方人员会觉得你不懂得谦虚、礼貌，有示威的嫌疑。进行第三方谈判时主动坐到上座，会给人一种抬高自己、贬低别人的印象，从而不受欢迎。在多方谈判的场合，当自己的身份不算最高却坐到级别最高的上座时，你这是在喧宾夺主，有采取非正当竞争手段的嫌疑。

谈判桌虽小，座位却有着严格的尊卑上下之分，体现出严格的礼仪规则。

温馨提示：

☐ 谈判时，应将客方人员让到上座。

☐ 谈判时，通常以右为上。

☐ 谈判时，应根据人数和桌椅排列方式安排座位。

注意国旗的摆放位置和次序

在对外交往中，我们常常看到两国或多国国旗同时出现在人们眼前的景象。但是，国旗的位置和次序可不是怎么放都可以的。

不注意国旗的摆放位置和次序，简单地说是粗心、放错了位置，严肃地说就是有意破坏国际友谊。这一方面显得你不懂得相关礼节；另一方面说明你犯了工作上的失职错误，以及待人方面不尊重外宾。

因为关系国格，所以千万别做不注意国旗摆放的事。

温馨提示：

☐ 同时需要摆放多国国旗时，应按照参与各方代表的地位和与东道主方之间的关系来依次安排。

☐ 同时悬挂或摆放两面国旗时，应将客方国旗置于本国国旗同等高度的右侧。

☐ 在轿车、广场等任何场合摆放或悬挂国旗，都应奉行以右为尊的原则。

懂得处理谈判中的冷场

谈判中因为某个细节问题发生分歧而冷场，谈判中因为其中一方态度恶劣而冷场，谈判中因为一方太过沉默而冷场，谈判中因为判断失误而冷场……在谈判过程中，出现冷场是难以避免的，但如果任其继续，谈判可能就会泡汤。

谈判冷场时保持沉默，容易使谈判对象纳闷，觉得你在打小算盘；冷场时乱开玩笑，对方会觉得受到了奚落；冷场时出言不逊，谈判各方都会受到干扰，谈判就难以继续。谈判中出现冷场已经让人难以忍受，再不好好处理就更显得失败。对于主方谈判者来说，这是无法挽回的错误。

温馨提示：

☐ 谈判中出现冷场时，应以适当的提问或讨论对气氛进行缓和。

☐ 谈判中遇到冷场时，不应消极地保持沉默。

☐ 谈判中出现冷场时，可暂时休息。

双方签字要讲座次

举行双方签字仪式时千万别忽略了座次的排列，否则签字仪式可能会最终无果。

举行双边谈判时主客不分，容易使谈判对象缺乏被尊重、被信任之感；举行双边签字仪式时双方签字人员不按照规定就座，容易给人以傲慢自大之感。

签字仪式是谈判成功的结果，如果进行这个重要环节时在座次安排上出了问题，可能就会功亏一篑了。

温馨提示：

☐ 双边签字仪式座次排列方式之一是横桌式：桌子在室内横放，主方背门而坐，客方对门而坐。双方陪同人员分列主谈人员身后一侧。

☐ 另一种座次排列方式为竖桌式：桌子竖放室内，客方人员居右。

☐ 双方主谈人员右侧可坐副手。在涉外谈判时，则要安排翻译人员。

多边谈判座次排列要恰当

举行多边谈判时，参加人员众多，但无论按照什么标准排列座次，都会有人被安排到"委屈"的位置。这时如果勉强按照某一职位标准排座次，势必让安排到次要座位上的谈判人员内心不平。

举行多边谈判时座次排列失当，会使谈判的准备人员显得不公平，甚至让各方人员疑心有政治方面的歧视和偏见。此外，这也不利于谈判开诚布公地顺利进行。

温馨提示：

☐ 多边谈判可采用自由式排列，即不按职位、身份安排座次，各方参加人员自由就座。

☐ 多边谈判也可以采用主席式排列，即在室内正对门的位置设一个主席位，各方人员统一背对正门，面对主席位就座。谁发言谁就座，发言后返回台下。

☐ 举行多边谈判时，务必要认真排列参加各方的座次。

谈判桌上要保持风度

有的人说到谈判桌上的表现，会说尽量显得霸气、强势就好，这是误解。

参加谈判时穿得太随便，就会让谈判对象觉得你不重视对方，也不重视谈判；参加谈判时举止傲慢或粗鲁，也会令谈判对象对你失去兴趣和信心；谈判过程中商谈双方利益时表现得气急败坏或懦弱、迟疑，对方会轻视你。

温馨提示：

☐ 参加谈判时，应穿整洁优雅的职业装。

☐ 参加谈判时如果遇到矛盾，应避免急躁、失态，应尽力保持平和的心态和从容的表情举止。

□ 谈判过程中应避免有挠头、坐姿不正、玩弄手指等不雅的动作。

签字要遵守程序

签字仪式不仅是一个仪式性很强的完整活动，也是一个很必要的使谈判各方达成一致意见、体现各方合作诚意的重要仪式。如果不遵守程序，就不能令人信服。

宣布仪式开始后不按顺序入场，有对最后结果轻慢、不满之嫌；签署文件时抢着签自己的名字，有自视过高之嫌；签字完毕后不礼貌地交换签字笔，有不尊重对方之嫌；不准备饮酒环节，大家会觉得签字仪式不够圆满。

温馨提示：

□ 签字仪式第一步是宣布开始，相关人员依次进入签字厅依序就座，接下来签署文件。

□ 签字一般实行轮换制，每位签字者都有机会将自己的名字列在由自己保存的文本的首位。

□ 签字完毕后各方交换文本，签字者彼此握手相互祝贺，并互换用过的签字笔，其他在场人员应鼓掌祝贺。最后，大家喝香槟酒庆贺。

公务接待要注意规格

公务接待是很重要的事，规格是衡量一次公务接待是否合格的重要标准，绝不能马虎大意。

迎接上级领导，却按照接待下属单位前来参观的规格进行招待，对方会觉得受到了轻慢；迎接友邻单位，上次接待安排对方在三星级酒店住宿，此次却安排对方住在普通小旅店，对方必然会觉得双方可能产生了什么矛盾。接待时过于奢侈，有浪费、讨好、摆阔之嫌；过于吝啬，则有不欢迎、贬低之嫌。

公务接待的规格能体现出接待方对接待对象的态度以及接待能力，千万别认为规格是可以随便定的。

温馨提示：

□ 公务接待应按照来宾的身份、所在单位的级别来安排规格。

□ 公务接待应保证周到而不铺张浪费。

□ 公务接待时，如果不是第一次接待，规格应不低于以前。

迎宾前要制订计划

迎宾前不制订计划，什么事都随机而行、想到什么做什么，这是很难做好的。

如果迎宾前连该由谁来接待客人都没有确定，来宾马上就到站的时候，则只好临时派几个没有经验的生手前去接待。迎宾时是否需要列队迎接？是否需要邀请礼仪小姐？是否需要请乐队奏乐？迎宾时接待队伍应该怎样排列、怎样行进？这些问题都是需要在正式迎接来宾之前认真考虑好的。如果仓促迎接或随便找人迎接，容易造成措手不及的后果，甚至导致无人迎接或环节出现漏洞等尴尬。

温馨提示：

□ 迎宾前应确定好接待人员和接待时间。

□ 迎宾前应确定好接待地点和接待规模。

□ 迎宾前应对所有可能出现的情况做出预计与准备。

选择合适的迎宾地点

迎接来宾时，让来宾感受到热情和周到的服务是必须的。但如果你忽略了迎宾地点的选择，你的接待水平就不太容易令人满意了。

来宾从异国他乡而来，你安排在一个偏僻的小广场迎接对方；来宾冒着酷热的天气应邀前来，你安排下属在毫无遮阳设施的地方迎接对方；上级单位走访基层，你特意选择道路坑洼的地方迎接对方；迎宾地点太偏僻、太破旧、太拥挤、太狭小……这都是有失规范的表现。这样做不利于来宾迅速恢复状态，也难以给对方留下良好印象，同时不利于双方良好交往和顺利沟通。

温馨提示：

☐ 迎宾地点应方便来宾寻找，并且交通便利。

☐ 迎宾地点应尽量选择地势开阔、路面平坦的地方。

☐ 迎宾地点应尽量选择有标志性景观或有纪念意义的地方。

迎接客人要提前到达

客人首次远道而来，等候多时却没有人接站，必定会觉得自己受到了冷落；客人虽然不是第一次来访，却依旧对走访的城市交通生疏，到站后询问许久才找到前往接待单位的路线，客人必定会充分体会到举目无亲的感觉。

迎接客人而不提前到达，客人就必须等待多时而浪费时间和精力。这样接待单位会显得办事没有效率，待客不周到、准备不充分，显得仓促、敷衍。如果客人是外宾或上级领导，对方必然对我方没有好印象。

温馨提示：

☐ 迎接客人时，应至少提前10分钟到达。

☐ 迎接首次到来的客人时，应提前到达客人的落脚点。

☐ 迎接熟客，也应提前在大门外守候。

事先确定合适的接待人员

如果迎接马来西亚客人，却派出了只会英语的接待人员；迎接高级官员，却让本单位一个毫无待客经验的小职员陪同；迎接一个做事雷厉风行的长者，却让一个办事拖拖拉拉、说话慢吞吞的人接待对方。这样随便找一个或几个人接待来访人员，双方沟通必然容易产生问题，甚至出现矛盾。

如果迎接客人不确定合适的接待人员，无论是级别、性别、年龄、种族还是其他的差异，都会导致接待的不圆满甚至失败。

温馨提示：

☐ 如果客人是外宾，应配备懂外语的接待人员。

☐ 选择接待人员时，应选择对客人比较熟悉或身份、地位相称的人。

☐ 应根据来宾的人数确定接待人员的人数。

待客要懂"热情三到"

待客时皮笑肉不笑，或者客人已经走进大厅了，你尚且面无表情；待客时只点头微笑却不说话，或者虽然问候对方，却语调生硬；待客时虽然言语热情、表情生动，却让人感到虚伪……这些都是不懂得"热情三到"的表现。

"眼到、口到、意到"，这"三到"非常重要。待客不懂得"热情三到"，你的热情就不能说是"到家"，客人就无法感受到"宾至如归"的氛围；不懂得"热情三到"，就无法展现接待单位的优良素质和工作人员的训练有素，当然也无法给客人留下专业、热情、真诚的印象。

温馨提示：

□ 待客时，手势、动作等身体语言要及时跟进。

□ 待客时应随时注意客人的需要，言语要热情。

□ 待客时，要保证目光柔和、亲切。

细心安排礼宾次序

迎接客人时不按照一定顺序为礼宾排序，以此来安排座位、出场顺序等，就是接待工作的重大失误。

在任何规模的接待活动中，都不能忽视礼宾的身份、地位和尊严，应尊重对方的要求和感受。在涉外交往中，外国来宾无一不会关注自己在众多礼宾中的次序，无论其国家大小、强弱。如果不细心安排礼宾次序，礼宾就可能认为东道主歧视他们所在的国家，或者对他们心存芥蒂。

不细心安排礼宾次序，礼宾之间就可能产生误会。这是接待活动失败的体现，也是不懂礼仪的表现。

温馨提示：

□ 在政治性接待活动中，可按照礼宾身份、职务的高低次序排列。

□ 在会议、比赛等场合，可以按照礼宾的国籍第一个字母在字母表中的位置依次排列。

□ 当礼宾身份不太好确定时，可按照对方接受邀请的日期或到达接待方时间的早晚依次排列。

拍照时要注意排对位次

拍集体照是我们司空见惯的场面了，拍照时为众人排错位置也不少见：将长辈和重要客人的次序与普通陪同人员混淆，将本单位人员与外单位来访者位次混淆；让参加合影的人高矮错落，矮个子排在高个子身后，且不为矮个子脚下做任何铺垫，等等。

拍照时排错位次，首先，无法留下"美好的回忆"，反而会让人一看到照片就皱眉头、生气或发笑；其次，也会让参加合影的人员怀疑你的接待能力，并通过照片，使你办下的"不完美"事件永远定格。

强求前排的人蹲下来拍照也是错误的。

温馨提示：

□ 拍照时安排次序应该同时考虑到人数、合影者的身份和身高。

□ 没有外宾参与拍照时，通常将重要人员安排在前排、中排或左侧位置。

□ 拍集体照时，通常主方在右，客方人员在左。

接站牌的制作要整洁大方

接站牌是我们迎接初次来访的客人、未曾谋面的客人、团体客人等各种客人时常用的工具，为我们及时与客人取得联系以及体现我们的热情周到起到了不可忽视的作用。但是你要当心，如果接站牌制作得不合适就会起负面作用。

接站牌上客人的名字写了错字、白字，对方会觉得你不尊重他；接站牌用废旧纸板做成，客人看到后会觉得你所在的单位太寒酸；接站牌上的字歪斜、有涂改或大小不一，客人会觉得你和你所代表的集体不规范。接站牌能体现出接站者的素质和对待客人的态度，绝不可以胡乱应付。

温馨提示：

☐ 接站牌上书写迎接对象的名字要使用尊称。

☐ 接站牌制作不要太简陋，应尽量避免白纸黑字。

☐ 接站牌上的字迹应该清楚、足够大。

客人到达后不可马上安排活动

客人从远方颠簸一日甚至数日才到达我处，如果接待人员不顾其劳累马上安排活动是不合适的。

首先，客人到达后马上安排活动，对方尚未从旅途劳累中解脱出来，因此不利于客人身心状态的恢复；其次，马上安排活动容易让客人误以为接待方不耐烦，目的在于早点将客人送走；最后，马上安排活动不利于宾主相互熟悉、沟通，有强人所难之嫌。

客人到达后马上安排活动，并非表达我方人员热情周到的好办法。

温馨提示：

☐ 客人到达后，应先热情问候并向其介绍我方人员及单位情况。

☐ 客人到达后，应先征求意见，明白客人的计划。

☐ 客人到达后，应先安排休息。

应答来宾要及时

应答来宾时不及时，就不能体现服务人员合格的服务和优良的素质。

来宾向你咨询问题时，你只顾忙于手中的工作，半天才抬头回应；来宾进入大厅，你既不向其投去问候的目光，也不做任何询问和建议；来宾请你帮忙找人，你爱答不理。应答来宾不及时，从职责而言，你未负有责任，没有合格地完成自己岗位上的工作；从礼仪角度而言，你的怠慢使来宾受到了尊严上的侮辱，还间接使其浪费了时间。你的做法是对来宾的不敬，也是对自己形象的破坏。如果来宾慕名而来到你单位寻求合作，你的做法很可能使其退缩。

温馨提示：

☐ 来宾提出询问时应尽快答复。

☐ 对来宾提出的问题一定要认真回答。

☐ 应答来宾时态度一定要礼貌、热情。

行进中的位次要有讲究

陪同来宾走平地、上楼梯等，与来宾一起行进时，位次的问题不能忽略。

几个接待人员与一位来宾并排行走时把对方挤在外侧；一个接待人员陪同一位来宾时将其甩在自己身后；一个接待人员陪同几位来宾时，不懂得根据来宾的身份、地位以及他们彼此间的关系进行位次排列……这些都是不讲究行进位次的表现。

行进中的位次不讲究，容易让来宾误解，同时暴露出接待方准备不充分、不注意细节的弊病。如果是商务性考察，对方会怀疑接待方乃至当地人们的素质。

温馨提示：

☐ 与来宾并排行进时，应请对方走在中间或道路内侧；与来宾单行行进时，通常应请客人走在前方。

☐ 上下楼梯时应采用单行行进的方式，请客人走在前面。如果客人是身穿短裙的女性，应走在客人前面。

☐ 来宾不止一个时，应根据他们的身份、年龄进行排序。

引导行进中转弯要提醒

引导客人行进，参观也好，游览也好，带客人吃饭、住宿也好，遇到转弯时不提醒，这小小的疏忽同样会让你给对方留下不好的印象。

在通道狭窄而又灯光昏暗的走廊里引导客人前行，转弯时不提醒就容易让客人跌跤；在岔路口需要转弯时不提醒，客人就容易走错方向或不知所措，造成暂时的失态。引导行进中转弯时不提醒，说明你不够体贴客人，而且服务意识不够、服务态度欠佳。让客人心怀疑惑和不安前行，甚至让对方出洋相，自然是不礼貌的。

温馨提示：

☐ 引导行进中在转弯前应该用手势和话语提醒客人。

☐ 转弯的同时应以热情、自然的表情面向客人。

☐ 如果转弯处不太好走，要以灯光辅助或以手搀扶客人。

上楼梯时不宜请女士走在前面

上楼梯时要请女性走在后面。许多人对此不以为然，因为上楼梯时跟随在引导人员身后是天经地义的。如果多人同时行进，请女性走在前面是对女性的尊重。但如果引导人员是女性，而且穿短裙，走在她后面上楼梯就有窥视之嫌；与女性同伴结伴上楼梯这样做，也有窥视对方裙下风光之嫌。如果几个人同行，男性比女性更熟悉环境，请女性走在前面就是不妥当的。

与女性同行时，应从尊重对方的角度考虑问题，否则是有违礼仪规范的。

温馨提示：

☐ 如果女士穿短裙，应请女士走在后面。

☐ 上楼梯时，应请女性走在里侧。

☐ 上楼梯时，不要与女士的距离拉开太远。

乘电梯时不可强行挤入

乘电梯时不要强行挤入。

强行挤入电梯显得鲁莽、强硬，是自私而不为他人着想的表现。即使你身份再高，衣着再鲜亮，一旦这样做了，就会给人留下没有教养的恶劣印象。强行挤入电梯容易造成拥挤、混乱和误伤，使本来就狭窄的电梯空间更紧张，给他人带来不便。当电梯接近满员时，如果你强行挤入，也许电梯就会超载，这样大家都会尴尬。陪同宾客同乘电梯时强行挤入，虽然也许能节省时间，却会令宾客对你以及你所代表的单位产生不好的印象，对方会怀疑你所在单位工作人员的整体素质。

温馨提示：

☐ 乘电梯时应遵循先后次序，避免争抢。

☐ 如果电梯满员，应耐心等待下一趟。

☐ 乘电梯时如果自己进入后电梯显示超重，应主动退出。

避免挡住电梯按钮

乘电梯时挡住电梯按钮是不礼貌

的行为。

乘有人驾驶电梯时挡住电梯按钮，操作人员就无法方便地控制电梯按钮，你这样做是干扰对方工作；与陌生人同乘电梯时挡住按钮，别人就无法及时控制电梯，或者无法看清已经到达的楼层数，因而易耽误其顺利到达目的楼层。

温馨提示：

☐ 需要按电梯按钮而又距离太远时，应礼貌地请靠近按钮的人帮忙。

☐ 当自己靠近电梯按钮时，应主动帮助他人控制电梯。

☐ 无论电梯是否有人驾驶，都不要挡住电梯按钮。

乘电梯时应保持安静

乘电梯时不应该喋喋不休。

电梯的空间本来就狭小，在电梯里说话，难免会将唾沫星子溅到别人脸上，将自己口腔中的不洁气息传到别人鼻子里。当别人受到你的干扰时，心情一定是烦乱的。乘电梯时说话，还会使其他人深受聒噪之害。乘电梯时与恋人大讲情话，别人就会觉得尴尬；在电梯里与同事谈论办公室八卦，说不定会无意间泄露单位机密；在电梯里与别人谈论私人感情，别人会向你们投来诧异和鄙视的目光。

温馨提示：

☐ 乘电梯时不要与身边的人贴得太近。

☐ 乘电梯时不要与同伴谈论隐私以及单位情况。

☐ 乘电梯时不要与陌生人搭讪。

不可并排站扶梯

乘坐商场、地铁中的扶梯时，多人并排站立是错误的。

地铁的扶梯中间一般会有黄色警戒线，左侧是急行通道，专为有急事的人准备。如果多人并排站立在扶梯上，就会挡住他人的路。并排站在扶梯上，给人一种霸道、不讲理的印象。如果你和同伴是单位的代表，更会令单位的形象受到损害。给他人带来不便，理所当然是不礼貌的。

温馨提示：

☐ 乘坐扶梯时应站在右侧。如果电梯上有黄线，一定不要越过黄线站到左侧。

☐ 乘坐扶梯时不要在扶梯上奔跑。

☐ 乘坐扶梯时不要说笑、打闹。

参观企业时要从众

别人都跟随着接待者的引领依次参观，你却独自去找自己感兴趣的地方；别人已经集体离开某个场所了，你却依然在原地徘徊；别人在行进中都保持一定的距离，结伴而行，你却脱离大家，超前或滞后很远。这种不从众的做法不可取。

参观时不从众，有目无组织、目无纪律的嫌疑；参观时不从众，别人会为你的安全担心；参观时不从众，会给别人留下孤僻或高傲的印象；参观时不从众，会使你所在的整个团队形象受损。

温馨提示：

☐ 参观时，应根据引导者的指示前行。

☐ 参观时，应在行进速度和行进路线上和大家保持一致。

☐ 参观时，不要独自一人、不与其他人搭讪。

参观企业时不可进入非开放场所

参观任何企业、单位时，不要进入对方非对外开放的场所。

参观博物馆时进入禁止游人入内的展室，会被认为有不良企图；参观工厂时进入不对外开放的车间，会被认为窥伺行业机密；参观医院时进入非开放的病房，会被认为是对病人的骚扰。无论是出于什么目的进入非开放场所，都是对对方企业制度和对方接待者的不尊重，是缺乏教养、缺乏自制力、缺乏责任心的表现。

无视规定进入参观所在单位的非开放场所是错误的。

温馨提示：

☐ 参观企业时，未经允许不要进入非对外开放场所。

☐ 如果想进入非对外开放场所，必须经过接待方同意。

☐ 如果误入非开放场所，应及时向接待方道歉。

轿车上要讲究座次排序

我们乘坐轿车的机会很多，但你是否注意过轿车座次的排序呢？如果没有，你就要立刻补课了。

单独坐朋友的私家车时坐后排，给朋友的感觉是你把他当作出租车司机；与别人结伴乘坐出租车时让别人坐副驾驶座，等于是向别人说你比对方地位高；陪领导乘接待单位的轿车时自己坐到司机背后的座位，这是在礼节上抢领导的威风。

轿车上不讲座次，容易引起他人误解，尤其是引起身份、地位较高者的误解，甚至导致工作无法顺利进行、交往难以顺利发展。

温馨提示：

☐ 轿车由主人驾驶或为吉普车时，副驾驶座最尊贵，前排为上。而轿车由专职司机驾驶时，副驾驶座最次，后排为上。

☐ 轿车由主人驾驶时，通常副驾驶座上不应空着。

☐ 轿车座次通常是以右为尊。

切忌在轿车上指出贵宾坐错了位置

陪同贵宾一起乘坐轿车时，你不要自作聪明地告诉坐在"下座"上的贵宾说："您坐错了，那个座位才是您的。"对方绝对不会感激你的。

指出贵宾坐错了位置，一方面，是对对方自由选择座位的权利的干扰，是对对方尊严的损害；另一方面，暴露了你的自以为是，这样做其实是画蛇添足。指出贵宾坐错了位置，等于是向对方以及其他人说贵宾连乘车的常识都不懂。

温馨提示：

☐ 乘坐轿车时，通常贵宾坐在哪里，哪里就是上座。

☐ 乘坐轿车时，应将贵宾让到上座，但更应尊重贵宾的自由选择。

☐ 贵宾坐错位置后，其他人可随便坐，也可按照身份高低依次就座。

上下轿车要讲谦让

乘坐轿车时，上下车的礼仪是不能忽视的，否则就是对客人的不敬。

你上车时自己先上，下车时不管自己坐在哪边，都抢着先下车。如果你身份地位高，别人会觉得你仗势欺人；如果你身份地位一般，别人会认为你妄自尊大。如果你坐在左侧，车又停在闹市，下车时猛然开门，则容易撞上经过的行人。

上下轿车举止随便，既容易造成误解和不便，又不利于你的形象，不利于和别人的交往。

温馨提示：

☐ 若乘坐由司机驾驶的轿车，前排乘客应后上先下。

☐ 与别人同排乘坐司机驾驶的轿车时，应后上先下，以便替长辈、贵宾、女士拉开右侧上座的车门。

☐ 若轿车由自己亲自驾驶，一般应后上先下，以便照顾客人。

送客时要等客人的车离开后再返回

送初次见面的客人时，不等对方的车离开就返回，对方会认为你无心与其交往；送贵客时，不等对方的车离开自己家或单位门口就返回，对方会认为你不把他放在眼里；送久别重逢的朋友时，不等对方驶离你就返回，对方会觉得自己受到了冷落和敷衍。

送客时急不可待地返回，说明你厌烦客人，不愿招待对方。中国人自古以来送客都讲究依依惜别，迫不及待地返回，无疑会让你的礼貌和真诚打折。

温馨提示：

☐ 送客时，应跟随客人的车走一段距离，以示惜别。

☐ 送客时，应目送客人乘坐的车远去。

☐ 送客时，应待客人的车离开自己的视线后再返回。

坐车时切忌不断问询司机

坐车时不断与司机搭话是不礼貌的。

驾驶是需要高度集中精神的活动，稍有疏忽就容易发生意外。乘坐私家车时不停地与司机说话，会使对方心烦意乱，影响心情；坐公用车时不停打扰司机，如果司机因此而放低车速，会引起其他乘客的公愤，他们会埋怨你违反交通秩序。坐车时不停与司机搭话，会让他分心，容易使对方认为你在打发时间，并会妨碍对方正常工作，因此而引起事故也说不定。

温馨提示：

☐ 乘车时，应避免在行驶过程中引逗司机谈话。

☐ 乘车时，不要在路况较差的时候与司机说话。

☐ 乘车时，不要大声与旁边的人谈笑，以免影响司机情绪。

陪同客人乘电梯应先入后出

陪同客人乘电梯时，不能后入先出。

陪同客人乘电梯时，让客人先进等于是让客人领路，如果电梯无人控制，客人还要负责按电梯按钮；陪同客人乘电梯时，先于客人走出等于是把自己摆在尊贵的位置，将客人放在"小跟班"的地位。陪同客人而不能令对方感受到周到的服务，甚至连起码的正确服务都得不到，显然与接待人员应有的职业素养相违背，与正规的服务礼仪标准相违背。

温馨提示：

☐ 陪同客人乘坐升降式电梯时，应先入后出。

☐ 陪同客人乘坐商场中的扶梯时，应站在客人身后，站在电梯右侧。

☐ 进入电梯后，应为后来者控制电梯

门，待客人全部进入后再关门。

正式活动要发邀请函

举办正式活动而不发邀请函是不够礼貌的。

举办大型公益晚会、举办颁奖晚会、举办年度庆典……种种大型的正式活动举办时如果没有邀请函，会失去其隆重的味道，也显得对被邀请者不够尊重。对活动举办者而言，不发邀请函不利于统计与会者情况，不利于活动顺利开展。对受邀者来说，没有邀请函，对方就容易忘记，从而出现不能及时赴约的情况。

温馨提示：

□ 举办正式活动前，应该先确定活动规模，并确定参加人数。

□ 举办正式活动前，应向被邀请者发送请柬。具体提前时间应以活动规模和被邀请者的情况而定，一般提前两周或半年以内。

□ 发出的邀请函应保证及时到达被邀请人手中并征求回复。

应邀要遵守邀请函的提示

应邀参加一个重要的商务晚会，却不按邀请函的提示穿礼服入场，主办方及其他宾客一定会觉得你不尊重他人，或者没有足够的社交经验；别人给你的邀请函上注明不能转送他人，你却让自己的朋友代替自己参加聚会，结果朋友未如愿入场，你也会让主办方极为失望；应邀参加长辈的寿筵，却不按邀请函的说明到相应的桌上就座，主人会认为你对自己的座位感到不满，故意制造麻烦。

别人发邀请函给你是对你的尊重和重视。如果你不按邀请函的说明应邀出席，就是对邀请者的不敬，当然不合礼仪。

温馨提示：

□ 应邀时应注意按照邀请函的说明进行着装。

□ 应邀时应遵循邀请函的规定，避免携带不相干的人前往。

□ 应邀时应该按照邀请函的指示在指定位置就座。

陪同上司出行要注意自己的身份

陪同上司出访，见到接待方时有意无意地走在上司前面，以至于对方误以为你是上司而殷勤与你握手；陪同上司视察时，不顾自己的角色滔滔不绝地讲话，上司一定会觉得你是个"话痨"；陪同上司出行乘坐轿车时，上司还未上车，你就抢先开了上座旁边的车门坐进去，上司一定会觉得你不知道自己是谁。

陪同上司出行时不注意自己的身份，不仅是无视上司存在的表现，还会给自己单位丢脸，并将自己置身于难堪境地。

温馨提示：

□ 陪同上司出行时说话不要抢先。

□ 陪上司出行时应主动为上司开关车门、房门、电梯门等。

□ 陪上司出行时应注意察言观色，按照上司指示行事。

以左为尊要看场合

以左为尊在国际惯例中是行不通的。

中国传统文化中，在秦、唐、宋、明时期，人们以左为尊，"男左女右""左膀右臂"等词语可见人们对左的重视。直到现在，中国人仍然习惯说"左右"；然而在英语国家，却是"右左"。作为东道主与国外商人谈判时将客人安排在左侧位置，对方会认为你没有诚意，甚至不懂基本礼貌。将国外友人作为贵客接待时让他坐在左边，对方会认为你不重视他。

温馨提示：

☐ 涉及国际交往的政治活动中将多人排列时，应遵循以右为尊的原则。

☐ 在商务交往和会议中，应遵循以右为尊的原则。

☐ 在与国际友人交往的私人聚会中，应本着以右为尊的原则。

与英国人商谈不可系条纹领带

每个国家和民族都有自己独特的风俗，体现在方方面面，英国自然也不例外。在英国人的观念中，只有旧式军团或旧式学校的学生才系条纹领带。系条纹领带对英国人而言是轻视、不在乎的暗示，如果把条纹领带当作礼物送给他们，则是更为失礼的做法。

如果你无意系了条纹领带准备去会见英国客商，趁着尚未见面，赶快换掉吧！

温馨提示：

☐ 英国人做事较为谨慎、保守，因此系领带也应侧重于庄重保守的样式和花色。

☐ 与英国人商谈时，应事先了解他们佩戴领带的习惯。

☐ 与英国人商谈时，应尽量注重领带的质地。

与外宾交谈不可涉及敏感话题

与外宾交谈时涉及敏感话题，容易引起对方的误解，导致交往失败。

如果两国邦交正处于紧张状况，你与外国友人对话时开口就问对方对双方国家的看法，对方一定会认为你对他有成见；如果你面对的外宾是位年轻女性，你询问对方是否恋爱、是否结婚、是否有孩子，对方一定会因为你干涉她的隐私而生气；如果你所接待的外宾是一位黑种人，你无意间提起黑种人在国际社会中的地位，对方一定会觉得你歧视黑种人而不愿继续与你交谈。

与外宾交谈时涉及敏感话题，无论是否有意为之，都会被对方视为无礼。

温馨提示：

☐ 与外宾交谈时，不要涉及敏感的政治话题。

☐ 与外宾交谈时，不要涉及对方收入、年龄、住所等问题。

☐ 与外宾交谈时，不要涉及宗教信仰、种族区别等社会性、文化类问题。

第二十一章　现代科技礼仪

使用邮件要规范

现在大部分人主要通过邮件和亲朋好友联系，而不是传统的电话。虽然邮件已经成为日常交流的主要方式，但大部分人在使用邮件的时候，并没有注意到礼仪问题。

温馨提示：

☐ 在商务邮件中使用字符组成的图案，这是不正式的。

☐ 在第一次同某人用邮件联系时，不要忘记加上先生或者女士等称呼。

☐ 写邮件时保持正确的书写和语法。

不可用网络取代面对面交流

很多人每天通过网络同他人保持联系。这样看来你可以把邮件当作唯一的交流方式。但是如果你只用邮件同他人联系，退一步看看，你是怎样通过邮件同他人联系的——还有这种联系方式对你的人际关系可能产生什么样的影响。

把邮件作为唯一的交流方式，除了会导致直接交流的缺乏外，邮件想要表达的事件本身也很容易被误解。如果通过直接谈话听起来很有趣、幽默的故事，在邮件中可能就会被认为是不严肃、冷淡的。如果你注意到对方并没有积极地回复邮件，可能需要安排一次面对面的交流。邮件应该帮助你维护人际关系，而不是破坏。

当你计划给外祖母或者女朋友发一封邮件询问对方近况如何时，最好用打电话来代替发邮件，偶尔使用一下传统的交流方式会给对方留下不一样的感觉。

温馨提示：

☐ 如果你大部分的交流都是通过邮件和短信息实现的，包括工作上的事情，那么你需要注意自己的本意有没有被误解。

☐ 正确选择邮件和短信的标题，不要用对方可能会觉得受到了挑衅或者会留下不好印象的词汇。

发送邮件前要检查

和在电脑上写的任何文件一样，

在发出邮件之前，你应该重新查看一下邮件内容，检查一下是否有错别字和语法错误。这在使用邮件洽谈生意时显得尤其重要。

给某人发送一封写着"由于我对你的了解不多，我也不知道这封信的内容是否合适"的邮件并不妥当，因为这种不自信的说法，并不能表达你的真正意图。

如果你没有时间检查邮件的内容，那么不要发出邮件。退出邮箱，等你有足够的时间来处理邮件时再写。

温馨提示：

☐ 电脑拼写检查程序通常不能够达到百分百得正确。

☐ 当你结束书写检查时，必须再验读一遍邮件，这能够帮助你找出电脑拼写检查程序遗漏的问题。

转发邮件须谨慎

当你收到一封觉得很有趣的邮件时，可以非常容易地转发给别人。你只需要用鼠标点击邮件联系人通讯录，很快这封有趣的邮件就转发到别人的邮箱里了。

当你有同别人分享这封邮件的想法时，要先考虑转发的内容是什么，打算转发给谁。首先，没有经过他人允许转发邮件可能会涉及保密问题，特别是在邮件的底部有申明这封邮件禁止转发的保密要求时。而且如果你收到一封要求保密的邮件，最终却将这封邮件转发给了别人，那么你将置对方和你自己于怎样尴尬的境地呢？

其次，想一想自己所收到的转发的邮件。你是不是喜欢收到这些邮件呢？或者无论何时你收到标题上写着转发的邮件，是否只是眨一下眼睛，然后直接删掉呢？自己的邮箱里面装满了转发的邮件，会是什么感受？

温馨提示：

☐ 转发邮件前要注意检查邮件是否要求保密。

☐ 不要把可能引起尴尬的邮件转发给他人。

收到电子邮件要及时处理

对电子邮件采取不予理睬的态度是不可取的。

不回复电子邮件，可以省却一些垃圾邮件带来的麻烦，但是也给等待你消息的邮件发送者带来了麻烦。如果对方有求职、应聘的目的，不予理睬可能会让你错过一个人才；如果对方是咨询、探讨的目的，不予理睬可能会让你失去一个朋友；如果对方的信件是公务事务，不予理睬可能会让你错失良好的合作机会或被认为渎职。

温馨提示：

☐ 对于普通邮件，可以设置自动回复，以便对方确定自己的信已经发出并已经被你收到。

☐ 对于重要邮件，应该在收到后以最快速度回复。

☐ 对于所有有必要回复的邮件，都要认真对待。

发送电子邮件要讲礼节

很多人写电子邮件时不规范，这样做不好。

使用色彩鲜艳的信纸模板和字体、使用太大或太小的字号会让电子邮件看起来眼花缭乱，缺乏严肃性；不使用敬称或称呼、不注明落款，会让电子邮件看起来太过随便，缺乏规范性。在电子邮件中插入与信件内容无关的图片和音乐，会使其看起来不伦不类，不简洁、不缜密。

电子邮件虽然不需要动用笔墨纸张和信封邮票，但也不能不讲礼节。

温馨提示：

□ 电子邮件也应该像手写信件一样有问候语和结语及相应的格式。回复私人邮件可以稍微忽略格式，但也不能太简略。

□ 写电子邮件时不要使用太花哨的文本修饰功能。

□ 写电子邮件不要使用网络流行语，商务、公务用途的电子邮件更要保持语言的规范和准确。

谨慎选择回复全部邮件

回复全部邮件是不明智的。

有的人发送公务邮件时图省事，点击"回复全部"，以期每个相关的人都能收到电子邮件。但是信件同时也发送到了你邮箱通讯录中其他无关人员的信箱里，对于其他人而言，你的多余的回复邮件就是垃圾邮件，会平白给对方添麻烦。如果你回复的邮件事关机密，点击"回复全部"就是泄密。

温馨提示：

□ 点击"发送"之前，应该检查一遍收件人和发送方式是否正确。

□ 对于内容需要保密的电子邮件，应该单独回复、特别对待。

不可随便使用附件

发电子邮件时随便使用附件不礼貌。

有人只写了几句话，无须带任何图片或大容量、其他格式的文件，使用附件是多此一举，有小题大做之嫌。有人不按照对方的要求使用附件，会让对方误以为是有害邮件，结果根本看都不看就删除，这样你发送的邮件就失去了价值。

以附件形式传播的过程中可能会带来电脑病毒，故使用附件还是小心为好。

温馨提示：

□ 对于表明不接收附件的单位和个人，不要使用附件发信。

□ 发送带附件的邮件前应提前通知收件人或征求对方的同意，否则应采取其他方式传送信息。

不可在电子邮件中夹带垃圾信息

在电子邮件中夹带垃圾信息是让人忍无可忍的行为。

只要是无用的信息就是垃圾，包括广告、无聊笑话、从别人的邮件中转发的过时信息等。如果习惯性地在电子邮件中夹带垃圾信息，收件人会认为你发来的邮件一般都是无用的，从而拒收你的邮件或推迟回复你的邮件，如此肯定会耽误事情。

温馨提示：

□ 发电子邮件要保证有联系的必要性和重要性。

□ 电子邮件写好后，应该再检查一遍是否有多余的内容。

□ 电子邮件应该写得简明扼要。

收发邮件要看轻重缓急

邮件如果不看轻重缓急随意收发，必定不合适。

该及早回复的邮件耽误了两三天才回复，该提前发送的邮件滞后了几个小时或几分钟才发送，本该做好的事情或已经联系好的人，必定都错过了。耽误时间、让发信人或收信人认为你不在乎对方、不讲效率、不负责任，这些负面影响都是因为收发邮件不看轻重缓急造成的。

温馨提示：

☐ 收发邮件应该根据信件的重要性进行排序，先收发重要的邮件。

☐ 对于垃圾邮件应该及时删除，不必打开。

☐ 发送重要和紧急邮件时可以在邮件级别和主题中进行标示，对于重要邮件应该及时回复。

必要的时候使用隐蔽副本发送

写邮件最为方便的发明就是隐蔽副本。通过隐蔽副本，你可以将同一封邮件发送给很多人，而他们并不会看到这封邮件的所有发送地址，而邮件的顶端也不会出现众多地址。如果邮件顶部有很多地址，就需要滚动鼠标很久才能够看到邮件内容，这会让时间紧张的收件人觉得厌烦。

当你要给很多人发送邮件时，基于上面提到的原因，最好使用隐蔽副本的形式发送。但是你需要在邮件中说明：如果回复邮件，请点击"回复"，而不要点击"全部回复"。以免他的回复信件发送到所有收件人的信箱中。没有什么比将邮件回复给所有人更加刺激神经的事情了。

温馨提示：

☐ 使用隐蔽副本可以避免给对方带来麻烦。

☐ 使用隐蔽副本时最好提醒对方回复邮件时点击"回复"而不是"全部回复"。

工作中使用邮件要遵守公司规定

现在，有些公司使用了监控装置，专门通过电脑来监控员工使用网络的情况，当然包括邮件。如果你知道雇主反对工作时候使用私人邮箱，那么请遵从这个规定。道理非常简单，如果你认为这么做一次并不会伤害他人，那么你错了。你这么做违反了公司的规定，很有可能会因此失去工作。

如果上班时间允许使用个人邮箱，那么不要给同事发送过多的矫揉造作的笑话和城市流言。你上班主要是为了工作并不是和同事分享有趣的信息。尽管转发邮件给朋友是非常容易的事情，但最好还是在家里使用个人邮箱发送信息。

温馨提示：

☐ 如果你是公司的新员工，在工作中使用邮箱前先了解公司的相关规定。

☐ 即使公司允许使用个人邮箱，也不要随意发送一些与工作无关的邮件。

在正式场合发送短信也要讲究规范

短信可以说是最直接快速的交流方式，甚至快于邮件。除了将信息打出来发送给对方这一点区别外，短信和用电话直接交谈并没有什么两样。

短信看起来似乎是青少年的专用领域，但实际上很多成年人也使用短信和亲朋好友保持联系，甚至传递商业信息。你或许会发现人们在名片上也加了短信联系方式。

在商业中使用短信时，尽管短信是一种非常不正式的交流方式，但是你还是应该保持短信内容的专业性。这意味着：

不要使用字符图释，它们在商业中是极不正式的。

尽可能保证书写的规范。

在给对方发送短信或者文本内容时，提前确定对方现在是否方便接收短信。这和你在打电话时，要先询问对方现在是否方便通话一样。如果对方告诉你现在并不方便，那么你需要等一会儿再和他联系。如果你现在很忙，没有时间处理短信，那么关闭电脑上的短信接收器。

温馨提示：

☐ 以短信形式向对方发送文本内容时，要事先向对方声明。

☐ 在商务中使用短信要特别注意书写规范。

礼貌地使用浏览器本地标签和书签

浏览器本地标签是电脑上的一个装置，能够帮助记住浏览过的网页和每次访问的时间。通过储存信息，使得网上购物和其他网络相关的事情进展起来更加容易。

网络书签也能使网络的使用更加容易。如果你访问一个网站，觉得很感兴趣，那么就可以将它保存到自己的网络书签中。这样你只要通过点击鼠标就可以再一次访问这个网址了。

尽管浏览器本地标签和网络书签具有很强的灵巧性，但是并不是每个人都用积极的眼光看待它们。有些人将自己的电脑设置成不接受浏览器本地标签。有些人并不喜欢使用书签，因为这样使得自己的浏览器看起来很混乱。

当你使用别人的电脑上网时，不要更改任何设置，使得它接受浏览器本地标签。没有经过对方允许也不要储存任何网址。如果你不小心接受了浏览器本地标签或者错误地保存了一个网址，那么使用电脑后，请将其恢复到原始设置。

温馨提示：

☐ 电脑上的浏览器本地标签主要储存在高速缓冲存储器里。

☐ 因此未经他人许可，不要私自删除高速缓冲存储器，若这样可能会使得他们想要保存的有价值的信息丢失。

让孩子远离不合适的网站

有一些网站对我们来说是有价值的，而有些则包含不健康的信息。当有孩子在浏览器旁边或者你正在工作时，不要访问不熟悉的网站，这些网站的内容有可能会伤害到你身边的人。在家里时，有孩子或者比较敏感的人在旁边时，事先确认一下网址后再登录网站。

工作的时候也必须小心地使用网络。有一些网站并不适合在上班时间或者公司的电脑上浏览。如果你担心老板可能对电脑网络的使用有一定的限制，那么在你访问网站之前先和人力资源部门确认一下是否有相关规定。

温馨提示：

☐ 如果你想孩子远离不合适的网站，网络阻挡软件能够很好地达到这个目的。

☐ 作为父母，你有权利在孩子或者家用的电脑上安装网络阻挡软件，而不需要事先征得孩子的同意。

不可轻易相信从网站上获取的信息

如果你曾经上网浏览，会发现网络上有世界范围内讨论的任何话题，但是网络上找到的信息并不一定是正确的。

如果你想通过网络查找一些比较重要的信息,应该点击查找附属于有名的实体的网址。比如,如果你想查找一些政府可能保存的官方信息,可以从一些以.gov结尾的网址上查找,这些网站是官方机构的一个部分。

不管网址有什么样的后缀,网络上获取的信息都有可能是虚假的。有很多聪明的网站设计者能够把充斥着虚假信息的网站也做得很权威。因此谨慎地引用网站上获取的信息,批判地看待它们。

温馨提示:

□ 如果你要查找一些重要信息,最好上一些权威网站,如新华网、人民网等。

□ 使用网站上的信息之前务必先查明其虚实。

谨慎地处理邮件广告

在网络飞速发展的时代,广告不再具有固定的模式,它们以各种各样的形式和内容存在。

现在很多商人知道怎样找到可以帮他们做活宣传的伙计,而这些行为往往是不礼貌的。但是你又不能指望有一个礼仪警察跟在他们后面,及时地制止他们的行为。然而,你可以采取有效的措施来减少邮件广告的数量。不要让自己成为一个宣传广告信息的代理人。

你完全可以忽略日常生活中收到的邮件广告。当收到广告信息时,不要回复对方的邮件或者传真,久而久之他会把你从发送名单中除去。

广告宣传者通过一种机器来发送他们的宣传信息,他们会发送尽可能多的信息,这样有可能会击中目标客户。如果你回复了,那么他们就获得了你的信息。你的邮件地址或者传真号码就会做上标记。宣传者知道他们能够通过这个地址联系上你。广告就如喂养兔子,当它一旦开始就无法控制,如果你被做上了标记,那么以后就会收到更多的广告。因此处理广告最礼貌有效的方法是忽视它们的存在。

通过已经存在的客户宣传产品是网络市场商人发展客户的方法之一。尽管你有权利在网上开店或者购物,但是没有经过亲朋好友的允许,你不能把他们的信息在网上公布。你可能希望从自己喜欢的网上经理人那里收到信息,但是其他人可能并不喜欢。

转发邮件的时候可能会无意识地帮助他们宣传广告。全面的邮件转发对接收者来说不仅是粗鲁的行为,也极大地帮助了病毒的传播。如果你收到一封地址不明确的附件,不要转发给他人。如果你想做一个文明的网上冲浪者,那么你应该让广告传递链在你的手中停止。

温馨提示:

□ 如果你发现邮箱里面垃圾邮件泛滥,可以设置一个过滤器自动地将这些邮件过滤到垃圾箱里面。

□ 为了你的电脑"健康",删除垃圾邮件并不是粗鲁的行为。

礼貌地参与邮件列表管理

邮件列表管理、网上论坛、聊天室是通过网络加强交流的主要方式。在这些地方,人们可以很好地互相交流思想。

你可能和聊天室里的某人有不同的观点，当然你可以礼貌地反复称述自己和他观点不同的地方，但是你必须注意控制不同观点之间的讨论不会将辩论引发成激烈的争论——当你无理地批评别人的观点时，很容易引发争论。争吵从来都是不礼貌的。如果你发现和网上某人持有不同的观点，你应该保持礼仪，坚持自己的观点，无论对方多么得惹人讨厌，不要在意，继续做自己的事情。

当用邮件交流时，由于没有肢体语言和声音语调的帮助，文字信息很容易让人误解本意。因此在回复一些看起来具有煽动性的邮件之前，先做一下深呼吸，保持冷静，保证自己的行为是礼貌的。

温馨提示：

☐ 当你与他人意见不一致时，要避免引发激烈的争论。

☐ 谨慎对待一些煽动性邮件，不可轻易为之所动。

正确使用手机铃声

人们有时候给不同的号码设置了不同的铃声。这样，当他们听到铃声时就知道打电话或发短消息过来的是谁了。

也许这对你来说很方便，但是对周围的人而言却不一定是礼貌的，特别是当你的铃声很响或者听起来让人不舒服时。如果你必须使用提示音，那么请用标准铃声，同时把音量调低，尽量不要打扰周围的人。

温馨提示：

☐ 设置手机铃声时要避免打扰他人。

☐ 手机铃声的音量要适度。

就餐或开会时不宜接听电话

在就餐或者会议期间最好不要接听电话，除非你事先告诉对方你在等一个电话。此时此刻你应该全神贯注于周边的人事，不要接听电话。当你繁忙的时候，可以把自己的手机关掉或者调成振动。

如果你要开很长时间的会或者商务聚餐持续时间较长，但是又不想错过任何电话，那么可以采用语音留言服务。你甚至可以设置录音告诉来电者你何时方便接听电话。这样即使你没有接到重要的电话也不会显得粗鲁。在你去洗手间的时候，快速地查看一下信息，如果有非常紧急的事情需要马上处理，回电告诉对方你会尽快地和他联系。

温馨提示：

☐ 就餐或开会时，可以把手机关掉或调成振动。

☐ 如果你不想在开会或聚餐时错过电话，可以使用语音留言功能。

打电话时注意选择合适的场所

随着手机的普及，传统的固定电话的作用越来越小了。但固定电话的小亭子能够保证人们在公共场所打电话时有相对私人的空间。手机却不具备这样的功能。现在，你可以到处看到人们拿着手机在很多不合适的时间或者地点打电话。你可能看到过有人在去办公室外的通道上大声地通话或者在街上一边走路一边对着电话里的人尖叫。这些都是非常糟糕的行为。

在公共场所打电话并没有问题。事实上，室外是打电话的理想场所，因为这样你不会影响到房间里面的其他人。下面是一些你可以自由通话的场所：

公园。

海滩。

操场。

遛狗的时候。

火车站的月台。

飞机场。

下面是一些你需要再三考虑才能够进行通话的场所：

任何的商店、饭店或者服务机构。

体育赛事中，包括校内比赛或者哪怕只是你孩子的小队比赛。

在银行或者电影院排队时，或者任何身边有其他人的时候。

参加文化娱乐活动时，包括戏剧、电影或者博物馆。

选择合适的场所和朋友通电话，但是如果谈话的内容是比较私人的，或者比较情绪化的，你最好到一个比较私人的场所进行通话。

温馨提示：

☐ 在一些拥挤或需要保持安静的公共场合不宜接打电话。

☐ 如果你的通话是比较私人且情绪化的，最好选择在私人空间进行。

不可随便查看他人通话详单

如果你忘记了某人的电话号码，那么你可以通过查询自己的通话记录来查询对方的电话号码。

尽管你可以很轻松地通过别人的手机来调查某个对你而言很重要的人或者家庭成员，但是你不要这么做。每个人的通话详单都属于私人信息，你不希望别人以此来调查你，因此你也不应该去调查别人。

温馨提示：

☐ 只有在你怀疑孩子可能遇到麻烦了的时候，你才可以检查他的通话单或者聊天记录。

有礼貌地使用掌上电脑和黑莓技术

如今的高科技产品中包含了很多个人信息，就像手机有通话记录一样，你可以通过查掌上电脑或者黑莓技术很快地知道对方通话和约会的对象，但是你必须尊重他人的隐私。

除非你出于好意认为对方可能处在危险当中，否则不要调查对方的联系对象。别人的数字助理和你没有任何的关系。另外，设想一下，如果你知道某个朋友或者家人浏览你的掌上电脑，你心里又有何感想？这是侵犯你的隐私权，当然如果你这么做的话也会侵犯别人的隐私权。

温馨提示：

☐ 查询掌上电脑和黑莓技术时不要侵犯他人隐私。

☐ 一般情况下，不要调查对方的联系对象。

第二十二章　送礼礼仪

送礼要有合适的理由

如果送礼没有合适的理由，受礼人就无法接受礼物。

突然送礼给陌生人，对方一定有戒备之心；贸然送礼给已婚异性，对方一定避之不及；没有缘由地送礼给领导，对方一定觉得蹊跷；无缘无故送礼给朋友，对方可能会以为你做了什么对不起他的事。

无故送礼或者送礼的理由太勉强，就会造成误解，引起别人的猜疑，甚至引来不必要的麻烦。这样，受礼者难以坦然接受，同时还可能造成双方关系的疏远。

温馨提示：

☐ 送礼前，应该明确为什么而送礼，并且让受礼人也明白。

☐ 送礼前，可以先通知受礼人，以免对方不方便接受。

☐ 送礼的方式可根据你与受礼人的关系和距离采取亲手送、请人转送或邮寄。

不可滥送红玫瑰

红玫瑰虽然美丽可爱，却不是任何人都能送出、任何人都能接受的。

红玫瑰是爱情使者。男性向普通关系的女同事或女上司送红玫瑰，有谄媚和调情之嫌；男性向女性下属送红玫瑰，有骚扰和胁迫之嫌；男性客人向已婚女主人送红玫瑰有向男主人示威之嫌；男性第一次与女性见面送红玫瑰，对方会觉得你莽撞、粗鲁。滥送红玫瑰给人一种轻佻、低俗的印象，并且很容易引起误会，造成不愉快。

温馨提示：

☐ 红玫瑰只能由男性送给恋人、爱人和情人。

☐ 送花应该事先知道"花语"，并根据对方的喜好和年龄选择。

☐ 送花应该根据对方的身份、地位和职业、国籍进行选择。

送花要数枝数

送花的学问很多，选好品种不算万

无一失。若不注意花的枝数，是失礼的。

在花朵的世界里，不同的数字代表不同的含义。也许有的人不在乎花多花少，只要是花就高兴。但对于懂花的人来说，胡乱决定花的枝数可就是不友好的表现了。本想用玫瑰表达爱情，却送出了表示分手的17枝，对方一定不愿再理睬你；本想用樱花向日本友人表示友情，却送出了暗含诅咒"死"的4枝，对方一定感到生气而难以理解。

送花不数枝数，会让传达良好祝福和心意的花变成关系破裂的"肇事者"，怎么能符合礼仪呢？需要提醒的是，花朵的品种和颜色也需要事先了解才能送出，否则也会出错。

温馨提示：

□ 送花前要知道花的品种和枝数代表的含义。

□ 送花应根据受礼人所在国籍或民族的习惯来确定枝数，如西方人送花一般送单数。

□ 花的枝数应该避免不吉利的数字，如13。

送礼要真情实意

送给自己的恩师一座石膏底子涂金粉的塑像，似乎是在嘲笑对方没有真才实学；送给自己的上司一对粗制滥造的网球拍，对方一定会认为你轻视他的品位；送给自己的女友一条地摊上买的假银项链，对方一定会怀疑你的动机是否真诚；送给自己的好朋友一件假冒伪劣的名牌服装，无疑是在你们的友情上踩了一脚。

送礼不讲究真情实意，就无法让礼品起到传情达意的作用；送礼不讲究真情实意，就会让送礼失去意义，惹受礼人的误解和其他人的嘲笑。

温馨提示：

□ 送礼时不应送华而不实、质量低劣的礼品。

□ 送礼时应根据受礼人与自己的关系来确定礼品的选择。

□ 送礼时应根据受礼人的身份、年龄、性别、爱好来确定礼品的选择。

不可送广告礼品给别人

送广告礼品给别人是对人的不尊重。

送广告礼品给别人，对方会认为你想利用他做活广告、替你免费宣传；送广告礼品给别人，对方会认为你想敷衍了事，不是真心实意地送他礼品；送广告礼品给别人，对方会认为你吝啬成性，不肯花钱买真正的礼品；送广告礼品给别人，对方会觉得你小看他，认为他只配接受不花钱的广告礼品。

送礼的目的自然是促进双方关系的进展和巩固，但如果让对方产生不愉快的印象和感受，则可见送礼人不懂得礼仪。

温馨提示：

□ 广告礼品不应送给关系良好的朋友或外国友人。

□ 广告礼品不应送给上司或下属。

□ 广告礼品只能在公务场合送，只能作为纪念品送给客户。

不可送过时的礼品给别人

文物是越老越值钱，朋友是时间越久越可靠，但礼物却不是越旧、越老越好。

将五年前流行而现在几乎被淘汰的时装送给别人，对方穿起来感觉像怪物，必定会认为你有心让他"好看"；送一张去年的贺卡祝贺朋友新年快乐，对方一定会认为你不重视他，连贺卡都拿陈年废物敷衍他。送过时的礼品给别人，对方会觉得你讽刺他的品位和判断能力；送过时的礼品，对方会认为你故意借送礼之名处理垃圾；送过时的礼品，对方会认为你不再重视双方的关系，虚伪做作。

温馨提示：

☐ 送给别人的礼品如果有节令限制，应该选当季礼品。

☐ 如果送服装、饰品给别人，应选择时下流行的。

☐ 如果送给别人的礼品是台历或贺卡，应选择最新的。

不可送太贵重的礼品或现金

送太贵重的礼品或现金不受欢迎。

向上司送名表、现金，对方会疑心你在行贿；向关系一般的异性送钻戒、现金，对方会怀疑你另有图谋，甚至怀疑你认为他品行不端；向朋友送昂贵礼品，对方会觉得受之有愧，如果对方无力回赠你价值相当的礼品，对方更会感到尴尬。

送太贵重的礼品或现金给别人，会给对方造成极大的心理压力，而且有露富、炫耀之嫌。

温馨提示：

☐ 不宜向关系一般的人送太贵重的礼品。

☐ 在公务关系和私人关系中，除非是结婚等有必要送礼金的场合，都不宜送现金。

☐ 不要向关系一般的异性送太贵重的礼品。

选送礼物要打包装

送礼物却不打包装，这让受礼人多少会感到遗憾和不满。

送礼物不打包装，会让人觉得送礼人太过匆忙，礼物并非精心选择，而是随便买了一个就拿过来；送礼不打包装，会让人觉得送礼人对受礼人不太重视，有敷衍对方的嫌疑；送礼不打包装，会让礼物缺少美感和正式、庄重的味道，再高档的礼物也会因为没有包装而降低品位；送礼不打包装，别人一眼就会看出礼品是什么，不具有私密性，有招摇之嫌。

温馨提示：

☐ 送出的礼物应该有适当的包装。

☐ 礼物的包装应该根据礼物的风格和材质进行选择。

☐ 礼物的包装应注意色彩搭配。

礼品与包装要相匹配

送体积很小的礼物，却配上大体积的包装。你的包装越精美，越不合礼仪。

包装盒大，给人的感觉是礼物必然也大。用一个鞋盒那么大的包装盒装巴掌大小的便笺本，用能装小提琴的盒子装短笛——小礼物配大包装，给人以虚张声势、做作、欺骗之感。

不要用大包装盒来包装小礼物，否则让受礼者产生误会，同时也违背了送礼的初衷，失去了礼仪所应有的分寸。

温馨提示：

☐ 为礼物做包装时应根据其大小来选择。

☐ 礼物包装的档次应该与礼物档次相匹配。

☐ 戒指等小礼物的包装适宜选择小而精美的风格。

不送华而不实的礼物

送华而不实的礼物给别人，往往会引起对方的反感和误解，对交往不利。

送外表金光闪闪其实质地是劣质金属或塑料的摆件给客户，对方会认为你虚假，与你合作不会有好结果；送包装精美而内装不新鲜、不好吃的糕点的礼盒给亲朋，对方会认为你太重视形式，实际上却没有真心实意；送体型巨大、造型和质量却都极其低劣的玩具娃娃给过生日的孩子，孩子和大人都会认为你在敷衍他们。

送华而不实的礼物，只能让受礼者对你的礼物感到为难，而不能感受到你的真心祝福。

温馨提示：

☐ 不要为精美的包装而挑选礼物。
☐ 不要为"大"和"沉"而挑选礼物。
☐ 不要送自己都觉得显得虚伪的礼物。

送礼金的数目要有所讲究

婚丧嫁娶、婴儿出生、婴儿百日、婴儿周岁等特别的日子，中国民间有送礼金、送红包的传统。如果单从心意出发，送礼金不加考虑，就犯错了。

对方是你的好朋友，按照当地习俗，礼金数若低于一定数量就是对对方的侮辱、对双方关系的否定；对方是你的师长、亲戚，礼金如果太少就会给对方以敷衍、虚伪、吝啬之感。当地送礼金讲究数目吉祥，你却破忌，在别人看来是对受礼人的诅咒。

送礼金是为了表达祝福和心意，但必须保证不打破一些约定俗成的禁忌才算不失礼仪。

温馨提示：

☐ 礼金的多少应根据受礼人当地的习俗确定。
☐ 礼金的多少应根据自己与受礼人之间的关系确定。
☐ 礼金的多少还应与受礼人的身份和地位相符合。

送礼不要千篇一律

你身在异地，每年给家人寄一包土特产，连包装和分量都不变，家人一定会觉得你太不懂得挂念亲人；看望亲戚，给对方全家每个人一件规格相同的小礼物，没有任何区别，对方一定会想：这家伙从批发市场买东西糊弄我们。

送礼千篇一律，就无法传达出礼物所应传达出的期待和惊喜，无法充分表达出送礼人的情意；送礼千篇一律，在别人看来是虚伪和走形式的表现，而不是真情流露。

温馨提示：

☐ 连续给同一个人送礼时，不要让每次的礼物都完全一样。
☐ 送礼给一个集体中不同的人时，应选择不同的礼物。
☐ 送礼给性格不同的人时，礼物也应不同。

送礼要讲场合

送礼不能不讲场合，否则送礼不成反倒惹出麻烦。

从老家带来一堆土特产，如果趁朋友上班时间直接送到对方单位，则既干扰朋友的工作，又使其违反办公室工作原则。别人即使不认为你是在行贿，也会借机把你送给朋友的礼物分走一部分。把代表集体的公务礼品神神秘秘地送到客户、同行主管的家里，礼物就带上了强烈的私人色彩，从而显得暧昧。对方也难免感到莫名其妙，因此而生气也说不定。

　　送礼如果不讲场合，就难以使礼物发挥作用，也难以使送礼者的好意得到体现和承认。

温馨提示：

☐ 公务礼品应在公开场合送。
☐ 私人礼品应在私下送出。
☐ 公务礼物不能以私人的名义当作私人礼物送。

不可当着几个人的面给一个人送礼

　　当着几个人的面给一个人送礼，如果那个人是你的师长、你已经确定关系的恋人，也许这么做会让礼物更显得贵重。但如果受礼人和其他在场的人与你的关系相当，这样做就不妥了。

　　当着几个普通同学的面送礼给其中之一，会引起别人的疏远和忌妒；当着几个同事的面只送礼给其中一个，其他人会认为你们有什么特别的关系，如果对方是异性，你无疑是给自己制造绯闻。当着几个人的面给一个人送礼，会让受礼人感到尴尬，不利于你和其他人关系的进展。

温馨提示：

☐ 不要在几个关系一般的熟人中间只给其中之一送礼。
☐ 带有私密性质的礼物不要当着众人的面送出。
☐ 不要在地位相当的熟人中单独给其中一个送礼。

送礼要选择恰当的方式

　　许多人送礼只关注送什么礼物，却忽略了选择适当的送礼方式。这是错误的。

　　为了表达爱意或歉意，对于个性腼腆、多疑、好冲动的人而言，当面送礼可能会引起对方的误解或使其产生压力；而对于某些与你关系亲密的人而言，不亲自送礼就说明你对其感情不够真挚。有的人认为当众受礼比较有面子，有的人却认为请礼仪公司派专人来送礼，会使自己更有尊贵感。如果你不太了解送礼对象的心理和个人情况，不注意送礼方式很可能使礼物失去效用。

温馨提示：

☐ 送礼的方式有亲自送、请人转交和邮寄等。
☐ 送礼的方式应根据受礼人的身份、年龄、性格、喜好来确定。
☐ 送礼方式应根据双方的距离及日程表来确定。

送礼要考虑受礼人喜好

　　送玩具娃娃给喜欢汽车模型的小男孩，他不会领情；送吃素食的人熏肠，对方会觉得你"太不会来事"；送喜欢淡雅色彩的人色彩浓艳的挂毯，对方不会觉得你的情谊有多重；送古董收藏爱好者假冒的古董，对方会觉得你嘲笑他的见识和眼力。

　　送礼不懂得投其所好，礼品就是废品；如果恰好犯了受礼人的习俗禁忌，就是不折不扣的弄巧成拙。送礼本是表达对别人的牵挂和尊重，如果不懂得投其所好，结果就会事倍功半甚至全盘皆输。

温馨提示：

☐ 送礼前应该了解受礼人的喜好等个人特点。
☐ 送出的礼物应该符合受礼人的需要。
☐ 送出的礼物应该符合受礼人的性情。

送礼要考虑与对方的关系

送司空见惯的台历、挂匾等礼物给领导和长辈，显得敷衍对方；送有暧昧色彩的内衣给异性朋友，显得轻佻、不尊重对方；送与对方兴趣爱好不沾边的礼物给好朋友，显得忽视对方；送昂贵而不实用的礼物给节俭成性的父母，在他们看来反倒不如不送。

送礼如果不考虑自己与对方的关系，礼物就无法起到应有的作用，甚至可能起反作用。送礼既然是表达礼仪的方式，就应该让礼物适合受礼人。

温馨提示：

☐ 送礼时应根据自己与受礼人的关系来确定礼物的品种。
☐ 送礼时应根据自己与受礼人的关系选择送礼的时间。
☐ 送礼时应根据自己与受礼人的关系来确定送礼的场合。

送礼要有新意

好朋友过生日、结婚……在特别有纪念意义的日子里，送礼自然要送得特别。如果没有新意，送礼的效果必然不会很好。

送与别人大同小异的礼物，送市面上司空见惯的礼物，送毫无特点的礼物，受礼人会认为你的礼物是随便买来应景的，从而不会深切感受到你的情谊。送礼无新意就无法为特殊的纪念日增添纪念意义、增添气氛。如果受礼对象是你的爱人，对方还可能会因为收到的礼物没有新意而徒增烦恼和失落感。

礼物如果没有让人惊喜之处，就难以承载它祝福和纪念的意义。

温馨提示：

☐ 送礼应选择符合受礼人爱好而又在造型、寓意、色彩等方面有创新之处的礼物。
☐ 送礼时，如果礼物在外形上没有特色，应适当用别出心裁的祝福语弥补不足。
☐ 应避免和别人送同样的礼物给受礼人。

不可频繁送礼

别以为频繁送礼给别人，你就会很受欢迎和喜爱，事实上恰恰相反。

频繁送礼给领导，对方会认为你行贿，对他／她有企图；频繁给异性送礼，他／她会认为你有意求爱，如果对方有伴侣，你这样做会导致对方与你绝交；频繁送礼给家境不如你的人，对方会有心理负担，认为你同情、怜悯他，从而产生心理压力，说不定也会与你断交；频繁送礼给关系亲密的人，对方可能会养成收礼的习惯。

无论对方与你关系如何，频繁送礼给别人都是不妥的。对方或者认为你有特别的目的，或者认为你炫耀成性，或者认为你不顾别人的自尊进行施舍。

温馨提示：

☐ 不要给不熟悉的人频繁送礼。
☐ 不要给爱占小便宜的人频繁送礼。
☐ 送礼的时间间隔不要太短。

送礼要大大方方

送礼本是表达问候、谢意、请求、安慰的良好途径，但是如果偷偷摸摸送礼的话，礼物再好也是不应该的。

送礼给上级，其实并没有不良的企图，却偷偷摸摸、探头探脑地半天才进对方屋门，放下礼物后说话又支支吾吾，对方多半会强烈要求你把礼物拿回去。送礼给朋友表示道歉，却带着低三下四的表情，悄悄把礼物放在对方可能看不到的地方，对方一定会对你的表现极端反感。

偷偷摸摸地送礼，只能给别人留下动机不纯的印象，你的礼物也会因此而失去意义。

温馨提示：

☐ 送礼时，不可表情或动作猥琐、谨小慎微。

☐ 送礼时，不应将礼物放在对方室内的墙角或桌子底下。

☐ 送礼时，应避免走侧门、走小路。

送花给病人要考虑是否合适

鲜花形色动人，老少皆宜，想必人人都会喜欢，但送花给病人就不一定合适了。

给患呼吸道疾病的病人送花，花粉和花香会使病人病情加重；如果病人对鲜花过敏，送花会让他恢复更慢；如果送盆栽的花给病人，花会和病人争夺氧气。本想为病人调整心理状态，送去康复的希望，却让他加重病情，这不是礼仪所能够允许的。

温馨提示：

☐ 送花给病人应该选择好养的常绿植物。

☐ 应根据病人的病情决定是否送花。

☐ 送花时应该根据病人的病情选择花的品种和色彩。

给病人送礼要考虑对方需要

说起给病人送礼，不考虑对方的需要而从自己的想法出发是错误的。

送鸡蛋、水果、滋补汤之类的食品给不能进食的病人，似乎是在用这些东西引诱他；送恐怖小说给需要良好睡眠的病人，等于是想加重他的病情；送含糖量高的食品给糖尿病病人，只能说明你的无知或恶意。

给病人送吃的，不要以为越有营养越好，因为有的病人不适合，有的病人甚至任何食物都不能吃；给病人送用的、玩的，不要以为越新奇越好，因为有的病人不能有激动情绪。不加考虑地送礼给病人，可能会适得其反。

温馨提示：

☐ 送给病人的礼物应该对他的健康恢复有帮助。

☐ 送给病人的礼物应该不犯对方的禁忌。

☐ 送给病人的礼物应该有助于他心情的愉快。

做客进门时就将礼物送给主人

做客离开时才取出礼物，这么做真的很不合适。

做客离开时才将礼物送给主人，对方会觉得你原本不舍得，因此也不好意思接受你的礼物；做客离开时才拿出礼物，对方会觉得你以此来检验对方对你的招待水平。如果恰好对方对你的招待很一般，而你的礼物很高档，对方会感到你别有用心。离开时，主人可能会送给客人礼物。如果这时才取出你的礼物，就有交换的意味了，主人会想："如果我不送礼给他，看来今天他这礼物不会送给我。"

温馨提示：

☐ 做客时，应该在进门之初就送上礼物。

☐ 做客时可以在宾主交谈告一段落后送出礼物。

☐ 送出礼物时，态度应端庄大方。

礼物上不可留有价格标签

送给别人的礼物上不要留着价格标签。

送给别人的礼物上挂着价格标签，有炫耀、要求对方交换的嫌疑；送给别人的礼物上挂着价格标签，让人感觉更像商品；将留着价格标签的礼物送给别人，显得你挑选礼物不够仔细，送出礼物时不够真诚。如果对方看到礼物标签上高昂的价格，还可能因为觉得受之有愧而拒绝接受，这样对送礼者与受礼者来说都尴尬。

温馨提示：

☐ 对于送出的礼物，应将其价格标签撕毁并消除痕迹。

☐ 送出礼物时，不要提及它花了多少钱。

☐ 送出礼物时，不要强调它的价格，而应强调它所承载的情谊。

回礼要看价值

受礼后回礼是送礼礼节中不可缺少的一环。而回礼时，不能不考虑礼物的价值。

公务交往中，别人送了高档礼品给你，你却回给对方一件价值远低于对方礼物的物品。这显然是对对方的不敬，也给对方留下目中无人、一毛不拔的印象。远道而来的亲戚拎了一大堆土特产来看你，对方临走时你却只送出一罐已经吃过一部分的、自家腌的老咸菜，对方一定会觉得不是滋味。一个初次相识的人送了一份便宜礼物给你，你却回给对方相当于对方数倍价值的贵重礼物，对方一定会认为你是在埋怨他太小气，同时又是在显示自己的财大气粗。

温馨提示：

☐ 向平辈友人回礼，礼物价值应与自己收到的礼物相当；向关系亲密的人回礼，以对方喜好为主，不必特意考虑礼物价值。

☐ 向长辈回礼，礼物价值应稍稍高于对方的礼物，但不应高出太多。

☐ 向关系一般、没有深交的人回礼，其价值应与收到的礼物相当或稍高。

不可无故拒收礼品

无故拒收礼品是不得体的做法。

无故拒收礼品，送礼人精心选择礼品的心血就会白费，对方会疑惑而有受挫感。无故拒收礼品，对方就不知道究竟哪个环节出错了，是你不喜欢还是你暂时情绪不好，还是因为违反了规定，进而不能确定以后是否能给你送礼。无故拒收礼品，就无法表明你的态度。如果你拒收礼物是因为违反制度，而别人认为问题出在礼物档次不够高，这样当别人再次送新的礼物时，就会牵扯出意外的麻烦。

温馨提示：

☐ 如果拒收礼物，应该向送礼者说明理由。

☐ 对别人转交而不愿接受的礼物，不能无故退回。

☐ 通过邮寄到达而不想接受的礼物，不应无故不取，同时又不做回复。

对不适当的礼物要礼貌地退回

收到有骚扰意味的礼物，收到有恶作剧或侮辱意味的礼物，收到自己所在单位明文规定不能收的礼物，收到有违习俗的礼物……当我们收到不合适的礼物时，第一时间的想法就是把它退掉。但是有不少人因为退还礼物时不礼貌而使送礼和受礼双方都丢了面子。

退回礼物时不礼貌，会让送礼人陷入尴尬境地，甚至会让对方恼羞成怒；会让别人觉得你故作姿态，故意让对方出丑；会给人留下不近人情、不懂得站在他人角度看问题的印象。如果送礼人出于好心，只是不懂规矩或不知道你的喜好，粗鲁拒绝是对他的伤害。

温馨提示：

□ 收到不能收的礼物而又不便当面退还时，应私下找合适的场合和时间退还。

□ 退还礼物时，态度要诚恳而有礼貌。

□ 收到不适当的礼物时，应在24小时之内退回。

受礼后要回礼

受礼后不回礼是很不礼貌的事。

如果送礼者是亲朋好友，受礼而不回礼，对方会认为你漠视他们；如果对方是新认识的朋友或客户，受礼而不回礼，对方会认为你缺乏社交经验或者吝啬、计较。如果对方送礼是为了庆祝你的生日，受礼而不在对方生日时回礼，对方会认为你自私而且故意惹其不快。如果送礼者代表集体、企业或团队，受礼而不回礼，是对整个集体和团队的无礼。受礼而不回礼，是对送礼者礼貌的无动于衷，也是对自己声誉和形象的不负责任。

温馨提示：

□ 如果客人来自己家做客时送礼，受礼后应当在客人告别时回赠客人礼物。

□ 如果当下没有合适的礼物，应该抽时间回赠送礼者一份礼物。

□ 回赠的礼物档次应该与收到的礼物相当，不应太贵或太便宜。

受礼后不可随手丢放在一边

接受了朋友的礼物后将礼物随手丢在一边，传达出的含义是你对礼物不屑一顾，或者对送礼人不屑一顾；接受下属的礼物后将礼物随手丢在一边，有故意摆架子的嫌疑；将异性送的生日礼物当众随手放在一边，会让对方以为你故意让别人看他（她）受到冷落的尴尬。

受礼后将礼物随手丢在一边，即使你是无心而为，却已经让送礼人产生了不愉快的误解。而且，这样做无法让送礼者感受到尊重，你们之间的关系也不可能因此而建立、巩固和发展。

温馨提示：

□ 受礼后，应对礼物的包装进行赞美。

□ 受礼后，应仔细、谨慎地拆开礼物包装，注意尽量不要把包装拆坏。

□ 受礼后，应仔细欣赏礼物并表示喜爱和感谢。

收到礼物切忌说："这东西很贵吧！"（或当场表示不喜欢）

没有一个送礼者希望受礼者讨厌自己送出的礼物，也没有一个送礼者愿意听到受礼者不满的话，看到受礼者揶揄的表情。如果你拿着送礼人的礼物客气地说："这很贵吧！"其实在他听来你是在说："这么烂的东西，一定很便宜吧！"如果你当场表示不喜欢，那么简直是等于判了送礼人的"死刑"，他以后必定再也不愿意送你任何礼物了。

别人送你礼物说明对方尊重你、关注你。辜负他的好意、不回应他的礼貌表示必定不合礼仪。

温馨提示：

□ 收到礼物后，应当场表示欣喜和谢意。

☐ 收到礼物后，应该欣赏后妥善放好。
☐ 收到礼物后，应该及时回礼。

受礼后不可到处炫耀

受礼后到处炫耀的结果是，你既受到送礼人的不齿，又受到旁观者的嘲笑和轻视。

好友送你一件从国外带回来的礼物，你逢人就展示；恋人送你一件昂贵的首饰，你逢人就曝光；某个名人送你一件象征性的礼物，你见人就炫耀。受礼后到处炫耀，给人的感觉是你浅薄、粗俗、没见过世面，而且不懂谦虚和谨慎。

别人送礼给你不是为了让你宣扬的，何况有的人根本不希望别人知道你和他（她）的关系。有的礼物不值得炫耀，有的礼物则不适合炫耀。受礼后四处炫耀是愚蠢的表现。

温馨提示：
☐ 接受礼物后，应妥善保管或使用。
☐ 接受礼物后，不宜将其摆在家中显眼的地方逢人就说。
☐ 受礼后，不要就自己与送礼人的关系大做文章。

不要将收到的礼品很快转送别人

自己收到的礼品，无论档次如何，都不应该很快转送别人。

甲去丙家做客，一进门就看到一件熟悉的礼品，包装上还捆着自己精心挑选的丝线。丙说那是乙刚送来的。甲顿时气闷，因为这礼品正是昨天他送给乙的。这种事例，想必谁遇上都会不高兴。当着送礼人的面将礼物转送给身边的人，送礼人会有受侮辱、受歧视之感；待送礼人走后很快将礼品转送对方熟悉的人，送礼人知道后会有受骗、被利用之感。

别人送礼给你是表示对你尊重和牵挂，而你转手将礼品送给别人就是对送礼人情谊的亵渎。借花献佛无可厚非，但不能把送礼人的尊严也一并献掉。不尊重送礼人的感受而随便转送礼品，不能说这样做符合礼仪。

温馨提示：
☐ 收到礼品后，如果自己不需要或不喜欢，可以礼貌地表示谢意并退回。
☐ 将礼品转送别人时，应保证送礼人不会知道和看到。
☐ 如果想将礼品转送别人，应尽量送给与送礼人不相识、距离远的人。

给孩子送礼物要讲究方法

购买礼物时，最为有趣的就是给孩子们准备礼物了。逛玩具店能够让我们想起美好的童年，因此很多成年人在给小孩子准备礼物时总是很开心的。对于宠爱小孙子的奶奶来说尤其如此。

由于你的儿子或者女儿要参加朋友的生日聚会，你需要为孩子们准备一份礼物，那么尽量带孩子一起去选购礼物。作为成年人，你可能发现自己不知道怎么挑选小孩子的玩具，也不清楚应该准备一份什么样的礼物，但是你的儿子或者女儿肯定知道选择哪个玩具作为礼物最好。

在前往商店购物之前，你可以先和孩子的父母联系一下。通过这么做，你能够知道孩子已经有哪些玩具了，或者孩子们的父母期待今年收到哪类主题的礼物。

不要过早地为孩子准备礼物。如果那样，当你赠送给他时，礼物可能已经过时了。购买礼物的时间一般是孩子生日前两个星期。

玩具是孩子们最理想的礼物。选择具有教育意义的玩具作为礼物，比如棋盘游戏、魔方等。这样你可以达到一石二鸟的效果。孩子的父母会感激你送的礼物能够帮助孩子学习和成长，而孩子们也会为收到礼物感到开心。

温馨提示：

☐ 孩子们礼物的价位一般不宜太高，如果是年纪很小的孩子，你可以准备一份价值100元左右的礼物。

☐ 书籍对于孩子而言是非常合适的礼物。如果你知道所送礼物的对象已经开始识字了，那么可以送一些书作为礼物。如果你能够拿到签名的书，那么这本书作为礼物也更加有意义了。

给孩子送礼可以选择衣服

大部分的成年人都会选择一些可爱的服饰作为孩子的礼物，当孩子们打开包装发现里面是衣服时，很有可能会发出一声叹息。当然，发出叹息声是不礼貌的，但是很多时候孩子们并不能够很好地控制自己的情绪。

当你被邀请参加一个小孩子或者新生儿的生日聚会或者其他庆祝会时，衣服是比较好的礼物。新父母从来都不会觉得衣服已经足够了，而孩子们年龄太小还不会对礼物做出反应。

温馨提示：

☐ 给新生儿或很小的孩子送礼物，衣服是一个非常好的选择。

☐ 如果是较大的孩子，送衣服给他们可能就不太恰当了。

给十多岁的孩子和青少年送礼物要考虑其爱好

当孩子们逐渐地长大，从几岁到十多岁的少年，再到青年，孩子们的礼物也渐渐地更加具有不确定性。这个年龄段的孩子总是过分地讲究自己的喜好，跟随时代潮流。除非你自己是一个十多岁的青少年，否则不要试图猜测他（她）们的想法，然后购买你觉得合适的礼物。

如果你给孩子们礼物的同时附上一些文字，比如一张小卡片，会给孩子们留下一个更好的印象。去一些有青少年闲逛的商店购买这些卡片，比如百货商店。

如果你不喜欢赠送卡片，那么你可以试着赠送一些你认为他可能会喜欢的书籍、电子游戏或者唱片作为礼物。将礼物的收据和礼物放在一起，万一他并不是十分喜欢这份礼物，可以更换成其他一些更为合适的东西。

如果你需要马上给孩子一份礼物，又没有足够的时间去购买，直接用钱作为礼物也是一个不错的选择。但是不要直接递给他100元作为礼物。至少要买一张卡片，然后在里面写上自己的祝福。可以将钱放在卡片里面。这份礼物肯定会让每一个孩子感到非常开心的。

温馨提示：

☐ 如果有人给你现金作为礼物，而并不是具体的物品，这并不代表你不用写感谢信。你仍需要给礼物的赠送者写一份正式的感谢信来表达谢意。

赠送生日礼物要有所讲究

童年时最开心的事情就是生日的到来。你可以举行派对，收许多的礼物。当你长大后，生日的新鲜感也慢慢地消失了，特别是临近20岁时。

当需要赠送生日礼物给别人时，你需要记住以下一些注意要点：

在孩子年满18岁以前，你每年都需要给孩子准备礼物。

当孩子年满18岁后，你可以只在具有特殊意义的生日时才赠送具体的礼物，比如21岁、30岁、40岁，等等。

不管年龄如何，父母、孩子和兄弟姐妹每年都应该相互赠送礼物。

如果你被邀请参加成人的生日聚会，你应该携带一份礼物前往。

温馨提示：

☐ 当你需要给成年人赠送生日礼物时，可以购买一些符合对方兴趣爱好的物品。

记住朋友的生日

你可能会忘记自己的周年纪念日，但是母亲从来不会忘记孩子的生日。并不是每个人都有母亲那样的记忆力，但是你需要记住对自己而言重要的人的生日。

记住生日或者周年纪念日最好的办法就是在新年前一个星期更新自己明年的日历。花费一个下午的时间将每个人的生日或者重要的日志记录在新的日历上。这样当你翻开日历时，你可以看到这些特殊日子的标记。你可以根据这些情况来购买礼物。当朋友生日到来的时候，你能够及时地给对方赠送或者邮寄礼物。

作为成人的父母不应该自己负担起让孩子记住他人生日的责任。如果你能够很好地培养孩子养成良好的礼仪，那么在特殊日来临时，他们自己会赠送生日卡片和礼物的。如果孩子们并没有那么做，那么你需要记住他们已经是成人了，完全有能力自己做决定了，包括在生日的时候拥有不礼貌的行为。

温馨提示：

☐ 如果你记忆不佳，可以备一个笔记本，将亲人和朋友的生日都记录下来。

☐ 作为父母，要从小培养孩子记住他人生日的习惯。

对你不喜欢的礼物可以拿到商店调换

调换生日礼物并没有问题。如果仅仅因为对方花费了时间准备了这份礼物，而事实上你并不喜欢或者并没有用，为了保持礼貌你留下这份礼物，这样并不一定是礼貌的。如果你知道礼物是从哪里买来的，并且可以把礼物换成一些你喜欢或者用得着的东西，为什么不这么做呢？当然你并不需要把这些事情告诉礼物的赠送者。

如果有人碰巧询问你最终拿去调换的礼物（刚开始这么做是不礼貌的），你可以用善意的谎言来维护他的感受："你的礼物对我来说是那么得完美，不管你信不信，我在生日那天收到了两个这样的鸟笼。最终我把其中一个换成了花园里的装饰物。你下次到我家里来的时候，我可以带给你看一下。"

谈到调换礼物，如果你将礼物的发票和礼物一起赠送给对方，你会被认为是一个礼貌的礼物赠送者。这么做暗示礼物接受者，当你开心地将礼物赠送给他的同时，能够理解有时候自己赠送的礼物对方并不喜欢。因此，你含蓄地给对方暗示，附上的发票可以方便退还或者调换礼物。每个人在赠送礼物的时候都应该附上发票。

温馨提示：

☐ 把礼物拿去商店调换时，不可告诉

礼物的赠送者。

☐ 如果你不确定对方是否喜欢你的礼物，可以将发票一起送给他。

教育孩子如何接受礼物

通常人们总是担心自己所送的礼物对方并不喜欢，但是他们总是忽略学习接受礼物的礼仪。接受礼物同样需要技巧，你可能不是很在意小孩子在这个方面的礼仪。他们会胡乱地撕开礼物的包装。

教育孩子，当你在别人面前打开礼物时，首先要考虑对方的感受。无论是什么礼物，无论你是否喜欢，都应该表现出开心的样子。有些人称这是戴上了一张毫无表情的面具，背后的道理非常简单：如果你不是十分喜欢这份礼物，也不应该在脸上表现出来。尽管你心里可能这么想："当他给我买这份礼物的时候，心里到底是怎么想的？"但是你必须说："这是一份多么好的礼物啊！"脸上的表情必须是开心的。

温馨提示：

☐ 孩子往往口无遮拦，容易流露对礼物的负面评价，父母要指导他们有正确的礼仪。

☐ 教导孩子在收到礼物时不可立即手忙脚乱地拆开包装。

对礼物的赠送者表示感谢

收到礼物后，无论你对礼物的评价有多么得低，也必须向赠送礼物的人表示感谢。要对自己准备扔掉、收拾起来或者打算退回的礼物表示真诚的谢意，或许比较困难，但是你还是必须寄出感谢信。你可以按照常规的写法来表示谢意，同时感谢对方记住你的生日。

如果你想要和丈夫或者妻子保持良好的关系，不要忘记你们的结婚纪念日。如果你有可能会忘记这些重要的日子，提前在日历上做个标注。这样能够帮助你记住这些日子，也能够帮助你避免结婚纪念日在沙发上度过。

温馨提示：

☐ 即使你收到自己不喜欢的礼物，也要对赠送者表示感谢。

☐ 对一些有特别纪念意义的日子，可以提前在日历上做好标记。

为结婚纪念日选择适当的礼物

当结婚纪念日到来时，可以赠送一些和纪念日相关的礼物。下面是一些结婚纪念日时赠送的礼物。由于传统和现代纪念日主题的联合，你可能会发现其中有一些是重复的。

第一个纪念日：纸制品或者钟表。

第二个纪念日：棉织品或者瓷器。

第三个纪念日：皮革、水晶或者玻璃制品。

第四个纪念日：织品、水果、花或者电器。

第五个纪念日：木制品或者银器。

第六个纪念日：糖果、金属或木制品。

第七个纪念日：木制品、铜制品或者家庭办公用品和桌子上的一些摆设。

第八个纪念日：电器、亚麻、蕾丝、青铜或陶器。

第九个纪念日：陶器、柳木制品或者皮革制品。

第十个纪念日：锡、铝制品或者钻石。

第十一个纪念日：钢制品或者首饰。

第十二个纪念日：亚麻桌布、丝绸或者珍珠。

第十三个纪念日：蕾丝或者毛皮制品。

第十四个纪念日：象牙或者金首饰。

第十五个纪念日：钻石、玻璃器具类或者手表。

第二十个纪念日：瓷器或白金。

第二十五个纪念日：银器。

第三十个纪念日：珍珠或者钻石首饰。

第三十五个纪念日：珊瑚或者翡翠。

第四十个纪念日：红宝石或石榴石。

第四十五个纪念日：蓝宝石。

第五十个纪念日：金器。

第五十五个纪念日：祖母绿。

第六十个纪念日：钻石。

第七十五个纪念日：钻石。

如果你不知道应该买什么礼物，可以借鉴上面的一些建议来帮助自己挑选一份合适的礼物。如果你确定应该准备什么礼物，可以参考上面的建议。但是通常在结婚纪念日的时候，你总是能够自己想到要为对方准备的礼物。

温馨提示：

☐ 以上列出的礼物仅供参考，至于究竟送什么礼物，还得你自己决定。

☐ 或许你的婚姻与一些特定的东西相联系，那就围绕这些特定的东西来选择礼物吧。

谨慎选择商务活动中的礼物

如果你并不想传递错误的信号，或者你不想选择违反公司相关规定的礼物，就必须小心谨慎地处理商务活动中的礼物问题。避免相互赠送酒当作礼物，因为有一些公司禁止酒类礼物。避免用衣服或者其他个人项目的物品做礼物，还能够避免一些不必要的性别尴尬。衣服类的东西还包括领带和围巾等，都是一些比较友善的礼物，通常情况下是非常合适赠送的。

温馨提示：

☐ 在商务活动中向对方赠送礼物之前，要先了解对方公司有关礼物方面的规定。

☐ 尽量避免选择烟酒作为商务礼物。

节日以红包的形式给日常服务人员送礼物

当节日到来的时候，你不仅需要给亲人、朋友和同事准备礼物，还需要准备一些红包给日常生活中相处的服务人员。在节日的时候，你总是需要结识一些朋友。

根据自己和他们关系的亲密程度来决定红包的数目。比如，你可能会额外地给临时保姆一个星期的薪水作为礼物或者节日红利。

温馨提示：

☐ 对于那些每天为你带来生活便利的人，在节日给他们送一个红包是非常礼貌的做法。

☐ 你的红包会使为你服务的人非常喜悦，在以后的工作中他们会更加竭情为你服务。

第二十三章　宴会礼仪

隆重仪典请客要发请帖

个人举办婚礼、庆祝寿辰，单位周年庆典、商店开业、企业奠基……大大小小的重要仪典举办之前，不发请帖不正式。

举行个人的庆典时不发请帖，会显得主人有些大大咧咧；举办集体的大型庆典时不发请帖，仪典再隆重也无法让人体验到"正式"的感觉。

隆重仪典不发请帖，也不利于主人统计人数，难以防止陌生人不请自来。这样，仪典就可能无法圆满成功，更不能让参加者满意。

温馨提示：
- [ ] 举行隆重仪典前必须提前发请帖，时间一般以提前两周到半年为宜。
- [ ] 发请帖可以请专人送达或邮寄。
- [ ] 发请帖时应保证请帖制作精美、无损折和污迹。

发请帖要注明请客地点

发请帖而不注明请客地点，这样的错误实在令人感到美中不足。

发请帖而不注明请客地点，你的请帖就不能算是完整的请帖。如果是发给熟人，对方可能猜得到在哪里请客，或者很自然地打电话询问；如果是发给陌生人，对方也许干脆就不打算赴约了。发请帖而不注明请客地点，一方面，说明主人粗心，别人会认为：既然请帖都写得这么不完整，宴请估计也不会很完美；另一方面，说明主人对客人不够体贴，有的客人会觉得主人缺乏诚意而不愿参加。如果主人发请帖是公务或商务原因，更会使客人产生经验少、素质低的怀疑。

温馨提示：
- [ ] 发请帖时，应注明详细的请客地点。
- [ ] 对于路程较远的客人，应对路线进行说明。
- [ ] 发请帖时，应注意核对所注请客地点是否准确无误。

写请帖要符合规范

请帖是给客人看的，表示的是邀请者的礼貌，代表的是邀请者的形象。

写请帖如果不符合规范，难免贻笑大方。

发请帖给客人时不注明客人的名字，或者将邀请对象的名字打印错或者写错，对方会认为主人没有诚意；请帖粗制滥造，客人会觉得发帖者不注重自己的形象，认为这样的邀请不值得应允；请帖乱用尊称和谦称，发给外宾和港台同胞的请帖不在措辞、文字、行文习惯上进行特别设计，对方就无法感受到你对对方的尊重。

温馨提示：
☐ 如果对客人的着装有特殊要求，应注明如"请穿礼服""请穿便服"等。
☐ 请帖的格式较为固定。对于一些公务、商务类的请帖，有的甚至无须称呼和签名，可打印或手写。
☐ 若要求被邀者回复或者不参加时回复，应注明。

不可随意将重要活动的请帖转送他人

好友举办婚礼，特意发请帖请你参加，你却将其转送给与好友关系一般的人；领导请你参加一个商务酒会，你却将请柬转送给一个非商务界人士；一个想和你深交的人特意发请柬请你参加他举办的周末舞会，你却将请柬转送给别人。上述行为是绝对不受欢迎的。

随意将重要活动的请帖转送他人，会让活动举办者认为你不识抬举，或者故意与对方闹别扭。如果活动举办者有意想在活动上将你介绍给他人，或者将你当作尊贵客人来看，当大家看到拿着发给你的请帖出现的陌生人，众人会是怎样的表情和心情？

温馨提示：
☐ 收到重要活动的请柬后，应及时确定自己是否参加。
☐ 应允参加重要活动后，应按时参加。
☐ 如果不能按时参加重要活动，应提前告知邀请者。

正式宴请前要沟通

正式宴请之前，别忘了和客人们沟通。

假设你准备宴请几个客户，由于事先没询问对方任何与宴请有关的问题，结果你点的菜没有几样是客人喜欢的，你定的时间也恰好是客人繁忙的时候。此外，你定的地点别人都没听说过，或者距离较远、难以找到。这样，你的宴请就不会成功了。

正式宴请前如果不沟通，容易造成误解，也容易造成时间和主宾之间意愿的冲突。

温馨提示：
☐ 正式宴请前应询问邀请对象是否有时间和意愿。
☐ 正式宴请前应询问邀请对象的饮食习惯和爱好。
☐ 正式宴请前应确定大部分宴请对象对宴请地点的要求。

安排桌次有章法

宴请时安排桌次是门学问，稍有疏漏或差错就会使客人不满。

举办宴会时不考虑客人的身份以及与主人的关系，奉行顺其自然的原则，这会给人以太过随便的感觉。本该长辈坐的桌子，晚辈大大咧咧地坐过去，必定会让人觉得他目无尊长；本该甲单位坐的桌子，乙单位的人随便坐过去，会让人觉得乙单位有意制造事端。安排桌次无章法，会显得宴会举办者经验不足或者不尊重来宾，还会给人以做事不严谨的印象。

温馨提示：
- ☐ 应将重要客人安排在厅堂的中间桌子、正对门的位置、距离屋门较远的桌上。
- ☐ 桌次通常以距离主桌的远近来判断高低，右高左低。桌数较多时，通常以第一排或最中间的桌子为主桌。
- ☐ 排列桌子时，各桌之间距离应该相等，不要太远或太近。

安排座次要有规则

座次的安排在中餐宴会上很重要。

熟人聚餐，排座次时将主宾让到主人的位置，对方会误认为你想让自己付钱、贪小便宜；举办大型家宴，如果重要宾客都挤在同一张桌上，其余的人难免会觉得有些失落，不甘心做饭桌上的"无名之辈"。安排座次时没有章法、不讲规则，容易使身份较高的客人觉得丢面子，使普通客人觉得宴会不正规，使宴会举办者显得不懂得尊重客人、缺乏经验，或故意为之。

温馨提示：
- ☐ 应按照礼宾次序安排座次，如按照宾客的辈分高低、与主人的关系等。
- ☐ 安排座次应按照以右为上的原则进行。主人位置正背门，主宾的位置应正对门。
- ☐ 筵席在三桌以上时，应在每张桌上安排一位主宾。

安排座次时要考虑来宾之间的交流

安排座次时如果不考虑方便来宾之间彼此交流，就可能导致宴会不成功。

把彼此很熟的客人安排在紧邻的座位上，而将其他相互间不认识的客人安排在周围，宴会桌上就容易出现熟人谈得火热而其他客人沉默、尴尬的现象。一张大桌上只有一个异性，大家交流起来会有些别扭，别人看着也会觉得不太妥当。如果满桌的客人都是不善言谈的人，大家在一起就很难交流，只是吃饭喝酒，平添无数尴尬。如果将有宿怨的两位客人安排在同一张桌上，甚至安排在相邻的座位，两人不仅无话可说，而且心情也会受到影响。

温馨提示：
- ☐ 安排座次时应考虑来宾的身份。
- ☐ 安排座次时应考虑来宾之间的关系。
- ☐ 安排座次时应考虑来宾的性别、年龄、性格。

在外宴请要预约

请某位朋友吃饭，并且决定在外宴请，如果不事先预约，必然不妥。

宴请别人，当然要选择档次较高的饭店；既然是吃饭，当然要选择恰当的吃饭时间。然而当"档次"遇到"高峰期"，你想要的饭店难免会出现满员的现象，如果不预约，自然容易出现找不到空闲座位或座位不够、需要等待很长时间等问题。

宴请别人时遭遇麻烦，说明你未做好充分的准备。客人可能会认为你无心邀请对方、缺乏诚意，或缺乏待人接物的经验。无论对方对你产生哪种误解，双方都会不愉快。

温馨提示：

☐ 决定在外宴请别人时，应先征求宴请对象的意见，如对方喜欢什么样的口味。

☐ 如果是临时性宴请，应避免在高峰期选择几乎不会有空位的饭店。

☐ 预约时应确定好时间，选择适合宴请对象身份的饭店。

对来宾不可厚此薄彼

举办婚礼宴会时，主人只对自己的亲朋好友等关系较为密切的宾客表示问候，对一般关系的同事、远亲等宾客却漠然视之；举行商务性或公务性宴会时，东道主只对大客户笑脸相迎，席间只对身份显赫的来宾致以问候和祝福，而对名不见经传的普通宾客则态度倨傲；举行小型家宴时与自己的至交打得火热，对新朋友却表现出忽略对方。对来宾厚此薄彼，这样做是令人失望的。

对来宾厚此薄彼，对被冷落和被遗忘的客人是明显的不敬。而那些受到热情招待的客人则会因为你把其他客人晾在一边而感到不安，也可能因为见识了你对普通客人的态度而对你的热情产生做戏的怀疑。

温馨提示：

☐ 对待来宾的态度应一视同仁、同等对待。

☐ 主人招待客人时，应照顾到每一位客人的感受。

☐ 主人迎客时应与每一位客人打招呼，送客时也应如此。

接到请柬后要及时回复

接到任何请柬，都不能不及时回复。

接到别人生日派对的请柬，请柬上注明"请于收到请柬后3天内回复"，你却根本没注意到这句话，直到对方生日当天接到电话，你才"恍然大悟"。这样做不仅使你给对方一个"马大哈"的印象，更容易让对方以为你根本就不关心他。

接到请柬后不及时回复，发柬人就难以确定你是否会到来，因而就难以准确地为宴会筹备座位等；接到请柬后不及时回复，主人会因此而额外花费时间主动询问你，这必然会浪费对方时间。此外，最关键的是，不及时回复别人的请柬，显得你不懂得尊重别人、理解别人、关心别人。这是不符合交往礼仪的。

温馨提示：

☐ 接到请柬后，应该在请柬上注明的应回复日期内回复主人。

☐ 接到请柬后，不要遗忘在一边。

☐ 如果能按时赴约，回复邀请者后一定要做好计划。

不能按时赴宴要做出声明

接到邀请赴宴的请柬，而且已经答应主人前去赴宴，却在宴会当天不按时赴宴且不做任何声明。这样做是相当不礼貌的。

参加别人的婚礼、寿宴、庆功宴等重要宴会时不能按时赴约而不做声明，对方会认为你不重视他以及他的邀请，不关心他人的感受，同时也不重视自己的形象。参加商务性、社交性宴会时，不能按时赴约而不做声明，对方会认为你不讲信用，不值得信赖，当然也不值得以后继续交往了。

温馨提示：

☐ 如果不能参加邀请，对于"应邀则不必回复"的请柬，一定要尽快回复。
☐ 不能按时赴宴时，一定要礼貌地通知主人，向其解释原因并道歉。
☐ 不能按时赴宴时，不要编造理由敷衍主人。

不可穿制服赴宴会

参加私人宴会穿制服，给人以公事公办的印象；参加公务或商务宴会穿制服，给人以装模作样、煞有介事的印象；参加社交性宴会穿制服，给人以"揩油"的印象。穿制服参加宴会，不仅无法穿出你工作场合外的个人形象，也不利于你保持良好的职业形象。穿着制服办私事是违反职业规定的，对于你的职业来说是抹黑。在与工作无关的场合穿制服，无可置疑地显得滑稽。

穿制服赴宴给人以虚伪、做作的感觉，让人难以放松地展开私人交往，于公于私都是不礼貌的。

温馨提示：

☐ 参加任何形式的宴会，都应避免穿制服。
☐ 参加大型正式宴会时，应穿礼服。
☐ 参加小型的私人宴会时，应穿整齐大方的服装。

赴宴时要脱帽

赴宴时不脱帽就像握手时不摘手套一样失礼。

赴宴时不脱帽，给人一种我行我素的感觉，对主人和其他客人都显得不敬，对方会认为你不把别人放在眼里。赴宴时不脱帽，会让人觉得你不愿意参加宴会，只是来这里转一圈，会马上离开。当你作为贵宾出现在大家面前时，不脱帽给大家的印象是"极度自恋"。

温馨提示：

☐ 赴宴时，不应戴着帽子进场。
☐ 赴宴时，应将帽子放在指定位置。
☐ 赴宴时如果戴着帽子，见到主人和其他宾客应脱帽致意。

赴家宴要带礼品

赴别人的家宴不带礼品有点说不过去。

家宴是比较隆重的，通常只针对关系很好的人们。别人请你赴家宴是看得起你，说明对方比较重视你，重视与你的交往。有些国家有赴家宴携带礼物的习俗，如果你未带礼物，对方会对你很失望。在节日期间赴家宴不携带礼物，显得不遵循节日礼仪。在平常的日子参加别人的家宴，如果其他客人都带了礼物而你未携带，容易给别人留下一毛不拔的印象。

温馨提示：

☐ 赴亲友、熟人的家宴时，应避免携带太贵重的礼物。
☐ 准备礼品时，可选择符合主人喜好的鲜花、自己家乡的特产等。
☐ 赴家宴时，所带礼物应该实用并精心包装。

赴宴时不可携带未受邀请的宾客

赴宴时绝对不应该携带未受邀请的宾客。

携带未受邀请的客人赴宴，会给主人增加额外的负担，也许主人必须因此而额外准备座位和食物。携带未受邀请的客人赴宴，给人一种占便宜的印象。如果主人的宴会对客人的身份、地位和人数有特别严格的限制，你带一个与主人宴会毫无瓜葛的人做伴，无疑是对主人尊严的轻视，你还可能因此而导致与主人关系恶化。如果你携带的客人恰好很缺乏自知之明，大声喧哗、扰乱别人心情不说，别人因而认为你也是如此没有教养的人。

温馨提示：

☐ 赴宴时不要携带不在邀请范围之内的客人。

☐ 赴宴时如果想携带其他人，应事先征求主人的意见。

☐ 赴宴时尤其不应携带与主人关系不好的宾客。

切忌小皮包放在桌上，大衣搭在椅背上

吃西餐时，为了解决皮包和外套的存放问题，绝对有很多人会不假思索地把皮包放在桌子上，把外套搭在椅子背上。这样做其实不对。

对那些深谙西餐之道的绅士淑女们而言，把皮包放在桌面上，不啻于把光脚丫放在桌面上；而把大衣、外套挂在椅子背上，又像是把内衣挂在那里。如果几个人坐在优雅的西餐厅里，却忍受着同伴或其他人不满的目光，这顿西餐怎么能吃好呢？

除了钱包之类的小皮包外，不要把东西放在桌面上；任何衣服都不要搭在椅背上。

温馨提示：

☐ 皮包应放在邻座的椅子上，或者放在自己腿上、背后或专门提供的架子上。

☐ 西方人通常会将皮包放在自己脚边的地板上。

☐ 外套应放在专用的衣架上或交给主人或服务人员保管。

入席后要跟陌生邻座打招呼

参加任何性质的宴会，入座后如果自己身边的邻座是陌生人，不与其打招呼都是不对的。

俗话说"来者皆是客"，既然坐到一起，必然都是主人的客人，当然彼此也有可能成为朋友。在公共场合遇到陌生人，有时候尚且需要一个微笑，在参加同一个熟人举办的宴会上，难道不更应该给邻座一个问候的微笑吗？如果入座后面若冰霜，而后主人恰好要介绍你们相互认识，彼此必定会遭遇尴尬。

即便是为了保持你的优雅风度和证明你有涵养、平易近人，也不该对宴会同桌上的陌生邻座不理不睬。

温馨提示：

☐ 入席后应和同桌而坐的人们打招呼问好。

☐ 入座后邻座主动向自己问好时，应及时而礼貌地回应。

☐ 入座后面对陌生邻座，态度应热情而从容。

与同事进餐时不谈同事的隐私

即使闲聊也不可以谈论同事的隐私，如被好事的同事听到，很可能会添油加醋地到处宣扬。这样，别的同事会怨恨你，你就会处于非常不利的境地。

与同事进餐时不要在同事面前批评上司

有人在白天被上司没道理地骂一通之后,喜欢晚上约同事喝一杯,然后对着同事发牢骚。这种事情一定要避免。不论多么值得信赖的同事,当工作与友情无法兼顾的时候,朋友也会变成敌人。

温馨提示:

☐ 在同事面前批评上司,无疑是让别人抓住你的把柄,有一天身受其害都不自知。

宴请重要客户要讲究档次

重要客户是公司利润的主要来源,更是公司稳定发展的基本保障。对于重要客户来说,重要的是吃东西的环境和档次。因为讲究档次才能说明对客户有足够的诚意和尊重。

温馨提示:

☐ 邀请重要客户吃饭,可考虑"大腕餐厅"或四星级以上的饭店。一般来说,海鲜类餐厅、日本料理、法式大餐等常是首选。在国内,上述饭店通常环境高雅,装修较新。而且,这些地方还有许多安静舒适的单间、雅座,保证你与客户的沟通不会受到外界的干扰。

对待未来客户要讲究舒适

如果是对待未来客户,那么一定要讲究舒适。未来客户是生意场上的潜在客户,他们可能今天还不是你的财富来源,但是明天很有可能让你受益。对于潜在客户来说,接触、交往和交流显得更为重要。比如通过商务宴请,让双方放下戒备,敞开心扉。

所以,定期宴请未来客户可能是最好的选择。

温馨提示:

☐ 对于未来客户,尤其是不了解他对你将会有多大价值时,你可能不大愿意为宴请而抛重金,如对待重要客户一样讲究档次。但是,在宴请的安排上也要真诚相待,档次不能过低,或者为了节约而选择环境差、卫生标准低、交通不便的场所。所选餐厅的位置最好有利于客户出行,不太好找的地点最好就不要去了。对于菜品,可以不太贵,但应力求做到新鲜和独特,比如尝试一下新开的风味餐馆,品尝新推出的菜品,都是经济实惠的选择。

对待老客户要讲究情绪的渲染

一般来讲,跟"朋友"客户吃饭没有那么多的讲究,选择中档餐厅就可以了,但务必要口味地道、环境卫生。同时,毕竟是生意上的合作伙伴,所以,在宴请上仍然要让对方感受到你的诚意。

温馨提示:

☐ 如果双方关系足够亲密,不妨邀请他到自己家中吃"家宴",经济实惠,环境也肯定比餐厅要自由放松得多。对于双方来说,"家宴"更能加深了解和友谊,是简单却绝好的选择。

宴请客户时尽量不要带自己的爱人

因为你跟你的爱人并非从事同一个职业,在宴会上不是所有人都认识他(她)的,你会整晚夹在他(她)与客户之间。所以,还是不要带他(她)去为好。

宴请客户时要早于客户到达宴会地点

待客户到来时，把他们引荐给重要人物。进入酒店随员和上司一样要尽地主之谊，以目光和手势示意客户，请他走在前面，同时可以配合语言提示："某某经理，你先请！"

温馨提示：

☐ 要给上司和客户的杯子里添茶水。你可以示意服务生来添茶，或让服务生把茶壶留在餐桌上，由你自己亲自来添则更好，这是不知道该说什么好的时候最好的掩饰办法。当然，添茶的时候要先给上司和客户添茶，最后再给自己添。

宴请客户时要学会点菜

客人有时不了解宴请酒店的特色，往往不点菜，那么，上司就有可能示意随员点菜。此时，随员要同时照顾上司和客户的喜好，也可以请服务生介绍本店特色，但切不可耽搁时间太久，过分讲究点菜反而让客户觉得你做事拖泥带水。

温馨提示：

☐ 点菜后，可以请示"我点的菜，不知道是否合二位的口味""要不要再来点其他什么"，等等。如果事前能与酒店打电话联络，提前拟定菜单，那就更周到了。

宴请客户时要主动去结账

主动结账时，还注意不要让客户知道用餐的费用，否则也是失礼的。因为无论贵贱，都是主人的心意。

宴请异性朋友，以礼为先

宴请异性朋友，尤其是男士宴请女士时，要特别注意礼仪，这样不仅表现了你对对方的尊重，还体现了你的涵养。

与女性约会共餐时，要注意遵守约定的时间。如果让女性在公共场合等5～10分钟还勉强可以接受。超过这个时间的话，就是没有礼貌。这时候应打电话事先告知，以免影响对方的情绪。

男性在女性来到餐桌边时要站立，即使在混杂的餐厅，也要稍稍起身，直到女士入席或者邀请她坐下为止。在女性离开桌子时，男性也要站起来。

温馨提示：

与异性朋友进餐还要注意以下几点：

☐ 不要拿女人的事当话题，也不要在他人面前表现出怀疑其道德。

☐ 应避免接触女性的身体。

☐ 不要谈让女性尴尬的话题。

☐ 要用比平常音量稍大的音量和女士说话，不要过于亲昵地说话，也不要越过大厅，大声呼叫女士的名字。

☐ 在洽谈业务的场合中，可由女性付款；而邀请女性参加社交餐会时，全部费用应由男性负担。

☐ 如果女性邀请男同事去酒吧喝酒，或者去餐厅吃饭，则应该由女方付账。即使这位女性是位刚从学校毕业、初出茅庐的年轻人，而她邀请的同事很有钱，也不应改变这条规则：谁邀请对方，谁就该付账。

☐ 第一次约会如果是由女方提出邀请的话，谨记一切支出费用都应由女方支付，包括晚餐、门票、停车费、交通费等，至于以后的约会费用该如何分担，就由自己去斟酌了。

男士结账显风度

男士结账是长久以来请客吃饭的习惯，也是餐饮的基本规则。结账时，如有女士在场，特别是一男一女的场合，付账的应是男士。女士不必坚持付账，也不用因别人付了账而心怀歉感。

温馨提示：

☐ 一般一对男女朋友，不但应由男士结账，连召唤侍者过来都应由男士来做。即使这次是由女士请客，或男男女女平均分摊消费额，女士亦应将钱交给男士，由男士招请服务员结账。

点菜时不可找最贵的点

朋友请你吃饭时点最贵的菜，对方会认为你有心"宰"他；出差时友好单位为你接风洗尘，点最贵的菜，对方会认为你暗示对接待方的规格不满；与客户洽商时点最贵的菜，对方会认为你炫耀自己。

请别人吃饭点菜时找最贵的点，会给人以暴发户的感觉；别人请自己吃饭时找最贵的菜点，会给人以贪吃、自私的印象。点最贵的菜，是很没有风度的做法。

温馨提示：

☐ 点菜时，不要专找价格最高的点。
☐ 点菜时，菜量不要贪多。
☐ 点菜时，最好不要点大多数人不太接受的品种。

点菜要懂搭配

也许你有过这样的经历：和别人去饭店吃饭，点了一大桌子菜，花钱也不少，却吃得不舒服。究其原因，是点的菜品种太单一，要么大甜大咸，要么都是辣菜，要么都是肉。总之，吃得腻歪，这是点菜不懂搭配造成的结果。

大家一起吃饭，吃得开心、吃得舒服，这才算成功的聚餐。如果点菜不懂搭配，再好的菜吃多了也会反胃，并且不利于大家彼此交流沟通。

温馨提示：

☐ 点菜时应讲究荤素、冷热搭配。
☐ 点菜时应注意菜量要适宜。
☐ 点菜时应注意菜色和味道的搭配。

赴宴时不可额外点菜

赴宴时，无论什么性质的宴会，通常上什么菜都是预先定好的，无须再点菜。如果你想额外点些什么以使自己尽饱口福或以此显示自己的尊贵或见多识广，那就是犯了不可饶恕的错误了。

赴宴时额外点菜，首先，会超出主人的预算和相应准备，使其尴尬；其次，会招致其他客人异样的目光，扰乱宴会秩序；最后，会显得你气焰嚣张、不怀好意。

温馨提示：

☐ 赴宴时如果筵席是事先定好的，不要额外点菜。
☐ 赴宴时即使自己对宴会规格不满意，也不应提出额外点菜的要求。
☐ 即使主人礼貌地提出请你额外点菜，你也应委婉拒绝。

切忌对别人点的菜做评价

参加单位组织的庆祝宴会时，上了一道菜，是同事甲点的，你嗤之以鼻地说"点这么看上去不错的菜，等你尝了后悔去吧"；再上一道菜，是同事乙点的，你不屑一顾地说"品位真差"。在你眼中，任何人点的菜都不如你点的好。

批评别人点的菜，有不知足和贬低他人之嫌；夸奖别人点的菜，有卖弄自己的见识、吹捧或反讽之嫌。无论评价好坏，对别人点的菜大肆评论都是不恭敬、不沉着的表现。

参加宴会时，应避免对别人点的任何菜做评价。

温馨提示：

☐ 即使别人点的菜太贵或太便宜，也不要对此做评判。

☐ 如果觉得别人点的菜不好吃，不要表示出来。

☐ 不要将别人点的菜和以前自己点的菜做对比。

不议论账单的数目

别人请你吃饭，无论如何都不该讨论账单的数目。

在饭店吃饭，每上一道菜，你就嘀咕"这道菜得多少多少钱"，主人买单后，你殷勤地索要账单过目；即使别人在家宴请你，吃完饭也不忘询问主人花了多少钱。这样做一方面会让主人怀疑你对他的款待心存不满，另一方面会让别人认为你自以为是、小肚鸡肠。议论账单数目，会让主人有被窥视和被胁迫之感。

温馨提示：

☐ 赴宴时，不要与其他客人议论饭菜大概要花多少钱。

☐ 赴宴时，不要询问主人花费多少。

☐ 赴宴时，不要向服务人员或主人索要账单查看。

吃饭不要出声

吃饭出声是很不雅的行为。

吃饭出声，大家往往会联想起《西游记》中的著名人物八戒。像八戒一样吃饭，这显然是不可能塑造出美好的餐桌形象的。出席商务宴会时吃饭出声，估计饭还没吃完，对方就决定放弃与你合作了；与长辈同桌吃饭时进食有声，对方会认为你无视其长辈身份；与初次相识的朋友一起进餐时吃饭出声，你给对方留下的第一印象一定会相当差劲。

吃饭出声会影响别人的食欲和对你的看法，会使你成为他人眼中没有教养的角色。

温馨提示：

☐ 吃饭时，应避免发出"吧唧"之类的声音。

☐ 喝汤时，应避免发出"呼噜"声。

☐ 吃饭时，不要狼吞虎咽。

打喷嚏要背转身

不要对着桌面打喷嚏。

从医学卫生角度而言，对着桌面打喷嚏会使你的废气废口水超高速飞溅到大家身上，融入餐桌周围的空气里。这个情景想象起来就让人觉得可怕且恶心。从礼仪角度来讲，对着桌面打喷嚏是没教养和自制力差的表现。这会给大家带来不愉快的气味和声音，让大家同时感觉到身心的不适。如果你打喷嚏的同时还流鼻涕、流眼泪，这简直是对大家审美的亵渎，也是对你公众形象不负责任的表现。无论你身份地位如何，这个喷嚏都必定会让你大丢脸面。

温馨提示：

☐ 打喷嚏时，一定要背过身去，并用纸或手绢掩住口鼻。

- ☐ 打喷嚏前后，要向在座者道歉。
- ☐ 打喷嚏后应该洗手，应避免擦完鼻子就上桌。

不可只挑自己喜欢的吃

在宴会上只挑自己喜欢的吃，这种行为绝不提倡。

在别人的家宴上只挑自己喜欢的吃，主人会认为你对他做的菜不满意，还可能因为自己招待不周而感到愧疚；在别人的商务宴请上只挑自己喜欢的吃，对方会觉得你太过自我，对别人态度不恭敬；在朋友聚会上只挑自己喜欢的吃，会给人以不把别人放在眼里的印象。

温馨提示：

- ☐ 与别人吃饭时，要避免只挑自己爱吃的，而应每样菜都吃一点。
- ☐ 遇到自己爱吃的菜，不要一下子拨一大堆到自己碗里，更不要最后剩下很多。
- ☐ 遇到不喜欢的菜，不要表现得非常厌恶。

对自己不喜欢的食物也应该适当品尝

参加宴会时，不要对自己不喜欢的食物毫不理睬。

到外地出差，接待单位特意准备了当地特色菜，你觉得不喜欢就对一桌菜毫不理睬，半天不动一下筷子，招待单位必定会觉得慢待了你，或者觉得你盛气凌人。出席别人的家宴，主人特意做了几道自己拿手的菜，但因为不合你的喜好，你就皱眉头，主人一定会感到很失望。

对自己不喜欢的食物毫不理睬，就说明你对主人的招待不满，还容易使对方误解。即便是食物不合你心，招待你的人也总归是下了一番功夫的。因此，对自己不喜欢的食物毫不理睬是不礼貌的。

温馨提示：

- ☐ 参加宴会尤其是参加别人的家宴时，对所有的食物都应该品尝。
- ☐ 如果自己对某些食物不感兴趣，不应对其表示出厌恶之色。
- ☐ 即使自己不喜欢吃某些食物，也不要对其进行贬低。

不宜在宴会上接电话

在宴会过程中接电话是不礼貌的。

在公务或商务宴会上接家人或朋友的电话，且在自己的座位上大声说话、不避人，这样既显得张扬，又显得不把旁边的人放在眼里，还会让别人因为听到你的私事而感到尴尬。在家宴、朋友的私人宴会上接公务电话，且不做任何掩饰或道歉的表示，会有炫耀之嫌。别人也会因为不得不暂时停止说话从而替你制造一个安静的通话环境而陷入冷场。

温馨提示：

- ☐ 在宴会上接电话，应起身离座，并避免长时间接听。
- ☐ 在宴会上接电话时应避免高声，更不要夸张。
- ☐ 在宴会上接电话时应避免边吃边接。

夹菜舀汤要小心

在宴会上夹菜舀汤时淋得满桌都是，这样实在是太煞风景了。

如果你吃的是商务餐，你的举动会让对方对你的信心和能力产生怀疑；如果你吃的是庆功宴，大家会认为你兴奋过度。满桌的珍馐美味，夹菜菜掉，舀汤汤洒，这分明是大肆浪费。夹菜舀汤淋满桌，会把餐桌搞得一片狼藉，显得又脏又乱。如果你的菜和汤掉落到他人碗盘里，更会激起他人的厌恶之感。

温馨提示：
☐ 夹菜、舀汤时，应避免超量。
☐ 夹菜、舀汤时，动作不要慌张急速。
☐ 夹菜、舀汤时，应避免有甩的动作。

切忌抢着夹菜

抢着夹菜可不是什么好的表现。

跟领导和长辈抢菜，对方会认为你意在挑衅；跟晚辈抢菜，对方会觉得你缺乏长者风度；跟同事或朋友、一起参加大型宴会的陌生人抢菜，对方会觉得你没有修养。抢着夹菜，容易造成筷子碰撞，将菜汁菜渣溅到在座者的身上；抢着夹菜，还容易使有洁癖的人觉得自己的筷子受到了别人的污染，从而心里不痛快。

温馨提示：
☐ 夹菜时不要与别人争抢。
☐ 不要同时与别人夹同一种菜。
☐ 不要与长辈和领导抢菜。

不可起身去夹离自己很远的菜

在宴会餐桌上起身去夹离自己很远的菜是错误的。

起身去夹离自己很远的菜，如果你心里着急吃不上，怕别人抢光，别人会为你"以小人之心度君子之腹"而轻视你的为人；如果你是因为想迫切品尝菜的味道，你的动作会引起别人的注目和暗自嘲笑。抛开个人形象不说，起身夹离自己很远的菜，很容易打扰、碰撞别人。只为早点夹到一筷子菜而不顾可能将食物撒到别人身上的危险，这样做没有人会觉得你礼貌。

温馨提示：
☐ 如果某种菜离自己很远，应待其转到自己面前时再夹。
☐ 夹菜时，不要站起来夹。
☐ 对于自己够不着的菜，宁可不吃也不能伸长脖子和手臂去夹。

要吃完自己碟中的菜再重新夹菜

参加婚宴、寿宴等宴会时，不难在餐桌上看到自己碟中菜尚未吃完就重新夹菜的人。因为人多嘴多，慢一秒，有的菜就吃不着了——这种想法可以理解，但是这种行为不礼貌。

自己碟中的菜未吃完就重新夹菜，会让人觉得你贪心不足，没吃过好东西，没见过世面。如果你是长辈，必然无法在晚辈面前树立起一个深谙礼节的好形象；如果你是晚辈，必然会给长辈留下一个不懂得尊重长辈的糟糕印象。如果你最后什么菜也没吃完，剩一堆在碟子里，有的人却什么也没吃到，你必定会给人留下自私的可恶印象。

温馨提示：
☐ 每次夹菜前，都要保证自己碟子里的菜已经吃完。
☐ 自己夹菜时要"量力而行"，应避免夹得过多而造成浪费。
☐ 夹菜时动作应有分寸，避免慌张。

不可将夹起的菜重新放回盘中

在众人聚集的宴会上吃饭夹菜时，千万不要把夹起的菜重新放回盘中。

夹了一大筷子鱼香肉丝，还没夹

到自己碟子里，因为觉得颜色太红了，就"啪嗒"一下扔回菜盘中；好不容易从一只烤鸭身上撕了一块肉，刚好有一盘新菜上桌，就立刻将鸭肉放回菜盘……这样的做法实在令人不齿。使用公筷也好，使用自用筷子也好，没有人愿意吃别人夹过又放下的菜，因为那样给人的感觉恰似吃别人的剩饭。

温馨提示：

☐ 夹起菜后应该放在自己面前的小盘里。无论是因为不爱吃还是别的原因，都不能放回菜盘。

☐ 夹菜时应避免夹不牢掉落盘中。

☐ 夹菜时应避免太过急速。

中餐餐具及其摆放

中式餐具不像西餐那么复杂，通常包括餐巾、餐盘、水杯、汤匙、筷子。有些餐厅会提供筷架和调味的小碟子。如果要喝烈性酒，可以请餐厅提供小酒杯。

温馨提示：

☐ 先放餐盘，水杯放在餐盘上方，右上方放酒杯，酒杯数与所上酒的品种相同。杯之间距离均为1厘米。餐巾叠成花插在水杯中，或平放在餐盘上。我国宴请外国宾客，除筷子外，还摆上刀叉。酱油、醋、辣油等作料，通常一桌数份。公筷、公勺应备有筷座、勺座，其中一套放在主人面前。餐桌上还要配备牙签筒、烟灰缸。

使用中餐餐具礼仪

筷子是中餐餐具中最具特色的工具，就餐时应掌握使用筷子的礼仪。

温馨提示：

☐ 要轻拿轻放：在餐前发放筷子时，应该把手洗干净。然后将筷子一双双理顺。轻轻放在每一个人的餐位前，切不可乱扔，切忌坐在餐桌前用筷子敲打餐具。

☐ 要正确摆放：筷子通常放在碗旁边，不能搁在碗上。筷子是成双成对的，在摆放时应把它对齐，不要一横一竖交叉摆放，也不要一根是大头、另一根是小头放，用餐中临时离开应该将筷子轻轻放在桌子上，饭碗放在旁边，切不可插在碗里。

☐ 不要挥舞筷子：筷子是就餐的工具，就餐时，你可以交谈，但千万不要用筷子做道具，在餐桌上挥舞。在夹菜时还要注意避开别人的筷锋，以免筷子打架。

中餐进餐礼仪

用餐前，先将餐巾对折平放于大腿上方，之后才可开始用餐。

中式餐桌多为旋转桌，应先礼让对方夹菜。

进餐速度不宜太快，应配合女主人或主宾。

如身为主人，就应招呼所有客人尽情享用。

不可站起来伸长筷子夹菜，这样是非常不礼貌的。

有些如丸子之类不易夹起的食物，如果掉落，须从容夹回自己的盘内。

有些餐厅有专人服务，服务人员会将菜肴等份分给在座客人。

如果没有服务人员，切勿在盘中翻拣菜肴。如果有公筷公勺，则应使用公筷公勺。

温馨提示：

☐ 喝汤时不要出声。

☐ 相邻客人应互相寒暄及自我介绍。

☐ 可适时地赞美菜色，这会使主人觉得很有面子。

☐ 大多数人以右手拿筷子，如果你是用左手用餐，在用餐前，可先向邻座朋友说明，以免两人吃饭时手相撞。如果餐桌为方形桌时，则可选择最靠左边的位置，这样就不会影响到别人用餐了。

中餐上菜程序

中餐的上菜程序一般为十道，第一道菜常为冷盘（拼盘），接下来交替上肉及海鲜烹制的菜，最后一道常以鱼为主菜，代表吉祥、年年有余，然后上汤及水果。

温馨提示：

☐ 通常上汤时表示宴席已近尾声。

餐桌上剔牙要避人

在宴会餐桌上，大家都很烦剔牙不避人的行为。

在餐桌上剔牙不避人，会使你精心营造的外在形象顿时黯然失色；会令同桌客人厌烦、心里不适，也会使其他餐桌上的客人感到恶心，甚至会将你视为你所在餐桌客人的代表，从而认为你所在餐桌的所有客人都素质低下。

温馨提示：

☐ 在餐桌上剔牙应避人，更不能当着众人将剔出的脏物放在手上验看。

☐ 在餐桌上剔牙时，应该用餐巾或手适当遮掩口部。

☐ 剔牙时，不要将污垢吐到桌上或地上，而应用纸巾包起抛入垃圾桶。

宴会开始后才可动筷

参加宴会时，从许多细节中都能看出你懂不懂规矩，有没有涵养，甚至值不值得别人信赖和交往。

宴会还未开始就动筷，想必你不是饿极了就是没见过餐桌上的美味。宴会未开始就动筷，给人的感觉是你参加宴会的唯一目的就是吃，这是不把宴会主人放在眼里的表现。宴会的一大功能就是帮助社交，如此着急地吃，难道你就不想想在座的长辈或女性吗？如此表现，怎么能体现出礼仪的内涵呢？

温馨提示：

☐ 宴会时主人未动筷，自己不要下筷子。

☐ 当主宾动筷时，自己才能下筷子。

☐ 宴会未开始时，不要不停地把玩筷子。

吃中餐时不可嘬筷子

吃中餐时嘬筷子的行为要不得。

吃饭时不停嘬筷子，哪怕是筷子尖上沾的一点汤或残渣也不肯放过，给人的感觉是你没吃过好吃的饭菜。与重要客人共餐时嘬筷子，对方会觉得你是用此举来抬高自己、贬低对方。如果你陪同的客人是外宾，你的脸面就丢出国门了。

温馨提示：

☐ 吃饭时不要嘬筷子并发出响声。

☐ 在餐桌上与人交流过程中、短暂思索时，不要将筷子放在嘴里。

☐ 不要刻意吮吸筷子上沾的汤汁或菜渣。

吃中餐要注意筷子不可乱用

在中餐宴会中，筷子是必不可少的工具，也是体现中国传统饮食礼仪的重要载体。如果使用筷子不当，就会留下笑柄。

在中餐宴席上用筷子敲杯盘碗碟，是令主人难堪的表现；吃中餐时把筷子竖着插在饭菜上，在中国传统习俗中，这是非常不礼貌的行为；在中餐宴会上将筷子一横一竖交叉放在碗碟上，同样是很不恭敬的做法。中国传统中，筷子的用法是一门很深的学问，就像西餐中的餐具不能乱用一样。吃中餐乱用筷子，既是对饮食文化的亵渎，对宴会主人的侮辱，同时也是对自己形象的破坏。

温馨提示：

☐ 筷子不能将大头和小头两端颠倒使用，更不能一根大头朝上、一根小头朝上。
☐ 筷子不用时，应该放在专用的筷托上。
☐ 筷子横放是表示已经吃完的意思；中途不用时应对齐竖放。

不可用筷子剔牙

在餐桌上，一定别用筷子剔牙。

就像咖啡勺只能用来搅咖啡而不能用来舀咖啡，筷子是用来吃饭的，而不是大号牙签；滥用筷子是不合礼仪的。无论在什么性质的宴会上吃饭，用筷子剔牙都会给人留下不修边幅的印象。如果你出席家庭宴会，而主人用上等竹筷甚至象牙筷来招待你时，你用筷子剔牙，简直是"暴殄天物"。相信主人再也不愿意使用你剔过牙的筷子，也不愿意把你当作贵宾招待了。

温馨提示：

☐ 应该使用专门的牙签剔牙，并避开众人。
☐ 剔牙应在饭后，并且不要剔个没完。
☐ 筷子除了夹菜用，不应该当作"指挥棒""节拍器"等其他工具。

交谈时不可挥舞筷子

有的人在宴席上总觉得有发挥不完的豪情，边吃边说，边说边拿筷子当辅助工具，狂挥乱舞，大有一副指点江山的架势。这是错误的。

在餐桌上交谈时挥舞筷子，容易将食物残渣甩到桌上或别人身上，如果你的筷子戳到别人身上就是"人身攻击"。挥舞着筷子说话，想必你有很多激动人心的言论。无论如何，交谈时挥舞筷子看起来都是滑稽、浅薄、无聊的行为。

温馨提示：

☐ 在餐桌上与别人交谈时应将筷子、勺子等餐具放下。
☐ 与人交谈时，不要将筷子等餐具当作抒情道具。
☐ 不要用筷子指人。

宴会上不宜与他人交头接耳

参加宴会时在餐桌上交头接耳可不是好习惯。

与自己身边的熟人邻座交头接耳，其他相对陌生的客人会显得受到冷落；与自己身边的陌生邻座交头接耳，别人会觉得你自来熟、热情过度。在餐桌上和别人说悄悄话，会给人一种背后讲别人闲话的印象。如果你恰好与别人交头接耳的内容是对某人发表评论，无论你的观点对被评论者是好是坏，你爱"嚼舌头"的名声都必定是打出去了。

温馨提示：

☐ 宴会上，不要与别人做神秘状笑声谈话。
☐ 在宴会过程中，不要和别人对某人指指点点。

☐ 宴会上，不要与别人长时间议论其他人。

宴会上要使用公筷

如今宴会上公筷的身影很容易见到，因为人们的卫生意识越来越强了。但如果放着公筷不用，就是绝对的不合礼仪了。

如果不用公筷，对方会觉得你既不讲卫生，又不尊重对方。与奉行分餐制的欧美客人一起吃饭时不用公筷，他们的不满会格外强烈。如果在商务宴会上不使用公筷，就是对餐桌规矩的违背。你在小节上不注意，觉得可以不分彼此，关注细节的客人就会从此对你产生怀疑和失望。

温馨提示：

☐ 如果宴会上有公筷，夹菜时，一定要使用公筷。

☐ 喝大盆的汤时，应该用公用的母勺。

☐ 使用公筷时，应避免使其接触自己专用碟子里的菜。

切忌随意劝酒劝菜

在中式宴会上，随意劝酒劝菜就是不礼貌的行为。

每个人都知道自己的酒量和食量，随意劝酒劝菜会给客人带来尴尬。如果对方已经达到自己肠胃承受能力的极限，你这样做等于是危害他的健康。有的酒菜，你认为好，别人不一定喜欢。强行劝酒劝菜，逼客人喝不想喝的酒、吃不喜欢吃的菜，这就不是好客而是欺客了。如果你劝酒劝菜的时候将自己杯中的酒倒给客人，用自己的筷子夹菜给客人，对方会极为反感。

温馨提示：

☐ 在宴会上，不要对不熟悉的人大力劝酒劝菜。

☐ 如果宴会上有外宾，不要对其进行中国式的劝酒劝菜。

☐ 不要用自己的筷子给任何客人夹菜。

饮酒要有节制

中国人有独特的酒文化，在酒桌上有的人更是一醉方休。但一味喝酒而不加限制是不对的。

别人劝你喝酒，劝多少喝多少，显得没有原则、缺乏自制力，别人会认为你做事为人也是如此。如果你作为单位的代表与谈判代表在宴会上喝酒时不自制，根本就是对自己单位的不负责；如果你身负开车、主持等任务，在酒桌上不加控制地喝酒，等于是自己给自己找麻烦。酒量不大而不限制自己喝酒，等你喝醉了吐得一塌糊涂就会洋相尽出。

温馨提示：

☐ 在宴会上饮酒要掌握分寸，避免喝醉。

☐ 在宴会上，别人向自己劝酒时不应照单全收。

☐ 在宴会上饮酒时，言语、动作不能放肆。

别人敬酒时不可捂酒杯

参加宴会时，相互敬酒是这种场合的常见行为，也是礼貌的表现。但有许多人因为自己不擅饮酒或不喝酒，或者因为其他原因暂时不能喝酒，对于别人的敬酒，下意识地采取捂酒杯的动作抵挡。这样做是不妥的。

捂住酒杯是对酒的拒绝，在敬酒者看来，也是对他祝福和问候的拒绝。晚辈敬酒遇到这样的动作，会觉得受到了歧视；长辈敬酒遇到这种反应，会觉得脸上无光；想结识你的人遇到这样的动作，会觉得你不容易交往。

温馨提示：

☐ 别人向自己敬酒时，即使不饮酒也应允许对方象征性地为自己斟酒。

☐ 别人向自己敬酒时，应礼貌地举杯回礼。

☐ 如果自己的确不能饮酒，应礼貌向别人说明，并象征性地轻抿酒杯。

不可越过身边的人敬酒

越过身边的人敬酒是不应该的，别觉得自己身边的人无关紧要就不向其敬酒。

如果你身边的人是陌生人，越过对方敬酒等于是向对方表明"我不打算认识你"；如果对方是普通朋友，越过对方敬酒等于是告诉对方"你对我并不重要"；如果对方是晚辈或下属，越过对方敬酒是表明你对他不屑一顾；如果对方是长辈，越过对方敬酒几乎是对他公然表示不敬。无论你身边的人是什么身份，越过其向别人敬酒，即使被敬的人也会觉得你的做法不尽如人意。

温馨提示：

☐ 敬酒时，应按照一定的次序，如顺时针。

☐ 敬酒时，不应越过自己身边的人。

☐ 敬酒时，不要跳跃式进行。

给长辈敬酒时杯沿要低于对方

中国人喝酒，在酒席上有一整套的细节礼仪，应该遵循。例如给长辈敬酒时，你的酒杯杯沿不应高于对方。

给长辈敬酒时使自己酒杯的杯沿高于对方，表明自己觉得自己的身份、地位高于对方，或者暗示对方：我看不起你，你不值得我尊重。虽然仅仅是几毫米的距离，却能看出一个人是否细心，是否懂礼貌，是否心中有别人。

给友邻单位的同辈以及初次相识的朋友敬酒时，自己的杯沿也不应高于对方。

温馨提示：

☐ 给长辈敬酒时，杯沿应低于对方。

☐ 给长辈敬酒时，应双手擎杯。

☐ 给长辈敬酒的同时，应礼貌地用祝福的话语表达敬意。

别人敬酒时不可只顾自己夹菜

在酒桌上，少不了相互敬酒。别人向你敬酒时，可千万要集中自己的注意力呦！

晚辈郑重地向你敬酒，你却眼见对方擎起杯子，仍不慌不忙地夹一口菜吃，对方一定会怀疑自己是否敬错了人或者举杯的时机不对，也可能想：这人怎么这么不给面子？同事向你敬酒，你却一边举杯，一边将筷子伸向菜盘，对方一定会觉得你对他有成见，以此向其表示不满或轻蔑。

温馨提示：

☐ 别人敬酒给自己时，应举杯回应对方。

☐ 当别人敬酒时如果自己正在夹菜，应立即停止。

☐ 别人快敬到自己时，应停箸提前做好准备。

主人或主宾致辞时不可与旁人交谈

在宴会上，你的一举一动都必须注意，否则就很容易失礼。

参加单位的宴会，领导讲话时你和身边的同事交谈，会干扰现场秩序，引起众人侧目。如果引起领导注意，你等于是"撞枪"。参加婚宴、寿宴，主人致辞时你与旁边的人交谈，会让别人认为你看主人不顺眼。出差参加大型酒会，主持人致辞时你找旁边的人交谈，不仅是给自己丢脸，也是给自己的单位丢脸，别人会认为你所在单位的人素质都差。

温馨提示：

☐ 主人或主宾向在座者致辞时，自己应专注地聆听。

☐ 有人致辞时，自己应坐姿端正、态度积极。

☐ 主人或主宾致辞时，应制止旁边的人和自己说话。

在餐桌上不宜谈论政治和新闻

政治与新闻向来是人们关注的焦点，但将它们作为餐桌上的好话题并不合适。

餐桌上有众多女性在座时，提出政治与新闻话题，通常会让平时对这些信息较少关注的女性客人感到无所适从以及尴尬。当餐桌上有不同政治派别或不同国家的客人在座时，政治与新闻话题容易引起误解和不愉快的争执。宴会本应是充满欢乐、气氛轻松的场合，政治和新闻话题会凭空带来紧张，增添不必要的"火药味"。大谈政治和新闻话题，会显得谈话者爱出风头，这显然是对在座者的不礼貌。

温馨提示：

☐ 在餐桌上，应避免谈论政治和新闻话题。

☐ 当有外宾在场时，应避免在餐桌上谈论敏感性政治问题。

☐ 当有人在餐桌上谈起不合适的话题时，主人和其他客人应尽快不动声色地将话题转移。

酒桌上谈话不可唯我独尊

酒桌上谈话，唯我独尊是自私和狭隘的表现。

朋友聚会时在酒桌上唯我独尊，就失去了交流和畅谈的意义；陪领导宴请客户时说话围着自己转，非但谈不好，还会给客户留下张狂的印象，同时让领导丢尽脸面；被介绍给陌生人认识时不停地对大家讲述自己，大家会对与你结交失去兴趣。

温馨提示：

☐ 在酒桌上谈话，不要总是拿自己当话题。

☐ 在酒桌上谈话，应以交际和沟通为目的。

☐ 在酒桌上谈话，应避免天花乱坠。

在中餐宴会上不可只吃饭不说话

在中餐宴会上闷头吃饭、一语不发是不对的。

中餐宴会的实质就是增进彼此感情，不说话是大忌。只吃饭不说话，一来会给人以不擅交际或故作清高的印象，容易被认为是个人不良情绪的当众宣泄；二来会使现场气氛冷场，甚至陷入尴尬；三来会让想结识你的人摸不着头脑，不知道该如何与你交往，甚至对你望而却步，丧失与你交往的兴趣。如果宴会上有贵宾，你的沉默很容易引起对方的疑心和不快，觉得你在给对方脸色看。

温馨提示：

☐ 即使筵席上没有自己熟悉的人，也不应沉默到底。
☐ 别人与自己交谈时，应礼貌回应。
☐ 聚餐的主要功用和目的应该是交际，而不是吃饭。

酒桌上不可大声喧哗

在酒桌上大声喧哗，有人也许觉得无可厚非，觉得"言重了"，其实这是不礼貌的行为。

在环境幽雅的高级酒店里吃饭时，在酒桌上大声喧哗，有失你自己的身份；在普通饭店的大厅里吃饭时，在酒桌上喧哗，影响周围人的心情；在别人的家宴上大声喧哗，是得意忘形、对主人的不礼貌。如果你初次与人相识而因为工作原因喝酒，在酒桌上喧哗，也许会使你失去对方的兴趣和信任。

温馨提示：

☐ 在酒桌上应保持文明、礼貌的姿态。
☐ 在酒桌上应避免高声猜拳、行酒令。
☐ 在酒桌上应避免争吵、强行灌酒。

不可随便转移餐桌

随时随意转桌绝对不受欢迎。

新上的菜，长辈或主宾一口都没吃到，你就转桌自己先下筷子，别人会觉得你不懂得尊重人，不懂得礼节；别人正在举杯祝酒，你转桌吃菜，别人会觉得你目中无人；别人正在夹菜，你转桌是在给夹菜的人捣乱，给人的感觉是你成心让他夹不着或者夹不牢；众人正在就某事停箸讨论，你却旁若无人地转桌准备夹菜，明显是对吃菜的兴趣大过对与大家交往的兴趣。

随时随意转桌，显得过于自由，这非但不便于制造轻松随意的气氛，更容易给大家带来疑惑和尴尬。

温馨提示：

☐ 转桌要找没有人正在夹菜的时机。
☐ 不要待主宾还未品尝第一道菜时转桌。
☐ 转桌时，如果有必要，应先用语言或眼神、动作向大家提示一下。

不可结伴提早离席

在宴会上觉得自己吃得差不多了，想去办别的事情，又不愿单独离开，于是怂恿三五个人一起做伴提前离席。这是不对的。

参加别人的家宴也好，参加单位举办的节庆宴会也好，或者参加友邻单位的便宴，都不应结伴提早离席。宴会的性质不同于鸡尾酒会，不能想什么时候来就什么时候来，想何时走就何时走。提早离席已经是散漫的表现，结伴提前离席更是对宴会举办者公然的恶意叫板。

温馨提示：

☐ 参加宴会时，应避免提前离开。
☐ 有必要提前离开时，不要找一个甚至几个同伴一起离开。
☐ 提前离开时，应尽量从侧门离开。

吃西餐不识菜名不可胡乱点

吃西餐时，尤其是在正规的西餐厅吃饭，不认识菜名千万别胡乱点。

点一堆汤或点一堆肉，餐桌上单调不说，如何把食物吃喝完都是个问题；点一堆现场演奏的音乐，额外花钱不说，干等着半天才知道你的"菜"已经"品尝"过了，让人哭笑不得；点的甜食过多，整顿饭吃得不会舒服。总之，吃西餐而不懂菜谱胡乱点，则既无法吃饱吃好，又会给同伴留下糟糕印象。

温馨提示：

☐ 吃西餐点菜时应首先对菜名有所了解。

☐ 如果自己没有把握，可以请服务人员稍做介绍或提供建议。

☐ 吃西餐时，点菜也应考虑到别人的口味和禁忌。

吃西餐要学会点酒

吃西餐时人们不一定会喝酒，但如果有人提议喝酒，而你不会点酒、不会喝酒，会使这顿西餐少了很多"味道"。

吃西餐不会点酒，一方面，会使西餐的酒与菜搭配不当而口感欠佳，使某些味道独特或品质优良的酒难以体现出它的特点；另一方面，你容易被视为不懂装懂，从而引来别人的不信任。点酒而不会喝酒，在酒中随意掺杂其他饮料，美其名曰"鸡尾酒"，这是对好酒和西餐厅的不敬，是对西餐文化无知的表现。

温馨提示：

☐ 吃红肉如牛肉等时适合点红酒，吃白肉如鸡肉、鱼肉等时适合点白酒。

☐ 点酒时应根据在座客人的身份、性别、喜好来点，不会点酒可以请懂酒的同伴或服务人员帮助。

☐ 喝酒时应避免吸着喝，且应避免猛烈摇晃酒杯。

在西餐桌上客人不可主动斟酒

在西餐桌上客人亲自斟酒、自饮或替他人斟酒，这是不正确的做法。

西餐礼仪中，为客人斟酒是主人或餐厅服务生的责任和义务。对于主人，这也是体现主人身份和尊贵的表现。客人主动斟酒，等于在说"你斟酒不及时，我等不及了"，或者"你倒酒的动作不雅""我不喜欢你""我鄙视你"。

别人请你吃西餐，无论是赴家宴还是在西餐厅里的宴会，身为客人的你都不要主动斟酒。

温馨提示：

☐ 在国际礼仪中，西餐桌上通常由主人或服务生为客人斟酒，客人不必动手。

☐ 客人接受斟酒时不必端起酒杯或挪动酒杯，任酒杯放在原处，对斟酒的人点头微笑以示谢意即可。

☐ 如果觉得自己已经喝够，可轻声婉拒前来斟酒的主人或服务生，如告诉对方"不用了，谢谢"。

不可在红酒中加其他饮料

喝红酒时在其中加饮料是错误的。

在红酒中加雪碧，会被人视为愚蠢；在红酒中加茶，简直是乱弹琴；在红酒中加咖啡，是对红酒和咖啡的双重亵渎；在红酒中加可乐，你会被当作暴发户。在红酒中加入任何其他饮料，都会破坏红酒本身的美味。在西方，红酒也和咖啡一样，正如中国的茶，有独特的文化内涵。当你在熟谙红酒文化的人面前往红酒中随意添加饮料时，对方是无法容忍的。

温馨提示：

☐ 红酒中不应添任何其他饮料。
☐ 红酒中不应加冰块。
☐ 红酒不需要冷冻或加热。

在西餐桌上喝酒有度

中餐宴会上喝酒，喝得越多越显热闹，显得宾主关系亲密，且越显"英雄本色"，然而，在西餐宴会上你讲究这一套会被外国人视为极端的无礼。

在西餐桌上不停叫嚷"喝酒喝酒"，会显得不懂自律、自制力差；在西餐桌上不停地让主人或服务人员上酒，会被视为不懂酒文化，亵渎美酒，且不尊重别人；在西餐桌上劝别人喝酒，或端起自己的酒杯向其他桌上的客人敬酒，借花献佛，一方面会被视为强人所难，另一方面会被视为自私而浪费。

温馨提示：

☐ 在西餐桌上，喝酒时应避免劝酒、挡酒、代饮。
☐ 在西餐桌上，喝酒不能划拳。
☐ 在西餐桌上，不应豪饮，而应适可而止。

吃西餐切忌擦餐具

吃西餐不应该用餐巾或纸巾擦餐具，因为这是对餐厅或主人不信任和不尊敬的表现。

西餐讲究美食美器和优美的环境，当然也讲究洁净卫生。无论是在公共餐厅还是在外国友人家中，西餐上桌前，其餐具必然是经过严格消毒、清洗得干干净净才肯端上桌的。如果你出于习惯，哪怕是象征性地擦一下餐具，服务人员或主人都会认为你嫌餐具脏，对餐厅的档次和服务不信任。如果对方认为你借此挑衅，结果会更不愉快。

温馨提示：

☐ 西餐桌上的餐巾是用来擦手和就餐中的污渍的，而非用来擦餐具的。
☐ 餐巾不能用来擦鼻涕和口红。
☐ 餐巾应放在膝盖上，不能塞在领口或围在腰间。

不可大口大块吃面包，一粒一粒吃豆子

吃西餐时，如果你像吃馒头那样随手拿起一整个大面包就咬，拿着勺子一颗豆子一颗豆子地吃，或者用叉子一粒粒地吃，这样做会让别的人偷偷发笑的。

大口大块吃面包会给人留下慌张、粗鲁、饥不择食的印象；而一粒一粒地吃豆子，则会显得动作过于琐碎，给人以过于小心谨慎之感。

像吃中餐羊肉泡馍那样将面包撕碎泡在汤里，也是错误的。

温馨提示：

☐ 吃大块的三明治、面包之前，应先用刀切开，可用手拿着吃；蘸卤汁吃的热三明治要用刀叉吃。
☐ 吃面包最安全的做法是无论大小都先将其切成两半再吃。
☐ 吃豆子可以用勺或叉子一小堆一小堆地撮着吃；必要时可适当用面包辅助推一下，堆到叉子或勺子上。

不可捡起掉落的刀叉继续用

吃西餐时，有的人不小心将刀叉掉到地上。为了显示自己的"美德"，他们将刀叉捡起来用餐巾纸擦一下，

或者用水冲一下继续用。这样做其实是错误的。

捡起掉落在地的刀叉，一方面是刀叉已经沾染了脏污，再使用会不利于健康；另一方面是因为你弯腰去捡的时候容易碰到别人，同时使你的姿态显得多少有些狼狈。如果捡拾的过程中再碰掉其他的餐具，更是平白制造笑话。

温馨提示：

☐ 吃西餐时刀叉掉落后，应请主人或服务人员换上新的。

☐ 使用刀叉时应避免将其乱放而容易掉落。

☐ 刀叉掉落后，不要表现得慌张失措。

吃西餐时不可把双肘支在桌上

吃西餐时把双肘支在桌上，可能大多数人都不觉得这样做有什么不妥，觉得这只是无意识的动作。偶尔托腮，还会有点思想者的美感。事实上，这样的动作不可取。

吃西餐时把双肘放在餐桌上会显得自负，耀武扬威，在西方人眼中，这是不雅也是不尊重人的表现。将双肘放在餐桌上就像抱胸与别人对话，传达给别人的感觉是保守、抵触和不信任。

温馨提示：

☐ 吃西餐时，使双手前臂靠近桌边即可。

☐ 吃西餐时，上身要挺直，保持自然的姿势。

☐ 吃西餐时，应避免趴在桌上的姿势。

吃西餐要学会用餐具

吃西餐在很多人看来与吃中餐最大的区别就是餐具不同，只不过是诸多刀叉上阵。如果你这样想，说明你对西餐餐具的认识不足。因为西餐餐具是不能随便使用的，不是怎么拿都可以的。

吃西餐时像拿勺子一样拿刀叉，一切食物都用自己看着顺眼的刀来解决，想用刀的时候用刀，想用叉时用叉，这样做是野蛮和无知的表现。如果你参加外宾举办的宴会，哪怕是野餐性质的西餐，这样做也是不礼貌的。

温馨提示：

☐ 吃西餐时，别忘记左叉右刀的基本使用规则。

☐ 手持餐具时，手不要太靠下，通常握在餐具底部以上三分之二处即可，同时应使餐具的尖端稍微朝向下方。

☐ 在正式西餐宴会上吃沙拉、鱼、肉、甜点等不同食物时，要会使用相应的刀叉，并按照上菜的顺序依次使用。

吃西餐不可乱放刀叉

吃西餐时，别因为不会放刀叉而引起误解甚至挑起纷争，被别人视为餐桌礼仪的门外汉。

在中餐餐桌上，我们吃菜通常是全部吃完后才撤盘，中途即便你暂时离开，主人或服务人员也不会将没吃完的菜端下去。但吃西餐时不注意刀叉摆放的位置和方式，如果你就餐途中放错了刀叉，同伴就可能认为你已经吃饱了，服务人员会认为你不再吃这道菜而主动上前撤盘。当你正在与别人交谈，却突然被服务人员端走盘子，或者中途离开返回后，发现面前的盘子已经被撤掉了，你怎能不惊讶失色呢？

温馨提示：

☐ 吃西餐中途离开餐桌时，应将刀叉尖端向上，交叉放在主盘中。

☐ 吃西餐中间交谈时，可以不放下刀叉，但不应拿着刀叉做手势、乱挥舞。

☐ 无论何时都不应将刀叉一端放在桌上，另一端放在盘中。

喝汤时切忌把整个勺子放进嘴里

在吃西餐的过程中，喝汤时将整个勺子放进嘴里是不优雅的举动。

喝汤时将整个勺子放在嘴里，给人一种贪婪的印象，显得很粗俗。如果汤里还有肉丁、菜叶之类，一下子将整个汤勺送进嘴巴，嘴巴立刻被塞得满满的样子一定很滑稽；如果此时别人刚好问你一个问题，你恐怕不能马上将食物解决掉；如果不小心有汤汁从嘴角流出来，此时的景象也难免让人忍俊不禁。

温馨提示：

☐ 喝汤时，将勺子放进嘴中三分之一左右即可。

☐ 喝汤将勺子放进口中时，应避免发出勺子碰撞牙齿的声音。

☐ 喝汤时，应避免勺子从嘴里取出时残留食物渣子。

不可将面条切断再吃

西餐中也有面条，比如意大利面。吃面条时，有的同胞大概觉得没有筷子，担心吃起来麻烦，于是就先用刀将面条切断，将其弄成小段吃。这样做看似方便许多，其实是犯了常识性错误。

把面条切断，首先破坏了面条的美感，从视觉上说，已经谈不上是美食了。切面条的时候，如果你将渣滓弄得满盘都是，估计满桌的人都会对你暗自摇头。

温馨提示：

☐ 面条应用叉子头部卷着吃。

☐ 吃面条时可以用汤勺辅助，但是不能用刀切断。

☐ 吃面条时不要一次挑太多，以免掉落。

吃鱼时不可将鱼翻过去吃另一半

在西餐桌上吃鱼时，吃完一面后，将鱼翻个身去吃另一面是错误的。

吃完一面后翻过来吃，这样做很容易使汤汁淋漓，无论是掉在桌上还是星星点点洒在盘子里都显得不雅。如果不小心洒到自己或别人身上，更会不好收场。当你粗鲁地将鱼翻过去时，即使你做得很熟练，没有妨碍到任何人，其结果也只能是让注意礼节的人失望。

温馨提示：

☐ 吃鱼时，应先将鱼身体两侧的小刺用刀割离鱼身，再用刀将上面的鱼身切割成块，用叉子进食。

☐ 吃完一面鱼肉时，应将整个的鱼骨用叉挑起剔掉放在盘边，应避免将鱼骨弄断。

☐ 吃鱼的时候，应避免将其分割得很碎、很烂。

不可将装饰配料直接入口

吃西餐时，将腌菜、泡菜、生菜等装饰配料直接入口是错误的吃法。

直接拿着吃或者随便用餐具将装饰配料送进嘴里是鲁莽的做法，这样做会让专业人士笑话。中餐有中餐的文化，西餐自然也有其不同凡响之处。

自以为是地按照自己的想法吃，会给人以不善于与人沟通、不肯"屈尊下问"的印象。如果别人因为你这样的失误而减少与你的交往，必然很遗憾。

温馨提示：

☐ 装饰配料端上来时，应用餐勺取适量放到自己的主食盘或黄油盘中。

☐ 装饰配料应该配合佐料来吃，先将佐料放在配料的旁边，再用手拿配料蘸佐料吃。腌泡菜配三明治吃时用手拿，配肉吃时用刀和叉。

☐ 吃橄榄时，应先将核吐到拢好的手中，再放到盘中；芹菜类应用叉子来吃；柠檬片应用叉轻刺果肉，将果汁挤到要吃的食物中。

吃水果时要注重细节

我们平时吃水果时，苹果是洗洗就整个一口一口地吃，香蕉是整根剥皮后一口一口咬着吃，葡萄则是从大串上扯一小串摘着吃。在中国习惯中，这样吃无可厚非，但在西餐桌上就应坚决杜绝。

同样一种食物，在某个地区或国家可以这样吃，换了另一个国家或地区就该以另一种方式吃。正所谓"入乡随俗"，既然相应的场合有相应的规则，如果违反当然是不礼貌的。

温馨提示：

☐ 吃香蕉时，应该将皮剥去后切段食用。

☐ 吃苹果等水果时，应将其切成适口的小块食用。

☐ 吃橙子时，应将其像切西瓜一样分切成小块吃。

吃西餐不可随便用手取食

有人在吃西餐时，一看到上来大块的烤肉、鸡块、鱼块、牛排等肉食或一些点心，就想伸手去拿。这样做是不合礼仪的。

西餐礼仪中非常讲究优雅文明，几乎大部分食物都需要用刀叉来取用。如果用手抓起一块食物就吃，吃得满手油，必然会引人侧目。这样做不斯文优雅，对于陪同你吃西餐的客人而言，他们会为有你这样不懂规矩的朋友感到脸红。

温馨提示：

☐ 在主人允许的前提下，可以用手撕吃食物。

☐ 餐前端上洗手水，说明眼前的肉食可以用手吃。

☐ 除了长条状的芹菜等蔬菜可以用手取食外，其他应使用叉子或勺。

吃西餐切忌滥用调味品

吃西餐时不停往食物里加各种调味品，尤其是在外国友人家中就餐时，这样做是很令对方生气的。

向服务人员或主人额外地索要调味品，说明你对厨师或主人的手艺不满意，这样做是对厨师或主人的不敬。如果招待你的人恰好特意做成这种味道，以此来展示食物特色，你却按照自己的想法随意在食物上添加调味品，会影响食物原本的风味，更是对招待者好意的辜负。如果你在一些名贵食物上滥用调味品，简直是无知和对食物的浪费。

温馨提示：

☐ 吃西餐时，乱用调味品是对主人或厨师的不敬。

- [ ] 吃西餐乱用调味品会破坏某些食物本身的独特风味。
- [ ] 吃西餐时，不要向主人或服务人员索要通常西餐桌上不具备的调味品。

不可端着盘子喝汤

端着盘子喝汤给人以不雅的印象。

端着盘子喝汤，首先，从视觉上给人以粗俗、随便的印象，显得与温文尔雅的西餐环境不相融合；其次，端着盘子喝汤容易导致汤洒落出来，落到桌上会使你显得慌乱，落到其他盛器中会影响食物的味道，洒到自己身上会使你显得狼狈不堪，洒到别人身上会使大家尴尬。如果对方的衣服很贵，你可是脱不了责任的。

如果汤是盛在有柄的杯子中的，刚开始喝汤就端着喝，会给人以性急的印象。因此，汤喝掉一部分之后，才可端着杯柄喝。

温馨提示：

- [ ] 喝汤时应用勺子从外向内舀着喝，不能端起来喝。
- [ ] 喝汤时应将汤匙底部放在下唇位置，使其与口部约成45度角，头略向前倾。
- [ ] 汤快喝完时，可用左手将碗的一端略微抬高，仍然用汤勺取用。

在餐桌上发生意外时不可大惊小怪

吃沙拉时在菜叶中发现了一条小虫，或者在酒杯里发现了服务生斟酒时不小心掉落的软木塞碎屑，你立刻惊慌失措地大叫并向在座者逐一展览；因为急于品尝热汤的美味不小心烫了舌头，或者被未剔净的骨头硌了牙，你立刻表情痛苦地大声叫嚷，向别人诉苦。这样做的结果，是让在座的人感到紧张和些许的失措，打扰了大家品尝美味和愉快交谈的心情；你作为所在餐桌的就餐者之一不但给大家丢了脸，同时令餐厅或主人感到特别尴尬。虽是小事，却很容易影响到你在别人心目中的印象，进而影响到你和别人的交往。

温馨提示：

- [ ] 在饭菜中发现头发、石块等杂物时应避免大声叫嚷。
- [ ] 发现饭菜口味异常时可自然而礼貌地叫服务人员前来更换。
- [ ] 无意间发生碰伤自己、咬伤舌头等无须"隆重"处理的意外时，最好隐忍过去。

不可在西餐桌上打饱嗝

在西餐桌上打饱嗝，在西方人看来，这非常的令人厌恶、尴尬。

不要以为打饱嗝是对主人宴请满意、敬意的表示。第一，打饱嗝姿态不雅，令人仪态和风度尽失；第二，打饱嗝容易使你胃和口腔中的不好气味散发出来，影响到别人的嗅觉和心情；第三，打饱嗝给人一种没有教养、粗俗、自大的印象。打饱嗝说明你吃饭时必定吃得很多、很快，不加节制，这自然也是表现你自制力差的一个侧面。

温馨提示：

- [ ] 在吃西餐过程中，应尽量避免喝太多饮料。
- [ ] 进餐过程中应及时补充水分，以免噎着。万一打嗝，一定要向周围的人道歉。

☐ 在进餐过程中放屁也是很不合礼仪的做法，应极力避免。

不可在西餐桌上找牙签

西餐桌上找牙签，等于是给大家提供笑料。

在西餐桌上找牙签，服务人员会认为你刁难对方，并且认为你品位不高；对于同桌的人们来说，你的举动会令他们感到尴尬；如果你自作主张地将刀叉等餐具当牙签用，当众剔牙，大家会被你的行为所震惊而集体作呕。在西餐桌上找牙签，你会在破坏别人食欲的同时严重损害自己的公众形象。

温馨提示：

☐ 在西餐桌上是不准备牙签的，不要向服务人员或主人索要牙签。

☐ 吃到石子等异物时，可用餐巾掩口，自然地用手指取出并放在盘边。

☐ 牙齿缝嵌入食物残渣时，可以借上卫生间的机会进行处理。

参加西式宴会告辞要看主宾行事

参加西式宴会中，何时告辞，千万别任由自己决定。

主宾谈兴正浓，你突然提出要走，主宾会觉得你暗示对方停留时间太久，应该走人了，同时主宾会怀疑你忌妒对方、想故意使对方丢面子。在主人看来，他会为你冒犯了主宾而感到不自在，也会为你不识抬举而感到这次宴会举办得不够圆满；其他客人会觉得你给宴会的和谐气氛泼冷水，同样会觉得不悦。

温馨提示：

☐ 参加西式宴会时，主宾告辞后普通客人才能告辞。

☐ 如果必须先于主宾告辞去处理急事，应向主人和主宾恳切地说明原因。

☐ 参加西式宴会时，应在宴会的结束时间到来前及时告辞。

不做最后一个告辞的人

在西式宴会上最后一个告辞的人，是不懂礼仪的人。

参加西式宴会时最后一个告辞，容易影响主人与其他客人交流。尤其是当主人的好友想与主人深谈时，你会被认为是好奇且无聊的窥探者。普通客人最后一个告辞，别人会认为你和主人关系非同一般，也容易认为你喜欢拖延时间。最后一个告辞并不能说明你体谅主人，证明主人的宴请对你格外有吸引力。如果你该说的话已经说完，然而一定要等到宴会结束的那一刻走，主人会觉得和你交谈很累。

温馨提示：

☐ 参加宴会时，即使自己和主人关系很好，也不应长时间逗留。

☐ 参加宴会告别时，应避免长时间与主人寒暄。

☐ 在宴会上应注意其他客人离开的时间，不要过于滞后。

不可用咖啡勺喝咖啡

用咖啡勺舀咖啡喝，会招人笑话的。

看一个人如何喝咖啡，能看出这个人对咖啡文化了解多少、是否懂得咖啡礼仪。用咖啡勺舀着喝咖啡是无知的表现。在有些人看来，这是装模作样、不懂装懂。当你在聚会上高谈阔论时用咖啡勺喝咖啡，即使你言论再高明、外表再无懈可击，也难以赢得他人的由衷认同。

　　如果你不太清楚该怎么用咖啡勺，宁可先看别人怎么用，也不应自以为是地拿咖啡勺舀咖啡喝。

温馨提示：

☐ 咖啡勺是用来加糖和搅拌咖啡的，而不是用来盛咖啡入口的。

☐ 喝咖啡的时候，应将咖啡勺取出放在碟子上。

☐ 咖啡勺不能一直放在咖啡杯里。

不可吹气为咖啡降温

　　喝汤喝水时如果太烫，会很自然地想到用嘴吹气降温，但喝咖啡的时候用吹气的方法降温就有失你的大好形象了。

　　咖啡代表着一种文化，传达着人的品位和修养，喝咖啡时就不能在举止上马马虎虎。用嘴吹气很不雅观，还容易在咖啡里溅入自己的唾液，或者使咖啡溅出杯子。

　　礼仪一方面是为了表达对别人的尊重，一方面是为了塑造自己的形象。不要用吹气的方法为咖啡降温，这是违背约定俗成的规则的。

温馨提示：

☐ 咖啡应该令其自然降温或用专用小勺搅拌降温。

☐ 喝咖啡时，不应大口大口地像解渴一样地喝，而应动作轻缓、小口小口地喝。

☐ 咖啡如果太热，可以暂时放置。

坐着喝咖啡时不要连碟一起端

　　坐着喝咖啡时，不要连着碟子一起端起来。

　　咖啡碟的作用是防止咖啡溅出来，污染衣服、手指和桌子。坐着的时候人们通常稳当得很，根本不用担心咖啡会洒出来。将咖啡碟子一并端起来，给人一种煞有介事、故意引人注目的印象。就像不用戴着手套吃饭一样，坐着喝咖啡时连碟一起端是没有必要的，也是不礼貌的。

温馨提示：

☐ 坐着喝咖啡时，只需端起咖啡杯。

☐ 喝咖啡时，应用拇指和食指捏着杯把将咖啡杯端起。

☐ 参加鸡尾酒会等较为随便的活动或坐在面前没有桌子的椅子上时，可以左手端碟、右手端杯。

咖啡杯碟不可分开放

　　咖啡杯和咖啡碟是配套使用的，不应当分开放。

　　咖啡文化如同茶文化，咖啡杯碟与茶具一样，都有严格的使用规则。咖啡杯和咖啡碟分开放，第一，破坏了整套咖啡用具的完整性，显得不够美观；第二，显出你对咖啡文化的无知，以及自作聪明。

温馨提示：

☐ 需要端着咖啡行走时，应将碟子托着咖啡杯一起端起。

☐ 暂时不喝时，应将咖啡杯放在配套的碟子上。

☐ 添加咖啡时，不应把咖啡杯从咖啡碟中拿起来。

切忌左手咖啡，右手甜点

　　左手咖啡，右手甜点，想象一下，你不禁感叹：潇洒！享受！其实这么做是不合礼仪的。

　　假设你到外国朋友家做客，主人

亲自为你煮咖啡、烤制甜点招待你，而你一手端咖啡、一手拿甜点，喝一口咖啡、吃一口甜点，主人一定会觉得你太缺少修养，不尊重他。咖啡和甜点各有各的滋味，混着吃喝会影响二者的纯正味道，并且边喝咖啡边吃甜点还容易使甜点残渣混入咖啡杯。

温馨提示：

☐ 喝咖啡的同时不应吃甜点。

☐ 喝咖啡和吃甜点可以交替进行。

☐ 通常人们在吃完甜点后上咖啡。

吃自助餐要使用公用餐具

自助餐的最大优点就是想吃什么吃什么，想吃多少吃多少。但在自助餐厅或自助餐会上吃饭时如果不使用公用餐具盛食物，便会遭到其他人的鄙视。

用自己的餐勺去盛公共餐盘中的食物，相当于让别人吃你的唾液。想必你也不喜欢在别人用他吮过的勺子搅过的餐盘里盛食物吧！盛自助餐不使用公用的勺子或铲子等餐具，是没有公德的表现，更是没有教养、自私、放肆的表现。

温馨提示：

☐ 吃自助餐使用公共餐具后，应将其放回原位。

☐ 暂时没有多余的餐具供你使用时，应稍等片刻。

☐ 取用水果、面包等固体食物时，应避免用手抓。

吃自助餐要了解菜序

吃自助餐不了解菜序，一方面会惹人笑话，一方面会让自己吃亏。这个结果严格地说不是礼貌问题，而是明显的礼仪认知缺乏。

如果你是和朋友或客户一起，吃自助餐不了解菜序，对方会认为你没有相关经验，甚至没有多少社交经验；如果是你自己吃，也会给别人留下相同的印象。最实际的结果是，你可能花了不少钱却只吃到一点点价值很低的食物，并因此而错过味道更好的食物。

温馨提示：

☐ 吃自助餐时，应首先对菜序有所了解。

☐ 吃自助餐时应按照一定次序。

☐ 吃自助餐取食时动作应文雅，避免打乱菜序。

吃自助餐不可一次取食太多

吃自助餐时，一次取食太多会让人笑话。

自助餐当然是自己想吃什么就吃什么，可是如果一次性取超量的食物，生怕自己取少了再也吃不到，这样做是很没风度的。如果你恰好在规定了浪费多少食物罚多少款的店里吃自助餐，看着一大堆盛了却吃不完的食物，你能不头疼吗？当你因公与别人一起吃自助餐时，一次取食太多，对方对你的好感必定会一落千丈，甚至因此而不想再与你交往。

温馨提示：

☐ 吃自助餐时，应避免一次取大量食物。

☐ 吃自助餐时，应该多次少取。

☐ 吃自助餐时，应对自己的食量事先有所估计。

为别人取菜不可太殷勤

在自助餐会上，无论是与自己的

熟人结伴而来，还是在餐会期间认识了新的朋友，都不应该过分热情地为对方取菜。

每个人的爱好和口味都不同，而且有的人不喜欢被关照，不喜欢别人代劳。你热情为别人取菜，对方不一定喜欢，甚至可能反感。如果你所取的菜恰好是对方不喜欢吃或者对方因为饮食禁忌而不能吃的，你的做法就是强人所难。照顾别人虽然是礼貌，但按照自己的意愿"帮助别人"就是不礼貌。

温馨提示：

☐ 参加宴会时，不要自作主张频繁为别人取菜。

☐ 如果别人婉拒你给对方取菜，不要认为对方是在客气而坚持行动。

☐ 不要为自己不熟悉的人随便取自己认为好吃的菜。

吃完自助餐不可打包走

吃自助餐不能打包，否则就贻笑大方了。

吃自助餐，给你最大的自由选择食物品种和食量，但出了自助餐厅就不能如此了。出于商务或公务目的吃自助餐时打包，你的专业形象瞬间坍塌；吃单位食堂的自助餐打包，你会给大家留下心胸狭窄、贪图蝇头小利的印象；在陪亲友吃专门的自助餐时打包，亲友会为你的提议和表现感到难为情；参加私人举行的自助餐会时，你吃完后要求打包，在场的人都难免尴尬。

温馨提示：

☐ 吃自助餐应该不超过规定时间。

☐ 吃自助餐时，取餐前应对自己的食量有大体的估算。

☐ 任何自助餐形式，其根本便利在于方便与人交际。

吃完自助餐要送回餐具

吃完自助餐，别忘记送回餐具。

自助餐其实质就是全程自助，当然包括自己吃完后放回用过的餐具。这是自助餐厅和自助餐会上约定俗成的规矩。如果违反，首先，是对自助餐礼仪的违反；其次，将自助餐具堆放在桌上，既影响别人食欲，又不方便其他人找空位用餐。吃完自助餐不送回餐具，显得霸道、粗俗不堪。

温馨提示：

☐ 参加自助餐会时，吃完后应将餐具送回指定位置。

☐ 参加自助餐会时，应避免吃饱后餐具中仍有大量残余食物。

☐ 自助餐完毕后，不要将食物残渣弄得到处都是，而应保持桌面洁净。

主人在酒会上不可忽略次要客人

在酒会上，主人不能因为客人可以随便走动就忽略了次要客人。

举办酒会时，主人只和主宾交谈，或者只和善于交际的客人交流，任由次要客人和性情安静的客人在角落里单独行动，会使其他客人觉得势利。

在被冷落的客人看来，主人的行为似乎是故意为之。无论是有意还是无心，无法让所有的客人得到照顾，这都是一个主人的失职，更是对客人的不敬。既然请客，就应该圆满地让每位客人都感受到主人的热情、礼貌。

温馨提示：

☐ 主人在举行酒会时，应兼顾主宾与

次宾。

□ 举办酒会时，主人不应忽略与一般客人打招呼和寒暄。

□ 当一般宾客与自己交谈时，主人应热情回应。

举办典礼事先要充分准备

举办典礼如果事先不充分准备，典礼可能会功亏一篑。

没安排好嘉宾的席位，可能会导致嘉宾的不满甚至纷争；场地内布景布置得不够完美，参加者就会觉得典礼不够正规、严肃；照明、音响等设施质量低劣，且事先未经调试，容易导致典礼进行了一部分时出现尴尬场面；礼仪人员的服装五花八门，不统一、不整洁，典礼就会显得敷衍而缺乏水准；典礼预计在户外举行，却事先不看天气预报，并且不准备遮阳或遮雨的大棚，会导致典礼上的人都被暴晒或成落汤鸡。

温馨提示：

□ 举办典礼前应安排好场地，做好铺设地毯、张贴条幅、悬挂灯饰等场景设计工作。

□ 举办典礼前应先确定到场的人数，并提前做好接待准备，如按计划确定好接待人员、安排好座次、准备好纪念品等。

□ 举办典礼前，应对突发事件做出预期和相应应急准备。

参加鸡尾酒会不宜提前太早到

参加鸡尾酒会，提前太早到场会给准备酒会的人增添麻烦，也无法体现出你对主人的尊重。

如果你只是一个普通客人，而不是鸡尾酒会的筹备人员，提前到会只能给人以迫不及待的感觉。主人还可能觉得你在催促他快点举行，或者觉得你对酒会的质量不放心，有监督之意。此外，参加鸡尾酒会提前到，在空荡荡的会场上独自相处，而主人又身处紧张筹备中，宾主都难免尴尬。

温馨提示：

□ 参加鸡尾酒会时，应该准时赶到，提前或迟到一两分钟也可。

□ 参加鸡尾酒会时，可以根据自己的时间安排推迟进场。

□ 参加鸡尾酒会时，可以与主人打过招呼后提前退场。

在聚会上不可拉住主人讲个没完

参加聚会时，不要拉住主人讲个没完。

参加朋友的婚礼，见到主人后滔滔不绝地说上半个小时；参加某公司的开业典礼，看到主人后拉住对方说个不停；参加友好单位的宴会，看到主人后殷勤地嘀咕不休……这样看似热情的举动不仅会使主人难堪，还会令其他客人忍无可忍。任何聚会举办时，主人都必须接待众多客人。你拉住主人讲话，其他客人就只能等待。如果其他客人误以为主人只对你表示热情，就无异于往主人脸上抹黑。

既然聚会不是为你一个人举办，不为其他客人留出与主人交谈的时间，不为主人节省时间，就是失礼的行为。

温馨提示：

□ 参加聚会时，与主人问好后应把主人的时间留给他人。

□ 参加聚会时，与主人寒暄不要花费太多时间。

☐ 参加聚会时，应该主动与其他人寒暄。

参加酒会吃喝的同时要注意交际

参加酒会，如果只顾挑选自己觉得美味的点心吃，喝各种各样的酒水，以尽力"填饱肚子"为己任，把酒会当作一场自助餐会，这就有违酒会主人举办活动的初衷。如果你给别人留下了不易交往的印象，以后即使你主动联系别人，别人也会很难与你交往。

你愿意被别人当作不合群、不礼貌的人吗？你愿意失去结识优秀的新朋友的机会吗？你愿意被主人看作不受欢迎的客人吗？如果你的答案是否定的，就请记住：参加酒会时，不要只吃喝不交际。

温馨提示：

☐ 参加酒会时，应主动与其他宾客交谈。

☐ 参加酒会时，不要回避他人的主动沟通。

☐ 参加酒会时，不应把目的单放在吃喝上。

在品酒会上把自带酒与大家一起分享

西式酒会中有一种称之为"品酒会"，会上的各种酒水来自每一位参加的客人。大家将各自携带的酒水放在一起，交换、分享。有的人可能觉得自己带的酒档次比别人高，味道比别人好，因而不愿与他人分享。这么做可不受欢迎。

既然是品酒会，遵从集中分享的规则才符合相关礼仪。独享自带酒，一方面会让别人认为你看不起别人，另一方面会让别人认为你太自卑或太自私。

温馨提示：

☐ 参加品酒会式宴会时，一定要把自己带来的酒和大家的酒放到一起。

☐ 参加品酒会时，不要带太过低劣的酒。

☐ 如果自己带来的酒很好，应热情与大家分享。

告辞时宜低调进行

参加宴会或酒会时，大张旗鼓地告辞是不正确的做法。

大张旗鼓地告辞会明显为宴会的气氛降温。参加宴会时，大张旗鼓地向周围围着一圈客人的主人告辞，主人会觉得你在暗示其他客人"该走了"，或者暗示自己"你的招待没有让我达到满意"。如果你告辞前恰好和某位客人甚至主人发生一点点不愉快，如此行动会让主人感到难堪。如果你是身份较高的人，大张旗鼓地告辞给人以故意炫耀自己、出风头的印象。

温馨提示：

☐ 参加大型宴会，告辞时只向自己周围的人低调告辞即可。

☐ 如果主人没有时间应答自己，告辞时可以不打扰主人。

☐ 参加鸡尾酒会等宴会时不必拘泥于时间。

回复宴请的规格要相当

宴请是人与人之间交往的重要途径，受到别人宴请后，及时为对方设宴是很有必要的礼节。但回复别人的宴请时，千万不要不注意规格。

别人花 2000 元宴请你，你却只花

500元回请对方，这显然是不恰当的表现。对方请你在饭店吃了顿"便饭"，你就请对方到豪华酒楼吃"满汉全席"以示回请，这在对方看来是揶揄和无声的责备，以及对你自己财富和热情露骨的炫耀。

以较低或较高的规格回复别人的宴请，很容易引起对方的误解，容易使双方造成隔阂。

温馨提示：

☐ 回请别人时规格以相当为好。

☐ 不要故意将回请别人的宴会规格搞得高出对方很多。

☐ 回请别人时，应尽量照顾对方的喜好。

在AA制聚会上要主动掏钱

AA制聚会在现代社会中非常流行，原因在于它公平合理。如果你参加这种聚会而不掏一分钱，对别人就不公平了。

各自付费集体旅游时不掏钱，各自付费聚餐时不掏钱，各自付费集体运动时不掏钱……这样做是令人不愉快的。同伴们会认为你不守信用，不遵守规则，不为别人考虑，爱占小便宜，并且脸皮厚。聚餐时的表现如此无礼，别人会推想你在其他方面也不会采取合作态度，依然会自私自利，从而不愿与你交往。

温馨提示：

☐ 大家事先声明是AA制聚餐时，一定要为自己的食物付费。

☐ 实行AA制时，不要帮别人掏钱。

☐ 实行AA制时，聚餐前应准备足够的钱。

不可悄悄拿走新奇的食物

在风格各异的餐桌上，我们常常能见到自己未曾见过的新奇食物。尤其是一些干果、甜点等小巧而又便携的食物，总有人忍不住悄悄拿走。这样是不对的。

在自助形式的西餐厅里拿走新奇食物，首先是违背"不准外带"的规则，其次是给人以钻空子、占便宜的印象。在别人的婚宴、寿宴等家宴上悄悄拿走新奇食物，会让主人觉得你猥琐不堪；在商务和公务宴会上悄悄拿走新奇食物，你的个人形象会因此而变得令人鄙视。

温馨提示：

☐ 参加任何宴请，如果没有经过同意不要打包，不要偷拿任何自己觉得新奇的食物。

☐ 别人打包的时候，自己不应提前将新奇的食物偷偷藏起。

☐ 当餐桌上有新奇的食物时，不应对其表现出特别引人注目的贪婪表情。

第二十四章 约会礼仪

在活动中主动让别人认识你

并没有特定的规律或者固定的方法可以让你遇到想要约会的人。但是如果你问一些具有稳定关系或者已经愉快地结了婚的人，你会发现人们相识的一种趋向。这些人往往具有一些共同的兴趣爱好，比如业余爱好、参加相同的俱乐部等，或者有同样的工作、共同的朋友等。当然，也有一些例外，比如有些是在街上遇到，然后疯狂地爱上了对方，或者在酒吧邂逅后，从此就再也没有分开过。

温馨提示：

☐ 培养广泛的兴趣，积极参加一些业余活动，在那里你可以找到一些你愿意与之约会的人。

☐ 无心插柳柳成荫，其实在任何场所你都可能邂逅你想约会的人。

寻找途径结识新朋友

认识你想约会的对象的最好方法是你自己出去寻找。这就意味着你要多参加社交活动而不是坐在家里等电话。而且你应该表现出真实的自己。有意向和你约会的人肯定喜欢你真实的个性，不需要刻意伪装自己。

如果你发现很难认识新的人，就向自己的亲朋好友寻求帮助。有些人非常愿意介绍别人认识或者扮演红娘的角色。你完全可以让别人帮你寻找好的姻缘。

一旦你遇到感兴趣的人，不要在她（他）面前刻意地表现，或者通过炫耀来加深他（她）对你的印象。这不礼貌，而且也不是好主意，因为这并不是真实的你。当两个人相互吸引或者真心喜欢对方时，约会是自然而然发生的事情。在社交活动中应该保持耐心，因为你没有办法左右事情的发展。

介绍的方法

虽然听上去很土，但是它们确实是一些正确而且有效的介绍方式，能够帮助女士们和先生们相互认识。以下是一些很不错的开场白，通常也很有效果。当然，所有这些语句都是很有礼貌的：

"你有火吗？"

"这个位置有人吗？"

"我可以给你买杯饮料吗？"

"多么美好的天气啊。"

"这些红袜子怎么样？"（或者你最喜欢的运动队是哪个？）

拿这些问题询问你在酒吧或者公共汽车上碰到的某个人，可以成为你约会前的"石蕊试验"：他（她）的回答能够告诉你他（她）是否对你感兴趣。

温馨提示：

☐ 亲朋好友总是喜欢帮你寻找他们认为合适的约会对象，不过如果没有获得别人的许可，千万不要扮演红娘的角色。

☐ 如果你觉得某两个人很般配，但是这并不意味着他们已经准备好约会了，或者对彼此感兴趣。

主动邀请某人外出约会

当你想有更多的时间和你遇到的某个人在一起的时候，这是一种非常奇妙的感觉。接下来最为自然的行动就是邀请他（她）外出约会。值得庆幸的是，如今的女士们不需要等待男士来邀请她们外出，男士们也不用承担第一次约会的压力。你们双方都可以提出约会邀请。以下以男士邀请女士为例。

尽管人们在现代生活中的角色发生了变化，但邀请别人外出的方式并没有改变。当然写电子邮件或者发短信邀请你喜欢的人外出约会非常方便，但是尽量当面或者电话邀请。这只是简单地表现你的诚意而已，而对方也会对此留下深刻的印象。

邀请别人外出时应该尽可能详细地包含所有信息。你应该说："你愿意星期六晚上和我一起去看电影吗？"而不是："你星期六晚上要做什么？"因为这个问题看起来非常一般，无法传送你想邀请她外出约会的愿望。她会认为你只是想要进行简单的谈话。然而如果你具体地表达了自己的想法，那么意图也就非常明显了。如果你是被邀请的人，也应该尽可能直接而详细地回复对方。如果你对他也感兴趣但是已经有安排了，不要这么说："让我考虑一下。"这样的回答可能会让对方觉得你并不想和他一起外出约会。相反，你应该这么说："恐怕我会很忙，但是如果换一个时间，我很乐意和你见面。"这就清楚地表明了你想和他约会的意愿。

温馨提示：

☐ 即使你是女士，你也可以主动向男士发出约会邀请。

☐ 向对方发出约会邀请时要说明详细的时间和地点。

拒绝约会时尽量详细说明理由

如果你对邀请你约会的人不感兴趣或者不想接受这个约会，你应该怎么做？同样，尽可能详细地回复对方。如果你只是回复："嗯，我那天晚上很忙。"这样只会给对方再一次邀请你外出约会的机会。这种时候明确地回答对方你并不想和他约会或许是更好的答案，但是也不要太直接，你可以说："谢谢你的邀请，但是我已经和别人有约了。"或者："谢谢你的邀请，但是我现在并不想约会。"

温馨提示：

☐ 当你要拒绝约会时，最好给人一个充足的理由，即使编造一个理由也比生硬地说"不"好。

☐ 如果你本想去约会却碰巧没有时间，可以请求对方换一个时间。

第一次约会前要做好充分的准备

当你第一次和某人约会时，可能和大多数人一样，感到心头的小鹿乱蹦乱跳。但是在你的精神状态到达最好之前，你要记住：如果你是邀请者，不仅要做好所有的安排，还必须去迎接被邀请者。

第一次约会时做的事情并没有对错之分。如果你们是通过共同的业余爱好认识的，那么可以让业余爱好在你们第一次约会中发挥作用。比如说，如果你们都喜欢美食，到餐厅就餐就是一个很好的相处方式。

由邀请者来安排节目是一条不成文的规定，如果你对自己全程安排约会感到不是很舒适，那么你可以让他（她）来选择想做的事情。如果对方并不在意约会的内容或者还是希望由你来安排，那么尽量做好约会计划。

有时候第一次约会最好安排在周末以外的晚上。因为第二天大家都需要上班、上学或者做其他必须要做的事情，你可以自动地结束这次约会。当然，如果你们确实非常喜欢对方，可以计划第二天或者接下来的周末继续约会见面。然而，并不是每个人的工作时间都是朝九晚五的，因此上班日的晚上并不一定适用所有情况。以下是一些安排约会时的注意事项：

你们双方各自的工作时间如何？或许共同吃早餐对你们来说是最好的选择？

你们是否有共同爱好可以在第一次约会的时候一起分享？

你的经济状况如何？你是否需要安排一些费用不是很高但是可以获得乐趣的计划？

你们怎么到达约会的目的地？你是否需要接她和送她回家？

正如前所述，没有安排好节目也可以邀请他人约会。如果你已经邀请了某人，而以上提到的注意事项让你犹豫不决时，你可以询问约会对象的意见，然后根据她或他的想法安排计划。

温馨提示：

☐ 如果你不希望在第一次外出约会时给她留下不好的印象，就不要随意变动计划。第一次外出约会也不要大手大脚地花钱。你的意图或许是好的，但是铺张的行为可能会得到相反的效果。

☐ 如果你是父母，而你的孩子已经准备开始第一次约会了，你应该要求和她约会的人到家里来接她。如果他们决定在其他地方碰面，比如餐厅或者电影院，那么你必须提前和孩子的约会对象见个面，介绍一下自己，然后和对方约定约会的持续时间或者告诉对方你希望你的孩子什么时候到家。

☐ 约会过程中保持绅士风度。当你到达目的地时，你可以为对方打开车门或者房间的门。只要涉及约会礼仪，绅士风度是永远不会过时的。

接你的约会对象

如果是你主动邀请对方外出约会，而你约会的对象也没有其他的打算，你就应该去接她，或者到一个方便的地方碰面。你可以去她家里或者上班的地方接她。

如果你去她家里接她，那么你应该保持良好的礼仪，并且要做好同和她一起住的人碰面的准备，不管是她的父母还是室友。这既给了他们审查你的机会，也能让她觉得更加自在。因为在她和你进行第一次约会之前，她信赖的或爱的人都在身边。

温馨提示：

☐ 当你接她外出约会时，不要拼命地按喇叭或者打电话提醒她你已经到了。

☐ 保持风度，走出车子，在她家门外等她。

约会结束后道晚安

在约会结束后，无论是你开车、乘坐同一辆出租车或者走路送她回家，你都应该确定她安全到家了。即使你不是约会的邀请者，约会并不愉快，或者你并没有再一次外出和她约会的欲望了，你也必须确定她安全到家。

如果你愿意和你的约会对象再待一会儿，但是今天晚上并不方便，你可以提出另一个对你来说方便的时间。给对方一个明确的回应，让他知道，你也非常想再见他，非常愿意和他进行第二次约会。

温馨提示：

☐ 当你和对方握手说晚安的时候，暗示他："这是一个美好的晚上。"

在第一次约会结束时约定第二次约会

约定第二次约会的最佳时机是第一次约会结束的时候。这可以避免说"我会打电话给你的"这种情节的出现，因为即使你真的会在第二天打电话给她，也会让她陷入一个晚上的迟疑不决。一次愉快的约会后，你不要留给别人任何疑惑，让她陷入"他对我的感觉到底如何呢"的困苦中。

相反，如果你想和她再次见面，就应该约定第二次约会的时间。你可以在第二天或者马上就打电话给她以确定你的安排，而不要在结束第一次约会时不给出任何具体的信息。比如说"当我确定好周末具体的安排时，我会在星期五给你电话的"这样要比"让我们谈谈周末的安排吧"让人满意得多。

温馨提示：

☐ 在约会结束后向对方表示感谢，特别是你非常喜欢对方，想要和他再次见面的情况。但是并不需要赠送礼物，你可以在离开后，给对方打电话表示感谢，让对方知道和他约会非常开心。

确定恋人关系

"确定恋人关系"实际上是一个最近才开始使用的词，但是每个人都明白它的意思：当你和某人确定关系的时候，你就承认了那个人是你的恋人。通常情况下，你不需要大肆宣传你们已经确定关系这个消息，这不同于结婚。但是有时候有一些明显的细节可以暗示这个决定，事实上，在约会的时候你就开始传递这些信息了。这些线索包括，那个人用男朋友或者女朋友来称呼你、你被邀请到对方家里参加节日或者家庭聚会，或者你邀请对方到你家里来参加活动。

温馨提示：

☐ 在确定恋人关系的最初，最好保持低调，不要做太多宣传，因为你们的关系还不稳定。

☐ 有时候确定恋人关系并不需要明确的声明，一些小小的暗示就足够了。

与对方以相同的步伐推进彼此的关系

在第一次约会后，你可能觉得即使无缘相伴终身，你还是希望和对方有更进一步的发展。或者你可能需要花上几个月的时间来决定你是否已经准备好和他确定恋人关系。无论你制定了怎样的时间表，当你们讨论怎样以及何时将关系向前更推进一步时，你必须同对方保持相同的节奏。当你发现在面对节日和家庭时，你们双方都不愿意分开，那么是时候讨论你们之间的关系应该怎么样发展的问题了。你可以在下一次双方见面的时候，面对面地提出来，告诉她你想和她一起共度假日，并且现在是决定你们双方是否愿意和对方单独约会的时候了。这是一个需要双方共同讨论的严肃问题，在彼此关系的确立上也应该征得双方的同意。

温馨提示：

☐ 当你希望与对方进一步发展关系时，要与对方保持相同的节奏，既不可操之过急，也不能总是慢半拍。

☐ 要不时地和对方讨论彼此关系发展到了何种阶段。

坦诚地交流经济问题

确定关系后，你可能对谁应该为哪些东西付钱的问题感到疑惑。一直让一方买单显然是不合理的，但是双方各自买单也显得很怪异。

处理金钱相关问题时，应该提前想好解决方案，比如购买电影票、吃饭以及一起度假时的开销如何分配等。你可以选择性地付款，如果你们其中一方明显比另一方挣得多，那么可以由高收入的一方来支付活动的主要费用。总之，当涉及金钱和感情问题时，不要臆想，坦诚地交流能够避免不愉快的经济问题。

温馨提示：

☐ 对于如何支付双方共同的花费问题，最好坦诚地提出来，而不可遮遮掩掩。

☐ 如果你的收入远远高出对方，应该主动承担大部分费用。

公共场合的情感表露要有所节制

无论你们彼此之间有多么相爱，你都必须控制自己在公共场所的情感宣泄。当然，在公共场所牵手、搂肩、快速地拥抱或者亲吻都是可以的。然而，不要在公共场所做一些只能在卧室里出现的行为，比如互相抚摸或者深吻，这非常不礼貌。

也许联谊会是唯一人们不会在意直接表露感情的场所，因为那时每个人都有一点点醉意。但是如果并没有这样的酒会，你也不是联谊会的成员，只是在家里举行的聚会，即使你和爱人多么情意浓浓，也必须把手老老实实地放在自己的身边。你们可以不时地亲吻对方的脸颊或者快速地拥抱对方表达彼此的情感，但是你不应该在客人周围热烈地亲吻。

如果你的客人感情表露得过于直接，你该怎么办？当然，你不能走向他，然后说："到房间里面去。"当他们结束亲热时，你可以把他们其中一个叫到旁边，然后说："不好意思，我不太习惯你们在旁边如此热烈地表达感情。你们是否介意稍微平和一点？"他们可能会给你一个道歉式的拥抱或者愤怒地离开。无论哪种方式，你都达到了自己的目的。也许下次你安排聚会的时候，可能要考虑邀请一些不会在聚会上亲热的朋友。

温馨提示：

☐ 情侣之间不可在公共场合做一些过于亲密的举动。

☐ 如果你的客人在聚会上公开热烈地表露情感，可以等他们停下后再提醒他们。

公共场所可以适当表露亲密行为

为了不让旁边的客人尴尬，当你想要和爱人有一些亲密动作时，谨记下面的一些建议。

拥抱：女士和先生见面或者分开的时候可以简短地拥抱对方。

亲吻脸颊：按照欧洲传统，在见面或者说再见的时候，可以亲吻男士或者女士的脸颊。

非正式亲吻：可以在脸颊上简单快速地亲吻。只有和爱人才可以亲吻嘴唇。

牵手：这也许是最无伤大雅的亲密行为，而且一般情况下都是合适的。

父母在其他孩子面前亲吻自己的孩子：父母亲吻自己的孩子完全没有问题，但是如果在其他同龄人前面，你的孩子可能会纯粹地因为害羞尴尬而躲避你的吻。

友好分手

有时候，尽管你的初衷是好的，但是到最后却不得不和对方结束关系。分手从来都不是简单的事情，但是如果你的心已经不在这个人身上了，最好不要拖着他（她）太久。

有哪些信号暗示你应该和对方说分手或者暗示你将要被抛弃了呢？

当对方给你打电话的时候，你再也没有激动的感觉了。

你开始逃避两个人之间的通话了。

你开始想要取消固定时间的约会，或者对方经常想要取消和你的约会。

你感觉不到乐趣。

你怀疑他（她）和别人约会，或者你对和其他人约会也感兴趣。

和其他很多事情一样，说分手的最好方法不是你从他（她）的生活中消失，而是交流沟通。告诉他（她），你为什么不想和他（她）约会了，但是不要涉及一些伤害他（她）的自尊和感情的细节。有时候为了顾及对方的感受，你必须隐瞒事情的真相。下面是一些步骤供参考。

尽量和对方面对面讨论。正如你不想用邮件来邀请某人外出，也不应该让高科技来代替你说分手。

先说一些积极的事情，比如："上几个礼拜和你一起外出游玩觉得非常有趣。"

直接告诉对方你想要分手。一般来说紧跟着上面那个短语的往往是："但是，我认为我们最好不要再见面了。"

如果你觉得有必要，可以为自己伤害了他（她）的感情道歉。

你可能想和他（她）握手，然后说："希望你一切都好。"

分手最好采取直接的方式，简洁明了地把自己的观点提出来。但是不能因为这是最有效的方法，就认为是最简单的。你可能需要事先准备台词。这能够帮助你树立信心,以最礼貌的方式将分手的消息告诉对方。

有时候对方并不愿意接受这个事实,但是你必须坚持自己的决定。不要让任何人劝服自己去做任何自己不愿意做的事情,比如继续和对方约会。

不要传递模糊的信息让对方不能轻易地放下。比如说:"我们还是做朋友吧。"这暗示你仍旧想和他(她)一起约会。如果你们能够成为朋友,那当然最好了。但是如果对方几乎让你发疯,你想彻底地让他(她)从你生活中消失,"我们还是做朋友吧"这句话就行不通了。你需要更加彻底地表达自己的意思,比如,"我们最好不要再见面了"。

温馨提示:

☐ 如果你从彼此的关系中已不再感觉到乐趣,那就不必再浪费彼此的时间,友好地提出分手吧。

☐ 当你决心与对方分手时,态度要坚决,不要模棱两可。

不可仅仅为了抚平旧的创伤而开始新的约会

如果你是被抛弃的一方,这个消息对你而言是刺痛的。没有一个人愿意听到这样的消息:自己对约会对象来说已经没有吸引力了。即使你也想结束这段关系,但是你仍旧需要时间恢复。

首先你必须接受这个令人伤心的事实,不要让受伤的情绪影响到自己的生活。不要将情绪发泄到其他人身上,特别是自己的家人身上,也不要报复对方。

你可能需要花一段时间才能从分手的痛苦中恢复过来。不要在这个过程中寻找另外的人作为过渡,你犹豫不决地和他(她)约会,仅仅只是让自己感觉好一点,这是非常自私的行为。当然,最后你还是需要继续寻找能够相伴终身的人。

温馨提示:

☐ 如果你是一段失败的感情中受伤害的一方,要尽快走出过去的阴影。

☐ 要学会自己抚平自己的创伤,不要把伤害转移到家人或者新的恋人身上。

第二十五章　婚礼与舞会礼仪

参加婚礼不可穿得比新娘还艳

参加婚礼穿得绝不能比新娘还艳。

伴娘穿得比新娘还艳，就会抢了新娘的风头。如果别人误以为伴娘是新娘，恐怕新娘一辈子都会厌恶伴娘。普通女性参加婚礼时穿得比新娘艳，也会导致同样的结果。在别人看来，也许你恰恰是想借这一做法发泄自己与新人的宿怨，或者是居心不良、勾引新郎。

如果你是男性，穿得比新郎还帅，不用说也是错误的、不合情理的。因为，如果你穿得衣冠楚楚，看上去比新郎还酷，在婚礼上就会抢了新郎的风头，引人注目，一般婚礼参加者还以为你就是新郎呢。

温馨提示：

☐ 参加婚礼时，应避免穿大红色或白色衣服。

☐ 参加婚礼时，女性应避免穿得暴露。

☐ 参加婚礼时，女性应避免穿和新娘款式相似的衣服。

☐ 参加婚礼时，女性不宜过分化妆，如描眉、涂口红等。

参加婚礼时务必摘除黑纱

有的人接到婚礼邀请函时，可能正在服丧，臂戴黑纱。如果参加婚礼时不将其去掉，就会遭到诟病。

婚礼理所应当地应该喜庆，每个参加婚礼的人都理应为新人增添欢乐。戴着黑纱参加婚礼，显然会给喜庆的场合带来压抑的气氛。在别人看来，这是对新人的诅咒，将会给新人带来"晦气"。戴着黑纱参加婚礼，容易被别人视为挑衅，会遭到别人的责骂。

温馨提示：

☐ 参加婚礼时，应将自己服丧期间佩戴的黑纱暂时去掉。

☐ 参加婚礼时，应避免穿黑色衣服。

☐ 在婚礼上应避免不愉快的表情举止。

☐ 在婚礼上应避免说一些不吉利、忌讳的话。

参加婚礼穿着不可太朴素

有的人参加婚礼时，穿着绝对没有抢新人的镜头，也绝对没有戴黑纱给人晦气之感。但他们穿得过于平常，身穿便装、牛仔服、运动鞋。有的老年人，干脆穿着早看不出本色的大背心来参加婚礼。

一句话，穿得太朴素了，以致让人怀疑他们是在逛大街。

参加婚礼穿得过于朴素给人的感觉有三点：

第一，你对新人的终身大事根本就不重视，是对人的不敬，如果你是新人的至交或亲戚，对方必定会不愉快；

第二，你故意制造穷酸相给新人看，表示嘲讽；

第三，会影响婚礼的和谐、喜庆气氛，让人觉得不伦不类。

温馨提示：

☐ 参加婚礼时，应穿戴有喜庆色彩的、做工精细的高档服装。

☐ 参加婚礼时，女性应适当化妆。

☐ 参加婚礼时，应避免穿居家服饰，如休闲服、拖鞋等。

☐ 参加婚礼时，衣服应整洁干净，不宜穿破旧不整的衣服。

在婚礼上与新人开玩笑要有度

在婚礼上戏耍新人的确能给宾客们带来快乐，活跃现场气氛，但稍有不当就容易变成恶作剧，令人讨厌。

拿颜料涂抹新人的脸和四肢，容易弄脏新人的衣服。如果他们的服装价值不菲且是租来的，你说让谁来赔偿呢？想出各种刁钻主意让新人表演节目，容易让新人陷入尴尬。如果你的提议格调不高，这样做简直是对新人的侮辱。

温馨提示：

☐ 参加婚礼时应始终表现得礼貌、大方。

☐ 遇到与新人开玩笑的环节，应掌握分寸。

☐ 不要在较为隆重的场合和环节戏耍新人。

☐ 如果有人与新人开玩笑过头了，可出面婉言相劝。

参加婚礼不可出风头

在婚礼上表情和动作夸张地与别人打招呼，腔调怪异地与别人说话，女性搔首弄姿，男性故意装酷……如此这些行为都是想出风头的表现。

如果你与新人年龄相仿，在婚礼上出风头，别人可能会认为你感情上受了刺激，或者对新娘或新郎心怀芥蒂；如果你年长，别人可能会认为你心理有问题。

如果你身份高，别人容易视你为"不甘被放在焦点之外"；相反，别人会认为你内心自卑。

在以新人为主角的场合上出风头，是对新人的蔑视，也是对其他参加者的不敬。

温馨提示：

☐ 参加婚礼时，说话做事都要有分寸、懂礼节。

☐ 参加婚礼时，不要刻意吸引别人的注意。

☐ 参加婚礼时，不要突然改变自己的形象和举止。

☐ 参加婚礼时，不要高声喧哗，狂饮滥喝。

舞会上场、下场要守规矩

舞会是人们结识新知、娱乐身心的好场合。在如此重要的场合，如果上场、下场不守规矩，必然是令人感到遗憾的。

上场时男性拖着女性，女性脚步踉跄地跟着，此情此景好似强盗抢劫，必然不会给观众留下好印象；下场时男性不等女性抢先离开，或者女性三步并作两步小跑着离开，此情此景看似两人跳得很不愉快，必然也不雅观。

上场、下场如果毫不讲究，就不可能体现出舞会所特有的高贵、典雅的礼仪特点。

温馨提示：

☐ 当男宾带女宾上场时，应请女宾走在前面，而非挽臂而行。

☐ 上场、下场时，男女舞者都应步履从容、表情轻松愉悦。

☐ 男女如果表演独舞，上下场时应礼貌地向观众鞠躬。

参加正式舞会要穿礼服

参加正式舞会不穿礼服是不守规矩的表现。

参加商务洽商后的舞会不穿礼服，参加婚礼典礼后举行的舞会不穿礼服，参加大型私人生日宴会上的舞会不穿礼服，参加社区里比赛性质的舞会不穿礼服……都会让在场的人很不舒服。在正式场合应该化妆，以此来表示敬人与自尊，参加正式舞会穿礼服也是同样的道理。

参加正式舞会而不穿礼服是对舞会举办方的蔑视，也是对自己形象的亵渎和贬低。

温馨提示：

☐ 参加正式的商务或社交舞会时，无论请柬上是否注明须穿礼服，都应穿礼服赴约。

☐ 参加舞会所穿的礼服应尽量避免与他人重复，并要避免有脏污和破损之处。

☐ 在正式舞会上，男士一般穿西装或燕尾服，女性穿露肩露背的晚礼服。

参加迪厅舞会不可穿着礼服

穿着礼服参加迪厅舞会，会显得不伦不类。

迪厅舞会多半舞曲节奏很快，灯光回旋不休。穿着华美礼服，男士穿西装或燕尾服，女士穿真丝长裙、高跟鞋，必定会有刻板之嫌，也难免有对迪厅环境不屑一顾之嫌。跳起舞来，动作必然也不太方便，更不用说烘托气氛了。出席某种场合而不按礼仪着装，对相应场合以及邀请你的人，都无法体现出你对礼仪的熟悉和对邀请的重视。

温馨提示：

☐ 参加迪厅舞会时，应避免穿得太正式或太平淡无奇。

☐ 参加迪厅的舞会或家庭舞会时，应穿轻松随意而又有休闲和狂野风格的服装。

☐ 参加假面舞会时，服装上应有独特风格，还应与面具风格一致。

舞会服饰不可喧宾夺主

参加任何人举办的舞会，在服饰上喧宾夺主都是不恰当的。

参加别人的生日舞会，你穿得像个耀眼的公主，不知道的还认为你是女主人；参加上司发起的周末舞会，你的服饰把上司比得光彩尽失，给人的感觉是你用超人气的漂亮服饰向上司表示不满和示威。在舞会服饰上装扮得喧宾夺主，就好比公然占领了别人的领地，给人以不知好歹的印象。如果舞会主人心眼儿比较小，你这么做的结果就可能会导致你和主人友谊的告终。

温馨提示：

☐ 参加私人舞会时，应避免穿得比主人耀眼、漂亮。

☐ 参加舞会不要刻意打扮得怪异。

☐ 参加舞会时所穿的衣服和所佩戴的饰物应避免夸张、过分。

邀请合适的舞伴

参加舞会时，不是任何人都适合做你的舞伴。如果你请错了舞伴，尴尬就会不请自来。

一位女性正同她的男伴亲密地坐在一起聊天，丝毫没有进入舞池的意思，你上前邀舞是对她的打扰；一位女性独自坐在角落里，显然是不希望被别人注意，你上前邀舞如果遭到拒绝，只能说明你不懂得察言观色。邀请身高、体型与自己相差极大的人跳舞，等于是为别人演滑稽戏。

邀请不合适的舞伴，就会导致共舞不和谐，是对邀请对象的不尊重。这是不礼貌的。

温馨提示：

☐ 参加舞会时，不要邀请不愿意跳舞的人共舞。

☐ 参加舞会时，不要邀请同性共舞。

☐ 参加舞会时，不要邀请已经有舞伴的人跳舞。

邀请舞伴要看时机

一位女性刚跳完一曲节奏欢快的舞曲，细汗淋漓，正坐在场下休息，你上前邀舞多半不会得到同意；一位女性刚刚拒绝了一位男士的邀请，你就立刻上前邀舞，无疑是对被拒男士的挑衅，也是给这位女性制造麻烦。别人跳舞时扭了脚，对方刚高一脚低一脚地回到座位上，你就上前邀舞，无疑是对其身体状况的不关心、不体谅。

邀舞不看时机，无法成功邀请到对方是小事，让对方对你产生故意捣乱的印象，就不能说是礼貌之举了。

温馨提示：

☐ 邀舞时应避开对方正在接受别人邀请的时刻。

☐ 邀舞时应选择对方兴致好、心情愉快的时刻。

☐ 邀舞时应选择对方精力充沛、暂时没有确定舞伴的时刻。

不可频繁邀请同一个人跳舞

频繁邀请同一个人跳舞是"非正常现象"。

频繁邀请同一位女性跳舞，如果对方有男士陪伴，你会有骚扰或勾引女性之嫌；如果你身份地位较高，被众多观众所熟识，频繁邀请同一个人跳舞是对其他人的冷落；如果你频繁邀请的人是陌生人，对方会对你产生戒备心理；如果你频繁邀请的对象是你的上司或长辈，对方会以为你在献媚、别有企图。

频繁与同一个人跳舞而把别人晾在一边，会显得你孤僻或高傲，不容易给别人留下良好的印象。

温馨提示：
- ☐ 应避免每次都邀请同一个舞伴跳舞。
- ☐ 不要频繁请有情侣陪伴的人跳舞。
- ☐ 不要频繁邀请独处的人跳舞。

邀请人跳舞要征求其同行者的许可

我们常常见到舞场观看者中有成双成对的观众，如果你邀请某个人跳舞而未征得其同伴的首肯，就是错误的。

如果你邀请一对恋人中的女性跳舞，未经男伴的同意就将其女伴邀走，是对男伴的侮辱和轻视；如果你邀请结伴而来的女性之一跳舞，不征求其同伴的首肯，就是对其他女性的蔑视。

温馨提示：
- ☐ 邀请别人跳舞时，应先征询对方舞伴的意见。
- ☐ 如果被邀者的舞伴不允许你与其伴跳舞，不应勉强。
- ☐ 征求邀请对象舞伴的意见时，无论对方是否允许，态度都应礼貌。

跳舞时要避免踩舞伴的脚

跳舞时踩舞伴的脚是常见现象，但跳一曲舞连续多次踩舞伴的脚，就令人难以接受了。

跳舞时总是踩舞伴的脚，会让你显得很紧张。总踩舞伴的脚，还容易让对方认为你存心找碴儿或者以此挑逗。在别人看来，你的动作会很滑稽，连带得你的舞伴也因为频繁被踩而失态。当这一曲结束后，相信不会有人主动邀请你跳舞，而你主动邀请别人跳舞，也十有八九没有人响应。

温馨提示：
- ☐ 如果自己情绪紧张或舞技不佳，应避免邀请别人共舞。
- ☐ 踩了舞伴的脚之后一定要马上诚恳道歉。
- ☐ 跳舞时应确保自己对舞步熟悉。

跳自己熟悉的舞

跳舞时如果舞种自己不熟悉，最好不要跳。

以交际为目的的舞会不是舞蹈培训班，没有人愿意做你拙劣舞技的观众。如果自己不会跳拉丁舞，却逞能与高手共舞，结果只会大出洋相，不仅令高手跳得不痛快，也让你跳得艰难而难看。跳自己不熟悉的舞是对舞伴和在场观众的不尊重，也会令你显得鲁莽、爱表现。此外，跳自己不熟悉的舞还可能踩到舞伴或撞到其他人。再者，如果因为你而降低了整场舞会的档次，你将会成为众矢之的。

温馨提示：
- ☐ 遇到有人请自己跳舞而自己不会跳时，应该婉拒而非勉强接受。
- ☐ 如果自己不会跳舞，不要主动请别人带你。
- ☐ 自己不会跳舞的时候，不要在舞池里独自旁若无人地模仿别人的脚步和动作。

拒绝邀请要说明具体理由

在舞会上，陌生人之间邀请与被邀请是再平常不过的。但如果拒绝受邀时只说声"抱歉"就不再理睬对方，未免太过冷漠。

如果对方几次邀请你你都拒绝，且只拒绝而不说任何理由，对方会觉得很不甘心；如果对方态度恳切，你拒绝而不说明理由，必然会让对方很不愉快。拒绝邀舞而只说声"抱歉"，就好像指责一个无辜的人犯错却不说明原因，会使人委屈而想不通。

温馨提示：

☐ 拒绝别人邀舞时，应礼貌地说明缘由——即使这个缘由是编造的。

☐ 拒绝邀请时，不要一言不发。

☐ 拒绝邀请时，表情和态度应从容大方。

不当"冰山美人"

参加舞会的时候，千万不要扮演不合群的"冰山美人"。

别人跳舞时，扮演一个面无表情、姿态僵硬的观众；别人邀请你跳舞时，扮演高傲的天鹅，以白眼回敬对方；与别人跳舞时扮演不苟言笑、不肯与舞伴对视的木头人；同伴与你说话时你爱答不理，别人向你问好时假装没看见、没听见……如果你在舞会上处处表现得冷漠、沉默，好像人人都亏欠你一样，不仅难以让别人忍受，恐怕你也会觉得自己很无趣。

温馨提示：

☐ 与别人跳舞时，应适当与对方交谈，表情应自然而愉悦。

☐ 观看别人跳舞时，不要不理会其他观众的问候和搭话。

☐ 参加舞会时，应避免独自一人长时间坐在角落里。

避免将口红沾在男舞伴衣领上

跳舞时将口红沾在男舞伴衣领上，难免被别人视为不成体统的表现。

将口红沾在男舞伴衣领上，首先，是不美观。把别人衣服弄脏了，显然是不礼貌的。其次，是不雅观。男舞伴可能会认为你有意表达暧昧之情，因而给你带来不必要的麻烦；别人可能会认为你们在跳舞时做了过于亲密的动作，因此才有如此"光荣印记"，这是对你自己和男舞伴形象的丑化。最后，将口红沾在男舞伴衣领上，对方再邀请其他女性跳舞时必定会遭遇反感，因为这样容易让别人觉得轻浮。

温馨提示：

☐ 跳舞时，应避免将头紧靠在男伴胸前。

☐ 跳舞时，应避免对男伴有耳鬓厮磨的动作。

☐ 跳舞时，姿态要大方、自然，避免给人以暧昧的感觉。

跳舞时切忌盯着别人喋喋不休

跳舞时盯着别人喋喋不休是很不受欢迎的。

与陌生舞伴跳舞时，盯着对方喋喋不休，即使脸皮再厚的人，也经不住如此热烈的目光和密不透风的唾沫"炸弹"；与长辈跳舞时，盯着对方喋喋不休，对方也许会被你折磨出急病；与人跳舞的同时，盯着舞伴之外的人喋喋不休，舞伴会认为你跳舞心不在焉，巴望着舞曲早点结束。

跳舞是高雅的社交活动，紧盯着别人看会让对方受窘，喋喋不休则会破坏共舞的美好氛围、破坏跳舞的心情、影响双方的形象。

温馨提示：

☐ 跳舞时，不要紧盯着舞伴。

☐ 跳舞时，不要频繁询问舞伴的私人情况。

☐ 跳舞时，不要与舞伴谈论无聊的话题。

跳舞时切忌详问舞伴个人情况

在舞会上遇到一个很有风度和魅力的舞伴时，有的人就按捺不住，挖空心思追问对方的个人情况。这样做是不对的。

详问长辈的个人情况，对方会认为你有意想利用他；详问漂亮女性或帅气男性的个人情况，对方会认为你想追求她或他。如果你是个很容易让人联想到古惑仔形象的人，被询问的舞伴心里一定会伴随着与你共舞的节奏不安地敲小鼓。

在舞会上初识舞伴就详问其个人情况，容易给别人造成负面的误解，还有侵犯隐私之嫌。没有人会觉得对他人的个人情况穷追不舍的人是懂礼貌之人。

温馨提示：

☐ 不要详细询问陌生舞伴的住址和姓名、年龄等私人情况。
☐ 不要询问舞伴是否有伴侣。
☐ 不要询问舞伴的个人爱好以及对你的看法。

跳舞时与舞伴保持适当的距离

跳舞时贴舞伴很紧很紧，绝对会引人侧目。但你不会赢得欣赏的目光，因为这是错误的行为。

跳舞时，男士紧紧抱住女舞伴，以致彼此能感受到对方呼吸的气息，如果彼此陌生，这是对女舞伴的侵犯；如果彼此相熟，这会令女舞伴感到不自然。同样，女士在跳舞时紧贴男舞伴，把头搭在男舞伴肩上或者把身体挂在男舞伴身上也是不礼貌的，同样是对男舞伴的骚扰和侵犯。

即使是恋人，在公共场合跳舞时也不应贴得太近。

温馨提示：

☐ 跳舞时，舞伴之间应该相距两拳左右的距离。
☐ 跳舞时，男士的手应轻放在女士的腰部。
☐ 跳舞时，舞伴之间应避免贴脸。

选舞伴要懂规矩

参加上司或者好朋友举办的舞会，只和主人打过招呼就找别人跳舞去了，直到整个舞会结束也没有邀请女主人跳过一次；自己带了舞伴前来，一进舞场就抛下舞伴与别人跳舞，整场舞会下来竟然没有和自己带来的舞伴跳一支舞；跳舞时，只邀请长得漂亮的人跳，对自己座位旁边的人却始终视而不见……

有以上表现的人，会给人以傲慢、势利、无知、自私的感觉，别人因此而拒绝你是丝毫不必惊讶的。舞蹈可不是上了舞场随便拽个人就能跳的，不懂规矩的话，会让人觉得你不懂礼貌。

温馨提示：

☐ 参加私人舞会，男士跳第一支舞时应选择自己的女伴。
☐ 男士的第二支舞应选择私人舞会的女主人作为舞伴，而后他应分别邀请自己座位两侧的女士跳舞。
☐ 如果男士希望再次与自己的女伴共舞，只能选择最后一支舞。

舞曲类型要有变化

舞曲选择得如何，关系到一场舞会能否成功。

从头到尾演奏慷慨激昂的快节奏舞曲，参加舞会的人不等舞会结束就会集体累倒；千篇一律地放节奏轻柔缓慢的摇篮曲、小夜曲，舞会尚未结束，参加者就会昏昏欲睡。举办舞会就必须营造出欢乐而有张有弛的气氛，而舞曲选择单一类型，则无法起到愉悦身心的作用，也难以使舞会充分发挥结识新知、促进交际的积极作用。

温馨提示：

☐ 在舞曲的选择上，应保证舒缓与节奏稍快的舞曲穿插演奏。

☐ 正式的舞会，舞曲应该选择现场演奏的形式。如果使用音响，应尽量避免出现卡带等意外。

☐ 舞会结束的标志通常是播放或演奏《友谊地久天长》（或《一路平安》）。

男士不可拒绝女士的邀舞

男士拒绝女士邀舞是错误的。

女士打破男士主动邀请的惯例主动邀请男士跳舞，这行为本身就说明女士已经鼓足了勇气，说明她对自己所邀请的男士很欣赏。如果男士拒绝她的邀舞，就是对她的伤害。在舞场上，男士尤其应该表现得绅士。拒绝女性邀舞是违反绅士礼仪的，会被其他女士甚至男士所蔑视。

温馨提示：

☐ 女士邀请男士跳舞前，应首先确定没有打扰到男士与别人交谈。

☐ 女士邀请男士跳舞时，应该态度恭敬而恳切。

☐ 男士如果的确不便跳舞，应耐心向女士解释，而女士应礼貌而有涵养地接受。

不可争抢舞伴

在舞会上争抢舞伴是令人很不愉快的事情，对于被邀请者和争抢者以及其他参加者，这都是不礼貌的表现。

自认为魅力十足，或者认为自己不能与邀请对象跳舞就没面子，很多人出于这样的心理与别人争抢舞伴，甚至有人还将其视为英勇之举。殊不知，这样做既给邀请对象留下了蛮横、霸道的糟糕印象，也给其他舞会参加者留下了不好的第一印象。如果你因为争抢舞伴而对自己的对手动粗，更可能导致你整场舞会都请不到一个舞伴。

舞会本是促进人际交往的场合，参加舞会而挑起纷争，这必然是对舞会礼仪的破坏。

温馨提示：

☐ 邀请某人跳舞前，应观察一下对方的情况，确保没有别人正在邀请对方。

☐ 如果准备邀请的舞伴刚刚拒绝一位邀请者，自己不应鲁莽上前邀请。

☐ 如果自己邀请对方的同时有其他人前来相邀，自己应保持礼貌和风度，避免对另一个邀请者出言不逊。

跳舞结束后不可径自返回

殷勤邀请到一位舞伴，愉快共舞之后，音乐一结束，就马上若无其事地走开，你的舞伴必然会觉得有些失落；应邀参加朋友的生日舞会，整场舞会结束后，你不声不响地按时离开，朋友一定会觉得自己在你眼中只是个素不相识的舞厅负责人。无论是某一支舞曲结束还是整场舞会结束，跳舞结束后径自返回都会让人产生误解，认为你对舞蹈的兴趣远远大过对人际关系的兴趣，认为你冷漠或者孤僻、戒备心强。

就好比路上看到熟人不打招呼，跳舞结束后径自返回，毋庸置疑是不礼貌的行为。

温馨提示：

☐ 一支舞曲结束后，应与自己的舞伴稍事寒暄。

☐ 如果跳的是最后一支舞曲，男士应礼貌地询问女士是否需要送她返回。

☐ 整场舞会结束后，参加者应礼貌地与主人告别。

共舞时不可在舞场中横冲直撞

在舞场中跳舞时，多半不是独舞而是很多对舞伴一起跳舞。在众人共舞的场合，如果你和舞伴在人群中横冲直撞，必然会引起其他人的不快。

在舞场中横冲直撞，容易妨碍其他舞者的脚步，甚至将人撞倒或撞伤；在舞场中横冲直撞，会破坏群舞的和谐，破坏群舞所给人的视觉上的美感。如果是两个集体举行舞蹈比赛，你和舞伴毫无章法地横冲直撞，你所在的集体必然输掉。

共舞时在舞场中乱撞显得不懂舞蹈规矩，自私、爱出风头显然是不礼貌的。

温馨提示：

☐ 共舞时，应与其他人保持同样的速度。

☐ 共舞时，要注意其他人的位置，及时避让。

☐ 共舞时，应与大家一起按照顺时针或一定方向有规律地旋转。

做观众时要注意自己的形象

不要以为不在舞池中、不和别人跳舞就可以得意忘形、不拘小节。作为观众，你不能忽视自己的形象。

在角落里无精打采地缩着，别人会认为你受了什么伤害，你的表现会使现场的愉快气氛受到干扰。在座位上歪歪斜斜地坐着，别人会觉得你吊儿郎当，如果你是女性，想必想和你跳舞的绅士们都会打消念头。在观众席上对舞池中的人们进行各种评价，别人会觉得你缺乏教养。

温馨提示：

☐ 作为观众观看别人跳舞时，应注意自己的站姿或坐姿。

☐ 观看别人跳舞时，不要做搔头、晃腿等不雅的动作。

☐ 观看别人跳舞时，不要妄加评论、口出狂言或脏话。

邀舞时应谦虚有礼

有的人觉得自己仪表堂堂，邀请别人跳舞时就摆出唯我独尊的姿态；有的人觉得自己地位非同一般，请别人跳舞时就显得倨傲非常；有的人觉得自己名声显赫，请别人跳舞时就盛气凌人。这样做是错误的。

请别人跳舞时，你所处的位置是"请求别人"，而不是"被请求"。如果不表现得低姿态一点，再善良和气的人都会对你不屑一顾。盛气凌人地邀请别人，会给人以压迫感、威胁感，让人觉得自己受到了侮辱。

温馨提示：

☐ 邀舞通常的规则是男士主动邀请女士。邀舞时，男士应礼貌地面对被邀的女士微微鞠躬，同时说"你好，可以请你跳支舞吗"之类的话。
- □ 邀舞时不应表情生硬、声音含糊不清，应避免粗俗或拘谨。
- □ 邀舞时如果遭到拒绝，应保持礼貌、有风度地离开。

跳舞时不可只看脚步

可能是舞技不够纯熟，或者是有点害羞，我们在舞会上常常会见到跳舞时一直低头看脚的人。这样的姿态是错误的。

跳舞时只看脚步，你与舞伴就难以顺畅地交流。舞伴本想一边跳舞一边与你寒暄几句，看到你低头专注看脚的样子，相信他／她不会再有和你说话的欲望。低头看脚步，你的形象便会大打折扣。观众会为你差强人意的舞姿感到莫名其妙，你的舞伴也许会认为你对他／她有戒备或厌恶心理。

温馨提示：
- □ 跳舞时，应将头自然地昂起。
- □ 跳舞时，如果自己舞步不太熟练，可事先学习、模仿。
- □ 跳舞时，不要把全部精力放在脚步是否正确上。

跳舞时动作要协调

跳舞如果动作太夸张，不会受人欢迎。

跳优雅的探戈或节奏舒缓的华尔兹时，昂头抬腿的动作过于夸张，就容易变成滑稽表演，成为打架演习或木偶剧，只会给观众以不愉快的感觉。跳舞动作太夸张，你的舞伴就无法与你很合拍地默契合作，共舞就容易出错。跳舞时动作太夸张，你就会失去舞蹈者应有的高贵风度和美好气质，

破坏整场舞会的和谐气氛。

温馨提示：
- □ 跳舞时，动作应力求标准、优美，姿态优雅。
- □ 跳舞时，应避免表情夸张。
- □ 跳舞时，应适当控制自己的情绪，避免因过度兴奋而失态。

不可在舞场中穿行找人

在舞场中穿行找人显然是不合适的。

当别人跳快节奏、满场飞式的交谊舞时，你穿行在对对舞者当中，既影响舞场的整体、和谐的美感，又打扰别人跳舞的心情，还容易撞到翩翩起舞的人们。

温馨提示：
- □ 在舞场找人时，最好选择舞曲尚未开始的时候。
- □ 必须进入舞池找人时，应避免与正在跳舞的人碰撞，并应随口说"打扰""对不起"。
- □ 在舞场中找人时，应避免在音乐声中大叫寻找对象的名字。

拒绝别人送行时不可态度粗暴

舞会结束后，尤其是晚上举行的舞会结束后，通常会有很多男性殷勤地提出做某些年轻女性的"护花使者"。如果女性拒绝别人送行时态度粗暴，不仅令人失望，更会令人反感。

如果提出送你回家的人"醉翁之意不在酒"，态度粗暴地拒绝难以表明你自尊自爱的立场和不卑不亢的态度。如果主动要为你送行的人出于单纯的好意，粗暴拒绝就成为对他的误解和伤害。

温馨提示：

☐ 拒绝别人送行时，可以用"我住得不远""已经有人送我"等理由委婉拒绝。

☐ 如果要求送行者纠缠不休，可以找认识的人暂时抵挡，但仍需礼貌应对。

☐ 拒绝时态度应明确，避免给对方留下仍有机会的印象。

第二十六章　寿礼与葬礼礼仪

做寿要遵循年龄规定

做寿，俗语称"做生日"。做寿的年龄有一定的规定，人届 30 岁诞日，称做生，但不称做寿。中国民间有俗语：30 不做，40 不发。40 不做的原因是民间方言认为"40"的谐音为"死日"。50 岁开始，凡岁数逢 10 的生日，才称做寿。60 岁、70 岁、80 岁以上老人的寿辰，称"做大寿"。有的地方有"做九不做十"的习惯，即 60 大寿在 59 岁做，是为避"十全为满，满则招损"之讳。

一般做寿，各年纪有不同称呼，50 岁称暖寿、半百添寿；60 岁称小寿、花甲寿；70 岁称中寿；80 岁称上寿、大寿；90 岁称绛老添寿；100 岁称期颐。

<u>温馨提示：</u>

☐ 给人祝寿时，要根据不同的年龄正确地称谓，以避免忌讳。

赠送寿礼要轻重得宜

前往祝寿的亲友以礼盒、酒或红包等贺礼来祝寿。寿礼中通常有寿烛、寿桃和长寿面。寿烛为红色，上书"福如东海，寿比南山"金字或松鹤图，祝寿时点燃。有的在寿烛上置金色"寿"字。

赠送寿礼要考虑对方的身份地位，送礼一定要恰当。如果你送的是大礼，有炫耀自己与寿星的关系的嫌疑；如果你送的是很"薄"的礼物，就会有贬损寿星的嫌疑。无论你和主人关系如何，你的礼物档次如何，高调随身携带寿礼都显得过于张扬。如果无法让自己显得自然大方，那么你的"礼貌"做法肯定是出了问题的。

祝寿时，不要随身携带寿礼。

<u>温馨提示：</u>

☐ 祝寿前，应将寿礼提前送到主人府上，放在指定位置。
☐ 送交寿礼时，态度应谦恭而低调。
☐ 送寿礼时应避免与其他人相互攀比。

赠送寿联要符合对方情况

为人祝寿，送上一副寿联，既表达赠送者的祝寿心愿，同时也对寿星的生平业绩有所称颂，可谓是一种比较高雅的祝寿礼品。

寿联多为五字或七字，也有达数十字或数百字的。寿联的内容，以切事、脱俗、工整而有韵味为上乘。所以撰拟寿联，必须认清对象，立定主旨，选用恰当的词句，注以流畅的气势。对人则恰如其分，对事对物则描摹生动，不务虚华，使人看了即了解其意义，引起共鸣。

赠寿联要考虑对方的性别、年龄、诞辰季节（月份）、社会地位及职业特点、与自己的关系等。

温馨提示：

☐ 寿联的内容要切合当事人的生平事迹，不可胡乱编造。

☐ 写寿联还要考虑对方的性别、年龄和社会地位等因素。

寿筵的规模要根据年龄而定

寿筵前要向亲朋好友发请帖。祝寿礼仪隆重者，家中设寿堂，燃寿烛，结寿彩，寿星着新衣，坐中堂，接受亲友、晚辈的祝贺和叩拜。

做寿的寿筵，一般是寿龄越大越丰盛，礼仪也是寿龄越大越隆重，50为做寿，60称甲子诞，70设古稀宴，80摆大寿酒。

早晨寿面，中午酒筵，也有的中午吃寿面，晚上亲友聚宴。宴散，向四邻亲朋分送礼物。

温馨提示：

☐ 邀请亲朋好友参加寿筵要提前发送请帖。

☐ 寿筵的规模要根据寿龄的大小而有所区别。

饮寿酒、吃寿面要注意规矩

酒与"久"谐音，久与"长"同义，以酒祝寿，意祝长寿。在饮寿酒时，则必先敬寿星，而后宾客共饮。

在寿宴的菜肴中，寿面是不可或缺的，寿面象征长寿。吃长寿面时，要将寿面拉高抽长，表示寿星将会福寿绵长，忌讳从中间咬断。

温馨提示：

☐ 饮寿酒前，要先敬寿星，然后宾客共饮。

☐ 吃寿面时要一根面吃到底，不可从中间咬断。

对患绝症的亲友要多陪伴

或许你无法接受深爱的人得绝症这个事实。他（她）或许看起来还不错，日常生活也能够自理，但实际上他（她）在世的日子已经有限了。

你应该尽可能多地陪伴绝症患者，即使这对你来说并不容易。死亡总是很容易让你感伤，感觉到悲痛如此地迫近。当你在乎的人生病时，尽最大的可能去陪伴他（她）。不要本能地去推脱，他（她）从来没有像现在一样需要你的关爱、支持和帮助。给她（他）爱、支持和帮助是你需要做的事。

温馨提示：

☐ 对于患了绝症的亲友，你唯一能做的就是尽可能地多陪伴他（她），给他（她）支持和关爱。

☐ 如果有必要的话，对于亲友的绝症，最好不要急于告诉他（她）本人。

对死讯谨慎询问

当有人去世时，你需要一些亲朋好友帮忙传递死讯。不要让别人在超市里听到其他人议论时才知道自己关心的人已经去世了。这是非常糟糕的行为。

当听到某人去世的消息时，马上致电对方家属表达自己的慰问之情，询问对方是否需要一些帮助。亲人刚刚去世时，家属可能还不知道应该做些什么，他们肯定会感激你提供的帮助的。

当孩子失去父母时，或者父母失去孩子，这种情形或许更为糟糕，情况总是很困难。你不仅需要联系孩子或者父母，还需要对他们的伴侣或者兄弟姐妹表示慰问和同情。

如果去世者是意外身亡，询问死因是不礼貌的。你可以从讣告上获悉死因的暗示，比如家属希望人们向医院、慈善机构或者健康相关的福利机构捐赠。

温馨提示：

□ 当亲朋好友有家属去世时，要及时致以问候，并提供帮助。

□ 如果死者是意外身亡，切忌向其家属询问详细死因。

以守丧的方式悼念至亲好友

在传统习俗中，悲恸的人们会以守丧的形式与死者告别。这种形式能够很好地安慰家属，尤其使用玻璃棺材时。家属有可能会选择举行遗体告别仪式。仪式上，亲朋好友不仅可以对死者表示尊重和悼念，还能够表达对生者的慰问。

温馨提示：

□ 如果你与死者的关系非同一般，可以亲自前往为死者守丧，以表示尊重和悼念。

告别遗体时避免带小孩

如果守丧时采用透明的棺材，那么遗体是可见的，但是你可以决定是否需要靠近遗体。有一些人，特别是小孩子，靠近遗体可能觉得很害怕。不要强迫他人靠近遗体。不管你是否愿意靠近棺材，既然已经参加守丧，就应该对死者的家属表示同情和慰问。

温馨提示：

□ 西方社会认为黑色是悼念的颜色，而东方人则认为白色代表死亡。如果你要参加东方葬礼，选择白色或者浅色的衣服，不要选择黑色或者深色的。

葬礼的花费要尽量节俭

有很多人通过他人死亡谋生，殡葬服务并不是免费的。这个现实或许比较难以令人接受。当心爱的人去世时，你也不能期待能够免费享用一切。费用同殡葬规模相关，少则几千元，多则上万元。下面是一些需要预计在内的费用：

准备遗体。

棺材。

租借殡仪馆举行仪式，包括灵车。

家庭成员车队服务。

通常，悲痛的人们无法妥善地处理殡葬费用和安排整个葬礼，因此最好请值得信任的朋友帮助处理。

温馨提示：

□ 葬礼可丰可俭，这取决于你的经济承受能力。不过，最好不要把葬礼举行得过于奢华，要适可而止。

□ 如果当事人过于悲痛，可以请值得信任的朋友代理葬礼。

及时向亲朋好友通知死讯

通知死讯可以按照以下程序进行：

首先列出所有亲朋好友的名单，然后以自己的名义打电话通知，还可以在报纸上刊登死讯。在报纸上刊登讣告的意图并不是告诉所有人某人去世的消息。

温馨提示：

☐ 如果有亲属去世，要及时以各种方式向所有亲朋好友通知死讯。

为去世的亲友刊登讣告

在报纸上登讣告看起来有点类似于广告。事实上，家属需要支付费用才可以刊登讣告，如同刊登广告。殡仪馆也会付费发布讣告，因此有时候你会看到关于同一个人的不同讣告。殡仪馆的讣告通常包含遗体告别仪式、葬礼和悼念者吊唁方面的信息。死亡讣告可以包含也可以不包含死者的照片。

当具有报道价值的人去世后，报纸会报道有关信息，这类文章一般称为讣告，通常包含一些死者的生平事迹和葬礼的安排等。葬礼相关信息通常位于讣告的末尾。是否需要发布讣告完全取决于报社的决定。当地报纸一般都会刊登讣告的。

温馨提示：

☐ 去世的亲属生前在社会上有一定的影响力，你可以在报纸上刊登讣告，以向更多的人告知死讯。

对死者的家属表达慰问

可以通过电话和卡片来表达对死者家属的悼念之情。当得到某人死讯时，应该立即致电死者家属，然后马上寄慰问卡片。如果你想购买事先打印好的卡片，不要仅仅在上面签名，

写上一些安慰的话语，即使只是简单地写上："对此我深表遗憾。"

除了慰问卡片，还有很多安慰的方式，比如可以提供一些帮助，使得家属的生活能够相对容易些；可以帮忙购物、整理房间，这样家属可以安排葬礼后的招待；或者不时地冲上一杯咖啡。

温馨提示：

☐ 悲痛的家属也必须感谢收到的每一张悼念卡片。爱人离去后的一时间内，你还是需要写感谢信寄给赠送悼念卡片的每一位朋友。

葬礼主持人要保持严肃、庄重

葬礼主持人要精心写好追悼词。追悼词的内容主要包括：写明自己怀着何种心情悼念死者；介绍死者身份、职务、逝世原因、时间、地点及其享年；追述死者主要生平业绩，做出合理评价；表达对死者的惋惜心情，激励生者。悼词一般不提死者的缺点和错误。

葬礼主持人要表情严肃、心情沉重，语速缓慢、低沉，说话有力但不张扬。衣着要庄重，穿黑色西装，夏天可穿白色衬衫。

葬礼主持人讲话要有分寸，来宾身份不同，在讲话时不能混淆来宾，在称呼上要慎之又慎。

温馨提示：

☐ 葬礼主持人不比其他主持人，在追悼会上要庄重，要让真情自然流露，要营造一种哀悼亲人或朋友的肃穆气氛，不能虚情假意，装腔作势。因为那不但是对死者的不敬，也会引起其他宾客的反感、谴责。

☐ 在葬礼中，由于死者去世，亲人或

好友因为悲伤过度可能出现一些意外情况，对此，主持人也要早有准备，及时处理，防止对葬礼产生较大影响。

参加葬礼不可穿鲜艳衣服

葬礼是极其严肃的场合，如果身穿鲜艳衣服参加葬礼，不仅与葬礼气氛不相融合，而且还会引起公愤。

穿着鲜艳衣服出席葬礼，无疑是将别人的葬礼变成了自己的服装秀。如果你身份显赫或者与死者生前交情不错，这么做就有幸灾乐祸之嫌。穿鲜艳衣服参加葬礼，是同时向死者及其亲人以及所有参加葬礼的其他宾客表示蔑视，别人会认为你居心不良。

温馨提示：

☐ 参加葬礼时，一定要避免穿大红大绿的颜色鲜艳的服装。

☐ 参加葬礼时，女性应避免穿着暴露。

☐ 参加葬礼时，女性应避免化妆。

☐ 参加葬礼时，应避免穿款式怪异的服装。

参加葬礼不可佩戴耀眼首饰

有的人参加葬礼穿的衣服符合标准、很素，但却佩戴了耀眼的首饰。这是不能提倡的。

在葬礼这种场合，一切都应以素为上。戴着全套参加晚会才适合的闪光的钻石首饰，别人会以为你走错了地方；戴着彩色精致首饰，别人会觉得你心情愉快；戴着造型夸张的首饰，别人会认为你不是真心来悼念死者，反而更像来这里结识新朋友的。总之，不论是死者的亲属，还是与死者关系不太亲密的人，参加葬礼戴首饰，都是不适合的。

温馨提示：

☐ 参加葬礼时，应避免戴颜色鲜艳或耀眼的首饰。

☐ 参加葬礼时，应避免戴形态怪异的首饰。

☐ 参加葬礼时，女性最好不要戴首饰。

参加葬礼要注意神情举止

在葬礼上，每个细小的动作和神态都不能随随便便。

在葬礼上面露微笑，神采飞扬，你这是追悼死者还是庆幸死者去世？在葬礼上脚步匆匆，风风火火，你这是在赶场还是活力过剩呢？在葬礼上谈笑风生，不时呼朋唤友，你以为这是参加鸡尾酒会吗？

在葬礼上不注意神情举止，容易引起别人的怀疑，给别人留下无情无义的印象。如果你是死者生前的朋友，不注意一举一动会让死者的亲人失望；如果你与死者生前有过节儿，不注意动作、表情会让死者的亲人感到寒心。

温馨提示：

☐ 参加葬礼时，应表现出沉痛哀悼的表情。

☐ 在葬礼上，行动不要夸张，应缓步行走、轻声说话。

☐ 在葬礼上，应避免挤眉弄眼、发笑、高声喧哗等。

☐ 在葬礼上，不应该随便拿走礼品或有用的东西。

参加葬礼时不宜号啕大哭

参加葬礼时虽应该向死者致哀，但是号啕大哭不见得受人欢迎。

在葬礼上旁若无人地号啕大哭，

首先必然会加重死者亲人的痛苦；其次，会使葬礼的秩序受到干扰；最后，可能会破坏禁忌。

在葬礼上号啕大哭不利于你的形象。如果你与死者并无很深的交情，这样做会显得做作、虚伪；如果你干号不掉泪，简直是对死者及其亲人的欺骗和敷衍。

痛哭并将泪水洒在死者的身上，更是不应该的。

温馨提示：

□ 参加葬礼时，不应扑到死者身上大哭。

□ 参加葬礼，哭泣时不应刻意夸张。在相对平静、肃穆的氛围中送别死者会更显得庄重、充满追思之情。

□ 在不提倡大哭的少数民族朋友的葬礼上，应避免大哭，否则会触犯少数民族的礼仪禁忌，有可能招来责骂。

在葬礼上避免注视死者的亲人

在葬礼上，不要注视已经承受着巨大压力的死者亲人。

在葬礼上注视死者的亲人，首先，会使你的形象恶劣，显得失态。而在他人看来，这是幸灾乐祸和不怀好意的表现。其次，参加葬礼时注视死者亲人，会给对方带来巨大心理压力。

无论是同情还是好奇，都会让对方感到尴尬和压抑。即使是平时，面对陌生人或熟人，长时间盯着对方看也会导致对方的反感和戒备心理，更何况本就承受了痛苦的死者亲人呢？

因此，参加葬礼时，应避免上述举动。

温馨提示：

□ 参加葬礼时，不要对死者的亲人表示过度的同情。

□ 在葬礼上，不要对死者的亲人投去过多的目光。

□ 在葬礼上，应避免对死者的亲人过多提起死者生前的事情。

□ 在葬礼上，对死者的亲人不应该有不耐烦的表情。

第二十七章　孩子养育礼仪

通知怀孕的消息宜缓

怀孕或者分娩虽然是最为常见的事情之一，但是并不意味着同别人分享怀孕的细节或体重增加的情况是合适的。只有注意这个细节，你才能够成为一个遵守礼仪的孕妇。同时你还应该知道在街上遇到孕妇时，什么样的行为才是有礼貌的。

当你知道自己怀孕时，或许会开心地想跑到顶楼上大喊大叫。这种兴奋之情是可以理解的，但是请不要很快地公布这个消息。其实这和礼仪并没有关系，这是因为妇女在怀孕10周或12周之前很容易流产，如果还没有达到这个时间，为了避免在公布怀孕的消息之后公布流产的消息，请等到怀孕满12周后再和大家分享喜悦之情。

<u>温馨提示：</u>

☐ 向亲朋好友通告怀孕的消息最好选择在怀孕12周后，因为此时胎儿已基本稳定，流产的概率很小。

与合适的对象交谈怀孕的细节

在同别人分享怀孕的细节之前，应该先想想如果别人告诉你卧室中的事情，你会有什么样的感受？想必这会让人们感到非常地不舒服。所以如果过多地同别人分享你怀上孩子的细节，也会让他们难堪。

但如果你正在给一些有类似情况的夫妇提供建议，讨论这些话题也是可以的。因为一般的朋友也许接受不了，但是有相关问题的就可能对此比较习惯，或许他们还可以从你成功怀孕的经验中受益。

<u>温馨提示：</u>

☐ 当用家用试纸测试发现怀孕时，你可能想把这个结果保存在日记中。这个想法是很好的，但是放在日记中并不合适。其实你可以将怀孕测试结果拍下来，保存在相册中。

妥善处理怀孕中的呕吐问题

晨呕是女性怀孕的特征表现之一。如果你曾经怀孕，或者和孕妇交谈过，就会发现发生晨呕的情况非常普遍。事实上,只说晨呕是不恰当的,因为有些孕妇一整天都会表现出恶心、难受。大部分医生会告诉你晨呕只是怀孕后前3个月的反应,接下去的几个月,晨呕和恶心的现象就会消失了。

在怀孕的时候,你可能会感觉非常不舒服,恶心和呕吐几乎压垮了你,但无论情况有多么严重,这些细节都不应该同朋友、同事分享。每个人都知道孕妇会呕吐,但是没有人想了解其中的具体细节。除非你在他人面前呕吐,否则尽量不要跟他们提到晨呕。如果发生那样的状况,你应该快速并有礼貌地道歉,马上去洗手间。

如果晨呕仅仅发生在早上,处理起来并不困难。但是如果一天当中都会发生,你经常需要说对不起,那么就应该提前为这种尴尬做好准备。你可以告诉领导、同事以及日常生活中需要打交道的所有人,因为怀孕的关系,自身经常会感觉不舒服,你其实并不是有意要在电话会议或者晨会时去洗手间。希望你这样真诚的告知,可以使得人们理解你暂时的苦恼。

温馨提示:

☐ 如果你的朋友因为怀孕经常呕吐,你要尽可能对她有耐心,不要指责她们去洗手间的次数太多或是所花的时间过长。她们要不断面对呕吐其实已经够烦恼了。

合理解决穿着问题

在怀孕过程中,除腹部会变大外,脚也会肿大。事先应该准备一双宽松的鞋子在怀孕的时候穿,这样就不用经常抱怨鞋子不合脚了。拖鞋、运动鞋或是靴子都是不错的选择。

如果要穿的鞋子不适合工作场合,你应该提前向上司和同事解释原因。礼貌地解决穿着问题,总比因为脚疼而使自己脾气变坏要好。

温馨提示:

☐ 怀孕的过程中,身体会发生一系列的变化,对此,你要做好心理准备。

☐ 如果你因怀孕双脚肿大,需要穿着与工作场合不相宜的鞋子,应请求上司和同事的谅解。

对怀孕者体重的大幅增加不可笑话

体重增加是怀孕过程中另一个非常正常的现象。为了养育孩子你不得不增加体重,但有些人并不能理解为什么怀孕会增加11千克的体重,所以不要同别人分享这些细节。

温馨提示:

☐ 虽然我们不能避免怀孕带来的生理反应,但是不要忽略一些需要重视的异常疼痛。当你发现有不正常的状况时,比如严重的腹部疼痛、发热、手和脸部的肿胀,应该立即去看医生。

☐ 如果朋友告诉你她在怀孕时体重增加了很多,不要表现得很惊奇或者很夸张。你的朋友希望你微笑着肯定地告诉她:生完孩子后你一定可以减掉这些体重的。

与他人分享胎动的喜悦要慎重

孕妇在怀孕之后都会感觉到胎动。你肯定希望亲朋好友能触摸你的腹部和你一起感受胎动。如果他们对触摸别人的腹部并不反感的话,那是一件非常美妙的事情,但并不是每个人都喜欢这么做。千万不要强行抓过朋友的手直接放在自己的腹部上，要事先询问对方是否想感受胎动，然后尊重对方的决定。

同样地，如果你遇到一名孕妇，不管与她是否熟悉，都不要理所当然地认为她愿意你接触她的身体或是把手放到她的腹部上。因为并不是每一位孕妇都喜欢别人把手放到她的腹部上的，所以在触摸孕妇腹部之前，也要获得她的同意。

温馨提示：

☐ 如果你是孕妇，不要以为所有人都希望感受你的胎动，要选择合适的人与之分享胎动给你带来的惊喜。

☐ 如果你想感受一下胎动，在触摸孕妇的腹部之前，先征求她的同意。

与朋友交流怀孕带来的身体变化

体重增加、双脚肿胀和频繁的胎动并不是怀孕后要面临的所有问题，你还会经历各种各样由于怀孕带来的周身不适。胎儿的生长会引起你臀部和腿部的疼痛；哺乳会导致胸部柔软以及背部疼痛。

你可以向曾经怀孕的朋友倾诉怀孕带来的不适，寻求一些帮助。如果通过锻炼或咨询都不能找到缓解不适的方法，那只能自己忍受这些痛苦了。

温馨提示：

☐ 如果你怀孕时感到周身不适，可以向曾经怀孕的朋友交流感受，以缓解压力，但不要向未曾怀孕的人倾诉，她们或许对此并不感兴趣。

不要给准妈妈讲生孩子时的痛苦过程

第一次经历生产的女性通常会对生产感到恐惧，即使是第二次或者第三次生产的女性，也可能对预产期的到来感到惊慌。如果你已经生过孩子，有临产的朋友向你询问这方面的问题时，尽可能提供一些建设性的意见，而不要给准妈妈讲生孩子时的痛苦过程。这并不是说你需要美化生产的过程，而是说你的朋友需要的只是意见和技巧，这样她才可以准备得更加充分。所以，即使你在生孩子的时候有筋疲力尽的感觉也不用告诉她，她并不需要知道这些。

温馨提示：

☐ 如果你是一名孕妇，当身边的朋友开始讲述生孩子遇到的痛苦时，要告诉她们讲这些经历并不合适。在孩子出生之前，尽量避免和喜欢分享恐怖经历的朋友碰面。

为新生儿的庆祝会做好准备

给准妈妈举行新生儿庆祝会是一件非常好的事情。你可以以孕妇朋友或者家人的身份为她庆祝，但不要在工作场所举行这样的聚会，当然这并不是说不能和同事一起举行这样的聚会。尽量将聚会安排在业余时间，不要占用工作时间。

你可以把新生儿庆祝会当作给准妈妈的惊喜，也可以提前告诉准妈妈你的安排，这两种都是不错的选择。但是必须事先通知宾客，以便她们决定是否前来。

如果你决定将这次聚会当作一个惊喜，那么可以先安排几个能够在聚会那天一直和准妈妈在一起的朋友，确保她们能够准时地将准妈妈带到聚会中。提前安排好那一天准妈妈的娱乐活动，比如早晨可以去泡温泉，然后找个借口让她到聚会所在的饭店。比如找个重要的节日外出就餐就是一个不错的理由。

在孩子出生前，母亲总是受关注的焦点。孩子出生以后，可以为准父母安排第二次婴儿聚会，这样孩子的父亲也可以融入其中。通常朋友们会为新父亲准备一些适宜的礼物。可以按照男人的方式为他安排庆祝会。

温馨提示：

☐ 第一次为人父母总是需要在家里准备一些儿童用品，其中有一些非常昂贵。那么朋友们可以一起赠送这样的用具作为聚会的礼物，比如推车、婴儿椅或者婴儿床。购买礼物之前先询问一下准父母是否已经有这样的物品了。没有人希望收到两个相同的大件礼物，大件礼物退换通常很麻烦。

在庆祝会上给准妈妈一个惊喜

当你收到新生儿庆祝会的邀请函时，首先马上确认邀请回复的截止期和自己的日程安排，然后告诉主人是否能够参加聚会。

如果邀请函中没有说明聚会是否要给准父母一个惊喜，应该立即致电聚会组织者确定一下。再也没有比破坏惊喜气氛更糟的事情了。确认之后，选择最适宜的时间到达聚会地点。

如果庆祝会是一个惊喜，要根据确定的时间提前或者准时到达。如果迟到了，就要避免和准妈妈同时出现。拎着礼物和准妈妈同时出现会将惊喜的气氛一扫而光。你可以选择合适的停车位以便可以看到准妈妈到达，然后选择时机出现在庆祝会上，或者你也可以直接晚点过去。

温馨提示：

☐ 收到朋友新生儿庆祝会的邀请函时，要及时回复主人自己是否参加。
☐ 参加新生儿庆祝会时，别忘了给准父母一个惊喜。

给孩子和母亲选择合适的礼物

如果准妈妈在邀请函上提供了挑选物品的商店名字，那么选购礼物就非常方便了。你可以选择礼物单上他人还未准备的物品。礼物单上的物品通常是准父母需要的，因此你可以放心购买。如果你发现礼物单上已经没有你想要赠送的价位的礼物了，那么衣服、毛毯和尿布都是一些不错的选择。卡片也是比较实惠的礼物，准父母可以使用这些卡片写感谢信。

如果你希望在庆祝会上打开这些礼物，那么需要提前练习自己的脸部表情。这样才可以在打开一个不喜欢或者认为不合适的礼物时不会露出沮丧的表情。在众人面前打开礼物时，必须一直保持微笑和优雅。

最后，请朋友在你打开礼物的时候记录赠送礼物的宾客和所赠送的礼物，方便日后写感谢信。

温馨提示：

☐ 在庆祝会上打开客人赠送的礼物时，要始终保持微笑，即使对礼物不满意，也不可露出沮丧的表情。

对庆祝会的礼物表示感谢

朋友们特意为你举办了新生儿庆祝会，并慷慨地赠送礼物，你应该对她们的祝福和慷慨表示感谢。

除非你在庆祝会后马上分娩了，否则必须在第一时间寄出感谢信。你可

以用统一的模板写感谢信,具体参照如下:

首先在感谢信上写上礼物赠送者的名字。

感谢他(她)赠送的礼物。

简短地说明这件礼物对你来说是多么有意义或者在孩子出生后你将如何使用这件礼物。

再一次感谢,或者写上"我们会告知您孩子的出生日期"之类的话。

签名。

温馨提示:

☐ 庆祝会结束后,要及时向赠送礼物的朋友们表示感谢。

不可取笑别人家孩子的名字

给孩子取名字是一件很重要的事情。要选择父母双方都觉得好听的名字,还要有一定的意义。当然,只有你和另一半才有权利决定你们孩子的名字,这也是一种责任。

有些人总是喜欢批评别人为孩子取的名字,因此在孩子出生前不要急于告诉他人自己所考虑的孩子的名字。如果你实在忍不住想要和他们分享,那么要做好充分的心理准备,并不是所有人都会给你期待中的反应。

当你听到一个自己并不喜欢的名字时,仍要尽可能地保持礼貌。取笑别人的名字是非常粗鲁的行为。如果对方没有询问你,就不要提供一些自己喜欢的名字作为参考。然而,如果你听到一个不是十分明白的名字,或者不知道怎么写,又或者不知道父母取这个名字的灵感来自哪里时,可以礼貌地询问。

温馨提示:

☐ 不要随便批评别人为孩子取的名字,即使你不喜欢,或者感觉很怪异,也要尽可能保持礼貌。

不可随便与他人谈起分娩经历

孩子出生后,你最好只同姐妹、母亲或者心理助产班的朋友分享怀孕和分娩的经历。亲朋好友也许对羊水破裂、外阴切开术,或者一些听起来容易让人起鸡皮疙瘩的事情并不感兴趣。同一些真正感兴趣的人分享这些经历,并且事先咨询对方的意愿。如果你非常渴望表达这些细节,也可以写在日记里。

温馨提示:

☐ 不要随便同他人谈起分娩的过程,别人或许对此毫无兴趣,甚至反感。

☐ 如果你很想表达自己分娩过程中的感受,可以将之记录在自己的私人日记中。

拜访新妈妈要选择恰当的时间

当你得知朋友生了孩子时,可能会本能地冲向医院看望妈妈和婴儿。这是非常好的行为,但并不是最礼貌的。刚分娩的母亲已经筋疲力尽,她可能想单独和孩子一起休息片刻;或者她正在试着给孩子哺乳,但是并不习惯在他人面前进行。在你带着水果篮驱车前往医院之前,应该先打个电话询问孩子的父母现在是否方便接受拜访。得到他们的许可后,再前往医院看望。如果现在并不是最佳时机,就要尊重孩子父母的意见,等他们从医院返回家中后再去拜访。

温馨提示:

☐ 拜访刚生完孩子的朋友要注意选择时机,不可鲁莽行事,最好在拜访前先征求对方的同意。

拜访新妈妈不可逗留太久

现在的准妈妈在医院待的时间越来越短了。在孩子出生后的24小时内，你或许已经开始收拾尿布包准备回家了。当你回到家时，亲人朋友肯定会对你表示问候和祝贺。如果你不想接待访客，只要提前告诉他们，大家都能够理解。孩子出生后，你可能已经累垮了，大家会尊重你想要在家中休养一段时间的愿望。

心急的朋友们总是急切地想看看孩子。在拜访之前，先给孩子父母打个电话确认现在是否适合拜访，以免碰到妈妈在哺乳、孩子在洗澡或者休息等情况。提前确认，然后根据情况安排拜访计划。可口的饭菜和礼品篮都是给新妈妈的好礼物。

拜访新父母时，不要逗留过久。将礼物交给孩子的父母后，陪孩子玩一会儿就可以离开了。新妈妈会感激你的良苦用心的。

温馨提示：

□ 分娩回家后，如果你暂时不想接待访客，可以预先告知他们，大家会尊重你的意愿。

□ 拜访新父母时，切忌逗留太久，以免打扰新妈妈的休息。

及时告知孩子的出生

听到孩子出生的消息，每个人都会感到很兴奋。新父母要在孩子出生后的2～3个星期内发出告示，同亲朋好友分享这个好消息。告示中要包括大家所好奇的所有细节，比如孩子的出生日期、身高和体重、头发和眼睛的颜色，当然还有名字。如果你还有年长的孩子，也可以让这个小哥哥或小姐姐来宣布弟弟或妹妹的到来。

温馨提示：

□ 孩子出生后，由于过度忙碌和疲惫，你或许没有精力选择告示的形式。所以应该提前计划和安排，这样孩子出生后，就可以立即按照计划进行。你只需要在卡片上补充孩子出生的细节就可以了。

对亲友赠送礼物表示感谢

得知孩子出生的消息后，朋友们都会赠送礼物。你应该写信对她（他）们的慷慨表示谢意。如果新生儿庆祝会时你非常幸运地收到感谢信笺，那么可以直接用它们写感谢信了。你还可以给孩子拍一些数码照片，和感谢信一起寄出。朋友花费时间给孩子准备礼物迎接他（她）的到来，你也应该给他（她）们写信表达自己的谢意，即使要花几个星期的时间（大部分人都能够理解，对于新妈妈来说，时间总是不够的）。

温馨提示：

□ 孩子出生后，对于朋友赠送的礼物，要及时写信表示感谢。

向亲朋好友寻求帮助

从抱着新宝宝迈进家门的那一刻起，你就将面对许多琐碎的家庭生活：洗衣服、做饭、照顾孩子，还要接待亲朋好友的拜访。事实上，你完全可以接受亲朋好友提供的帮助。他们可以帮你整理衣服或者到杂货店购买尿布，这些对你会有很大的帮助，当然你不能提一些粗鲁无礼的要求。

从医院返回家中后，你可以列出在最近几天或者几周里亲朋好友能够帮忙处理的家务。当有人询问是否需要帮助时，可以提供这个单子以便他们选择。这么做有双重的好处：不仅可以避免你们处理大量的家务劳动，朋友也不会因为看望孩子而打扰到你们。他们可以一边帮忙处理家务，一边享受和孩子在一起的乐趣。

温馨提示：

☐ 给刚刚做父母的亲友提供帮助时，不要自以为是，要事先询问对方需要什么帮助，然后满足他们的要求。

保持正常的人际关系

保持健康正常的人际关系，不要将所有的话题都集中到孩子身上，应该包括一些其他内容。如果社交活动中，你总是叙说和孩子相关的话题，比如："难道他不珍贵吗？"或者"你简直无法相信她是多么的漂亮！"别人马上会对你失去兴趣。试着询问对方的生活、工作或者伴侣和孩子的情况。也许你已经很长时间没有和他们相处了，他们可能想告诉你一些新鲜的事情。虽然孩子的出生是你生活最大的变化，但是你需要认识到这并不是所有的亲朋好友或者同事最为关注的焦点。

温馨提示：

☐ 要知道，你的孩子只是你生活的中心，并不是你所有亲朋好友或者同事生活的中心，所以，与别人交谈时，不要总是把话题集中在孩子身上，而应该关心一下对方的工作和生活。

带孩子外出前要做好准备

新父母必须随身携带很多婴儿用品。刚开始的时候，你可能还不习惯走到哪里都带着尿布包和推车，或者你的生活同孩子的吃喝拉撒睡紧密地联系在一起。你或许要花一段时间才能够适应新的生活变化，而且这并不是一件轻松的事情。

如果你想和孩子一直很愉快地待在一起，就需带上足够的衣服、尿布和卫生纸以便遇到突如其来的问题时可以很快解决。不要在孩子尿湿了、困了或是饿了的时候带她（他）出去，以免孩子一直哭闹。事先规划好一天的生活，然后在孩子最开心的时候带他（她）到公共场所去。孩子开心，你也会很开心的。

温馨提示：

☐ 如果带着孩子外出的时候无法单独拿那么多东西，不要羞于寻求帮助。你可以请他人帮你登上火车，或者打开商场的门。同样，在给带着孩子的妇女提供帮助之前最好先询问对方的意见，不要武断。有时候，主动提供帮助反而会妨碍他人或者让对方感觉受到了侮辱。

不要随便要求别人抱自己的孩子

像我们之前讨论的，有些父母总是将孩子递给他们所遇到的每一个人，这是不礼貌的。首先要确定对方是否愿意接触孩子。

新父母可能很难相信有人会不喜欢孩子。当你和孩子一起在公共场所玩耍时，不要直接将孩子递给别人然后说："抱抱她。"如果对方担心抱不牢而将孩子掉到地上怎么办？或者对方并不喜欢小孩子又该如何？要给他人选择的机会。不要强迫别人抱孩子，应该事先询问对方："你想不想抱抱孩子？"其实大部分人都会回答说："是的，我很乐意。"但如果对方回答："我并不确定是否要抱抱孩子。"或者"现在不想"或"不"，那么就不要勉强。

当新父母将孩子递给你时，你可以礼貌地拒绝："我刚刚碰过脏东西，不想让您的孩子因此感染生病。"或者"我很笨手笨脚的，担心会抱不住孩子"。希望孩子的父母明白你的暗示。如果他（她）没有领会，你就只能直截了当地告诉他（她）："不要让我抱孩子，我并不喜欢这么做。"

温馨提示：

☐ 你当然喜爱自己的孩子，但其他人未必如此，因此，不要随便要求他人抱你的孩子。

☐ 如果有新父母要你抱他们的孩子，而你并不喜欢，可以找一个借口礼貌地拒绝。

为新生儿选择适当的礼物

孩子出生后，什么时候送礼物，送什么样的礼物并没有明确的规定。大部分人会选择衣服作为礼物。衣服是比较实惠的选择，因为孩子一天会穿并弄脏很多套衣服。

孩子长得非常快，哪怕你觉得孩子还是一个新生儿，他可能已经需要穿3个月甚至更大的衣服了。如果你无法在当时就给新父母赠送礼物，那么以后必须选择一些符合孩子实际年龄和大小的礼物。

温馨提示：

☐ 如果你选择衣服作为送给新生儿的礼物，可以向商店营业员询问衣服的尺码。

对不需要的礼物可退回商店

不要因为那是别人赠送的礼物，你就必须保存下来，哪怕是自己不喜欢、不需要或不适合孩子的。你可以将礼物退回商店，但是不要让赠送礼物的人知道。如果决定退回某个礼物，但是不知道它是哪个商店的，不要向赠送礼物的人询问这个问题。你可以将暂时无法退回的礼物保存起来，或重新赠送给他人，也可以捐赠给慈善机构。

温馨提示：

☐ 赠送礼物时附上礼物的购买发票。这样即使你弄错了孩子衣服的尺码或是挑选了不符合孩子年纪的物品，父母也可以选择退还或者调换礼物。

及时给赠送礼物的亲友写感谢信

无论你是否喜欢这份礼物，都应该对赠送礼物的人表示感谢。不要用简单的邮件或者预先打印好的卡片表达谢意。请用笔写下对礼物赠送者的感激之情。

生孩子和结婚不同，在婚礼后你也许还有空闲向朋友们表示感谢，但是新妈妈总是忙得手足无措。大家都能够理解新父母总是有很多事情要做，缺乏时间。但是即使事情已经排到了两个月之后，你还是要发出感谢信。但你可以在信中对迟到的致谢做个解释："小劳拉前段时间生病了，因此我一直没有时间给你写信，非常感谢你送的可爱的婴儿毛毯。"如果你们拍了一些孩子的照片，也可以附在信中，这样人们就可以看到你们可爱的孩子了。

温馨提示：

☐ 并没有规定说只有新妈妈才可以写感谢信。当你无法应付如此多的感谢信时，可以让新爸爸也加入进来。

对朋友的礼物要回赠

赠送礼物并非单方面的行为，也就是说礼物并不是你做了某件事后得到的回报。如果赠送礼物的朋友在不久的将来要生孩子，那么你就可以回赠礼物，这是赠送礼物非常合适的时机。

根据自己的经验，你可以选择孩子喜欢或者你发现对父母特别有用的物品作为礼物。你还可以在卡片上这样写："劳拉在推车里特别喜欢这个会嘎吱嘎吱作响的玩具，希望您的孩子也会像她一样喜欢。"

温馨提示：

☐ 俗话说："礼尚往来。"对于赠送礼物给你的朋友，应在合适的时机回赠礼物。

带孩子拜访亲友要事先询问是否方便

正如你不希望朋友意外来访一样，你也不要带着孩子做同样的事情。未经预约出现在朋友家门口，然后理所应当地认为对方能够盛情招待你们，这其实是非常不礼貌的行为。如果那时候主人正在就餐该怎么办？如果孩子正在休息又该如何呢？因此无论在何时何地何种情形下，都要提前电话确认后再安排拜访计划。

在带着孩子拜访亲朋好友前，还必须考虑如何给孩子更换尿布。当然你必须随身携带尿布——不是有一个尿布包吗？——但是并不是每个家庭都愿意将发臭的尿布留在自家的垃圾桶里，所以要事先安排好尿布的丢弃问题。你可以携带一个塑料袋，把脏尿布包起来后放在里面，然后丢在朋友家外面的垃圾桶里。如果外面没有可以丢弃脏尿布的垃圾桶，那么将它放在车里带回家后再扔掉。

温馨提示：

☐ 带孩子拜访朋友的过程中孩子可能需要吃东西，那么你要事先让朋友知道你可能需要哺乳孩子。询问朋友你是否可以借用一下卧室，或者在肩膀上披一条毯子。如果这两个要求都无法得到满足，那么你只能等到孩子不需要那么频繁喂奶的时候再去拜访这位朋友了。

保持孩子充足的睡眠

睡眠对孩子的成长发育非常重要，因此你必须保证孩子有充足的睡眠。孩子有可能在坐车途中就会睡着，因此在拜访朋友前，必须做好充分的准备。如果孩子在车上已经睡着了，而你必须把孩子带到朋友家里，要提前确认朋友家里是否有比较安静而且光线较暗的地方给孩子睡觉。但不能因为你的孩子睡着了就要求其他人保持安静。如果孩子已经睡着，而你觉得这并不是一个拜访的好时机，可以将车停靠在马路边，打电话给朋友取消、推迟或重新约定拜访的时间。

温馨提示：

☐ 良好的睡眠对新生孩子的成长至关重要，因此，要尽量避免在孩子已睡着的情况下带他外出拜访朋友。

抱婴儿前要先洗手

小孩子对细菌特别敏感，因此应该让想抱你孩子的人先洗手。这并不是无礼的行为，而且也不会让他们觉得你像他们的母亲一样唠叨严苛，你这么做仅仅是为了保护自己的孩子而已。如果有人拒绝了这个要求，那就不要让他（她）

接触你的孩子，因为孩子的健康才是首要的。如果一对新父母计划带着孩子来拜访你，而你刚好生病，那么应该让对方取消这次拜访。在你完全康复之前，应该远离新父母和孩子。

温馨提示：

☐ 当一个双手很脏的小孩子准备触摸你孩子的脸和手你必须马上阻止他，将小孩子的手从你孩子的身上移开，因为婴儿很喜欢将手放在嘴里。如果那个小孩子已经碰到了你的孩子，应立即将婴儿的手擦干净。当然你也可以将那个小孩子的脏手也一并擦干净。

选择合适的哺乳场所

如果你是一位正处于哺乳期的母亲，那么需要寻找一个适合哺乳的地方。哺乳虽然是最为自然的事情，但并不适合在公共场所进行。当你准备和孩子一起外出的时候，事先观察一下周围的环境，确定是否有适合哺乳的地方。大部分百货公司的女更衣室里都有很舒适的凳子或者长椅，很适合哺乳。野餐时，你可以利用汽车的后座。在他人家里的时候，你可以在卧室中哺乳。

温馨提示：

☐ 如果在户外的某个地方或者公共场所遇到正在哺乳的母亲，或许她不够小心谨慎，但不要对此感到大惊小怪。法律并没有规定不能在公共场所哺乳，但这并不是说母亲就可以不考虑一下孩子外出时的哺乳问题。

尽量避免在他人面前哺乳

在"我和妈妈"养育培训班或者类似主题的活动小组中，哺乳期的母亲并不需要担心哺乳的问题，因为房间里面的每个人都和你一样正处于哺乳期。这是少数几个可以自由哺乳，不需要担心是否会妨碍到别人的公共场所之一。当然，一般的公共场所，比如在餐厅就餐时，你应该礼貌地事先询问一起用餐的人是否介意你在他（她）面前哺乳。如果对方并不习惯他人在自己前面哺乳，你必须想出替代方案。既要保持礼貌，又要解决哺乳问题，这确实比较棘手。

温馨提示：

☐ 尽管你已经为哺乳制订了周详的计划，但是最终可能仍然需要寻找一个地方快速地哺乳，购物的延误或者迟到都会导致这种情况的发生。孩子一天8～12次的进食会让你感觉自己就像一个通宵营业的酒吧。

在人前哺乳要注意遮掩

尽管你很不想让别人看见你哺乳的样子，但是有时候你不得不在他人面前进行。这时候你可以在尿布包里放置一条大的毯子或者披肩，把它围在肩膀上可以制造一个适合哺乳的小小的私人空间。在飞机、商场或者饭店里面哺乳都可以选择这样的方式。通常宽松的上衣、套在Ｔ恤衫外的纽扣衬衣都可以达到这种效果。

当家里有客人的时候，你也可以采用这种方法哺乳，特别是当身边有很多人时。在孩子睡觉前用遮盖的方法哺乳也是一个很好的主意，因为遮盖能够产生类似茧的环境，使孩子更加容易入睡。

温馨提示：

☐ 哺乳期，乳液很容易溢出。白天穿上哺乳衬垫能够将乳液吸收，避免出现尴尬。

必要的时候可用奶瓶哺乳

无论你为哺乳做了多好的准备，有些妇女还是不希望在他人面前哺乳。遇到这种情况，有以下两种方案可供选择：用吸奶器将乳汁吸出后，装到奶瓶里面喂；或者直接用奶粉代替母乳。

使用奶瓶喂养的时候，可能会遇到孩子不想吃但是仍旧有人想要喂他的情况。这是不礼貌的行为。正如在你将孩子递给他人之前要事先征询意见一样，在给朋友奶瓶之前也应该如此。事先询问朋友是否对喂孩子感兴趣，得到对方肯定的回答后，你才可以将奶瓶给他。

温馨提示：

☐ 在一些公共场所，如果母亲不方便哺乳，可以用事先冲好的奶粉代替。

☐ 切忌随便要求朋友帮你以奶瓶喂食孩子，他们对此可能并不感兴趣，也没有经验。

及时给孩子更换尿布

在孩子能够控制自己的身体功能之前，你需要一直处理尿布的问题。在随后的一段时间里，你每天都需要频繁地购买、更换和丢弃脏尿布。你必须尽可能小心谨慎地处理尿布问题。

在你闻到尿布的一些异味时，就需要马上更换尿布。干净清洁能够使孩子保持开心健康。当然这也是礼仪要求，没有人希望和一个充满酸臭味的孩子待在一起。每天都照顾孩子，父母有可能会被累坏。当你抱着朋友的孩子或者在旁边闻到脏尿布的气味时，应该提醒孩子的父母需要更换尿布了。这是非常礼貌的行为。如果你能够熟练地更换尿布，也可以代劳一下。孩子的父母会感谢你的体恤。

温馨提示：

☐ 研究表明：一个孩子大概会用掉6000多片尿布，环境学家对此非常头疼。即使你觉得尿布容易污染环境，也不要对遇到的每一位母亲都讲授这个观点。在你觉得弄脏衣服比弄脏尿布好之前，不要表达自己的观点。

☐ 如果你没有及时地更换尿布，孩子很可能会患尿路感染或者产生一些其他的身体不适，他（她）会表现出不高兴。为了让孩子更加地健康和开心，在尿布脏了之后要尽快更换。

在朋友家为孩子更换尿布要注意卫生

当孩子需要更换尿布时，无论身处哪里，你都必须尽可能快地更换尿布。但即使这是对你而言很着急的事情，也不可以不注意礼仪。

不要在朋友家的餐桌旁或者卧室昂贵的地毯上更换尿布。事先询问朋友是否有适合更换尿布的地方。更换尿布后，你可能需要清理朋友家的地板或者卧室中换尿布的小盆子，只有通过事先询问，你才能够保持礼貌，不至于影响朋友的正常生活，超过他们可以忍受的极限。

现在大部分的尿布包都配有更换尿布的衬垫。通过使用衬垫，你可以保护孩子裹尿布处的皮肤，防止孩子的皮肤接触一些不干净的东西。

温馨提示：

☐ 给孩子更换尿布时要注意场合，切忌在餐桌旁进行，如果是在朋友家中，最好询问适合的地方，以免弄脏人家的地毯。

不可随意丢弃脏尿布

除非你拜访的家庭或者商店有更换尿布的装备，否则不能简单地将脏尿布丢在离自己最近的垃圾桶里。脏尿布对人们的感官会有很大的刺激，因此即使是无心之举，你也不能让他人来承受这种痛苦。

尽量在房子外找一个可以丢弃脏尿布的垃圾桶。如果没有这样的地方，你需要随身携带一个塑料袋，这样你就可以将脏尿布包裹好放在里面，然后在回家的路上扔掉。

温馨提示：

☐ 切忌随意将更换下来的尿布扔在室内的垃圾桶里，这是一个极不礼貌的行为。

经常给孩子洗澡

儿科医生可能会告诉你最好不要给孩子天天洗澡，但是如果孩子身上粘了食物，或者刚刚换过尿布，并且擦不干净的时候，你需要给孩子洗个澡。每个人都喜欢干净、带有清香气味的孩子，没有人喜欢脏兮兮的孩子。

有些父母选择在厨房的水槽里给孩子洗澡。这样不需要弯腰，比较省力方便。而且你可以一直用手拉着孩子，控制孩子的行为，相对来说也比较安全。

如果你需要在朋友家厨房的水槽里给孩子洗澡，不要自以为那并没有问题。水槽里曾经清洗过孩子的屁股这件事情可能会使很多人觉得不舒服。所以，在这么做之前要先征询对方的意见，这样才不会破坏你和亲朋好友之间的关系。

还有不要想当然地以为别人家里有孩子洗澡需要的所有东西。当然你可以借用他们的毛巾或者脸巾，但是如果他们没有婴儿用的洗发水的话，也不要瞪大眼睛觉得吃惊。你可以在尿布包里随身携带旅游装的孩子专用沐浴露。

温馨提示：

☐ 如果没有水槽，轻便的浴盆也是孩子很好的洗澡用具。你可以将浴盆放在车子的后备厢里面。当旅途中需要给孩子洗澡的时候就不用担心妨碍到他人了。玩具店和杂货店里都供应这样的浴盆。

根据孩子的哭声辨别其需求

除了咕咕声和微笑，孩子和你交流的另一种方式就是哭。你知道狗的叫声是会根据不同的情况改变的，孩子的哭声也是如此。很快你就可以根据孩子的哭声来判断他的需求了。什么样的哭声代表孩子想要睡觉了，而什么样的哭声表明孩子被弄疼了。

除了交流需要以外，不要让孩子长时间地哭，特别是周围还有其他人的时候。在公共场所，如餐厅、电影院或商场，尽可能快地让孩子平静下来。通常，孩子在湿、脏、累、饿或者不舒服的时候才会哭。如果你发现将孩子抱起来四处走动仍旧不能让孩子停止哭泣，那么试着更换孩子的尿布。如果孩子仍旧在哭，那么看看他是不是饿了、太冷或者太热？是不是衣服上的东西蹭得他不舒服？现在是不是睡觉时间？没有人会觉得你离开去哄孩子入睡是不礼貌的行为。相对让孩子一直在那里哭而言，身边的人会更感激你带孩子回家休息。

孩子最终都会选择自己的入睡方式。有些父母选择让"孩子哭出来"以表达意愿。如果在别人家里，发现孩子正在大声哭，不要打扰，他可能想要睡觉了。听到孩子在卧室里面哭可能会让你感到非常不舒服，但是你必须尊重孩子父母的判断，不要抱怨。

温馨提示：

☐ 孩子的哭声也是与大人进行交流的一种方式，不同哭声代表着不同的含义，新父母要留心观察。

☐ 如果你的孩子在别人家里不停地哭闹，最好还是立即带孩子回家休息。

为孩子的小睡创造条件

同进食一样，每天保证充足的睡眠能够帮助孩子成长和发育。在婴儿时期，孩子可能一天需要2～3次的小睡，而随着他们渐渐长大，小睡次数会逐渐减少。你需要根据孩子的休息时间来安排自己的生活。在孩子需要休息的时候，你不能有娱乐，不能有生日聚会，甚至不能外出就餐。如果你在孩子需要休息的时候带他出去，由于缺乏睡眠，他会表现得特别烦躁，也许还会不停地哭。这是不礼貌的行为。

婴儿床和摇篮是孩子睡觉的最佳地方。如果不具备这些条件，那么儿童汽车座椅也是不错的选择。给孩子一个安静的较暗的场所，这样他可以保证充足的睡眠，并且休息期间不受打扰。

如果你在外面时孩子睡着了，不要认为所有的人必须因此停止手上的事情保持安静。当你在别人家里的时候，不要粗鲁地对其他孩子说："小声点"——这并不是你的家。当孩子需要睡觉时，找到一个比较安静的场所。如果没有，那么你应该礼貌地为自己的行为道歉，然后解释你的确需要带孩子回去休息了。

如果你在别人家里做客，他们的孩子需要睡觉了，不要调高收音机的音量或者大声说话。在孩子睡觉的时候，保持安静。这是非常礼貌的行为。

温馨提示：

☐ 婴儿的睡眠没有什么规律性，除了夜间睡觉以外，白天还需要数次的小睡，因此，要随时随地为孩子创造安静舒适的睡眠场所。

礼貌地使用儿童安全座椅

法律规定婴儿或者小孩子坐车时必须要坐在儿童安全座椅里，你最好遵从规定。如果你要携带他人的孩子去某个地方，确定自己知道如何使用儿童安全座椅：不仅仅是如何将儿童安全座椅安装在自己的汽车里，还要知道怎样将孩子固定好。事先阅读使用儿童安全座椅的注意事项。

如果孩子的母亲要求你顺路搭载孩子，但是她并没有提供儿童安全座椅，你完全可以拒绝。你可以告诉她：不使用儿童安全座椅载孩子，你会觉得非常不舒适。如果你有多余的儿童安全座椅，问她是否愿意借用。如果对方拒绝使用儿童安全座椅，那么拒绝她的搭载要求。

温馨提示：

☐ 使用儿童安全座椅具有非常普遍的意义。你需要在使用前确保儿童安全座椅正确安装。一项最新的儿童安全研究表明：85%的父母并没有正确安装儿童安全座椅。在将孩子放在椅子上之前，要仔细地检查两遍。

使用儿童推车要避免妨碍他人

携带孩子时，使用推车会使得自己的行动更加便捷，但是使用推车并不意味着你可以将礼仪也推到一边。推车是由一些部件组成的机动装置，有时候也会成为障碍。在拥挤的转角，如杂货店的走廊和拥挤的商店，你必须小心翼翼地控制推车。大部分人总是会不小心被车轮碾到，或者撞到。你有责任保证自己不妨碍他人。不要以为自己推着推车，别人就应该让路。如果不小心撞到了别人或者碾过他人的脚时，你应该马上道歉。

温馨提示：

☐ 如果你带着推车去餐厅或者商店，事先观察周围的环境。看看婴儿车能否通过走道。如果不能，那么你只能将婴儿车停在外面，然后抱着孩子进去。

☐ 如果走道过窄无法通过推车，你可以选择另外一种携带孩子的方法：使用背带或者婴儿捆绑式安全带。

及时处理孩子的发热

由于孩子没有完善的自身免疫系统，很容易生病。当孩子感觉不舒服或者有可能会传染时，有礼貌的父母会让孩子待在家里，不让他（她）去日托所或者和邻居家的孩子们玩耍。如果仅仅因为你实在想出去而使得其他人感染生病，这就是非常糟糕的行为了。

同样道理，不要让孩子服用药物使其暂时退烧，然后就让他（她）出去。这对因此感染病症的人是非常不负责任的行为。如果亲朋好友或者日托所的负责人发现你不诚实，可能会影响你们的关系。你必须非常合适地处理孩子生病的问题。在孩子康复之前，不要让他（她）外出。

为了预防小孩发热感冒，作为有礼貌的父母，应该做到以下几点。

对策1：在感冒流行期少外出

在感冒流行期，要尽量避免带宝宝外出，尤其是人多的公共场合，尤需避免。

对策2：全家都要常洗手

宝宝的好奇心强，喜欢东摸摸、西摸摸，无形中手上便染上了许多病菌，而大人的生活圈子更大，手所碰触的事物更多，手上的病菌当然也就更可观。所以，全家都要养成常洗手的习惯，才能减少宝宝感染的概率。

对策3：让宝宝多喝水

多喝水，可以加快身体的新陈代谢，对身体有益，因此在感冒流行时，让宝宝多喝水，可以有预防的效果；此外，假如宝宝真的感冒了，多让宝宝喝水，可以补充体液，让宝宝更快恢复健康！

对策4：保持室内的通风

密闭的空气，反而会降低宝宝的抵抗力，因此即使是冬天，也别将门窗关死，要保持室内通风，才能让宝宝更健康，更不易受病毒感染。

对策5：打流行性感冒疫苗

最后还有一招，就是带宝宝打流感疫苗。

温馨提示：

☐ 如果孩子生病，最好不要带孩子外出，以防传染别人家的孩子。

☐ 治病不如预防，平时要注意宝宝的

卫生，以防感染细菌。

了解孩子的个人喜好

如果你希望孩子在他人面前有良好的礼仪，必须了解自己孩子的喜好。如果你孩子不喜欢喧闹，那么他（她）不可能在街道狂欢节或者吵闹的群体中有良好的表现。如果你的孩子有音乐天赋，无论什么时候都听着他（她）那最喜欢的曲调，你最好不要扼杀他（她）的兴趣，而应该为他（她）准备足够多的唱片。

小孩子没有很好的自我控制能力，也不明白爬楼梯或者在交通拥挤的马路上玩耍有多么危险。另外，他们也不能十分领会分享的意义。但是对父母而言这又意味着什么呢？为了成为有礼貌的父母，你必须小心地看管孩子。不仅要确保孩子没有危险，还必须保证不会给他人的孩子带来麻烦或者危险。当然，你不能期待孩子的行为超乎年龄得成熟。

温馨提示：

□ 对孩子的培养要因势利导，找出他们的兴趣所在，再加以引导和鼓励，这样往往能事半功倍。你不能期望孩子做到他们并不喜爱或超乎他们年龄限制的事情。

及时让孩子得到休息

随着年龄的增长，孩子对这个世界的好奇心也越来越强，你可能认为他已经有足够的精力来面对每天的生活。在他两岁的时候他可能已经不需要早休时间了，但是午睡还是必需的。即使他玩得正开心，你还是必须把休息好放在第一位。正如婴儿需要休息以便更好地生长和发育，小孩子同样需要休息。

周围的环境会影响孩子的发育。如果孩子得到了充分的休息，他会更加兴奋地融入到周围环境中。如果你的孩子对周围的一切都失去了兴趣，而且行为非常糟糕，即使你有非常美好的意图，但是这些情况已经很明确地暗示你，应该马上带孩子回家休息了。

温馨提示：

□ 小孩子平均每天需要2个小时左右的午睡时间。为了让孩子拥有更好的行为和养成良好的睡眠习惯，你必须规划好每天的作息时间，这样你在午睡时间回家的时候，能够看到孩子正乖乖躺在床上。

及时给孩子喂食

饥饿也会导致孩子行为古怪。当你血糖降低的时候，可能会觉得非常疲惫、烦躁易怒，孩子也不例外。你可以保持有规律的三餐，随身携带一些点心以防孩子突然饿了需要东西吃。开心的孩子才会受身边的人喜欢。

温馨提示：

□ 有些孩子在吃了某些食物后行为变得很糟糕，原因可能是孩子对这些食物过敏。如果你发现孩子在吃了某些食物后表现出不正常的急躁，甚至昏厥，把这些情况告诉医生，然后给孩子做一个检查，确定是不是有过敏症。

正确选择孩子活动聚会时间

因为孩子在早晨的时候精力比较充沛，这个时候将孩子集中起来也比较容易，所以活动聚会应该安排在早上。

大部分孩子在临近午睡时间时开始精神恍惚。如果你强迫孩子们在午睡时间活动，他们可能会变得很暴躁。作为孩子的父母，你应该随时注意孩子在各个时间段的情绪状况，这样才能很好地安排他和其他孩子玩耍的时间。

如果你发现孩子对任何事情都失去了兴趣，可能他已经累了需要休息。为了避免孩子的行为变得很糟糕，向朋友道歉，然后带孩子回家休息。经过几个小时的休息后，孩子会继续做一个礼貌的孩子。

温馨提示：

☐ 孩子的活动聚会时间最好安排在早晨，因为这个时候孩子精力充沛，兴趣浓厚。

☐ 当孩子对玩耍已失去兴趣，开始变得暴躁时，要立即带孩子回家休息。

让孩子在公共场所行为良好

在操场或者公园中，只要你的孩子不欺负其他孩子，你可以让他无所顾忌地释放出所有的活力。然而在需要保持相对安静的场所，比如餐厅或者商店，那么你必须看牢孩子，阻止他乱跑。

另外，在孩子们可以自由玩耍的场所，没有人会介意你的孩子加入其中并大声地喊叫说笑。但是在电影院或者商场中，如果孩子大声喧哗，你必须立即制止并告诉他："嘘……保持安静！"

你不应该让孩子在公共场所大声地喊叫。孩子大声哭闹肯定有非常明确的原因，比如弄疼了、找不到你了或者受到了惊吓，找出原因然后尽量解决它。让其他陌生人忍受孩子的哭闹和尖叫是非常不礼貌的行为。

温馨提示：

☐ 为了让孩子养成讲礼貌的好习惯，首先你必须成为有礼貌的父母，以身作则教育孩子。使"请""谢谢"成为自己的日常用语，这样孩子也会学着使用这些词汇。

让孩子学会文明就餐

你可以在家里练习就餐礼仪。比如，在餐桌上，你可以提醒孩子咀嚼的时候不要说话，不要打断他人发言，用轻柔的声音交谈。此外，以身作则，确保自己的餐桌行为同你对孩子的要求是一致的。接下来你可以经常带孩子去餐厅就餐，练习这些礼仪。

在家里和餐厅练习良好礼仪的时候，分散注意力是让一个饥饿的孩子保持礼貌的最好方法。有些餐厅会安排一些适合孩子的活动和配套设施，这样等待食物的时候孩子就不会无所事事了。但是你不能指望每一间餐厅都提供足够的儿童书籍和蜡笔画。因此外出就餐时，可以携带一些玩具和画笔，这样孩子就可以很好地打发等待食物的时间了。如果你忘记带玩具和画笔了，也可以和孩子即兴地做一些小游戏。

最后，无论你有多累、多饿，都必须确保孩子在就餐过程中保持良好的礼仪。

如果他（她）打算从椅子上爬下来，或者想要同坐在旁边的一对夫妇说话，你必须马上制止。也许你觉得他（她）非常可爱、聪明，但是就餐的同伴并不一定赞同你的看法。如果你的孩子已经就餐完毕，想在座位周围转转，你必须向他（她）解释：餐厅里面不允许跑动。如果他（她）不能安静地坐着，你们当中的一位可以带他（她）到外面散散步。如果那样仍旧无法让孩子保持安静，你只能将剩下的食物打包带回家，以防孩子变得越来越不耐烦，影响餐厅里面的其他人。

如果你带着小孩子外出就餐，必须明白如何保持孩子的礼仪才是首要的事情，这并不是和伴侣享受轻松就餐的时刻，除非你请个保姆一起外出。

温馨提示：

□ 要使孩子在餐厅就餐时保持良好的礼貌，平时在家里就要严格训练他们的餐桌行为，并练习一些常见的就餐礼仪。

让孩子在电影院做文明观众

你可以先在家里练习孩子看电影的礼仪。当你在家里看电视的时候，必须时刻注意孩子的行为。在看电视的时候，他有没有在周围跳来跳去或者大声地说话？当你在家里和其他人一起看影片的时候要轻声地交谈。这样当孩子和你一起去电影院的时候，就能够很好地理解为什么需要低声交谈了。

下面是一些看电影时的注意事项，遵从这些原则，能够确保孩子不会破坏别人看电影的好心情。

坐在位子上，除非她（他）需要上洗手间。

当他（她）需要和你说话的时候，要低声交谈。

不要踢前面的座位。

安静地吃东西。

不要因为荧幕上出现的情节而大声喊叫。

在电影结束的时候鼓掌。

温馨提示：

□ 与就餐礼仪一样，要使孩子在电影院保持良好的礼仪，也必须在家中看电视的时候对孩子加以训练。

让孩子在操场玩耍过程中学会礼仪

孩子们可以在操场上自由自在地活动。在操场上，父母期待的是充满活力的孩子。如果孩子不喜欢喧哗的环境，操场对孩子而言可能并没有太多的乐趣。

玩具和游戏设施的分享问题是操场上发生争吵的主要原因。小孩子总是不愿意同别人分享玩具，但是你必须教育他（她）这么做。熟能生巧，孩子不经过实践是不可能拥有这些技能的，慢慢地引导他（她）养成分享的好习惯。如果你们已经玩秋千好长时间了，而另外的孩子也想玩，那么请告诉孩子应该让其他孩子也玩一玩秋千，然后把他（她）抱下来。他（她）可能并不喜欢你的决定，也可能会有很糟糕的反应，但是如果你不坚持这么做，他（她）就无法养成分享的习惯。

教育孩子学会分享很重要，但是你不应该让他成为一个"擦鞋垫"。如果他刚开始玩一个玩具或者操场上的某个器具，马上又有另一个孩子也想玩了，这时候不要害怕说"不"。当然，你必须谨慎委婉，比如你可以说："齐，萨利刚刚开始玩这个沙盒玩具，再过5分钟我们就给你玩，好吗？"如果沙盒里有足够多的铲斗，你可以考虑分一些给其他孩子，但是不要过分大方，这样可能会伤害自己的孩子。你可能认为自己很有礼貌——教育你的孩子也要如此——事实上你忽略了自己孩子的感受。这并不是一个好主意。

温馨提示：

☐ 当你在操场上遇到霸道的孩子和你的孩子抢玩具的时候，应该怎么做？你必须制止这样的行为。下次遇到这个霸道的孩子再抢你孩子的玩具的时候，站起来告诉其他孩子霸道的行为是不受欢迎的。保护自己的孩子并不是粗鲁的行为，你并不需要为此感到不自在。

在超市和商店适度满足孩子的要求

父母有时候不得不带着孩子去购物。再也没有比超市和商店更好的培养孩子良好礼仪的场所了。孩子们总是想要货架上的每一样东西，但是父母不可能一直满足他们的要求。设置限度能够培养孩子的优先意识，这样孩子也不会认为自己所有的一切是应得的。

如果你没有满足孩子的要求，他（她）可能会在通道中间赖着不走，那么以下两种方案或许能够给你提供一些帮助。你可以先试着同他（她）讲道理，让他（她）平静下来。孩子的年龄越小，越不容易讲道理。当然，不要把讲道理变成谈判，最终在孩子的哭闹中屈服。这不是练习的目的。如果最终你屈服了，只会告诉孩子：他抱怨得越多，达到目的的可能性越大。

然而，如果讲道理并没有达到目的，而孩子的哭闹也越来越厉害了，那么你必须放弃购物车，取回寄存的东西，马上离开商店。你不仅仅要教育孩子养成良好的习惯——如果你的行为很糟糕，那么我会马上带你离开商店——你还必须避免让其他人忍受孩子糟糕的行为。你可以将孩子带到室外，尽可能让他平静下来。将购物车留在过道中会妨碍其他购物者，但相对忍受孩子的哭闹而言，这是比较礼貌的行为。

温馨提示：

☐ 带孩子去超市时，即便你有足够的支付能力，也不能对孩子的需求一一满足，要设定一定的限制，以培养他们优先选择的意识。

☐ 不要轻易为孩子的哭闹所屈服，不该满足的要求绝不能让他们达成。

让孩子在飞机、汽车和火车上保持良好礼仪

询问任何一个乘客，和小孩一起搭乘公共汽车或者飞机时最为糟糕的事情是什么？你肯定会听到以下答案：孩子不停地哭闹，一直踢别人的座位或者疯狂地跑动。孩子们必须学会判断同他人一起旅行时，哪些行为是对的，哪些是不对的。从孩子使用儿童汽车座椅开始，你就应该让他知道踢座位和大声尖叫是不礼貌的行为。

在外出旅行的时候除了要让孩子注意礼仪外，还要确保他在旅行途中不觉得枯燥，你可以给他安排一些娱乐项目，这样他不会因为无聊而使得行为很糟糕。这样你就可能需要额外携带一个背包，用来放玩具和食物，身边的旅行者肯定会因此感激你的。

温馨提示：

☐ 让孩子在旅途中做一些事情是一个好主意，但是同时还要考虑到孩子的娱乐项目可能会影响到其他旅客。大声地给他读故事、帮助他做家庭作业或者让他玩电子游戏，这些都能够很

好地打发旅途时间，但是都会打扰到坐在你们旁边的乘客——他们可能正在安静地工作或者睡觉休息。

让孩子与同学分享玩具

孩子在学校的行为可以很好地反映他受礼仪教育的程度。孩子们会在教室里遇到以后人生中可能遇到的所有情景（社会缩影），包括同其他人的交流、交朋友、分享事物和适当地表现。

如果你在操场上或活动小组中教育过孩子要学会分享，他在学校的生活中就会游刃有余。大部分孩子能够很快感受到分享带来的好处——如果你同别人分享玩具，你就能多一个人一起玩耍。但是，如果孩子的老师告诉你，你的孩子并没有像你要求的那样友好地同别人分享东西，那么你需要在家里重新开始培养他（她）的这种技巧了。

没有人希望班级里有一个爱说谎或者喜欢打架的孩子，但是实际上小孩子很容易因为挫败而说谎或打架。你没有必要专门花费时间教育孩子这两种行为是不对的。但是当你看到或者从老师那里听到这样的事情时，你要明确地告诉孩子这是一种不好的行为。迟早他会明白，说谎和打架不会赢得朋友，只会让身边的人远离，在学校里也不是礼貌的行为。

孩子还需要养成的一个习惯是小声地说话，有些老师也会要求学生这么做。如果你的孩子总是大声地喊叫或者怪声怪气地说话，你就要仔细检查自己平时在家里的行为。如果你自己总是大声说话，孩子也会学你。如果家里的每一个人都是低声地交谈，孩子也会很好地适应教室里的说话声调。

温馨提示：

☐ 不要通过体罚教育孩子不能说谎或者打架。让孩子体会被打的感觉并不能帮助其改善行为，只会对他造成伤害。这看起来是快速解决问题的好办法，但是从长远看只会伤害孩子。不要用让孩子感到羞愧的方式来教育孩子。

不可责骂和体罚孩子

从字面意思来看，为了让孩子养成良好的礼仪，你必须制定一定的行为规范，但是当你深入思考这个问题时，会发现它具有很大的意义。人们是如何学习明辨是非的呢？首先需要树立正确的是非观。如果孩子表现得很自私而你从来不更正他，那么他对被普遍接受的社交礼仪的看法就会扭曲。相反，当孩子没有同别人分享事物或者其行为对别人不尊重时，你如果能及时地纠正，最终他会明白分享是正确的，而不尊重别人是不对的。

行为规范有很多形式，有些可以接受而有些则不被接受。打孩子的屁股并不能让孩子意识到行为的错误。你不应该采取暴力的教育方式，这样只会伤害孩子，留给自己责骂孩子后的内疚心情。对孩子大喊大叫也不会有所帮助，但是有时候你需要提高自己的嗓音来指出问题的重点或者引起孩子的注意。当你非常生气的时候，不要让情绪失去控制，这样很有可能会做一些让自己后悔的事情，比如朝孩子大声吼叫或者鞭打孩子。甚至成年人也可以不时地从短暂的冷静休息中获利。如果你在管教孩子的时候，发现自己的火气已经上升，先花几分钟时间平静一下心情，这样能够让你更好地控制情绪。

温馨提示：

☐ 约束孩子的行为，不能光靠责骂和惩罚，得教育孩子明辨是非，知道自己的行为为什么不对，这样下次遇到同样情况，他们就不会再犯了。

☐ 管教孩子之前，务必先管住自己的脾气，你的愤怒会对孩子造成十分恶劣的影响。

避免在孩子面前讲脏话

每个父母都自以为自己在讲脏话的时候，孩子没有听见。可是过不了多久，孩子就会学父母的样子说脏话。脏话就像阴险的病毒，孩子几乎无法避免和它们接触。但是如果你努力改进自己的语言习惯，久而久之，孩子也能够慢慢学会文明用语。

在你指责孩子说脏话时，首先要想一下自己判断脏话的标准是什么，哪些词语你认为是脏话而哪些不是。你还必须判断话语的上下句关系是否会影响脏话的定义。

例如，如果你孩子因为拉链拉不上感到非常沮丧，可能会说类似的话："噢，这愚蠢的拉链卡住了。"你可能觉得"愚蠢的"这个用词在这里并没有那么让人讨厌，不值得批评。然而，如果他下次随口称呼你或者某个兄弟姐妹为"愚蠢的"的时候，就要干涉了。正如你有可以接受和不可接受行为的界限一样，也应该有类似的文明用语和不良用语的界限，以确保孩子能够知道并理解它们的区别。

温馨提示：

☐ 设定脏话的判定标准，这样孩子就可以清楚地知道哪些词汇不可以用。有时候你还必须反复重申一些特定的词汇，告诫孩子不要在别人面前使用，特别是同别人在一起时，对方可能会觉得某些单词是无礼的，而你并不认为。

别让自己的不良情绪感染孩子

表达自己生气、心烦、沮丧的情绪并没有错，但是要做一个真正礼貌的人，你必须巧妙地处理它们，不要影响到其他人。孩子也应该如此。如果你发现孩子有不好的口头禅或者需要一些词汇来表达自己的沮丧心情又不会引起别人的反感，那么为他找出一些可以自由使用的替代语。你可以用实体词汇代替，比如"糖果""缝补它"或者"皮特的理由"，或者使用一些风趣的语言，这样就不会让别人不愉快，比如"奶酪和饼干"。

温馨提示：

☐ 语言是影响孩子心理健康成长的重要因素，你必须帮助孩子清除掉不良的口头禅和经常使用的带有消极意义的词汇，同时，用一些带有积极意义的词汇代替它们。

尊重他人的着装

孩子在着装方面可能会出现不礼貌的行为，其中之一就是当他们遇到有些人的着装不符合自己的标准时就会直接指出来，或者认为他们的着装令人讨厌。每个孩子都希望被他人接受，但是不幸的是孩子是否被接受往往同孩子的着装有关。如果你的孩子发现学校里面某个同学并没有穿特定牌子的运动鞋或者裤子，你不应该让他指出来。你应该让孩子明白并不是每个家庭都能够负担流行服饰，也并不是每个孩子都在乎自己的穿着。最重要的是尊重每一个人，因为喜欢这个人而喜欢，而不是因为他的穿着。用服饰来评判一个人是非常不礼貌的，不要让孩子这么做。

温馨提示：

☐ 不要让孩子成为时尚的追随者的最好途径是你自己不追求时尚。如果你总是指出别人车子或者衣服的牌子，孩子很快就会和你一样关注他人衣服的品牌。

教育孩子合理着装

孩子的着装也会导致不礼貌的行为。如果学校有明确的着装规定，你就应该给孩子树立一个好榜样，确保自己的着装符合要求。如果你孩子的学校规定学生不能穿露背背心、露脐衬衫或者平底人字拖鞋（俗称夹拖），你就不要让他（她）穿着这些去学校，哪怕一次也不行。

还有一些场合要求孩子合理着装才不会引起别人的反感，即使她不高兴这么做，也必须如此。

温馨提示：

☐ 培养孩子根据不同场合合理着装的习惯，告诉他们这样可以赢得别人的好感。如果是在学校，要严格要求他们穿着校服。

让孩子养成进门脱鞋的习惯

为了避免带进脏东西，你家里是不是有进门脱鞋子的习惯？或许因为你觉得不穿鞋子更自在或者你从小被教育要这么做而很自然地在门口脱鞋？当你拜访他人时，要随时谨记进门脱鞋。

如果你发现房间里的人都是穿着袜子走来走去的，这很好地暗示了进门需要脱鞋，他们也会希望看到你这么做。如果你曾在雨天里走路，或者鞋子上有泥泞，给主人行个方便，脱鞋进门，让他们不用在你离开后辛苦地打扫房间。有时候房间里不穿鞋子的规则更多的是针对小孩子而不是成年人。如对此有疑问你可以提前询问女主人，然后尊重她的要求。你可能被允许穿鞋子进门，但是你的儿子需要脱掉鞋子。如果你规定每个人进房间必须脱鞋子，而儿子的朋友又经常来你家里玩耍，你还是应该不厌其烦地和他说明这个规则，不用为此感到抱歉。孩子拜访别人家里时就应该需要遵守对方的规定。

温馨提示：

☐ 如果你的孩子在拜访别人家里时能够做到进门脱鞋，会让人觉得是一个懂礼貌的好孩子。如果孩子们能够保持地板干净，妈妈们会非常感激。

让孩子通过生日庆祝会学习交往礼仪

对孩子而言，生日庆祝会是他们社交活动的中心。孩子总是迫不及待地期待生日的到来，举行派对。同样，他（她）也会迫不及待地想要参加所有朋友的生日庆祝会。

当你在准备孩子生日聚会的人员名单的时候，应该尽可能地包括所有的朋友。对于上幼儿园和小学的孩子而言，尽量邀请班级里的所有孩子。当孩子长大后，开始有了性别意识，男孩子一般会邀请班级里的所有男孩子，女孩子则会邀请足球队的女啦啦队员们。对孩子而言最糟糕的事情莫过于无意中听到他（她）没有被邀请参加同学的生日派对。

在派对的当天，孩子可能因为聚会

的到来过于激动，以至于行为并不是十分得体。由于他（她）的兴奋和开心，你可能想放纵他（她）一下。但是尽可能确保，在派对开始后，他（她）能做一个礼貌的主人。

同样，当孩子到达你的家里或举行派对的地方后，你必须确保每一个人都保持自己最好的礼仪。作为举办聚会或者给聚会提供资金的人，你有权利在孩子有不当行为时给予适当的指正。如果他们不服从，你可以直接干预。你需要为孩子的生日聚会负责，他们必须按照你的规则进行。

如果孩子选择在朋友面前打开礼物，你应该事先教育孩子打开礼物的时候即使不喜欢也应该保持优雅的表情。你必须提醒他别人花费了时间购买礼物，在打开礼物的那一刻，至少要表现得高兴。

聚会结束后，你应该提醒孩子给赠送礼物的朋友写感谢信。那些年纪小的或者刚刚学会写字的孩子，你可以帮助他们写感谢信的正文，然后让孩子自己签名。对于高年级的小学生或者年龄较大的孩子，他们能够自己解决感谢信问题，你只需要确保他们能够及时做这件事情就可以。

<u>温馨提示：</u>

☐　如果你的孩子只是邀请班级里的男孩子或者女孩子来参加聚会，不要在学校里公开邀请，请私下发邮件。这样可以避免某些孩子认为自己会被邀请结果却没有收到邀请的事情发生。

第二十八章 校园礼仪

出入校门要下车

通常在学校对内的守则或对外的"友情提示"中都会有这么一条：出入校门请下车。首先，出入校门不下车必然违背了相关规定；其次，骑车或开车出入校门时不采取"低调"姿态，很可能会造成对别人的妨碍甚至引起车祸；最后，出入校门不下车，给人以趾高气扬、过分张扬的印象。如果你的身份是前来参观访问的客人，出入校门不下车更会给自己所代表的单位带来不好影响。

温馨提示：

☐ 骑自行车进出校门的时候，应下车推着进出。

☐ 开机动车、电动车、汽车等进出校门时，必须减速并注意避让和暂停。

☐ 结伴骑车进出校门时，应避免并排走在门内。

女教师不宜戴首饰上课

女教师戴首饰上课不妥。

人们都说教师是"灵魂工程师"。当"工程师"戴上光彩夺目的项链、手镯、耳环等首饰，首先，学生们的目光会被吸引，如果女教师的首饰叮当有声，学生们的耳朵也会被吸引；其次，女教师戴首饰上课，有炫耀和心思不在工作上之嫌，容易给人以非教师的错觉。

教师不塑造出合格的职业形象，就是对学生、对自己职业的不尊重。

温馨提示：

☐ 女教师应避免佩戴耀眼的首饰，如夸张的耳环和项链、戒指等。

☐ 女教师应避免经常更换新款首饰。

☐ 女教师应化淡妆上岗，穿着应端庄、朴素。

教师不可私拆学生信件

有的教师为了控制早恋而私拆学生信件；有的教师为了惩罚学生而私拆学生信件；有的毕业班的教师为防止学生思想受到消极影响进而影响升学率，就私拆学生信件，以便及时了解学生的"思想动向"，防患于未然。

殊不知这样做是错误的。

首先，私拆他人信件是对他人隐私的侵犯，也是对他人权利的侵犯，而学生的隐私和权利同样不能受到侵犯；其次，私拆他人信件会严重影响师生关系和教师形象，甚至导致难以挽回的后果。私拆他人信件是心理阴暗的表现，以这种手段教育学生，是对学生的伤害。

温馨提示：

☐ 教师应尊重学生的隐私，避免拦截和私拆学生的信件。

☐ 误拆学生信件后，教师应向学生道歉。

☐ 教师不应无故扣押学生信件，更不应将信件抛弃。

对学生的简单问题也要耐心解答

为人师表，传道、授业、解惑，难免遇到学生询问些自己觉得过于简单的问题。这时候如果你对其表示不屑一顾，可就大大地伤了学生的自尊心。

对学生的简单问题不屑一顾，第一，会打击学生学习、求知的积极性，导致其信心受挫；第二，会给学生留下凶恶、不耐烦、没有爱心的印象，其他教师看到了，会觉得你对工作不负责、缺乏敬业精神；第三，是对你自己形象的贬低。

温馨提示：

☐ 对学生的任何问题，教师都应该认真解答。

☐ 解答学生的问题时，教师的态度应热情，话语应尽可能地浅显易懂。

☐ 对于学生提出的简单问题，教师不应冷语相加。

平等地对待所有学生

在任何学校，老师偏向好学生都不是新鲜事。如果将这种做法与礼仪错误挂钩，你一定会提出异议。

好学生迟到、作弊却不受罚；好学生与坏学生打架，教师却只惩罚坏学生；好学生演讲能力不如某坏学生，却顺利取得参加演讲比赛决赛的机会……不要以为这样偏袒好学生会促进对方更加进步。偏袒好学生，第一，会使其他学生感到不公平，对教师产生不信任感甚至抵触情绪；第二，会让好学生产生侥幸和骄傲心理，甚至歧视普通学生，这样更不利于所有学生的发展。

温馨提示：

☐ 教师应对所有学生一视同仁。

☐ 对待成绩好的学生，教师应本着公平、客观的原则进行教育。

☐ 当成绩好的学生犯错时，教师不应偏袒对方。

不宜当众批评学生

不在少数的人觉得对于犯错误的学生，尤其是性格顽劣的男学生，当众狠狠批评才有教育效果。其实不然。

当众批评学生会伤害其自尊心，对方如果较为敏感，甚至可能造成严重的心理伤害；当众批评学生容易助长其逆反心理，非但难以解决问题，反而容易将矛盾激化、将问题严重化；当众批评学生容易让其他学生对被批评者产生鄙视、排斥等负面情绪或对师生关系产生戒备心理，从而给教师与学生交流造成无形的障碍。

温馨提示：

☐ 批评学生时，应尽量选择私下的场合。

- 当众批评学生时，语气应尽量委婉。
- 当众批评学生时，应避免打骂。

不可武断批评学生

不分青红皂白就批评学生，随便给学生的错误之处下结论，是很不负责任的做法。

武断批评学生，第一，会显得教师说话、做事缺乏考虑，偏听偏信；第二，容易激起学生的逆反心理，导致其态度强硬，听不进批评和建议；第三，会影响师生之间的正常交流，影响教师在学生心目中的形象，不利于今后的教育活动。

温馨提示：

- 批评学生前，必须先了解清楚情况。
- 批评的时候，应避免感情用事。
- 教育学生时，不要片面地批评。

误解学生后要道歉、解释

教师教学任务重，也可谓是"日理万机"，匆忙之中和情急之下有时候难免会误解学生。如果不道歉、不解释，这就是教师的不对了。

本来是甲犯了错，你却误以为是乙犯错，予以严厉批评；学生出于好心，你却误认为顽劣，对其冷眼相待；学生已经尽力，你却认为他偷懒，并给予处罚。误解学生而不道歉、不做解释，必然会使学生蒙受委屈，如果学生想不开，甚至会造成不必要的伤害。对于其他学生而言，你的做法会让你失去学生们的信任和喜爱。

温馨提示：

- 无论出于什么原因误解了学生，都应及时向其道歉。
- 批评学生之前，应先看自己是否有误。
- 有必要的话，教师应在全体学生面前对自己误解的学生进行澄清。

热情回应学生的问候

教师在校园里遇上学生，或者在大街上、商场里等地方与学生相遇，如果对学生的问候不做回应，这样的教师必定不是学生心目中的好老师。

不回应学生的问候，会给人以摆架子、故意与学生拉开距离的印象。如果教师面对学生的问候表情冷淡甚至略带嘲讽，学生会觉得教师对自己有成见；如果学生恰好是大家眼中的"坏学生"，教师的不予理睬会对学生造成伤害。

温馨提示：

- 有学生问候自己时，应及时回应。
- 回应学生的问候时，态度要和蔼、礼貌。
- 回应学生时，应看着对方的眼睛。

与学生交流要实事求是

讲课时提问，做出高深莫测的样子；回答学生的问题时，做出高高在上的样子；课下遇到学生，做出无所不知的样子；动不动就拿"我教了这么多年能不知道吗""我是老师我自然是对的"等话语搪塞学生。这样的行为俗称"倚老卖老"，是容易遭人耻笑的。

与学生交流时倚老卖老，如果你明明不知道答案而硬装，你会失去在学生心目中的"高大"形象；如果这种场景被其他老师看到，对方也会从此轻视你——因为你虚伪。

温馨提示：

- 与学生交流时，应避免卖弄学识。
- 与学生交流时，应避免以自己的身

份专断行事。
- [ ] 与学生交流时，不要不懂装懂。

懂得赞美学生

老师不懂得赞美学生是不称职的。

对优秀学生从不赞美，对方会觉得压力过大，甚至对自己的优秀产生怀疑和焦虑；对不求上进的学生从不赞美，对方会觉得自己无可救药，甚至丧失上进的信心和兴趣；对普通的"中间型"学生缺少赞美，对方会觉得自己缺少希望。赞美是美德，没有赞美，学生就不容易发现自己。

温馨提示：
- [ ] 作为教师，应及时发现学生身上的优点和闪光点并及时予以表扬和鼓励。
- [ ] 教师赞美学生要发自内心并实事求是。
- [ ] 教师赞美学生应避免过多、过滥。

尊重其他同事

学校是社会的一部分，因此和其他职场类似，教师之间能力有大小，职称有高低，受欢迎程度有不同，各种差异是难免存在的。不尊重其他同事的现象，当然不少见。

教学能力突出的年轻主力不尊重同事，会被认为是年轻气傲；资格老的教师不尊重同事，会被认为是倚老卖老；水平一般的教师不尊重同事，会被认为是忌妒心理的体现；男教师不尊重女性同事，会被认为是性别歧视。

即使无意在言行举止上表露了不敬，也是与教师为人师表的职业形象大相径庭的。

温馨提示：
- [ ] 教师应对同事采取热情友好的态度。
- [ ] 对待年长的教师应予以更多的尊重。

- [ ] 当同事之间产生矛盾时，应礼貌地妥善解决。

男生不留长发

男生留长发在如今的校园中也算得上是独特的风景，许多男生觉得这样很酷，显得与众不同。这的确与众不同，但是不合礼仪。

男生留长发，容易减少阳刚之气。如果恰好留长发的男生容貌秀气，很容易被路人误认为是女生，难免因此而惹出笑话甚至带来麻烦。男生留长发，更多的结果是被贴上"愤世嫉俗""不合群""古怪"的标签，被别人疏远。

温馨提示：
- [ ] 男生的发型应根据自己的脸型和发质来设计。
- [ ] 男生的头发应避免长时间不修剪、不清洗。
- [ ] 男生头发的长度应以不长于10厘米为宜。

见到老师要打招呼

作为学生，见到老师不打招呼不应该。

遇到老师不打招呼，一方面，会被认为是故意躲避、赌气或胆小、害怕老师；另一方面，会使他人觉得这对师生之间有矛盾。如果老师面带微笑地迎向学生，学生却马上别过头去并加快脚步远离，换作任何其他身份的熟人都会被这样的反应"打击一下"。

温馨提示：
- [ ] 在校园里或其他公共场合遇到老师应该礼貌地打招呼。
- [ ] 如果距离老师很远，并且对方没有看到自己，可以不打招呼。

☐ 当老师正在与别人交谈或正在繁忙地处理事务时，可以不打招呼。

不是自己的老师也要打招呼

对于从未见过的人，就算他的职业是教师，我们不与对方打招呼无可厚非。但如果对方是自己学校的老师，只是没教过自己，比如隔壁班的老师、高年级或低年级的老师等，不打招呼就显得不礼貌。

遇到自己熟悉的、不是自己的老师，最起码应该对他致以问候。如果对方恰好也对你眼熟，你的冷漠就会给对方留下心胸狭窄、目光短浅的印象。因此，遇到不是自己的老师也不要视而不见。

温馨提示：

☐ 遇到自己熟悉的外班老师，应礼貌问候对方，尤其是相遇地点在校园内时。

☐ 如果对方步履匆匆，且明显没有寒暄的表示，可以不打招呼。

☐ 在狭窄的通道遇到自己学校陌生的教师，应礼貌地问候并为其让路。

进出老师办公室要有礼貌

进出老师办公室对每个学生而言都是经常的事，但同时很多人都没注意过自己进出老师办公室时的表现。这是不应该的。

大步流星地进出老师办公室，脚步匆忙，一进门还带进两脚泥，显然会惊扰老师，并污染办公室的地板；进门不吭声，出门也不吭声，这是对老师心存不满的表现；进门后"哐当"一下摔门，出门时"哐当"一下带门，别人会以为你进办公室是为吵架来的。

进出老师办公室时不注意自己的言行举止，怎能充分表达对老师的尊重呢？

温馨提示：

☐ 进入老师办公室时应先敲门、打报告，出门时应道"再见"并随手关门。

☐ 进出老师办公室时开门关门动作要轻。

☐ 进出老师办公室时脚步要轻而稳。

在老师办公室不应停留太久

在老师办公室里，无论是请教问题还是聊天谈心，都不应停留太久。

在老师的集体办公室里停留太久，容易影响其他老师的工作，影响办公室的整体氛围，还容易有刺探办公室情报的嫌疑。在老师的独立办公室停留太久，有刻意接近老师、拉关系的嫌疑；如果是女同学在男老师办公室停留时间太长，还可能给老师带来名誉上的损害。

温馨提示：

☐ 在老师办公室中，如果事情已经做完，应尽快离开。

☐ 在老师办公室里应避免与老师开过多玩笑。

☐ 如果没有必要，不要单独在老师办公室停留。

不可在办公室里翻老师的物品

学生进老师办公室帮点小忙、找老师谈心等是无可厚非的，但趁机翻老师的物品就不对了。

在办公室翻老师的物品，首先，有窥探隐私之嫌；其次，容易打乱老师物品的摆放规律，如果你翻的是老师的资料，可能会造成老师整理起来很麻烦；最后，如果你翻的是私人物品或钱包、提包之类，会有偷盗之嫌。

如果翻看的时候恰好被老师看到，你恐怕钻到地缝里都仍然觉得难为情。因此，无论是从尊重老师的隐私角度，还是从保持办公室的整齐以及赢得老师的信任角度而言，在办公室里翻老师的物品都是不礼貌的。

温馨提示：

☐ 在老师办公室时，除了经过允许外，否则不要私自乱翻。

☐ 在老师办公室里，不要当着老师面或趁老师不在或不注意四处乱翻。

☐ 在老师办公室整理文件资料时，应避免打乱无关的资料。

尊重实习老师

不少学生面对实习老师做出种种不敬之举：上课前，在讲台桌斗或桌面上放几条虫子；上课时，故意提出刁钻问题；下课时，躲在实习老师身后突然发出几声怪叫……这些行为是不礼貌的。

对实习老师不恭，首先，会影响教学效果，破坏师生关系；其次，容易给实习老师留下不好的印象，也给其他同学留下欺软怕硬、爱搞恶作剧的负面印象；最后，如果言语过分，会伤害实习老师的自尊心，使对方难堪。

温馨提示：

☐ 实习老师同样是老师，理应受到学生们的尊重和配合。

☐ 实习老师经验不足，学生遇到对方失误时应予以谅解。

☐ 实习老师心态年轻，学生应主动、积极地与其交流。

不可当众顶撞师长

当众顶撞师长，即使你很有道理，这样的举动也是错误的。

当众顶撞师长，一方面说明你不尊重老师，有挑衅、示威之嫌；一方面给别人留下"刺头"的印象，可能会导致别人疏远你。当众顶撞师长容易产生不良影响，树立反面榜样。如果你是学生干部，这样做会影响你的威信和良好形象，也容易使你失去师生的信任和好感。当众顶撞师长说明你性子急、暴躁，自制力欠佳，爱出风头。如果你言辞激烈到让双方难以收场，你无疑是在演闹剧和丑剧给别人看。

温馨提示：

☐ 自己对老师不满时，可私下约时间交谈、沟通。

☐ 自己受到师长批评时，态度应谦恭。

☐ 师长说错话时，应控制自己的情绪。

不在背后议论老师私事

哪位老师评优了，哪位老师怀孕了，哪位老师家中亲人去世了，哪位老师和校长吵架了……背后议论老师私事的学生大有人在，然而这么做是错的。

背后议论老师私事，有栽赃、诽谤的嫌疑，如果传开了，不仅影响老师的形象，也影响自己的形象；背后议论老师私事，给人以"不务正业"之感，如果恰好被你所议论的老师听到，对方一定会很不愉快。此外，背后议论老师私事，还容易造成不良风气。

温馨提示：

☐ 不要养成打听老师私事的习惯。

☐ 道听途说的事情不要说，自己不清楚的事情不要传播。

☐ 如果获悉老师的私事，不要主动向外传播。

有事要请假

　　父母从家乡赶来看你，你私自出校与父母团聚；朋友从外地路过，约你一起旅游，你不做任何声明就答应朋友出门旅行去了；自己有些不舒服，不请假就去看病……你这样做事也许省事得很，却会给别人带来不便。

　　有事不请假，必然不能保证你的出勤率，是违反纪律的。如果你所在班级是模范班级，你的行为是心中无集体的表现。有事不请假，学校或班级有什么最新通知就无法传达到你。如果某些临时活动格外需要你的参加，你的做法就辜负了大家的期望。有事不请假，别人会为你的安全担心。如果你夜不归宿或连续几天不露面，大家可能会用报警来解决问题。

温馨提示：

☐ 无论什么原因需要耽误上课或离开学校，都必须事先请假。
☐ 请假必须得到允许才能生效。
☐ 请假后不应擅自延期而又不及时告知老师。

"课桌文化"不可取

　　学校的课桌上常常能见到各种各样的文字或图画"作品"：有人刻下名人名言，美其名曰"励志"；有人刻下自己的名字或简笔画，意在彰显自己的风格。这样做似乎给校园带来了很多生动活泼的气息，但其实"课桌文化"不是什么好现象，不值得提倡，更不值得效仿。

　　课桌上布满刀痕，留满各色颜料和笔迹，这首先是对公物的破坏，其次是对自己形象的破坏。课桌不是私人用具，在课桌上留下自己的风格可能会遭到下一个使用者的反感，并可能使对方成为别人眼中课桌"涂鸦垃圾"的制造者。

温馨提示：

☐ 不要在课桌上乱刻乱画。
☐ 不要在课桌上乱贴纸条等杂物。
☐ 不要在已经存在的"课桌文化"上"添砖加瓦"。

不在课堂上打瞌睡

　　上课打瞌睡既耽误自己的学习，又影响别人的心情，还容易导致师生的误解。相信任何一位老师都不欢迎在自己课堂上睡觉的学生。

　　在课堂上打瞌睡，第一，说明你没有精神，不能专心听讲，甚至根本"没时间"听讲，这是对老师劳动的不尊重；第二，别人会想：你可能是故意这样做，以此来表示对老师的不满、对老师所担任的科目的厌恶，或者向其他同学表示你敢于公然违反课堂纪律；第三，上课打瞌睡容易引起师生的分心，如果你东倒西歪甚至说梦话，扰乱正常教学活动是很自然的。

温馨提示：

☐ 上课时应避免瞌睡、打盹。
☐ 平时应注意按时作息，上课前应调整好心态。
☐ 课间休息时应避免剧烈运动。

不可在课堂上起哄

　　上课时老师读错了一个字，学生立刻在讲台下哄笑；老师的讲解有些枯燥，个别学生便相互做出怪相，引逗其他同学发笑。这种在课堂上起哄的表现是不礼貌的。

　　在课堂上起哄，第一会严重扰乱

课堂秩序，影响讲课和听课效果；第二会干扰老师情绪，打乱其教学思路；第三会浪费大家时间，且不利于自己塑造一个良好的形象。在课堂上起哄，短时间可以制造笑料，但这种无聊的行为是会招人厌恶的。

温馨提示：

☐ 在课堂上，学生应专心听课。

☐ 上课时，学生应积极思考，从自身做起维护课堂秩序。

☐ 学生应对老师怀有尊敬之心。

尊重有缺陷的同学

同学眼睛斜视，就处处拿他开玩笑；同学腿部有残疾，就故意学对方的样子；同学说话口吃，就故意在他面前说绕口令……

嘲笑别人是不敬的做法，针对别人的生理缺陷、形象上的瑕疵大肆嘲笑更是不敬。嘲笑有缺陷的同学，必定会伤害其自尊心，使对方对自己的缺陷更加敏感；嘲笑有缺陷的同学，不能使你得到别人的欣赏，反而会遭到鄙视；嘲笑有缺陷的同学，说明你冷漠、自私，不懂得考虑他人的感受。

温馨提示：

☐ 不要用好奇或鄙视的目光看待有缺陷的同学。

☐ 对有缺陷的同学应主动帮助。

☐ 对比较敏感的同学，不要刻意指出其缺陷。

不可偷看同学的信件、日记

偷看同学的信件、日记是不礼貌的行为，也是不尊重的表现。

偷看了同学的信件或日记，如果对方与你关系一般，你就不太可能有机会得到他的信任并成为对方的朋友了；如果对方与你关系很近，你就很可能立刻失去对方的信任，从此被他从友人的名单中删除。如果对方信件或日记中记的是流水账，他会认为你太无聊、太好奇；如果对方信件或日记中记录了不愿外传的秘密，你的做法会让对方愤怒和委屈，甚至因此而对你做出过激行为。

温馨提示：

☐ 应避免对同学的信件或日记产生好奇心。

☐ 同学不在场时不要翻看对方的任何私人物品。

☐ 同学不在场时你可以离开以避嫌疑。

男女生交往要得宜

男生女生是校园的两道风景，如果双方交往不当就会煞风景。

男生女生交往过密，无所顾忌地打闹、嬉笑，会给人以疯癫之感，男生会缺乏绅士风度，女生会半点淑女相也没有。男女生私人交往过密，会引人侧目与猜疑，说不定大家会把你们划入早恋的行列；男女生互不沟通，见面就红眼，这是过于疏远的表现，显得歧视异性或惧怕异性，同样会让人觉得怪异。

社交法则中强调人人平等，男女生交往不当，在外人看来，是学校教育的失败；从交际的角度来看，是个人交际能力的欠缺和对交往礼仪的误解。

温馨提示：

☐ 男女生交往应言语得当、举止有度。

☐ 男女同学应避免借性别优势欺负异性。

☐ 男女同学应避免用猜疑的眼光看异性同学。

严禁撕毁、涂改学校公告

撕毁或涂改学校的公告容易造成信息丢失或错误，从而导致一些重要通知无法及时而正确地传达给有关人员；撕毁或涂改学校公告，是对学校公告制定者和张贴者、发布者的不尊重，是损害其劳动成果的表现；撕毁或涂改学校公告，你可能被视为捣乱分子或对学校有强烈的不满。

如果是为了张扬个性，采取撕毁、涂改学校公告的方法只会引来大家的耻笑；如果被有关人员抓个正着，受批评和处分是必然的事。

温馨提示：
□ 对学校的公告应本着尊重的态度看待。
□ 如果对学校的通知或布告上的信息有怀疑或不满，应采用与制定者沟通的途径解决。
□ 未经同意，不应覆盖张贴好的公告。

不在教学区、宿舍区打球

在教学区、宿舍区打球不是不可以，只是不应该打扰到别人的作息。

教学区是学生上课、老师工作的地方，而宿舍区是师生们休息的地方。别人上课的时候你在教学区打球，会影响教学效果；别人休息的时间你在宿舍区打球，会影响别人的休息。在不适当的场所做事，即使你做得再好，也是对其他人的打扰。

因此，在教学区、宿舍区做其他剧烈运动或吵闹，都是错误的行为。

温馨提示：
□ 打球时应选择专门的活动区，避免打扰正常的师生作息。
□ 打球应避开别人休息和工作时间。
□ 打球时应避免大喊大叫或时间过长。

受奖后要徐步走下台

受奖后立刻匆匆忙忙跑下台去，这种表现会让所有人失望。

受奖后头也不抬、一言不发地跑下台去，给人以紧张、胆小、不尊重人的印象。受奖后急匆匆地跑下台去，颁奖者会觉得自己未受到应有的尊重和回应；评委会觉得受奖者太性急，只顾尽快看到奖品、抱住奖品，功利心过重；观众会觉得受奖者不懂得互动，不给大家一个认识他的机会，同时也不给自己一个当众表现的机会。受奖后跑下台去，还容易使人误解：别人还未来得及与你交流就已经被晾在一边了，这怎么能体现出你对大家的尊重和礼貌呢？

温馨提示：
□ 受奖后，应首先向授奖者鞠躬、致谢。
□ 受奖后，还应向台下观众鞠躬致意。
□ 受奖后，下台时脚步要从容、稳定，避免慌乱。

就餐时不可长时间占座

就餐时长时间占座不是好行为。

公共餐厅座位有限，就餐时间有限，长时间占座容易给找不到座位的人带来麻烦。如果恰逢高峰期这样做，你必然会引起众人侧目。餐桌的用途就是吃饭，如果把公共餐厅的餐桌当作茶室的"餐桌"而大发聊兴，你显然是擅自将公用餐桌当作了私人财产，并擅自改变它的用途，这样会给别人留下磨蹭、迟钝、不讲公德的印象。

温馨提示：

☐ 就餐时间应避免长时间聊天。
☐ 就餐时应避免一个人占两个人的座位或少数人多占座位。
☐ 高峰期在公共餐厅就餐时，应避免拖延吃饭时间。

不可乱倒剩饭剩菜

把剩饭剩菜丢在餐桌上、胡乱扔在地上等，只要将其倒在不该倒的地方，就是错误的。

乱倒剩饭剩菜，必然会与浪费联系到一起；乱倒剩饭剩菜，难免给人以视觉和味觉上的不愉快；乱倒剩饭剩菜，还容易给别人留下没有教养、素质低下的印象。如果你衣冠楚楚，这种行为更会使你的形象在别人眼中大打折扣。

在公共场合做事，如果不考虑到公共环境的整洁，不考虑到别人的心情，显然是缺乏公德的表现。

温馨提示：

☐ 剩饭剩菜应倒入指定垃圾箱或垃圾桶。
☐ 打饭时应避免过量。
☐ 在餐厅吃饭时应尽量避免浪费饭菜。

不用书本提前占座

在学校尤其是大学校园里，用书本甚至纸条提前占座已经成为独特的"景观"，甚至成为顽疾——这是错误的。

同学请你帮忙占座，你很义气地拿上七八本书占一排座位，然后自在地出去闲逛一番，后来者看到空座上的书本，必定会觉得气不打一处来。外校同学听说本校有名人讲座，好不容易找到教室却发现空座上已经放满书本，必定会觉得很委屈。如果占座而不坐，更是显然的"资源浪费"。用书本提前占座是对按时到来而遵守秩序的人的欺压，是自私的行为。

温馨提示：

☐ 听课时寻找座位应本着"先到先坐"的规则来实行。
☐ 应避免一人为多人占座的行为。
☐ 当自己占了多余的座位时，应将其让出。

住集体宿舍要遵守作息时间

住集体宿舍是很多中学生以及大学生的必然经历，住宿期间如果不注意协调，就会打扰别人的作息。

别人午睡的时间，你在宿舍里边哼唱边卖力地洗洗涮涮，别人一定难以入睡或者被你惊醒；有人在宿舍里复习功课时，你说笑打闹，对方一定难以安心学习；宿舍里本来就拥挤，周末时你还特意带朋友过来住，你的舍友们必然会觉得不太自在。

温馨提示：

☐ 住集体宿舍时应考虑到大家的作息时间。
☐ 住集体宿舍时应避免在别人休息的时候开灯、制造响声。
☐ 住集体宿舍时应避免在别人休息时带外人进入。

离开寝室、教室前要关灯上锁

离开寝室或教室前不关灯、不上锁是错误的行为。

不关灯、不上锁就离开寝室或教室，第一，浪费电源、制造安全隐患，因为你无法保证寝室或教室的物品不会丢失。第二，这样做显示出你缺乏集体观念，做事不认真、不负责，生

— 324 —

性急躁。如果你是班干部，相信大家会对你的行为表示出更强烈的不满。第三，这样做容易引起别人的误解，以为室内还有人停留，因而致使这种现象持续下去。这样做对于集体和你个人都是无益的。

温馨提示：

☐ 离开寝室或教室时应关灯、上锁。

☐ 最后一个离开寝室或教室时应关灯、上锁后再检查一下安全性。

☐ 离开寝室、教室前应确定室内一切设施都在安全状态。

进实验室要遵守规定

进实验室不遵守规定绝对是错误的。

进实验室不按规定程序和剂量取用实验药品，容易造成误取或浪费，导致实验失败或不圆满。如果你取用的是危险性药品，可能会导致意外事故。不按规定有秩序地做实验、进行观察、听从讲解，可能会造成实验效果差强人意，影响其他同学观察和学习。不按规定随便用手接触实验用具，可能会造成器皿损坏或丢失，给实验室造成损失，同时也给你带来不必要的麻烦。不按规定操作本身就是破坏纪律的行为，如果你在别人善意提醒下依然故我，会让你显得目无集体、任性、不专心、不尊重别人。

温馨提示：

☐ 进实验室一定要按照规定做事。

☐ 进实验室时不要碰触禁止接触的实验用品。

☐ 进实验室应避免未经允许而单独行动。

在图书馆看完书要归位

从历史类书架上抽的书，看完后放到法律类书架上；从美术类书架上抽取的书，看完后放到科技类书架上；看完书后不放回任何架子上，而是随手丢在椅子、窗台上等不适合藏书的地方……你这样把书籍的类别混淆、随意给它们搬家，只能给别人带来麻烦。

胡乱给书归位，容易给别人找书增添困难，浪费别人时间；随意放置书籍，容易使其因为得不到保护而被意外损毁；到处乱放书籍，会造成书架混乱，不整齐、不美观，也给工作人员增加了工作量。

温馨提示：

☐ 在图书馆看完书，一定要将书放回到原位。

☐ 在图书馆看完书，一定要尽量按照最初的方位摆放书籍。

☐ 在图书馆看到被放错位置的书籍，应主动将其归位。

爱护图书馆的书

图书馆的书被"开天窗"、缺页、破损几乎是每个图书馆都深感头疼的事。

给图书馆的书"开天窗"，会破坏书的结构和内容的完整。如果别人看书时恰好需要你撕掉的那部分，你所造成的损失就不只是针对图书馆，更包括每一位进馆的读者。给图书馆的书"开天窗"，被损坏的书会加速老化和破损，也许会导致更多的人对其"下手"。一旦不良风气形成，更多的书会遭遇"伤害"。当你好不容易找到一本自己需要的书时，说不定就会发现，你最想看的那一部分已经丢了。

温馨提示：

☐ 对图书馆的书应尽量保持其整洁。
☐ 在图书馆看书时，应避免撕取自己感兴趣的书页或图片。
☐ 自己看书期间书籍有损毁时，应主动而细心地对其进行修补。

不可同时占几本书

同时占几本书的这种霸道行为令人有些哭笑不得。有的人说：我写文章、查资料必须用这几本书，这是狡辩。

同时占几本书，给人一种"吃着碗里看着锅里""贪多嚼不烂"的印象，别人会觉得你贪婪、自私；同时占几本书，会造成资源积压，被你扣押但却闲置的书无疑会让迫切需要它的人感到为难。同时占几本书，还可能会引领别人跟随你的举动。如果别人一下子拿了好几本书而其中一本正是你急需的，你会不会觉得人家是在"以其人之道还治其人之身"呢？

温馨提示：

☐ 在图书馆看书时，一次只能看一本。
☐ 自己暂时不需要的书应该放回书架。
☐ 必须同时参考几本书时应征得管理人员的同意。

写签名、赠言时态度要恭敬

在毕业纪念册上留言时态度不恭，为别人签名售书时态度不恭，为友邻单位留下签名时态度不恭，这种人和这种场景想必大家见过不少吧！

在任何情况下写签名、赠言时态度不恭，接受者都会觉得你盛气凌人、摆架子、不情愿、虚伪而做作。尤其是当签名留言者身份远远高于接受者，并且有旁观者在场时，接受者会觉得自己感受到的受挫感和屈辱感更加强烈，同时书写者的名誉和形象也严重受损。

写签名、赠言时态度如果不好，签名赠言就失去了意义。写签名、赠言时态度不恭，还不如不签、不写。

温馨提示：

☐ 写签名或赠言时态度应礼貌。
☐ 写签名或赠言时应避免涂改。
☐ 为不同的人写赠言时应避免用完全相同的话语。

不可强行给别人题赠

毕业时师生之间，更多的是同学之间，彼此题赠是对友谊的绝好表达。但不一定所有的题赠都会受到欢迎，比如强行送出的题赠。

彼此关系一般甚至有矛盾，一方强行给另一方题写赠言，对方可能会觉得题写者很无聊。强行给异性题赠，对方可能会认为你在变相骚扰，对方说不定希望你的字立刻从他的留言册上消失。强行在别人留给他人的地方题赠，对方会认为你固执、怀有忌妒心理。强行给别人题赠，对方还可能会认为你故意借机炫耀字迹或文采，或者缺少朋友，借机"过瘾"。强行给自己不熟悉的人题赠，对方会觉得受到了干扰。

温馨提示：

☐ 未经邀请，不要强行给别人题赠。
☐ 自己与别人关系一般时，应避免主动要求题赠。
☐ 题赠时，应避免强行翻看别人的赠言。

积极参加集体活动

不积极参加校园集体活动是不应该的。

举行联欢会时，明明很善于表演却死活不肯出节目，别人会觉得你做作；

举行足球比赛时，有意无意地拖自己球队的后腿，别人会觉得你吃里爬外；开展墙报设计活动时，有很好的创意而不肯贡献，别人会觉得你心胸狭窄。不积极参加集体活动，会使人觉得你缺少合作精神，甚至排斥与别人交往、看不起大家，从而让人误解和疏远。

温馨提示：

☐ 除非有特殊原因，否则不应拒绝参加集体活动。
☐ 参加集体活动时，态度应积极、踊跃。
☐ 在集体活动中自己有能力上场时，不应退缩。

参加集体活动要穿校服

学校举行集体活动时，通常会要求同学们穿校服。如果你故意不穿，就说明你不懂礼仪。

参加运动会时不穿校服，列队集合或者上场表演时，你会破坏集体形象；参加集体参观时不穿校服，接待方可能会认为你是混进来的而拒绝请你进入；与其他成员一起参加集体辩论赛时不穿校服，你的突兀会破坏团队的整体和谐形象，同时还可能影响团队的合作精神，并且容易使观众对你产生不合群、性格乖戾的印象。

温馨提示：

☐ 参加集体活动时如果有规定，应按规定穿校服。
☐ 穿校服时应按规定正确穿着。
☐ 穿校服时应注意自己的言行举止。

集体参观要列队

集体参观时不列队是不合礼仪的。

集体参观博物馆、展览馆等场馆时不列队，一窝蜂的状态会严重影响场馆的秩序，影响场馆和谐的氛围，破坏其他参观者的心情；参观实验室、工厂、企业时不列队，会给参观对象的正常工作带来负面影响。如果参观内容包括观看某些工作程序，许多人就会因为拥挤、混乱而无法正常有效地达到目的。集体参观时不列队，既使集体缺少队伍应有的整齐和美观，又容易影响其他人的活动，并且不利于提高效率，最严重的是给别人留下无组织、无纪律、集体素质低的恶劣印象。

温馨提示：

☐ 集体参观时应自觉排队。
☐ 集体参观时应自觉维护所在队列的秩序。
☐ 集体参观时应避免与其他集体争抢、冲突。

参加升旗仪式要严肃

参加升旗仪式时不严肃，这是必须改正的错误。

参加升旗仪式时与前后左右的同学小声聊天、打闹；别人站好队后自己在队伍里故意偏离方向；国旗上升的时候自己歪斜着站立，目光在人群中四处瞟；别人发表国旗下的讲话时自己偷偷玩弄小玩具，与别人交换位置……诸如此类的行为都是对国旗不敬的表现。此外，参加升旗仪式时不严肃是违反纪律的表现，你不仅影响别人、破坏自己所在班级的秩序和气氛，也给自己贴上了顽劣和不爱国的标签。

温馨提示：

☐ 参加升旗仪式时应端庄站立。
☐ 参加升旗仪式时应保证现场的安静。
☐ 参加升旗仪式时态度要端正，注意力要集中。

第二十九章　出行与游览礼仪

不随地吐痰

　　痰是人体的废物，从卫生角度来看，它是疾病的传染载体之一。在公共场合随地吐痰，是无视别人健康的行为。从礼仪角度而言，随地吐痰的姿态极为猥琐，令人厌恶。越是衣冠楚楚的人这样做，越容易给人留下表里不一的印象。一个职业经理人若无其事地向草坪吐一口浓痰，转身继续器宇轩昂地与有业务关系的同伴高谈阔论，他之前所建立的完美个人形象必定因为那骇人的一吐而倒塌。另外，吐痰还容易让别人误以为你在暗示对对方的蔑视或不满，引起别人心理上的芥蒂。

温馨提示：

☐ 应避免在大庭广众之下吐痰。

☐ 吐痰时应寻找厕所，也可用卫生纸巾来处理痰液，然后将其弃置垃圾桶。

☐ 在室内应寻找痰盂吐痰并避开别人。

不可在景点刻字留名

　　有的人造访某处景点，尤其是前往自己一生可能只去一次的地方，往往要留下"某某到此一游"之类的字迹，有的甚至用喷漆喷涂各种字迹。这是不礼貌的。

　　在景点刻字留名，会损坏建筑或景观的完整原貌，这不仅谈不上美观，更会对景观造成难以修复的伤害。如果你刻字的对象是重点保护的文物，你的做法简直就是对历史的亵渎。在景点刻字留名可能会给自己留下永久性的骂名，任何游客来到你留名的景点，都会知道你参与了违规的破坏行动。如果留下籍贯，你家乡的人们将被一并唾骂；出国旅游这么做，等于给国人丢脸。

温馨提示：

☐ 参观任何景点都不应在所到之处刻字留名。

☐ 如果景点有允许刻字的服务，应该在指定区域或媒介上刻写。

☐ 参观游览时应避免乱碰建筑或设施。

不在公共场所聚众围观

远处人声嘈杂，听起来似乎是有人在打架斗殴，赶忙加快脚步跑过去看；看到有很多人围着高声叫卖的小贩，赶忙冲过去凑热闹；听说出了车祸，就赶快向人群聚集的地方奔跑……哪里人多去哪里，哪里热闹去哪里，这种做法是错误的。

公共场所不是自家小区，不是说书卖艺的剧场。众人会聚，给人一种乱凑热闹、没有修养、没有自制力和是非观的印象。聚众围观，容易造成场面更加混乱，交通阻塞，不方便别人经过。从礼仪上讲，如果被围观的是无聊人的闹剧，你的行为无疑会令人不齿。如果你与人结伴而行时见到热闹就凑，不仅浪费大家时间，还会给同伴留下糟糕印象。

温馨提示：

☐ 在公共场所，应避免到人多拥挤的地方聚集。
☐ 在公共场所，不要对人群聚集之处趋之若鹜。
☐ 不要在公共场所刻意制造噱头。

自觉排队

买车票时，在超市购物付款时，在医院排队挂号时，别人都在焦急等待冗长的队伍慢慢变短，你却公然加塞。这种蛮横、不讲理的做法是无法让人服气的。

排队加塞也许是因为事情紧急，但无论如何，这都是令人难以接受的。这种行为破坏了正常的秩序，侵犯了他人的权利，在排队的高峰期，尤其容易引起众怒。如果你的理由是身份地位不一般，别人会对你的狂妄自大产生强烈反感；如果你的理由是帮助尊贵客人尽快解决问题，你的客人会因为众人的侧目而感到难堪；如果你在严守公共秩序的同伴面前加塞，对方可能因此不再信任你、尊重你。

温馨提示：

☐ 排队时应按照先后顺序进行排列。
☐ 排队时应按照规定站在指定区域。
☐ 排队时应礼貌对待前后左右的人，防止冲撞。

不在地铁站内打闹

在地铁站内打闹不礼貌更不安全。

地铁通常是最繁忙的交通工具之一，人行通道上有时候会达到"站不开"的极度拥挤状况。在这种情况下打闹、嬉戏，无疑会影响其他乘客。在自动扶梯上打闹，容易撞到别人，阻碍其他乘客；在站台上打闹，容易造成危险，万一你掉下站台，或把别人挤下站台，会有性命之虞。上车后打闹，容易使身处拥挤环境中的人们更加烦躁。如果公然展示你和同伴的亲密或矛盾，是把自己的感受强加于别人的恶劣做法；如果你打闹中再加出言不逊或暧昧，更会令其他人反感。

温馨提示：

☐ 在地铁站内应按规定排队进站、上车。
☐ 在地铁轨道旁应避免追逐、打闹。
☐ 在地铁站内候车时应避免拥挤、跑跳。

公交车上应主动让座

乘公交车时要懂得让座。

乘公交车时，如果车上人少，你坐在老幼病残孕专座上没问题，任何人都不会对你侧目；但如果车上人多，而又有年老体弱的人在场，不让座就会显得太麻木。年轻人不给老年人和小孩让座，是不懂得尊老爱幼的表现；健康人不为残疾、虚弱的人让座，是不懂得关心弱者的表现；男性不为孕妇让座，是不尊重女性的表现。公交车上不让座，是极端自私、冷漠的表现。

温馨提示：

☐ 乘坐公交车时应主动给老人、儿童、孕妇、病弱人士让座。

☐ 在公交车上让座时态度应礼貌。

☐ 当别人向你致谢时应给予回应。

乘车要自觉买票

有不在少数的人觉得乘车逃票是"本事"，更是省钱的绝招，其实这么想的人太过狭隘了。

乘车逃票，首先，使车辆运营者的利益受到损失；其次，使售票人员的责任无法得到体现；最后，如果你以这种方式向同伴表示自己有能耐，而你的同伴恰好厌恶投机的行为，你的做法相当于给对方下绝交通知。如果有其他乘客揭发你的行为，想必你的表情不会太自然吧！

温馨提示：

☐ 乘坐任何公共交通工具都应按规定买票上车。

☐ 乘车应避免买短途票而乘长途车的行为。

☐ 如果乘车来不及买票，上车后应及时补票。

乘公交车不可堵着车门

乘公交车时我们常常遇到人满为患的情况，很多人上车后根本挤不到车中间，于是就顺其自然地堵在车门边上。这样做可不讨巧。

堵着车门容易妨碍他人上下车，如果你动作太慢，别人就可能因上不了车或下不了车而错过站点。如果对方赶时间，就会因为你堵着车门而耽误下车。此外，堵着车门也不利于安全。如果你被挤倒，很可能会撞到别人，引发小小的骚乱。在公共场所，一切事情都应该从大家的利益出发，否则就是对礼仪的蔑视。

温馨提示：

☐ 乘公交车时，应站在不妨碍别人的位置。

☐ 将到终点站时，应走向车门近处。

☐ 别人下车时，应礼貌地给对方让路。

乘火车不可从窗口上车

乘火车时，每到运营高峰期，就很容易在列车边看到有人从列车窗口上车的镜头。有人觉得这样潇洒、有个性，其实这完全是错误的。

乘火车时从窗口上车，第一是破坏秩序；第二是不雅观；第三是容易造成危险，导致破坏车窗或者使自己受伤。从车窗上车，让人觉得你太过性急，不肯礼让别人、不爱护公共设施，只懂得自己方便。如果你与别人因公出差这样做，会让你的同伴也受到其他人异样目光的注视。从窗口上车，你还可能引起其他好事者的效仿，从而引发事故。

温馨提示：

☐ 乘火车时一定要从指定的车厢门口进入。

☐ 乘火车时应避免推挤他人。

☐ 乘火车时应避免起哄。

在火车上不宜脱鞋

在火车上脱鞋,对于很多经历过长途旅行的人们来说恐怕都不陌生吧!别觉得很自在,其实这样做是极其不礼貌的。

火车空间狭小,空气不易流通,如果车上人多,人均空间自然更加少得可怜。在这种环境下脱鞋,很容易使不雅的气味散发出来。而且,在火车上脱鞋也会给人以视觉上的侵犯,有谁会愿意看别人的脏脚丫和花袜子呢?没有人会觉得这样做是礼貌的表现。无论脱鞋者身份如何,此举都会让他颜面尽失。

乘坐公共汽车、地铁等其他公共交通工具时脱鞋也是错误的行为。

温馨提示:

☐ 在火车上应避免脱鞋、脱袜子。
☐ 男性在火车上应避免随意脱上衣。
☐ 在火车上,不要随意将脚伸到他人座位下面。

进门后要替紧随其后者把门

进门后替紧随其后者把门是多数人易忽视的礼仪。

和朋友一起进出旋转门,进门后不替朋友把门,对方可能会被转动的门打到,甚至受伤;和下属一起通过弹簧门,进门后不替下属把门,对方很可能会被门弹到,也很可能受伤;与陌生人一起通过厚重的金属门或玻璃门,不替对方把门,对方同样可能遭遇"打击"。进门后不肯为后来者把门,有冷漠之嫌。如果后来者是女性、老人或孩子,你的行为更会让人觉得你受教育程度太低。

温馨提示:

☐ 进门后应主动为下一位马上要进门的人把住门。
☐ 进门后不要猛地关门。
☐ 进门时应自然地向后看一下,以免妨碍到后来者。

不在草丛、林地乱丢烟头

外出郊游、踏青时可不要随便丢烟头,这是隐患极大的有害行为。

草丛、林地是郊外风景的重要基础,给人们带来无限情趣,但任何的不慎都可能给公共草地或林地造成损害。乱丢烟头破坏环境美,满地烟头让人看着着实不舒服,加上散发出来的残余烟味,更是令人不快。如果天气干燥,风力适当,未掐灭的烟头很容易导致火灾。从公共礼仪角度来说,在草地、林地上乱扔烟头会给清扫人员带来负担,给其他游人带来不愉快,自己或许也被扣上"污染源"的名号。

温馨提示:

☐ 在草丛、林地时应避免用烟头接触草木。
☐ 郊游、踏青时应尽量避免吸烟。
☐ 在草丛和林地吸烟时,应将烟头彻底熄灭后再丢入垃圾箱内。

不在有人游泳的水域跳水

在游泳池或可以游泳的河湖水域,有意无意地在旁边有人游泳的地方跳水,这是会引出麻烦的。

在有人游泳的水域跳水,第一,会打扰到正在游泳的人,影响对方的心情,甚至使其受到惊吓。第二,在有人游泳的水域跳水可能会造成意外伤害,这样的话,可不是用一句"开玩笑"的解释就能够解决的。

在有人游泳的水域跳水,给人一种只顾自己开心、不管他人感受的印象。

在公共场所打扰到他人是不礼貌的。

温馨提示：

☐ 跳水前，应先确定附近没有人正在游泳。

☐ 跳水时，应提前告诉距离自己不远的人。

☐ 跳水不小心妨碍到他人时，应及时道歉。

使用公共游乐设施要照顾别人

公园、游乐场里，供多人同时使用或集体合作使用的游乐设施随处可见。既然是公用的，就不要不考虑他人的意愿。

坐碰碰车时不停冲撞，想撞谁就撞谁，不顾他人感受，别人必定会觉得你太莽撞；坐跷跷板时擅自离开座位，导致同伴突然落地，对方必定会为你的恶作剧而生气；坐人工推动的旋转木马时擅自加速或改换方向，其他乘客有可能会被你转得头昏脑涨。

使用公共游乐设施而不照顾他人容易引发矛盾，破坏大家的心情和友好关系，还可能造成意外事故。这是自私的表现，也是不礼貌的行为。

温馨提示：

☐ 使用公共游乐设施时，应避免一人独享。

☐ 使用公共游乐设施时，应照顾比较弱小的人。

☐ 使用公共游乐设施时如果涉及速度问题，应与同时使用的其他人协商。

听音乐会要穿正装入场

穿着拖鞋、短裤听音乐会和穿着西装下游泳池一样令人匪夷所思。

即使我们不能像西方国家那样穿着正式的西装、套装去听音乐会，至少也不能穿得过于邋遢、随便。穿着拖鞋、短裤去音乐会场，会明显地与处处讲究细节的庄严会场产生强烈的反差，给人以不雅之感。在一群正装出席的表演者面前穿得过于随便，给人的感觉就像主人穿着睡衣接待客人。穿着拖鞋、短裤听音乐会是对演奏者和音乐厅的不尊重。

温馨提示：

☐ 进音乐厅欣赏音乐会时应尽量正装入场，女性应避免穿过于休闲的暴露装。

☐ 在音乐会上应穿着整洁。

☐ 进入音乐厅时女性应适当化妆。

避免在音乐演奏的中途入场

一场气势非凡的音乐会对人们而言是绝对美好的享受，但音乐演奏中途受到打扰的话，人们的享受就会打折。

如果你是演奏者之一，演奏途中突然有人大摇大摆地闯进了音乐没有任何杂音的音乐厅时，你必然会觉得自己受到了冒犯和轻视。由此可见，在音乐会演奏中途入场，必然会破坏现场的演奏气氛以及听众专心欣赏的心情。演奏中途入场，说明你是一个伪乐迷，不懂得尊重演奏者，同时也说明你是个自私的人，不懂得照顾他人的感受。此外，这说明你还是个没有涵养的人，不遵守音乐会的规则。

温馨提示：

☐ 管弦演奏会通常惯例是上半场以序曲开场后演奏协奏曲，下半场则是一首交响曲。

☐ 音乐会正式开始后，音乐厅会关闭所有的门，每曲演奏完毕、下一曲演奏之前才会再次开启。

☐ 迟到者只能在演奏中途音乐厅打开门的时间入场。

听音乐会要保持安静

听音乐会时，不要无所顾忌地聊天。

听来华访问演出的国外乐团演奏，边听边和同伴乱加评论或者说家长里短，必然会影响周围专心听音乐的人，让他们难以全心投入地欣赏音乐。如果台上的演奏者看到你的样子，必定会觉得中国人素质低。受别人邀请听音乐会时大肆聊天，对方可能会觉得自己邀请你是浪费门票和感情的做法，因为你不懂得欣赏音乐的基本礼仪——安静和专注。

温馨提示：

☐ 听音乐会时，应保持安静。

☐ 在音乐厅中，应避免与旁边的人大声交谈。

☐ 在音乐会上，应避免长时间与别人交谈。

观看演唱会时不可在场内随处走动

明星的演唱会往往会令狂热的崇拜者们疯狂，然而当这些崇拜者在观看过程中看到有人在场内随意地四处走动，感觉就不会那么好了。

在演唱会现场走来走去寻找一个更好的观看位置，在演唱会场内到处走动寻找熟人或不时地购买零食、上厕所……无论你走动的原因是什么，别人都会因为你晃动的身影而影响心情，同时影响观看效果。这是不懂得换位思考的表现。

温馨提示：

☐ 观看演出时应尽量安静地坐在自己的座位上。

☐ 观看演出过程中如果需要走动，应礼貌地向周围的人表示歉意。

☐ 观看演出期间在场内走动时应尽量避免挡住别人。

别人通过时礼貌让路

在电影院、演唱会现场，恐怕每个观众都希望不受打扰地从头到尾看完整场电影或者表演。但如果别人需要暂时离开座位，你不让对方通过就不对了。

别人通过可能是因为上厕所或接打电话，可能是因为购物或与别人会面，而你不让路会让别人觉得你不讲理、故意为难对方。如果双方争执起来，还会影响到周围的人们。

温馨提示：

☐ 演出过程中，别人要通过时应主动让路。

☐ 自己坐在通道旁边时，不应拒绝给别人让路。

☐ 给别人让路时，不应表情不悦、态度蛮横。

演唱会上不可乱扔荧光棒

演唱会上的荧光棒可谓是壮观一景。演到高潮时，台上台下一片欢腾，观众手中的荧光棒从挥舞变成抛洒，看起来很激动人心，很能烘托气氛。其实这么做是错误的。

首先，人激动时往往力气会很大，乱丢荧光棒可能会伤到别人。如果你不小心丢在别人头上、身上，对方即使毫发无损，也会觉得受到了侮辱。其次，胡乱飞舞的荧光棒堆积起来是不折不扣的垃圾，这必定会造成演出现场的污染。舞台上的表演者看到这种景象，估计也会在兴奋之余对现场观众的修养感到遗憾。

温馨提示：

☐ 观看演唱会时，应避免毫无目的地乱扔荧光棒等助兴用品。
☐ 在演唱会中扔东西时应避免妨碍到周围的人。
☐ 演唱会上应避免故意向别人投掷杂物。

对台上的演员要有礼貌

观看舞台表演时，演员舞步出错，你就立刻大声叫好；演员说台词失误，你就立刻大声拍手跺脚甚至吹口哨；演员的表现不够精彩、到位，你就毫不留情地谩骂，用语言和动作羞辱对方，这种行为表现是不礼貌的。

对演员不礼貌，第一，容易增添演员的紧张感，使其难以及时调整状态更好地表演；第二，容易引起其他观众的迎合或反感，破坏现场观众的情绪。对演员不礼貌是心胸狭窄、喜欢搞恶作剧、不懂得体谅别人的表现，对演员以及其他观众都是不尊重的。

温馨提示：

☐ 观看演出时应对演员报以礼貌的态度。
☐ 即使演员有不尽如人意之处，也不要向台上抛掷杂物以示不满。
☐ 演员表演欠佳时，应避免大声怪叫、起哄。

观看球赛时不可声嘶力竭

体育比赛大概是最能让观众绽放激情的场合。看到激动人心之处，就声嘶力竭地狂喊球员的名字；看到自己喜欢的球星失利，就手脚并用地挥舞，同时大力吹哨或狂吹小喇叭。这镜头动人的另一面是对礼仪的破坏。

观看球赛时声嘶力竭，肯定会影响到周围的其他观众。当你手脚并用发泄激情时，说不定旁边的观众会被你吓得不敢动。如果你看球时声音高昂加上谩骂，就是对自己形象的不负责任；如果你观看的是国际赛事，你更有可能被当作本国球迷形象的代表，从而给国际媒体留下一个粗鲁的整体印象。同时，你已经无意间为祖国做了负面广告。

温馨提示：

☐ 观看球赛时应避免起哄、吹口哨，以免影响到周围的观众。
☐ 观看球赛时应避免口出脏话。
☐ 观看球赛时应避免辱骂自己支持球队的对手。

不可把嚼过的口香糖粘在桌子下面

如果你留心的话，大概经常能在电影院等公共座椅下面、扶手上面、椅背上发现嚼过的口香糖；不经意触到，说不定会吓一跳。这样做的人也许出于恶作剧，也许出于无心，但无论如何，这都是令人唾弃的坏习惯。

把嚼过的口香糖粘在椅子下面，首先，是对公共场所卫生的破坏，会给工作人员带来清理的负担；其次，这样做是对下一个就座者的不敬，对方可能会因这意外的发现感到恶心，从而没有好心情欣赏节目；最后，这样做会给剧场的整体形象抹黑，还容易导致他人效仿，从而造成更多的口香糖垃圾。

温馨提示：

☐ 嚼过的口香糖应用纸包起后抛入垃圾箱。

- [ ] 应避免在座椅上下粘贴胶状食物。
- [ ] 应避免在公共场所的座椅上涂抹鼻涕等脏污。

在超市购物不可用手接触裸露食品

在超市购物买散装食品时，千万别图省事或因为其他原因而舍弃专用工具用手去取。

在超市买米，放着专用的铲子和勺子不用，偏用手抓；在超市买散装饼干，不用夹子而用手拨来拨去；在超市买糖果，将专用夹子放在一边，只用手挑拣。这样做一方面是让其他顾客对超市食品的卫生产生怀疑，另一方面会让别人对你的公德产生怀疑。如果你将不宜用手翻动和抓取的散装食品弄得形状损坏，更会给超市造成经济损失。这样做除了显示你是个故意捣乱且自私的人之外，并不能说明你多么有个性。

温馨提示：

- [ ] 在超市购物选取食品时，应按提示使用相应的工具。
- [ ] 在超市购物时，应避免用手抓完食品后在相应的器皿中搓手。
- [ ] 在超市购物时，应避免将已经挑好的商品再倒回货柜。

试衣时应注意不要弄脏衣服

买衣前试衣是天经地义的，但试衣时弄脏衣服就不是你应该做的事了。

试衣服前刚吃完烤肉串，双手不擦就试衣，难免使衣服粘上油污；试衣时如果不注意分寸，穿套头衣服就容易使衣服沾染上你脸上的化妆品；刚出了一身大汗，就马上进店试衣，试完后衣服上说不定已经浸染了汗液和汗臭。试衣时弄脏衣服，既是对衣服的不爱护，又是对售货员的不尊重甚至刁难。

如果你是售货员，看到衣服被顾客污染，恐怕很难心平气和。不要因为衣服不是自己的就不注意自己的形象，以至于给别人留下一个自私、品质低劣的印象。

温馨提示：

- [ ] 试衣服时，应避免让自己的汗液、化妆品等沾染衣服。
- [ ] 试衣服前，最好保证自己的身体是清洁的，女性最好事先擦掉唇膏和睫毛膏。
- [ ] 试衣服时，应避免在衣服上留下手印、灰尘等。

试衣后把衣服放回原位

试衣完毕，随手将其丢到一边，也不看是不是它原来所在的位置，甚至任其掉在地上；衣服原本是叠起的，你试完后就成了一件一件散落的；衣服原本是甲品牌的，你试完后却混到了乙品牌中去……购物时，试衣后乱丢是不招人喜欢的做法。

试衣后乱丢衣服，第一，已经破坏了衣服和衣店原有的整齐；第二，给售货员增添了额外负担；第三，容易使不同种类的衣服放错位置，给不同品牌带来声誉上的损坏。

温馨提示：

- [ ] 试衣完毕后应将衣服交给服务人员或整齐地放到原位。
- [ ] 试衣完毕后若不满意，不应一言不发地丢下衣服就走，而应对售货员礼貌地道谢。
- [ ] 试衣完毕后放下衣服的动作不应粗暴而应柔和。

不可随意拆开商品包装

在商场或者超市购物时，不要随意拆开商品包装。

购买果汁、食品等物品时随意拆开包装，如果你不买，食物就会很容易变质、作废；随意拆除小家电、工艺品的包装，它们会因为失去保护而容易损坏；随意拆除名牌商品的包装，它们会因为不完整而容易受到质疑。随意拆开任何商品的包装，都是对商品完整性的损害，都会影响它们的外观之美以及销售；随意拆开商品包装，会给工作人员整理和调换商品增加负担，并且容易引起别人的效仿，产生不良影响。

温馨提示：

☐ 对于货架上有"禁拆包装"明显标志的商品，不要打开包装。

☐ 对于货柜上摆放有样品的商品，不要拆非样品的包装。

☐ 对于包装破损后会引起变质的商品，不要拆开包装。

品尝超市食品要按规定进行

违规品尝超市食品不是个好习惯。

独立包装的食品，拆开包装后就失去了它作为商品的价值，不能再售出；整体包装的食品，拆开后同样不能被顺利出售；散装食品，随意品尝容易造成交叉污染，带来卫生隐患。随意品尝超市食品容易被认为是顺手牵羊的举动，从而给你惹来诧异的目光甚至麻烦。违规品尝超市的食品，不利于自己的健康和公众形象，也会影响超市的利益。如果你与别人结伴购物或者在境外做出这样的举动，必定会遭到鄙视。

温馨提示：

☐ 除非摆放有允许顾客品尝的样品，否则不要擅自品尝超市食品。

☐ 对于大块的糕点类食品，不要擅自掰取品尝。

☐ 对于液态、较软、较黏的食品，不要随便品尝。

看过商品后要归位

在商场或超市购物时，别忘了将看过的商品归位。

在商场中浏览一圈之后，把食品放在家电区，把卫生用品放在散装食品区，把内衣放在玩具专柜，把图书放在化妆品区……这样乱放商品的行为让人觉得很不妥。乱放商品会破坏商场商品摆放的秩序和美观，给工作人员整理以及其他顾客挑选商品带来麻烦。

看过商品后不归位，让人觉得你做事有始无终。更重要的是，你会给别人留下做恶作剧以及品德不够优良的印象。

温馨提示：

☐ 看过商品后应将其放回原物所在柜台或货架。

☐ 不是同一类别的商品不要放在一起。

☐ 易相互污染的商品不要放在一起。

住旅店不可大肆浪费

外出旅行、出差时，住旅店最平常不过。然而，有许多人却在住店期间丢了自己的脸面，因为他大肆浪费。

住店期间极尽所能浪费水资源和电源，即使暂时不在房间也开着灯，即使洗漱完毕也不及时关水龙头；住店期间狂打房间内的免费电话，乱拨电话号码找人聊天；除了房间里配备的免费用品，额外再向服务员索要并迅速用光……这种行为让人联想到暴发户，给人以小人得志的印象。设想你因为业务关系与外地客人同住旅店，你的浪费难免会让对方怀疑你待人处事的能力和信用。

温馨提示：

□ 住宿旅店时，对于免费提供的洗漱用品不要刻意浪费。
□ 住宿旅店时，不要浪费用水。
□ 住宿旅店时，不要滥用电源、电器，也不要长时间开灯或将全部灯具都打开。

禁用旅店的毛巾擦皮鞋

用旅店的毛巾擦鞋是恶劣的行为。

用旅店的毛巾擦皮鞋，必定会让尘土、鞋油等污垢沾染到毛巾上，给别人的健康带来隐患。即使你擦完后将毛巾洗净，这种行为也是缺乏修养、品质低下的表现，给人以粗俗不堪的印象是必然的。如果你的同伴看到你这样做，他下次一定不愿意再住旅店，因为没有人希望自己擦脸用的毛巾曾被别人擦鞋。

用旅店的床单擦鞋、用旅店的饮水杯刷牙、用果盘装烟灰等诸如此类的行为也都是错误的。

温馨提示：

□ 擦鞋时应使用专用的器具。
□ 毛巾只能用来擦手、脸、身体，不应私做他用。
□ 不要用旅店的毛巾擦桌椅或自己的皮包。

在旅店说话时应关上房门

住旅店敞着门说话，给人的感觉类似于在家中有外人的情况下敞开浴室的门洗澡。

住旅店敞着门说话，第一，会影响旅店的形象，同时影响你的形象；第二，会影响其他房间的客人，也容易导致好奇者探头窥视；第三，如果你和同伴说话的内容是隐私或行业机密，会很容易泄露。室内从来都是私密之地，敞开门给人以"暴露癖"的嫌疑。同时，路过的人也难免怀疑你敞开门是为了观察对方，这是对路人的不尊重。

温馨提示：

□ 住旅店时进入房间后应将房门关好。
□ 住旅店、宾馆，与别人交谈时应将房门关紧。
□ 住旅店时，不要在房间里大声喧哗。

不可穿着浴衣在大堂里穿行

穿着浴衣在酒店大堂里穿行好比裸体参加宴会，你就等着别人暗笑你、替你难为情吧！

穿着浴衣在大堂里穿行，是对工作人员和其他在场客人的轻视和"视觉污染"，会引起客人对酒店的不满："居然让这么粗俗的人住在这里！"如果你外出公干，这样做会使你给别人留下"不爱惜自我形象"的笑柄。穿着浴衣在大堂里穿行，无论你想要做的事多么严肃，都无法让人相信你的诚意。

温馨提示：

□ 住旅店、宾馆时，应避免穿着浴衣在房间以外的地方四处走动。
□ 住宿旅店时，应避免穿着浴衣串访别人的房间。

☐ 住宿期间需要去大堂时，应换上便装。

不可在公园的长椅上躺卧

行走累了，在公园的长椅上倒头便睡或者看书、看来往行人，也许你觉得这样做很舒服、很悠闲，实际上却已经违反了公共场所的礼仪。

在公园长椅上躺卧，第一，有碍观瞻，你不雅的姿态会让人感到不快；第二，占据了有限的休息场所，给其他需要休息的游客带来不便；第三，你的姿态给公园风景抹上了不和谐的一笔，破坏了景观的优美。

温馨提示：

☐ 在公园休息时，应避免在长椅上躺卧，更不要长时间躺卧。

☐ 不要一个人休息时在长椅上放过多东西，以免影响他人休息。

☐ 在公园的长椅上就座时，应避免歪歪斜斜的不雅姿势。

不可攀爬雕塑、栏杆等禁攀设施

游览、观光时，一定要避免攀爬雕塑、栏杆等禁攀设施。

看到某景点有造型独特的动物雕塑，就攀爬上去拍照；为了抄近道或者显示自己的童心未泯，就攀爬栏杆；想表现自己的大胆，吸引众人眼球，攀爬高墙或陡峭的假山；因为好奇就冒着被罚款的危险攀爬受保护的文物，以便"一睹真容""一亲芳泽"。诸如此类的攀爬行为，绝对不是聪明、有个性的表现。

攀爬禁攀设施，一方面对自己和他人的安全造成隐患，一方面给你所攀爬的设施或文物造成安全隐患，此外还干扰正常的游览秩序。

温馨提示：

☐ 在任何景点都不应违规攀爬雕塑等设施。

☐ 属于文物的雕塑等设施一定不能攀爬。

☐ 有"危险"标志的装饰性建筑物一定不要攀爬。

停车时注意不要妨碍交通

停车时，千万别妨碍交通。

将车停在别人家大门口，阻碍人家进出，停在社区、商店门口等人流拥挤的地方，你的阻碍将起到更大的作用；将车停在狭窄的单行道上，你会严重阻碍别人通过；在高速公路上突然停车或不在安全区域停车，不仅会造成交通阻塞，更可能造成事故。

为了保证大家的安全和效率，也为了你的形象，不要随意停车、随处停车。

温馨提示：

☐ 停车时，应避免停在路口。

☐ 停车时，应避免停在靠近车流、人流量大、狭窄的地方。

☐ 停车时，应避免停放在不允许停车的地方。

驾车不可乱鸣笛

驾车时不要乱鸣笛。

驾车乱鸣笛妨碍交通秩序，使繁忙的交通更显得繁乱；驾车乱鸣笛容易惊吓行人，促使本不该发生的事故发生；驾车乱鸣笛容易引发行人和其他驾驶者的反感和烦躁，引发口角。在红灯前乱鸣笛，给人以急躁而不守秩序的印象；在堵车时乱鸣笛，会加重大家的负面情绪；陪同客人或领导，外宾时乱鸣笛，会让人觉得你仗势欺人、虚张声势；鸣笛时无规律、无休止地按个不停，给人以威胁感，显得嚣张、势利、粗鲁。

温馨提示：
☐ 开车出行时应避免鸣笛惊吓路人。
☐ 开车遇到阻塞时应避免长时间按喇叭。
☐ 按喇叭时应有规律，防止乱按。

接受陌生人帮助后要说"谢谢"

接受陌生人帮助后连声"谢谢"都不肯说的人肯定会让人失望。

别人好心为你指路，你却不道谢，对方一定会觉得失落；别人热情地帮你捡拾掉落在地的东西，你却不说"谢谢"，对方必定会觉得委屈；别人体贴地提醒你前方道路无法通行，你却没事人一样走过，对方难免会觉得自己是在多管闲事。接受别人的帮助而不道谢，是对对方不尊重、不信任的表现，也是戒备心过强、冷漠无情的表现。

温馨提示：
☐ 接受陌生人帮助后一定要诚恳地道谢。
☐ 接受陌生人帮助后应礼貌地与其寒暄几句。
☐ 接受陌生人帮助后如果有必要，可询问对方是否需要帮助。

携宠物出行要注意避免妨碍他人

城市居民们养宠物早已成风，闲暇之余带宠物遛弯更是司空见惯。携带宠物出门无可厚非，但使其骚扰到别人就值得商榷了。

带猫狗出行时不注意控制其情绪，任其对别人狂叫甚至抓咬，容易惊吓到别人或伤害别人；带宠物出行时不注意控制其大小便，不及时处理其大小便，甚至不予理睬，容易污染环境，影响别人的行走和心情；带宠物出行时不仔细看管，任其在人群中乱跑甚至跑上马路，容易阻碍交通，危及你的宠物的生命。

温馨提示：
☐ 带宠物出门时应防止它吠咬路人。
☐ 带宠物出门时应妥善处理其粪便。
☐ 带宠物出门时应避免让其亲近害怕动物的人。

在景点注意别妨碍他人拍照

外出时，我们经常能看到观光旅游的人们拿着相机到处取景。如果你妨碍了他人拍照，会是一件令对方很不愉快的事。

眼看别人正在拍摄景观，你偏要向他对准的地方走去；别人好不容易摆好了姿势，却被你的身影挡住；别人刚好举起相机，你从旁边经过时却撞了对方的身体。换作是你拍照，受到如此打扰你一定也会郁闷。

在景点妨碍他人拍照显得缺乏公德心，不懂得照顾别人的感受，不懂得礼让，还容易给人以故意捣乱之嫌。

温馨提示：
☐ 在景点游览时，应避免向有人正在拍照的地方走。
☐ 如果有人请你帮忙拍照，不应断然拒绝。
☐ 不要刻意走进正在拍照的镜头中。

乘船时不可在甲板上乱挥衣服

乘船时，相当一部分第一次乘船

的人上船后总忍不住站在甲板上兴奋地大声喊叫，同时乱挥衣服。这种表达喜悦的心情大家可以理解，但这种行为是不应该有的。

第一，在甲板上乱挥衣服容易影响到他人，引起别人行动不便。如果你挥到他人身上，对方肯定会觉得你冒犯了他。第二，在甲板上乱挥衣服对你的安全没好处。船在行驶中难免会摇晃，这样做不小心跌倒是不能怪别人的。第三，也是最关键的一点，这样做容易被其他船只认为是旗语，是在求助或挑衅，从而浪费其他船只工作人员的时间，也会为本船工作人员带来负担。

温馨提示：

☐ 白天乘船时应避免将衣服挥来挥去。

☐ 乘船时，不要在甲板上胡乱挥舞颜色鲜艳的布条、手帕、围巾等物。

☐ 乘船时，应避免长时间站立在甲板上挥舞双手。

乘船时晚上慎用手电筒

乘船时晚上用手电筒四处乱照，透过窗户甚至在船舷上到处照，是错误的做法。

乘船时晚上乱用手电筒，容易影响别人休息和引起他人的误解，认为你偷窥或故意捣乱。晚上的灯光容易使其他船只认为是专业信号，因而对此做出的回应难免要干扰到本船和对方船只的正常工作。

温馨提示：

☐ 乘船时，晚上应避免长时间用手电筒。

☐ 乘船期间使用手电筒时，应避免无意识地四处摇晃。

☐ 乘船期间使用手电筒时，应避免向船外远处投射光源。

乘飞机时不可无故频繁呼叫乘务员

乘飞机时无故频繁呼叫乘务员是不礼貌的行为。

通常飞机座位上都有呼叫按钮，供乘客呼叫乘务员使用。刚点完餐，乘务员离开你的座位不久，你就呼叫，让对方再替你拿食物；自己觉得座椅不舒服，就立刻呼叫乘务员质问对方"怎么回事"……轻易呼叫乘务员，给人以自以为是之感，不仅明显增加乘务员的负担，而且会打扰到你周围的人。如果是夜间休息时间，你的呼叫更会给别人带来不快。

温馨提示：

☐ 夜晚休息时应避免随意呼叫空乘。

☐ 能自己处理的问题应避免呼叫空乘。

☐ 不要以呼叫空乘来打发时间或检验飞机上的服务质量。

乘机时不可冒昧与邻座搭讪

乘飞机时，有的人觉得必须和身旁的其他乘客搭话聊天才显得礼貌，其实不然。

对于一些"忙人"来说，乘机期间是难得的休息时间，如果你冒昧与邻座搭讪，很可能会让对方反感。冒昧与长者搭讪，是对对方的不敬；冒昧与女性搭讪，是对对方的骚扰。冒昧打扰邻座，一方面会让对方被迫离开"自己的世界"，浪费对方时间和精力；一方面容易被认为是无聊和别有用心。如果你给别人是"脸皮厚""自来熟"的形象，将会多么尴尬！

温馨提示：

☐ 乘机时落座后，你可以礼貌地向旁边的乘客点头致意。
☐ 如果邻座无意与人交谈，不要刻意挑起话题。
☐ 如果你的邻座正在沉思、打盹或工作，更不要打扰对方。

乘机时礼貌对待别人的搭讪

乘机时如果有人与你搭讪，千万别对对方翻白眼。

漫长的空中旅途尤其是国际航班难免会让人觉得孤单，别人和你搭话没有什么不可理解的。对别人的搭讪翻白眼，第一，是给了对方一个凶狠、恶劣的表情，使对方遭到很不友好的排斥，容易伤害对方的自尊；第二，显得你戒备心强、不懂得换位思考，甚至让对方觉得你怀有敌意。

拒绝也是需要礼貌的，翻白眼显然超出了礼仪对我们的要求。

温馨提示：

☐ 乘机时如果有人向自己搭讪，应礼貌地向其点头或微笑以示问候。
☐ 如果你不想与别人交谈，可以礼貌地告诉对方"我想静一静""我想睡一会儿"等。
☐ 如果搭讪者纠缠不休，你可以礼貌地拒绝对方，但态度应避免粗暴或表示不屑。

乘机点餐时不可提出过分要求

乘坐飞机时，通常会提供免费或部分收费的餐饮。在飞机上提供的餐饮没有质量问题且品种尽可能丰富的前提下，抱怨飞机上没有你想要的口味，抱怨饮料和食品色泽不对，甚至抱怨食品的形状不美，这样做是愚蠢的。

飞机是一个远离地面的环境，也是一个空间有限、承重有限的环境，即使后勤工作做得再好，也难免使一些人无法特别合心。在这种环境下，点餐时提出过分要求的行为可以说是"过分的"。别人会觉得你在变相炫耀自己的尊贵，贬低别人的身份和品位，并有挑衅和戏耍乘务员之嫌。

温馨提示：

☐ 乘飞机点餐时不要索要飞机上未备的食物、饮料。
☐ 乘飞机点餐时应避免吹毛求疵。
☐ 乘机点餐时应避免提出刁难性问题。

在飞机上不可占据过多空间

飞机是一个有限的特殊空间，所有任何一位乘客不能占据过大空间，否则就容易遭人诟病。

将自己的行李横在座位旁边的通道上，必然会影响乘务人员和其他乘客通行；在座位上随意伸胳膊伸腿，将脚伸到别人的座椅下面甚至搭在别人座椅上面，必然会引起你旁边乘客的反感，因为对方感到自己受到了侵犯；就餐时将旁边的乘客挤到一个小角落里，对方必定会觉得你太霸道。

在飞机上占据过多空间，是自私和没有修养、没有公德的表现。如果你的服装上有单位标志，或者你是有名人士，你的做法会让你的单位和你名誉扫地。

温馨提示：

☐ 在飞机上放行李不要妨碍到别人。
☐ 在飞机上放置行李时，应尽量不多占空间。

☐ 在座位上不要过于自由地伸展自己的身体。

野餐完毕后要清理场地

野餐完毕后，不要任杂乱的场地保持原样。

如果野餐完毕后，烧烤过的柴草、吃剩的骨头、废弃的饭盒、矿泉水瓶、脏污的织锦等所有的垃圾都保持原样，你这样做难道是为了让别人看到此景时想象你野餐时的快乐吗？

这样做的结果必然是对环境造成污染，同时给其他游人带来不好的印象，还可能给一些人树立了野餐后不收拾残局的"榜样"。不能让所到之处保持它原有的清洁、美丽，这不是爱环境和懂礼仪的人做出的事情。

温馨提示：

☐ 野餐完毕后，应将所有垃圾清理并带出野餐场地。

☐ 野餐完毕后，应尽量将现场的灰烬处理掉。

☐ 野餐时，尽量不要破坏现场的原貌。

不可在公共场所长时间占用卫生间

如果长时间在公共卫生间里不出来，相信会受到众多等待者的谴责。

有的人把公共卫生间当作化妆室和更衣室，在里面没完没了地梳妆、换衣服；有的人把公共卫生间当作休闲胜地，居然在里面看书看报；有的人没有什么其他事情，却也慢吞吞地很久不出来……

在公共场所长时间占用卫生间是自私的表现。

温馨提示：

☐ 在公共场所使用卫生间应该注意时间不要太长。

☐ 在人流高峰期的公共场所使用卫生间时，应尽量避免大便。

☐ 使用卫生间时不要故意拖延时间，洗手时不要长时间占用洗手池。

使用公共卫生间要冲马桶

在商场、车站、餐厅等公共场所使用公共卫生间后不冲马桶，这样的行为格外让人反感。

使用公共卫生间不冲马桶，第一，会严重影响卫生间的清洁，增加恶劣气味的浓重程度；第二，会给管理人员增添负担；第三，会令后来使用的客人对当地的公民素质产生质疑和贬低心理。如果外宾使用这样的卫生间，你觉得他会对我们有好印象吗？使用单位的公共卫生间不冲马桶也是不道德的。

温馨提示：

☐ 使用公共卫生间时，应及时冲水。

☐ 使用公共卫生间时，应避免将公用卫生纸拿走私用。

☐ 使用公共卫生间时，应避免随处丢弃废纸、杂物。

情侣在公众面前不可行为过密

情侣在大街上亲热接吻，会影响交通；情侣在公园里过于频繁地搂抱，会影响别人看风景的心情，对方还会担心你们误解他有窥视行为；情侣在严肃的博物馆、会场等地紧凑着说悄悄话，会影响现场的气氛。

情侣在公众面前行为过密，给人以过于张扬和暴露之感，令人不好意思向他们所在的方位观看。这种将别人视为空气地展示私密动作的行为，显然是不尊重他人、缺乏教养的表现。

温馨提示：
☐ 在公共场合，情侣的举止应大方自然，避免长时间的拥抱、亲昵。
☐ 在公共场所，情侣之间应避免过分打闹。
☐ 在公众面前，情侣之间应避免态度暧昧。

在公共餐厅就餐要尊重服务员

顾客盛怒叫骂、呵斥服务员，无论如何都是不礼貌、不应该的。

呵斥服务员，别人会觉得你歧视对方。如果你身边是身份较高的同伴，你的举动有变相讨好和炫耀身份之嫌；如果你身份一般，则会有借机发泄不良情绪之嫌。在公共餐厅里呵斥服务员，必然会干扰到其他客人，同时会让被呵斥者蒙受委屈。就算对方的确有失职之处，呵斥也只能起消极作用。如果在环境幽雅的西餐厅，呵斥服务员更是令人鄙夷的举动。

温馨提示：
☐ 在公共餐厅就餐，与服务员沟通时应采取平和、尊重对方的态度。
☐ 服务员的服务如果未使你满意，可按照餐厅规定向其上级反映。
☐ 在公共餐厅就餐时，应避免为了摆架子而训斥服务员。

在快餐店吃完饭后要及时离开

在许多快餐厅，不难见到吃完饭后逗留不走的人。或许你觉得自己既然付了钱，在这里多停留一会儿没什么。其实这样不合适。

在快餐店吃完饭逗留不走，会影响餐厅"快捷"的形象。如果是人流高峰期，会使后来的客人们不得不等待或者离开。聚会、商谈，选择快餐厅边吃边谈，拖很长时间才将饭吃完，这种行为明显与餐厅气氛不符，显得不合时宜。

在快餐店吃饭，把快餐店当作茶楼、酒吧看待，显然是不对的。

温馨提示：
☐ 在快餐厅吃完饭后，应尽快离开。
☐ 在快餐厅吃饭时，不要长时间地占座等人，更不要在座位上看书学习。
☐ 在快餐店吃饭时，不要在饭桌上聊天超过一个半小时。

观看演出时要按号就座

持票进入剧场后找不到自己的座位，便就近在空位上坐下；进入剧场后发现自己的座位太差，便抱着侥幸心理找个"好座位"坐下；觉得自己坐哪里都无所谓，于是不看座位号随意就座；打定主意要坐"好座"，于是不顾别人如何反应，厚着脸皮坐到不是自己的座位上。这都是错误的。

不对号入座，第一，容易引起纠纷，导致双方的不愉快；第二，会给别人留下蛮横无理的印象；第三，这样做会损害他人利益。如果别人的座位是特意买的与同伴相连的号码，或者别人的座位号花钱更多，你无疑会令对方恼怒。

温馨提示：
☐ 观看演出时应对号入座。
☐ 如果想换座位，应事先征得座位主人的同意或者确定该座位上无人。
☐ 发现坐错位置后应及时找到正确的座位并向座位主人道歉。

观看剧场的演出要脱帽

我们在剧场看演出时，很容易遇到这样恼人的场景：前面正冲着我们的观众席，一个头戴帽子的人正好挡住了我们的视线，让我们不得不将头拼命地抬高、左偏右偏。这样我们身后的人就会跟着抱怨，因为我们挡住了他们的视线。

有人觉得戴着帽子好看，但是，如果你妨碍了别人，没有人会愿意欣赏你的帽子。别人花了钱来看表演，却不得不看你的帽子，这显然是不合理的。

戴着帽子观看剧场演出，除非你坐在最后一排，否则不要这样做。踩着椅子看表演道理与此相同，也不是礼貌之举。

温馨提示：

☐ 观看剧场演出时如果戴了帽子，应将帽子摘掉放好。

☐ 观看剧场演出时应避免坐不安稳、摇头晃脑。

☐ 观看剧场演出时应避免四处张望。

在动物园不可违规给动物喂食

给动物园里的动物喂食在大多数人看来是很有趣的事情，并且看起来是对动物关爱有加之举，有的人甚至觉得这样做能把动物园相当一部分"伙食费"节省掉，这么认为是错误的。

随便给动物喂食，可能会导致动物吃得过多而影响健康，也可能因为吃的东西超出它们的食谱范围而引发疾病。如果人们喂给动物的食物带着塑料包装，动物可能会因为无法消化而危及生命。任意给动物喂食，也容易导致人被抓伤、咬伤等意外事故的发生。此外，这样做还会给工作人员增加管理负担。因此，违规给动物喂食对人和动物都不好。

温馨提示：

☐ 在动物园不要随便给动物喂食。

☐ 在允许喂食的地方，喂食应有节制。

☐ 不应恶意给动物喂腐烂、变质食物或在动物食谱范围外的食物甚至非食品。

不可随意采摘公园果树上的果子

公园果树上的果子不能随便采摘。

随意采摘公园树上的果子，首先，是不劳而获的行为，是不道德的；其次，容易损伤树木，给公园的植物维护增添困难；最后，这样的举动显得爱占便宜、贪婪成性。此外，随意采摘公园果树上的果子还是破坏独特景观的行为，如果大家都这样做，硕果累累的美景就不存在了。

公共场所的财产不是属于个人的，采摘公园果树上的果子不符合公共场所文明礼仪的要求。

温馨提示：

☐ 公园树上的果子不属于私人，不应随意采摘。

☐ 公园树上的果子即使掉落，游人也不应捡拾据为己有。

☐ 不要用石块等杂物投掷公园里树上的果子。

禁止攀折公园花草树木

随意攀折公园内的花草树木是不文明的行为。

公园内的花草树木是供游人观赏的，随意攀折是对公共环境的破坏，是不道德的行为；随意攀折公园内的花草树木，不但损害了植物的生长，还体现出你的个人修养和道德素质的问题。如果你不是年幼无知的儿童而身为成年人，随意攀折花草树木说明你品行低劣，有故意损坏公物之嫌。

温馨提示：

☐ 要爱护园内绿化，并教育儿童不得随意攀折花草树木。

☐ 公园内的花草、树木如有严格限定"禁止入内"的区域，则不应强行进入。

☐ 不要故意在草地、林间嬉戏、打闹或丢垃圾等杂物。

行路要懂得礼让

行路时横冲直撞、旁若无人是不合礼仪的。

马路上人来人往、比肩接踵，如果行人之间不互相礼让，就会发生顶撞、踩踏的现象，若遇到人群拥挤的场合，还有可能造成对他人的伤害。行路时不懂得礼让，如果不慎将别人携带的贵重物品撞落或损坏，则会引起不必要的麻烦，甚至引发口角。行路不懂得礼让，有时还会让人误以为是故意为之，有挑衅、滋事的嫌疑，如果不及时道歉或说明，更容易引发事端。

因此，出行时在遵守交通规则的前提下，还应懂得相互礼让，这样于人于己都方便。

温馨提示：

☐ 在人群拥挤的地方要有秩序地通过，如不小心撞到别人或踩了别人的脚，应主动道歉。

☐ 如果是别人踩了自己的脚或碰掉了自己的东西，应表现出良好的修养和自制力，切不可口出恶言、厉声责备。

☐ 如果在路上遇到熟人或朋友，想与对方多交谈一会儿，应靠边站立，而不应站在路中间或拥挤的地方，以免妨碍别人走路。

避免逆行

行人逆向行走，车辆逆向行驶都是有悖于交通规则的，不符合出行礼仪。

首先，行人逆向行走会给其他行人行路带来不便。大家都顺着一个方向走，你却偏偏逆着方向前行，不但会使本人行进受阻，还会招来众人反感的目光。逆向行走并不说明你具有"个性"。其次，如果在游览、观赏时逆向行走，其他人不得不让开道路，这样会造成交通阻塞，秩序混乱，影响游人情绪。车辆逆向行驶更是有违交通规则的做法。逆向行驶极容易造成交通事故，即使在特殊情况下，逆向行驶也是不合理的。

温馨提示：

☐ 无论行人还是车辆，都应遵循"右侧通行"的交通规则。

☐ 单车道路段，车辆应以右侧通行为准；如果分上、下道的路段，应严格按规定车道行驶。

☐ 横穿马路，为缩短行走路程而跨越道路护栏等做法也是不可取的。

第三十章　涉外礼仪

不可随意拍摄、录音

出国访问时，未经允许不能随便拍摄、录音。

在国外的博物馆、科学实验室、工厂、公司等任何地方随便拍照、录像、录音，都可能涉及知识产权问题，对方可能会认为你在窃取宝贵信息。未经允许随便拍摄国外的居民，无论是工作人员还是女性、孩子，都有可能触犯当地的宗教习俗和民间的道德规范，从而引起误解和矛盾。

温馨提示：

☐ 在有禁止拍摄标志的地方不要随意拍摄、录音。

☐ 拍摄前应礼貌地咨询工作人员或拍摄对象。

☐ 拍摄而遭遇制止时应立刻停止行动。

出境接受服务要付小费

在国内，接受服务付小费似乎很鲜见。但在国外小费通行的地区，接受服务而不付小费，多半是说不过去的。

接受服务而不付小费，一方面，会被认为是你不满意对方的服务或者吝啬不肯付出，这样服务人员可能会降低服务水准；另一方面，不付小费会给人留下狡猾、挑衅的印象，有损我们的国格和人格。

温馨提示：

☐ 出境接受服务时，应按照当地习俗酌情给服务人员小费。

☐ 如果不熟悉所到国家和地区的消费习惯，应事先询问。

☐ 付小费时，应尽量付所在国家的币种。

不可带病会见外商

带病工作、带病学习、带病会见客人，国人的意识中，带病做事是大公无私、勤恳敬业的表现，但如果你把这种观念带到外商面前就出糗了。

感冒发热时按原计划出席谈判，外宾会如临大敌，认为你无视他们的健康；手臂或腿上、脸上带着明显的外伤会见客商，你显然难以给对方留下一个很好的印象。带病见客，在外国人看来，这是将疾病带给他人的表现，是不尊重他人的表现，是自私、恶劣的做法。

温馨提示：

☐ 感冒时应与外商另约时间并说明原因。

☐ 有传染性疾病时，应及时取消约会。

☐ 会见非常重要时，应及时与外商协商修改日期，或征得外商同意后指定专人代替自己前往会见。

与外宾合作时要提供外语资料

与外宾合作而不提供外语资料，是很不得体的做法。

与外商洽谈合作事宜而不提供对方国家的语言和文字资料，有欺生的嫌疑；与国外学者共同研究文化课题而不提供外语资料，有不专业、不坦诚的嫌疑；与外宾合作进行科研项目而不提供外语资料，双方展开合作与交流容易出现很多分歧和误解。是否提供对方国家语种的外语资料，体现着一个人对待外国人是否有基本的尊重和合作精神。

即使外宾通晓中文，也不能不准备外语资料。

温馨提示：

☐ 与外宾合作时，应提前准备对方所在国家语言的文字和语音资料。

☐ 与外宾合作时，应尽可能地配备翻译人员。

☐ 与外宾合作时，应以对方国家的语言向对方进行详细的自我介绍。

对外国人不可乱用手势语

对外国人乱用手势语是错的。

竖起大拇指，在中国意味着夸奖，在美国意味着顺利，但在孟加拉国，它意味着侮辱和挑衅；将拇指与食指尖相接形成圆圈，其余三指成孔雀翎毛状的"OK"手势，在美国意味着赞同和欣赏，但在法国却意味着毫无价值。滥用手势语，轻者造成误解，重者引发矛盾。因此，不事先了解文化背景而滥用手势语，绝对不能表达礼貌。

温馨提示：

☐ 使用手势语时，应先了解其在外宾习俗中的含义。

☐ 我们所熟知的以"V"字表示胜利的手势，在英国人看来，掌心向内如此表示意味着嘲笑。

☐ 拇指和小指竖起的手势在美国一些地区表示热烈欢迎，但对某些国家而言，它意味着诅咒或暗示对方伴侣不贞。

行拥抱礼时要懂分寸

我们有的同胞特别是男性同胞，认为外国人都很开放，普遍实行拥抱礼。其实这种认识是非常片面的。

不管外宾所在国家是否实行拥抱礼就主动拥抱，对方会觉得你太过热情，显得虚伪；行拥抱礼时对异性外宾用力过度、长时间拥抱，对方会认为你是在对其实行性骚扰；行拥抱礼时极力闪躲对方的拥抱，会让人觉得你讨厌对方、看不起对方、不信任对方。

温馨提示：

☐ 行拥抱礼时应按照外宾所在国家的习俗进行。

☐ 异性行拥抱礼时应避免显得暧昧。

☐ 行拥抱礼时应注意对象。

行接吻礼时避免引起误会

接吻礼在涉外交往中是很容易见

到的礼节，但如果没有经验而又不加注意的话，就容易引起不愉快。

对行使接吻礼的外国友人的轻吻大惊小怪或极力闪躲，对方会以为你厌恶、不信任对方；行接吻礼时动作夸张，特别是对待异性的亲吻表现出极大热情，会让别人视作骚扰和侮辱；对于不提倡接吻礼国家的外宾想当然地行此礼，或者被视为冒犯，或者被视为无知，成为笑话。

温馨提示：

☐ 接吻礼适用于上级对下级、长辈对晚辈、朋友、伴侣之间，行礼时在受礼者额头或脸上轻吻一下即可。

☐ 平辈之间的接吻礼通常是相互贴脸或轻吻脸颊，晚辈对长辈通常是亲下巴。

☐ 对于有接吻礼习惯的外宾，不要对他们的礼貌举止表示惊讶或斥责。

面对外宾恭敬有度

待客应该热情而尊敬，但恭敬过度却会招来别人的不尊敬，这是有违礼仪常识的做法。

见了外宾就像见了威严的长辈，唯唯诺诺，低着头，动不动就鞠躬；本该是商量事情，却做出一副唯命是从的样子；按照普通规格接待对方即可，却硬要超出相应规格两三倍来接待。面对外宾恭敬过头，一方面会让对方感到不适应、不自然；一方面会让对方觉得中国人个性懦弱，从而不利于中国人的形象。

温馨提示：

☐ 面对外宾应避免低声下气。

☐ 与外宾相处时应避免处处谦虚、贬低自我。

☐ 面对外宾应避免过度的点头哈腰的动作和姿态。

与外宾对话不可过于客套

寒暄是中国人的一大礼仪。人们在寒暄中表达问候，维系友好关系，展开交际。然而与外宾对话时也客套，十有八九会引起误解。

见到外宾客套地说"去我们家坐坐吧"，对方会真的把它当作一个建议来认真考虑；针对外宾的夸奖，客套地说"哪里哪里"，对方会把这当作一个真正的问题来回答；送给外宾礼物时告诉对方"不成敬意"，对方会觉得你随便拿了个东西打发他。与外宾对话时过于客套，对方难免将好意误解为恶意，将客气误解为诚恳。

温馨提示：

☐ 与外宾对话时不要做过多的寒暄。

☐ 与外宾对话时应尽量有话直说。

不可随便抚摸外国小孩的头顶

中国人看到陌生人的可爱孩子，会情不自禁地上前抚摸孩子的头顶以示喜爱，孩子的父母通常在此时也会露出得意的表情予以配合。但这种做法不适用于外国人。

有些国家认为小孩是不可侵犯的，抚摸头顶意味着侮辱；有的国家将抚摸孩子的头视为不礼貌，最轻的也会视为冒犯。

遇到外宾时，就算他们的孩子可爱至极，也不要不假思索地上前就摸脑袋。

温馨提示：

☐ 不要随便抚摸外国小孩的头顶。

☐ 不要随便拥抱和亲吻外国小孩。

☐ 不要随便盯着外国小孩看，无论你是喜欢他还是讨厌他。

慎用中式习惯称呼外国人

许多人会习惯性地以中国式习惯称呼外国人，这样做是欠考虑的。

见到外国人可爱的小孩，就热情地称之为"小鬼""小家伙"，孩子的家长会觉得受到了侵犯；随意用中国习惯称呼年长的外国人为"老先生""老太太""老头""大妈"，对方会因为你口中的"老"字而格外反感；用中国习惯称呼中年女性为"大姐"，对方会觉得莫名其妙；如果贸然称对方为"夫人"，而实际上对方未婚，对方同样会感到不快。

温馨提示：

☐ 不要随便用中式昵称称呼不熟悉的外国人。

☐ 不要刻意用"老"和"大""小"来区分不同年龄段的外国人。

☐ 不要随便在对外国人的称呼前面加上"那个男的""那个高个女人"等修饰语以示提醒和区分。

接待外宾时要平等对待

在公务或私人的涉外交往中，对待外宾时的态度不均等是错误的。

同时接待两个国家的客人时，对待一国客人态度相对冷淡，对方会认为你对他有仇恨或鄙视情绪；同时接待白人外宾和黑种人外宾时，对待黑种人外宾敷衍塞责，而对白人外宾关怀备至，对方会认为你对黑种人怀有蔑视心理；同时接待几个国籍相同的外宾，对长相漂亮、衣着光鲜的外宾殷勤热情，而对相貌一般、衣着普通的外宾淡漠待之，对方会认为你浅薄、庸俗。更重要的是，外宾的所有误解都不再会是针对你一个人，而是针对我们整个国家。

温馨提示：

☐ 接待外宾时无论对方与我国政治关系如何，都应礼貌相待。

☐ 在民间交往中接待外宾时，不应凭个人好恶区别对待。

☐ 接待外宾时如果场合是外交仪式，可按照国家关系予以适当区别。

接待外宾时不可滥用人情

接待外宾时滥用人情是不合礼仪的。

陪同外宾游览参观时，利用熟人搞来特价票甚至免票，带对方参观禁止游人进入的场所；在需要排队办理的事务上托关系抢先……也许你会觉得在外宾面前展示了自己的神通广大，并最大限度地为外宾提供了方便。但实际上，外宾会为法律和规则在你面前变得"无能为力"而感到吃惊和厌恶；对方会为你为他带来的特权感到惭愧，对你的人品和能力产生怀疑，同时也会对我们国家的法律产生怀疑。

温馨提示：

☐ 无论是公务交往还是私人交往，接待外宾时都应依法办事。

☐ 在公务和商务交往中，尤其不能行使职权之便。

☐ 在涉外交往中如果外宾触犯法律，不应睁一只眼闭一只眼。

懂得女士优先

在公共汽车上看到年长的女性没有座位，你不让座；在餐厅门口遇到即将与你同时进门的年轻女性，你抢先推门进去；在社交场合与女性结伴出席活动，就座时你自顾找到一个座位就坐下……这都是不懂得女性优先的表现。

不懂得女性优先，你就无法成为别人眼中的绅士，无法赢得女性的尊重，也无法赢得那些懂得尊重女性的男士的尊重。

温馨提示：

☐ 在公共场合和社交场合，应该讲究女士优先。

☐ 男士应主动为年长的女性或年轻女性提供帮助。

☐ 在公众场合或社交场合，男士应礼貌对待女性。

参加西式宴会不可要求添饭

参加西式宴会尤其是家庭宴会时，不能向主人要求添饭。

参加西式宴会时要求添饭，意思自然是你没有吃饱、没有吃好，这是在向主人暗示他对你招待不周。这样会使主人难堪，也会使其他客人对你产生吹毛求疵、得了便宜还卖乖的印象。要求添饭，也会让人觉得你在批评主人吝啬、招待客人的经验不足。

温馨提示：

☐ 参加西式宴会特别是家宴时，应避免要求添饭。

☐ 参加西式宴会时，应向邀请者或家宴主人表示感谢。

☐ 参加西式宴会时，应对饮食表示赞美。

不可将红酒一饮而尽

将红酒一饮而尽是不合常规习惯的。

喝红酒时一饮而尽，别人会觉得你太性急，不懂得欣赏和品味，不懂得尊重主人。你这样做也可能会被认为是精神紧张、情绪不稳的表现，这显然不利于你的形象。如果你喝的红酒是名牌或珍贵藏品，一饮而尽会让主人为你的"暴殄天物"而深感痛惜；如果你是女性，别人会为你的缺乏修养而深感遗憾。

红酒向来是宴会上的贵宾，是高贵的象征，饮用时万万不可轻慢失态，否则就贻笑大方了。

温馨提示：

☐ 红酒的最佳饮用温度是18℃～21℃，不宜冰镇。如果同时有几种红酒，应先喝新酒、淡酒，后喝陈酒。

☐ 喝红酒前应先拭净嘴角，并深嗅酒的味道。

☐ 红酒需要一小口一小口地喝。饮酒时应用手指夹杯腿或握杯，缓缓入口并令其在舌尖稍做停留。

传杯饮酒时要拭杯口

传杯饮酒时不拭杯口是不礼貌的。

使用同一个杯子饮酒，是彼此间表达信任和友爱的行为。但即使如此，也不能不尊重别人，不体谅别人的感受，否则就会使杯口粘上自己的唾液，女性还容易使自己的口红粘到杯口。如果不擦拭杯口，就等于间接让别人吃自己的唾液或口红，这肯定是没有人愿意的。

温馨提示：

☐ 传杯饮酒时，饮酒前后应将杯口轻轻拭净。

☐ 女性一定要避免将自己的口红留在杯沿上。

☐ 饮酒前，不要夸张地用力擦拭杯口。

第三十一章　世界各地礼仪

不要在加拿大人面前说他们与美国很相似

加拿大和美国在日常生活方面非常相似，他们也靠马路右边行驶，向美国出口大量的商品，最为重要的是除了魁北克省（母语是法语）外加拿大和美国使用的是相同的语言。

尽管有这些相似性，加拿大和美国毕竟还是两个不同的国家，加拿大人最不希望听到说他们和美国是如何相似的话了。由于和美国领土相近，他们有部分相同的文化，但是加拿大人为自己的文化遗产骄傲，因此他们的日常交流要比美国稍微正式一些，但是相对英国而言，则显得较为随意。

温馨提示：

□ 加拿大人最忌讳别人说自己的国家与美国很相似，这可能是出于一种强烈的民族自尊心，所以与加拿大人交谈时，不要将加拿大与美国做比较。

注意英美词汇意义的差异

你或许知道英格兰、苏格兰、威尔士都讲英语，但是当你到达那里后，可能会发现有些话语和你想象的意思完全相反。下面是一些美国人常用的词汇，但是在英国具有不同的意思。

在美国，苦工（fag）是对同性恋贬义的称呼，而在英国是指香烟。

在英格兰，游民（bum）是指某人的后方。

在英格兰，靴子（boot）并不是指穿在脚上的鞋子，而是指车厢。

在美国，句号是一件事情终止的标志；而在大不列颠，句号则是在句子结束后停顿的时间。

在美国你把东西存储在 bin（箱柜）里面；而在大不列颠，bin 是垃圾桶的意思。

温馨提示：

□ 苏格兰（Scotch）是一种酒的品牌，并不是指苏格兰人。他是一个苏格兰人（Scot），遵从苏格兰人（scottish）的风俗习惯。错误地使用单词"Scot"，最终可能会得到一个格拉斯哥式的吻（重重地敲击头部）。

在英国要学会喝下午茶

在美国下午4点左右，大部分人已经准备下班回家吃饭了。但在大不列颠则还是下午茶时间。所谓下午茶就是安排在午饭和晚饭之间，主要给人们补充热量，调节精神。晚餐一般在下午茶后几个小时进行。

不要期待在大不列颠茶馆看到美国茶包或任何花茶。在大不列颠，茶的口味一般比较浓重。按照当地习俗，茶一般和烤饼、小三明治一起食用。在英国喝茶时，你当然可以在茶里添加任何东西，包括柠檬和糖。然而，如果你想向别人表明你了解大不列颠人喝茶的习惯，那么只能在里面加牛奶。

温馨提示：

□ 入乡随俗，不同的国家有不同的习俗，要想在最短的时间内融入一个国家，就必须先了解它的习俗。

在英国进行商务会谈要安排在早上

在英格兰，大部分的商务会议都是在早上进行的。因此你必须按照这个规律安排会议。如果你在会议当天飞往英格兰，并且到达的时间是早上，那么在飞机上好好休息。早上开会不仅能够保证思路清晰，而且能够保证你有足够的精力参加晚上的活动。有一些大不列颠商人喜欢一边在酒吧喝酒一边洽谈生意。

温馨提示：

□ 有一些国家的商人分发名片和发糖果一样，但在大不列颠则不同，他们在刚见面时并不互换名片。只有确认双方都有兴趣建立商业关系时，才会互换名片。

适应欧洲人的饮食习惯

美国和欧洲最大的不同是饮食习惯。欧洲国家早餐和午餐的时间和美国差别并不大，但是晚餐时间则相去甚远。

欧洲人不会在晚上8点之前吃饭，晚饭可能会持续到晚上10点。正因为如此，英国有下午茶时间，当然你可能会发现其他欧洲国家也有下午茶。如果你下午没有吃点东西，在晚餐时间到来之前你可能已经饿得筋疲力尽了。

另外一个不同的地方是饮料的温度。美国人比较习惯冰饮料而欧洲人并不习惯。不要期待在苏打水或者啤酒里面能够加上冰块。几乎所有的欧洲酒吧提供的饮料温度都在室温左右。

记住欧洲是一个大陆，并不是某个国家。如果你知道某人来自一个具体的国家，不要简单地用欧洲人称呼他。你应该礼貌地按照具体的国家来称呼他，比如法国人或者瑞士人。

温馨提示：

□ 算上下午茶，欧洲人实际上平均每天要进食4餐，并且晚餐与上床睡觉之间的时间很短，这样的生活习惯更容易导致发胖。所以，如果你要去欧洲生活一段时间，千万要注意节制饮食。

避免用不流利的法语与法国人交谈

在法国，除非法语非常流利，否则不要说法语。不像其他国家，市民们总是很欢迎你试图用当地的语言交流，也许他们并没有那么好的耐性听你磕磕绊绊地把话说完。你也不要理所当然地认为餐馆的经营者能够讲英语。即使是能够讲流利英语的法国人，当你突然用英语和他说话时，可能也会一时反应不过来。

法国人的这种矛盾的特性，可能让你在语言的选择中感到非常困惑，不知道应该使用哪种语言。你最好试着先询问对方："Parlez vous Anglais？"（法语意为"你会讲英文吗？"）或者直接用英语询问："你会讲英语吗？"

温馨提示：

□ 法国人在与人交谈上普遍没有耐心，如果你的法语不够流利，最好别向法国人问询，他们会置之不理地走开。

在德国称呼人要用正式称谓

虽然德国人对于外来的旅游者非常慷慨热情，但是还是会比较倾向于接受较正式的称谓。通常你不应该以名字称呼德国人，请在姓氏前加上Herr（女士）和Frau（先生）等称谓。

温馨提示：

□ 德国人对工作一丝不苟，在社交场合也举止庄重，讲究风度，与德国人相处时，几乎见不到他们皱眉头等漫不经心的动作。大多数德国人都忌讳13和星期五。他们还忌讳在公共场所窃窃私语，不喜欢他人过问自己的私事。

在亚洲国家要注意红色和白色的特定含义

在亚洲，红色往往代表幸运。因此亚洲的新娘总是穿着红衣服而不是白衣服。白色通常象征着服丧和死亡。如果你想给亚洲人准备一份礼物，最好选择一些深红色的物品。

温馨提示：

□ 泰国人喜爱红、黄色，禁忌褐色。新加坡人一般对红、绿、蓝色很欢迎，视紫色、黑色为不吉利，黑、白、黄为禁忌色。

在日本就餐要遵守他们的饮食习惯

当你去某个日本人家里或者日本餐馆吃饭时，需要做的第一件事是脱鞋子。日本人很少将外面穿的鞋子穿到房间里面，因为这样能够很好地保持房间地面的清洁，通常主人会在你进门后递给你一双拖鞋。

和我们国家一样，日本人也是共同分享食物的，但并不是在食物上来时，每个人都去夹，而是将食物分发给其他人。你应该用筷子"干净"的一端取食物。"干净"端是指不用来吃的一端，一般是指筷子比较粗的一端。

吃饭时，你需要用筷子夹起大块的肉、鱼肉或者寿司。尽量每次只咬一小口，如果食物实在太小，那么可以将整块食物都放进嘴巴里。吃面条的时候，你应该将面条咬成小段而不是将所有的面条都一次性塞进嘴巴里。另外，吃中国菜时，如果你想喝汤，必须把汤盛在汤碗里再喝。如果汤里有较大的食物，你可以和汤一起喝下去，或者用筷子捞起这些食物然后再食用。

温馨提示：

□ 在日本，主人会给你一块温暖的湿巾用于饭前清洁。湿巾仅仅用来擦手。清洁完毕，将它放到旁边。

□ 在两道菜上菜间隙，你需要放下筷子，将它们放在筷子架上（有凹痕的小台子），或者平行地放在座位前面的桌子边缘。

去中美和南美旅游要学习西班牙语或葡萄牙语

中美洲国家大多官方语言是西班牙语。比如哥斯达黎加和巴拿马，官方语言是西班牙语。在你计划去这些地方旅行之前，最好能够参加西班牙语速成班。这么一来，和当地人交流的时候会显得更加礼貌。南美大部分国家的官方语言也是西班牙语，除了巴西的官方语言是葡萄牙语。

温馨提示：

☐ 南美洲大部分国家历史上是西班牙或葡萄牙的殖民地，因此，去南美洲旅游或经商，必须学习西班牙语或葡萄牙语。

在日本问候他人要鞠躬

当你遇到某人或者向某人问好时，可能会本能地和对方握手。在日本，问候别人的方式是鞠躬。由于你并不习惯鞠躬这种问候方式，可以等到对方鞠躬后，然后再鞠躬还礼。鞠躬并没有规定的模式，有一些人只是低一下头、有些人则是弯腰、有些人鞠躬的时候会将手放在旁边、有一些人可能将手合在一起呈祈祷状。如果你无法确定对方以何种方式鞠躬，让对方先鞠躬。如果觉得等待对方鞠躬显得很笨拙，简单地点一下头来表示问候也可以。

温馨提示：

☐ 在日本，假如你的问候语因人而异，则会失信于人，所以向日本人问好时要预备好固定的问候语。

☐ 凡是后辈要主动向长辈问候，这是基本礼貌。在商务活动中，首先问候的人甚至被认为是把握谈话主动权的一方。

正确理解"hay"的含义

如果在日本进行商业活动，你不仅需要鞠躬，而且需要给对方递名片来表示自己很高兴认识他。

商务会议开始后，不要打断他人的发言。在日本，人们会等到对方发言完毕了才开始发表自己的见解。

如果你听到日本人说"hay"（在日语里面是"是的"的意思），并不表示他同意你的观点。相反，他们的意思是：我已经知道你所说的意思了，我会考虑的。

温馨提示：

☐ 日本商人比较重视建立长期的合作伙伴关系。他们在商务谈判中十分注意维护对方的面子，同时希望对方也这样做。

在中美和南美旅游要有耐心

在中美和南美旅游需要注意一个问题，就是不要有太强的时间观念。在中南美国家，生活节奏比较慢，餐馆提供饭菜和服务所耗费的时间要比美国长得多。在这个地区，人们准时的概念非常薄弱，社交活动或者聚会迟到并不被认为是粗鲁的行为，而是意料之中的事情。如果事情并没有按照你的时间观念进行，不要失去耐心，这样你才能够在中南美国家有一次愉快的旅行。

温馨提示：

☐ 南美洲与美国、欧洲及东南亚等国家相比，最大的特点就是生活节奏缓慢，他们似乎从不急于去做什么，所以去南美洲旅游得有足够的耐心。

不可在景点随便拍照

在中南美旅行需要注意他们对照相机的看法。在给某人或者某些事物拍照片前，先考虑一下是否可以这么做，特别是政府官员和官方建筑。大部分的中南美国家禁止人们给政府大厦、建筑、桥梁拍照片，认为这会威胁到它们的安全。如果你无视这些规定，不仅相机会被没收，而且还可能入狱。

温馨提示：

□ 许多国家规定某些禁区或某些地方禁止拍照，一般都有明显的标志。但边境口岸、机场、博物馆、新产品展览处、古文物、私人宅院等地，即使没有设立不准备拍照的标志，也禁止拍照。